강점으로 이끌어라

강점으로 이끌어라
몰입도가 높은 강점조직의 비밀

1판 1쇄 발행 2020. 06. 01.
1판 7쇄 발행 2024. 06. 26.

지은이 짐 클리프턴·짐 하터
옮긴이 고현숙

발행인 박강휘
편집 심성미 디자인 윤석진 마케팅 백선미 홍보 이한솔
발행처 김영사
등록 1979년 5월 17일(제406-2003-036호)
주소 경기도 파주시 문발로 197(문발동) 우편번호 10881
전화 마케팅부 031)955-3100, 편집부 031)955-3200 | 팩스 031)955-3111

값은 뒤표지에 있습니다.
ISBN 978-89-349-9304-9 03320

홈페이지 www.gimmyoung.com 블로그 blog.naver.com/gybook
인스타그램 instagram.com/gimmyoung 이메일 bestbook@gimmyoung.com

좋은 독자가 좋은 책을 만듭니다.
김영사는 독자 여러분의 의견에 항상 귀 기울이고 있습니다.

강점으로 이끌어라

짐 클리프턴 · 짐 하터 | 고현숙 옮김

몰입도가 높은
강점조직의 비밀

IT'S THE MANAGER

김영사

이제는 인간의 잠재력을 극대화하는 것이
모든 조직의 첫 번째 목적이라고 믿는
모든 사람에게

일러두기

- 원서에서 이탤릭체로 강조된 용어는 한국어판에서 밑줄로 표시했습니다.
- 옮긴이 주는 본문에 [ ]로 묶어 표시했습니다.

강점을 개발하고 몰입도를 높이는 데 초점을 맞추라

이 책의 원제는 '결국은 관리자It's the Manager다'이다. 직원의 몰입도를 결정하는 요인의 70%는 관리자들, 즉 팀장과 임원, 경영진에게 달려 있다는 뜻이다. 독자들은 조직 개발에 관해 이토록 단순 명료한 진술을 접한 적이 있으신가?

나는 오랫동안 기업 코칭을 해오면서 많은 조직의 구성원과 관리자, 경영자들의 생생한 목소리에 귀를 기울여왔다. 젊은 직원들은 할 말이 많았다. 비록 경험은 적지만 그들은 조직, 상사, 직장생활에 대해 자기 나름의 의견이 있었다. 귀 기울여 들을수록, 젊은 직원들이 편한 직장생활을 바라기만 하는 개인주의자가 아니라는 걸 알게 되었다. 그들은 빠르고 섬세하며, 직장에서 유능함을 경험하고 인정받기를 원하며, 조직이 어떻게 돌아가는지 이해하기를 원했다. 상사와 진정한 소통을 원하는 게 분명했다.

상사들은 또 어떤가? 경영자의 고민을 들을 때마다, 똑똑하고 능력 있는 그들이 안주하지 않고 얼마나 열심히 사는지를 존경의 마음으로 우러러보게 된다. 성과를 내기 위해 분투하고 조직 관리에 고심하는 그들의 노력에 감동한다. 한마디로 경영자들은 직원들이 잠재력을 발휘하고 일에 몰입하게 도울 방법을 고민하고 있다.

구성원도 상사도 열망하는 것은 같다. 잠재력을 발휘하면서 신나게 일하며, 성과를 내어 인정을 받는 것이다. 일단 공통의 바람이라는 걸 축하하자. 하지만 그렇게 되기 위해 무엇을 해야 하는지, 어떤 것에 초점을 맞춰야 하는지는 명확하지 않다. 그에 대해 진지하게 공부하고 고민할 시간도 부족하다. 그래서 값싼 처방에 기대기도 한다. 검증되지 않은 이론과 통념이 유행한다. 검증되지 않은 그럴싸한 주장들의 문제는 원인과 결과를 혼동하거나 어느 한 조직에만 통하는 걸 일반화하기 때문에 다른 조직에는 적용하기 어려운 데 있다. 이 책은 그에 대한 믿을 만한 대안이다. 미국의 갤럽이 50년 이상 경영 사례와 고성과 팀을 연구하고 수많은 설문, 인터뷰 등 데이터를 축적하여 만든 결과다. 경영자와 직원들의 열망에 답할 과학적 근거가 뒷받침된 솔루션이라 할 만하다. 탄탄한 데이터에 기반한 결론을 소개하고 그걸 조직에서 활용하는 방법을 설명하는 책이다.

일터에서 우리의 공통된 희망을 이루기 위해 어떻게 해야 하는가? 한 문장으로 압축해서 말하면, 다음이 될 것이다. '구성원의 강점을 더욱 개발하고, 몰입도에 초점을 맞추며, 지속적으로 성과 코칭을 하라.' 그야말로 궁극의 결론이다. 왜 그런지, 이 책이 제시하는 연구 결과와 분석을 따라가며 파악해보시기 바란다. 이 책은 또한 직원들의 변화 트렌드와 글로벌 일터의 현황을 흥미진진하게 소개하고 있다.

내가 코치로 소속되어 활동하고 있는 코칭경영원은 갤럽의 한국 파트너로서 강점 개발과 몰입도에 관한 교육 · 코칭 · 컨설팅을 하는 코칭기관이다. 갤럽은 50년 이상 전 세계의 일터와 고성과 조직, 몰입과 강점에 대한 연구를 해온 글로벌 리서치 회사이다. 나는 2017년에 갤럽의 강점 코칭 고급과정ASCC, Accelerate Strengths Coaching Course을 이수한 강점 코치가 되었는데, 이 교육 경험은 정말 강렬했다. 당시 이미 국제코치연맹의 최고 마스터 코치MCC, Master Certified Coach였음에도, 강점 코칭의 접근법과 진단 도구를 활용하면서 내 코칭은 질적으로 한 단계 업그레이드되었다. 코칭은 현대의 모든 리더, 부모와 교육자들이 반드시 갖춰야할 필수 도구이다. 강점 코칭은 그 코칭을 강화할 최적의 솔루션이다.

리더로서 구성원의 강점을 분명히 알고 있는가? 구성원은 차치하고 자신의 강점조차 흐릿하게 짐작하는 수준이다. 독자들이 이 책에 포함된 강점 진단 도구Clifton Strengths를 통해 본인과 구성원의 재능과 강점을 발견하기 바란다. 일반적인 성격 혹은 행동 진단과 달리 강점 진단은 우리에게 이미 존재하는 잠재력이 무엇이며 삶과 일에 어떻게 적용되는지, 즉 스스로에 대해 배우게 한다. 자기 인식이 높아지면, 우리는 성공하기 위해 나 아닌 다른 사람이 되고자 하는 수고를 멈추고 진정한 자신이 되는 데 자신감을 갖게 된다.

또한 재능과 강점의 강력한 잠재력에 눈뜨게 되면 우리가 조직을 이끄는 방식, 구성원을 대하는 방식, 그들을 개발하는 방식이 극적으로 바뀔 것이다. 약점을 고치려는 시도 대신 강점을 최대한으로 활용하는 조직을 만드는 데 초점을 맞추면 효과성이 높아지기 때문이다. '누구나 강점이 있다'는 것, 이 관점이 조직문화를 바꾸는 촉매가 된다. 이는 우리의 약점을 완전히 무시하라는 식의 순진한 설명이 아니다. 약점을 관리하여 파괴적인 영향을 주지 않도록 하는 것도 강점 코칭의 한 부분이라고 일단 설명해 둔다.

이 책은 강점에서 출발하여 몰입도에 초점을 맞춘다. 몰입도engagement는 만족도satisfaction와 다르다. 직원들이 느끼는 만족도는 중요한 지표이긴 하지만, 그것이 생산성이나 성과와 직결된다고 보기 어렵다. 만족도는 회사가 나에게 어떻게 해주느냐에 대한 수동적인 반응이기 때문이다. 반면, 몰입도는 일에서 주인의식을 느끼며, 동료와 밀접한 관계를 맺고, 직장에서 개인의 성장과 발전을 경험할 때 나오는 것으로서, 성과와 직결된다. 또한 구성원의 몰입도를 높이기 위해 리더가 무엇을 해야 할지, 행동적인 진술이 있다는 사실이다. 이 책의 부록인 Q12에 그 방법이 상세하게 설명이 되어 있다.

한국의 직장은 이제 장시간 노동과 작별하는 중이다. 긴 근로시간에서 결과를 얻으려는 관행을 중단하고, 이제는 생산성과 효과성을 높이기 위해 몰입도에 초점을 맞춰야 한다. 또한 일이 사람을 성장시키는 과정이 되도록 상사들이 직원의 코치 역할을 할 수 있어야 한다. 이 책은 바로 그 점을 강조하고, 어떻게 해야 하는지에 관한 행동의 지표들도 설명해준다.

강점과 몰입도, 성과 코칭을 충실히 소개하는 이 책은 하나의 주장을 펼치는 책이라기보다는 사실과 데이터에 기반한 과학적인 분석서이다. 과학적 근거에 기반한 인간 개발과 성과 향상에 관한 진술들은 심오하기까지 하다. 하지만 그 전개 내용은 흥미진진하다.

한국 사회는 자녀 양육과 직원 개발에서 오랫동안 약점 위주의 사고방식이 지배해왔다고 생각한다. 그런 문화 속에서 치열하게 우리

자신을 닦달하면서 성과를 이뤄왔다. 하지만 그 한계도 명확하다. 스스로 자신감을 갖기 어렵고, 일과 삶이 유리되고, 일터가 먹고살기 위해 노동하는 괴로운 곳이 되어서는 우리 공통의 바람이 이뤄지기 어렵다. '강점을 기반으로, 몰입도에 초점을 맞추어, 지속적인 코칭'을 해나가는 원칙을 개인의 성장과 조직 개발에 도입해 가야 할 때이다. 이 책이 잠재력을 개발하고 몰입도를 높이려는 조직들이 문화를 변화시키는 데 유용한 참고서가 되기를 소망한다.

2020년 5월

고현숙

이 책을 읽는 법

이 책은 최고경영자CEO와 최고인사책임자CHRO 그리고 관리자를 위한 참고도서이다. 즉 시카고에서 로스앤젤레스까지 가는 비행기 안에서 처음부터 끝까지 간단하게 읽어 치울 책이 아니라는 뜻이다. 우리는 현재 당신의 조직이 당면한 중대한 문제에 관한 조언을 하기 위해 이 책을 썼다.

이 책에는 50가지 이상의 중요한 돌파구가 서술되어 있고, 이는 '전략', '문화', '고용 브랜드', '상사에서 코치로', 그리고 '일의 미래'라는 5가지 섹션으로 구성되어 있다.

모든 조직은 각자의 여정에서 서로 다른 단계에 있다. 당신의 조직은 이러한 주제의 일부를 이미 해결했을지 모르나, 여전히 다른 문제로 씨름하고 있을 것이다. 그러니 이 책을 읽으며 조직이 직면한 문제에 답해줄 챕터를 먼저 찾아보라. 또한 팀 리더의 자질이 조직의 성공을 결정짓는 가장 큰 요소라는 것을 깨닫기 바란다.

세계의 새로운 의지

전 세계에 걸쳐 일터는 특별하고 역사적인 변화를 겪고 있다. 반면에 경영 관행은 30년 이상 정체되어 있다. 경영 관행은 사람들이 일하고, 살아가고, 삶을 경험하고 싶어 하는 방식에 맞추지 못하고 있다. 우리는 이러한 변화에 맞춰야 한다.

이 상황을 더 잘 이해하기 위해 갤럽의 연구원들은 거의 모든 주요 기관과 경영 관련 문헌을 통해 가능한 한 많은 것을 찾아냈고, 30년 넘게 미국과 전 세계의 일터를 추적해 얻은 갤럽의 데이터를 검토했다. 이 연구에는 전 세계 160개국의 직원과 관리자들에 대한 수천만 건의 심층 면접이 포함되어 있다. 우리는 세계 최고 300대 기관의 최고인사책임자들과 격의 없는 인터뷰를 가졌으며, 세계적으로 저명한 경제학자들과도 인터뷰했다.

갤럽은 세계에서 가장 심각한 단기적(5~10년) 문제는 경제 역동성 저하와 생산성(1인당 국내총생산GDP) 감소라고 결론지었다. 우리는 또한 이러한 문제들이 한때 미국과 세계의 생산성 문제를 해결한 린 경영(전 과정에서 낭비 요소를 최소화하는 경영)이나 식스시그마와 마찬가지로 틀

림없이 해결될 수 있다는 결론을 내렸다.

이번에 해결해야 할 문제는 프로세스의 실패가 아닌, 인간 잠재력 활용의 실패이다. 쇠퇴하는 경제 역동성과 생산성을 되살릴 힘은 정치와 정책이 아닌, 최고경영자와 최고인사책임자에게 있다. 정부 조직과 비영리 조직을 포함한, 세계에서 가장 큰 1만 개 조직의 리더들은 세계가 직면한 이 문제를 해결할 수 있다.

미국 기업들은 이러한 큰 역할을 해야 한다. 미국 인구조사국에 따르면 미국에는 약 600만 개의 회사가 있고, 그중 400만 개는 직원을 4명 이하 고용하고 있다. 소규모 가게에 불과한 경우를 제외하면 200만 개의 중소기업과 대기업이 남는다. 직원이 5~9명인 기업은 100만 개, 10~19명인 기업은 60만 개, 20~99명인 기업은 50만 개이다. 직원이 100~499명인 기업은 9만 개에 불과하다. 500명 이상의 직원을 보유한 기업은 1만 8천 개이다. 이들 상위 1만 8천 개 기업이 기업 문화를 직원 개발을 중시하는 문화로 바꾼다면 미국의 GDP와 생산성을 상당 부분 성장시킬 수 있다.

해결책은 경영 관행을 세계 직장인들의 새로운 의지와 일치시키는 데 있다. 아메리칸드림은 변했다. 아메리칸드림이 변했듯 글로벌 드림도 변했다. 세계는 무엇보다 '좋은 직업'을 원한다. 이것이 세계의 새로운 의지이다. 그리고 조직이 그 의지에 응답할 때 모든 것이 바뀔 것이다.

린 경영이나 식스시그마가 그랬듯이 경영 관행이 변화하면 사람들도 바뀌고, 조직은 막대한 시간과 돈을 절약한다. 모든 것이 나아진다. 사람과 팀은 성장하고 발전하며, 그들의 일은 좋은 직업을 갖겠다는 의지와 일치하기에 훨씬 더 성공적일 것이다. 팀원의 잠재력을 극대화하지 못하는 것은 식스시그마 용어로 말하면 결함이다.

한 대형 글로벌 서비스 전문 업체는 관리자들이 직원을 개발하고 직원들과 지속적인 코칭 대화를 나누기보다는 평가 양식을 작성하는 데 연간 10억 달러에 상응하는 시간을 낭비하고 있다고 추정했다. 많은 최고경영자와 최고인사책임자가 알듯이 세계 어디에도, 현재 통용되는 대규모의 직원 평가 프로세스가 효과적이라는 증거는 존재하지 않는다.

최고경영자와 최고인사책임자들은 우리에게 "고개발high development 문화를 가지고 있다는 것을 어떻게 알 수 있습니까? 혹은 감사를 할 수 있습니까?"라고 묻는다. 이를 측정할 수 있는 가장 좋은 방법은 "직장에 나의 발전을 장려하는 사람이 있는가?"라고 묻는 것이다. 당신의 직원 중 60%가 이 항목에 매우 '동의'한다면, 당신은 일터를 혁신시키고 세상을 조금이나마 바꾸어놓은 것이다.

이 책의 데이터와 분석은 지난 30년 동안 관리자가 사람과 팀을 이끌고 개발하는 방식을 변화시키지 못했고, 그래서 세계경제 생산성이 저조해졌음을 증명한다.

갤럽의 분석은 경영 관행에 문제가 있지만, 동시에 이 문제는 바로잡을 수 있다는 것을 보여준다. '바로잡을 수 있다는'이라는 것은 전 세계 직원의 몰입도를 높일 수 있다는 뜻으로 정의한다. 현재 전 세계 직원의 15%만이 직장에서 몰입하여 일하고 있으며, 이는 커다란 사명과 목적 아래 발전할 수 있는 좋은 직업을 가지고 있다는 것을 의미한다. 만약 그 수가 50%까지 증가한다면 모든 직장은 바뀔 것이고, 세계 또한 그렇게 될 것이다.

우리의 연구는 몰입해서 일하는 직원의 비율을 상당하게 증가시킬 수 있는 방법을 정확하게 보여준다. 해결책은 이미 있다. 지식도 이미 풍부하게 있다. 문제는 지난 30년간 경영 이론은 크게 발전했지만 경영 실행은 그렇지 못하다는 점이다.

오랜 기간 비즈니스의 목표는 주주 이익을 창출하는 것이었다. 물론 중요한 일이지만, 미래를 대비하기에는 충분하지 않다.

피터 드러커는 이렇게 말했다. "기업의 목적에 대한 정의는 오직 하나뿐이다. 바로 고객을 만드는 것이다." 맞는 말이다. 하지만 새로운 일터에는 충분하지 않다.

비즈니스의 새로운 목적과 일의 미래는 '인간의 잠재력을 극대화하는 것'을 포함해야 한다.

생산성이란 무엇인가?

인간의 잠재력을 극대화하는 것은 회사뿐만 아니라, 국가와 세계의 생산성에도 긍정적 영향을 미친다. 그만큼 큰 지분을 가지고 있다는 의미이다.

전 세계 대부분의 기관과 학자들의 핵심 지표는 GDP이다. 이것은 기본적으로 전 세계 시민이 만들고, 사고, 판매하는 모든 것의 총합이다. 한 국가의 '총판매량'이 있다면, 그것이 그 나라의 GDP이다. 즉 시민과 조직 간에 발생하는 모든 거래의 총합이다. 거의 모든 국가 정부가 분기별로 이것을 보고한다.

GDP는 기본적으로 사회의 발전과 국가의 안녕을 위한 주요 척도이다. 예를 들어 중국의 1인당 GDP는 꾸준히 증가해왔고, 러시아의 GDP는 그렇지 않았다. 그래서 주요 학계와 선구적 이론가들은 중국이 인적 개발에서 러시아보다 낫다고 결론짓는다. 그렇게 간단하지는 않지만, 적어도 GDP는 일반적으로 국가와 사회 전반에 걸친 일관된 지표 중 하나이다.

GDP 성장률을 전체 인구로 나눈 1인당 GDP가 경제학자들이 말하는 생산성이다. 예를 들어 미국을 하나의 조직이라고 생각해보자. 당신은 그 조직의 최고경영자 또는 최고인사책임자이다. 당신의 조직에는 약 1억 2,500만 명의 정규직 직원과 2,700만 명의 비정규직 직원이 있으며, 약 20조 달러의 매출(GDP, 2018)과 약 20조 달러의 부채가 있다. 거대한 '미국 주식회사'가 직면한 가장 심각한 문제는 성장률 감소와 치솟는 비용이다.

직원의 50%가 35년 전보다 수입이 적다며 불평하고 있다. 전체적으로 볼 때 실제로 직원들은 35년 이상 급여를 올려 받지 못했다. 주거비·의료비·교육비가 폭발적으로 증가하고 있는 반면, 급여는 오히려 동결되거나 감소하고 있다.

최고경영자와 최고인사책임자들은 정부보다 국가와 세계경제의 역동성을 변화시키기에 더 나은 위치에 있다. 좋은 재정 정책이 부실한 재정 정책보다는 낫지만, 가장 큰 지렛대는 국회의원이 아닌 최고경영자와 최고인사책임자의 손에 달려 있다.

왜 월스트리트로는 역부족인가

직원들이 발전하지 않으면 조직도 발전하지 않는다. 정신도, 아이디어도, 유기적인 고객 확장도 없다. 이 모든 것의 결과로 경제 역동성 또한 감소할 것이다. 약 20개 회사를 제외한 모든 미국 대기업에도 해당하는 이야기이다. 그렇기 때문에 그들은 인수합병을 통해 성장한다.

기업이 더 이상 유기적으로 성장하지 못할 때 최고경영자는 포기하고 사무실로 돌아가 경쟁사들을 인수하고, 가격을 인하한다. 놀랍게도 상장 기업의 대다수가 이 같은 방법을 장려한다.

다음 그래프는 경제 역동성이 쇠퇴하는 세계가 어떤 모습인지를 보여준다.

세계 1인당 GDP 성장률

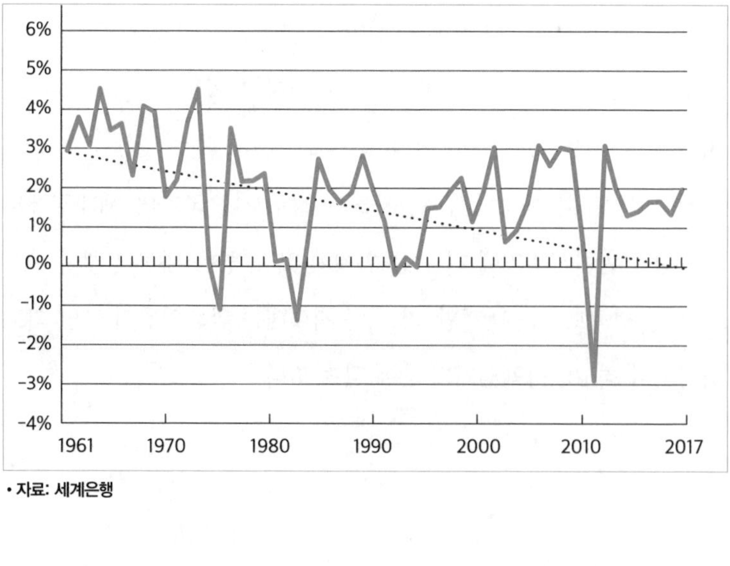

• 자료: 세계은행

경쟁사를 인수하는 것은 〈포춘〉 선정 1,000대 기업의 대다수가 선택한 성장 전략이다. 그 결과 지난 20년 동안 미국 거래소에 상장된 기업은 약 7,300개에서 3,700개로 거의 절반 가까이 줄었다. 즉 기업 수가 점점 적어지고 있다.

어떤 시점에서 인수 전략은 벽에 부딪힌다. 이는 뉴욕 증권거래소와 나스닥이 언제까지 필요할지 의문을 갖게 한다.

갤럽의 분석 결과 대부분의 기업이 현재의 고객 기반에서 더 많이 팔기만 해도 매출을 2배로 늘릴 수 있음을 발견했다. 하지만 어떤 이유로든 그들은 그렇게 하지 않는다. 크게 영감을 받으며 일하는 팀을 통해 고객을 창출하기보다는 고객을 '사는' 더 쉬운 길을 택한다.

경영진 참고 사항: 갤럽은 기업 인수에 회수하기 어려운 높은 가격을 지불하기보다는 '훌륭한 관리자'와 '직원 개발'이라는, 완전히 변화된 직장 문화를 기반으로 진정한 유기적 성장 전략을 즉시 구현할 것을 권고한다.

여기에 당신의 리더십을 발휘하라. 팀의 영감이 커지면 고객 확장, 매출과 품질 수익 증가로 이어진다. 영감으로 인한 성장은 비용이 들지 않는다. 그것은 또한 세계의 의지를 충족시키기 때문에 인류를 다시 정상 궤도에 돌려놓는다.

전 세계가 바라는 것

앞서 언급했듯이 세계의 새로운 의지는 좋은 직업을 갖는 것이다. 수

년 전 갤럽은 세계 인구의 98%를 대상으로 그들의 삶이 어떤지를 파악하는 전 세계적인 방법론을 구축했다.

우리는 사람들에게 물었다. "아래쪽이 0, 맨 꼭대기가 10이라고 번호가 매겨진 사다리를 상상해보라. 사다리의 꼭대기가 당신의 가장 행복한 삶을 나타내고, 사다리의 바닥이 최악의 삶을 대표한다고 가정해보자. 지금 당신은 사다리의 어느 단계에 서 있다고 느끼는가? 단계가 높을수록 자신의 삶에 대해 더 좋게 느끼고, 단계가 낮을수록 삶에 대해 더 나쁘게 느낀다고 가정했을 때 당신의 현재 상태는 어느 단계에 가장 가까운가?"

우리는 계속해서 정확하게 무엇이 그들에게 훌륭한 삶을 만들어주는지 물었다. 우리가 발견한 결과는 매우 놀라웠다. 법, 질서, 음식, 주거지가 모든 사람에게 주된 기본 욕구로 남아 있었지만, 주로 '좋은 직업'을 가지고 있을 때 그 위대한 글로벌 드림이 실현된다는 것을 발견했다.

갤럽은 지난 80년 이상 아메리칸드림을 추적해왔다. 사람들은 음식과 주거지에 이어 법과 질서를 원했고, 그런 다음 가정을 꾸리고 집을 소유해 평화롭게 살기를 원했다.

이제 미국과 세계의 글로벌 드림은 바로 좋은 직업을 갖는 것이다. 이것은 갤럽의 가장 크고 가장 놀라운 발견 중 하나이다. 가족, 자녀, 집과 평화는 여전히 중요하지만, 우선순위는 좋은 직업보다 낮다. 특히 젊은 사람들과 점점 더 많은 여성에게 '상상할 수 있는 최선의 삶'은, 생계를 꾸려나갈 수 있고 자신의 발전을 장려하는 팀 리더가 있는 훌륭한 직장 없이는 일어나지 않는다.

형편없는 직업과 좋은 직업, 훌륭한 직업 간의 차이점은 정확히 무엇인가? '형편없는 직업'이란 매우 낮은 임금을 받으며, 상근직을 원하는데 주 30시간 미만 근무하는 직업이다.

갤럽이 정의하는 '좋은 직업'은 상근직full time으로 주 30시간 이상 일하고, 생활임금 수준의 급여를 받는 직업이다. '훌륭한 직업'은 좋은 직업의 모든 자질을 갖추되, 하나의 큰 차별화 요소가 있다. 직원들이 의미 있고 성취감을 얻는 일에 종사하고 있으며, 직장에서 진정한 성장과 발전을 경험하고 있다고 느낀다는 점이다. 훌륭한 직업을 가진 사람들은 삶의 결과가 매우 다르다. 그들은 사업을 활성화시킬 뿐 아니라 팀을 고무시키고, 문제를 만드는 대신 해결하며, 커뮤니티에서 자원봉사를 하고, 건강과 행복을 증진시키며, 직장에서 사고가 적고 실수나 결함도 거의 없다.

문제는 전 세계 근로자의 약 15%만 일에 몰입하고 있거나 훌륭한 일자리를 가지고 있는 것으로 보인다는 점이다. 세계경제를 이끌고 있는 이런 소수의 사람들은 조직과 사회에 특별한 가치를 제공한다. 반면 약 85%는 일에 몰입하고 있지 않거나 더 나쁘게는 자신의 직업, 관리자 그리고 회사를 싫어한다고 말한다. 그들은 다른 많은 것 중에서도 특히 직업이 의미 없다고 말한다. 새로운 밀레니엄 시대에 이것은 다음과 같이 해석할 수 있다. "그들의 삶에 의미가 없다."

글로벌 직장은 우리가 아는 것보다 훨씬 더 많이 필요하다. 예를 들어 일본을 보자. 놀랍게도 94%의 일본인이 일에 몰입하지 않거나 적극적으로 몰입하지 않는 상태이다. 일본은 너무도 심각한 이 문제를 바로잡기 위해 직장 스트레스와 임상적 번아웃 그리고 비극적으로 높은 자살률에 대처할 수 있는 새로운 정책과 법률 등, 정부 차원에서 개입하는 노력을 하고 있다. 일본의 경영 관행은 일의 미래를 파괴할 뿐만 아니라 일본 문화까지 파괴하고 있다.

세계의 지도자와 최고경영자 및 최고인사책임자들은 직원의 몰입도를 획기적으로 향상시키는 것보다 훨씬 어려운 문제를 해결해왔다. 그러나 그들은 자기 조직의 성장뿐 아니라 기업의 성장과 인간 발전의 다음 큰 도약을 위한 문제는 해결하지 못했다.

해답은 관리자다

대부분의 최고경영자와 최고인사책임자는 아마도 이렇게 생각할 것이다. '이에 동의하지만, 더 나은 결과를 얻기 위해 지금 무엇을 할 수 있을까? 새로운 의지 또는 미래와 일치하도록 문화를 대대적으로 변화시키기 위해 내가 어떤 지렛대 역할을 해야 할까?'

갤럽의 창립자 조지 갤럽부터 지난 80년간의 모든 진단을 통해 발견한 가장 심오하고 뚜렷한 단 하나의 사실은 이것이다. '팀 몰입도의 차이 중 70%는 전적으로 관리자에 의해 결정된다.'

해답은 관리자다. 조직에 5만 명의 직원이 있다면, 거기에는 약 5천 명의 관리자나 팀 리더가 있을 것이다. 모든 차이가 거기에 있다. 복지 혜택, 새로운 평가 시스템, 무료 점심 식사 및 현장 배구 코트 등 모든 것이 훌륭하게 갖춰져 있다. 그러나 그것으로 결과를 바꾸지는 못한다. 오직 훌륭한 관리자의 비율을 향상시키는 것만이 결과를 바꿀 수 있다.

5천 명의 관리자 중 미국 전 지역 업무 몰입도의 평균에 대해 만약 30%가 훌륭하고, 20%가 형편없으며, 50%의 관리자가 그저 그렇다면 30%를 60%까지 늘리고, 20%의 비율을 한 자리 숫자로 줄여라. 그렇게 하면 당신 회사의 가치는 급등할 것이다. 문자 그대로 최고경영자나 최고인사책임자가 행하는 그 어떤 것도 조직의 가치를 이 이상 구조적으로 그리고 지속 가능하게 바꾸지는 못할 것이다.

그렇다면 지렛대는 무엇인가? 보통은 한 가지 요소만으로 변화를 일으킬 수 없다고 생각한다. 하지만 그렇지 않다. 해답은 관리자다. 모든 팀 구성원의 잠재력을 극대화하는 훌륭한 관리자가 있다면 당신은 훌륭한 직장과 삶을 누릴 수 있다. 그리고 그것이 일의 미래이다.

차례

전략 STRATEGY

문화 CULTURE

고용 브랜드 EMPLOYMENT BRAND

상사에서 코치로 BOSS TO COACH

일의 미래 THE FUTURE OF WORK

부록 APPENDIXES

전략

영감을 주는 메시지는 중요하다. 하지만 리더가 여러 팀을 하나로 모아 중대한 결정을 내리는 전략을 수립하지 못한다면 그 메시지는 큰 영향을 미치지 못할 것이다.

STRATEGY

1 | 리더는 무엇을 변화시켜야 하는가

밀레니얼 세대(1980~1996년 사이 출생자)와 Z세대(1997년 이후 출생자)의 대부분은 가슴 가득 열정을 품고 일터로 향한다. 그러나 낡은 경영 관행, 예를 들면 양식이나 격차, 낮은 개별화 및 연례 성과 평가와 같은 것은 이들의 열정을 빼앗아버린다. 현재 전 세계적으로 경영 관행은 거의 발전하지 못하고 있다.

이것은 당신의 조직 생산성에 어떤 영향을 미치는가? 만약 당신이 낡은 경영 관행을 고수하고 있다면 문화를 바꾸어 일터를 크게 변화시켜야 한다.

문화를 바꾸는 것은 곧 최고경영자와 최고인사책임자가 고수해온 낡은 관행을 바꾸는 것에서부터 시작한다. 그런 다음 관리자들이 믿고 있는 것을 바꾸고, 그들이 각 팀의 구성원을 하나하나 발전시키는 방법을 바꿔야 한다.

갤럽은 밀레니얼 세대가 세상이 돌아가는 방법, 즉 의사소통을 하고, 읽고, 쓰고, 관계를 맺는 방법을 완전히 뒤바꾸었다고 말한다. 이전으로 돌아갈 수는 없다. 밀레니얼 세대와 Z세대는 소매, 서비스, 부동산과 주택, 교통수단, 엔터테인먼트 및 여행에도 영향을 미치고 있다. 그들은 머지않아 교육 역시 획기적으로 변화시킬 것이다. 밀레니얼 세대와 Z세대는 지금까지 세상의 질서를 변화시키고 있으며, 또한 좋은 직업과 좋은 삶이 의미하는 것을 바꾸고 있다.

6가지 변화

갤럽은 조직문화를 낡은 의지에서 새로운 의지로 즉시 바꾸라고 조언한다. 다음은 우리가 밀레니얼 세대와 Z세대에서 발견한 6가지의 주요 변화이다.

1) **단지 월급만을 위해서 일하지 않는다. 그들은 목적을 원한다.** 밀레니얼 세대와 Z세대는 일에서 의미를 찾는다. 그들은 사명과 목적이 있는 조직에서 일하길 원한다. 과거 베이비붐 세대와 다른 세대는 직업에서 꼭 의미를 찾으려 하지 않았다. 월급을 받을 수 있으면 그것으로 만족했다. 베이비붐 세대의 사명과 목적은 바로 가족과 공동체였다. 밀레니얼 세대와 Z세대에게도 보상은 중요하고 공정해야 하지만, 더 이상 그들이 일을 하는 주요 동기는 되지 않는다. 이 세대의 주안점은 급여에서 목적으로 바뀌었다. 조직의 문화 또한 그렇게 바뀌어야 한다.

2) **더 이상 직업에서 만족을 추구하지 않는다. 그들은 발전을 추구한다.** 이들 세대의 대부분은 오늘날 많은 직장에서 종소리나 호루라기 소리로 대표되는 것들, 직업 만족도를 높이기 위해 회사가 제공하는 탁구대, 멋진 커피 머신, 무료 음식 등에 관심을 두지 않는다. 이런 것들을 장난감 주듯이 당연한 권리를 혜택인양 나눠주는 것은 경영상의 실수이다. 더 나쁜 것은 그것으로 거들먹거리는 것이다.

3) **상사를 원하지 않는다. 그들은 코치를 원한다.** 상사는 명령하고 통

제한다. 하지만 밀레니얼 세대와 Z세대는 자신을 코치해줄 수 있고, 개인으로서나 직원으로서 자신을 소중히 여겨주고, 자신의 강점을 이해하고 구축할 수 있도록 도와주는 리더를 원한다.

4) 연례 성과 평가를 원하지 않는다. 그들은 지속적인 대화를 원한다. 문자, 트위터, 스카이프 등을 쓰는 밀레니얼 세대와 Z세대의 의사소통 방식은 즉각적이고 연속적이다. 그들은 끊임없는 의사소통과 피드백에 익숙하며, 이는 직장에서도 마찬가지이다. 회사의 연례 성과 평가는 그들에게 단 한 번도 영향을 끼친 적이 없다.

5) 약점에만 집착하는 관리자를 원하지 않는다. 갤럽의 조사에 따르면 약점은 결코 강점으로 발전하지 않는 반면, 강점은 무한히 발전한다. 조직은 약점을 무시해서는 안 된다. 약점을 이해하고 강점을 극대화해야 한다. 강점 중심의 문화는 유능한 팀원을 끌어들이고 유지하는 데에도 도움이 된다.

6) 단순한 직업이 아니다. 내 삶이다. 앞서 언급했듯 갤럽의 조사에 따르면 모든 사람이 원하는 것은 바로 좋은 직업이다. 특히 밀레니얼 세대와 Z세대에게는 더더욱 그렇다. 기업 문화의 역사에서 직원들은 그 어느 때보다도 "이 조직은 나의 강점과 기여를 중요시하는가?", "이 조직은 언제나 내가 가장 잘할 수 있는 일을 할 기회를 제공하는가?"라고 묻고 있다. 왜냐하면 밀레니얼 세대와 Z세대에게 직업이란 더 이상 단순한 일이 아니라 그들의 삶이기 때문이다.

직원의 요구 변화

과거		미래
• 급여	▶	• 목적
• 만족		• 개발
• 상사		• 코치
• 연례 성과 평가		• 지속적 대화
• 약점		• 강점
• 직업		• 삶

2 | 조직의 변화는 왜 그토록 어려운가

겨우 22%의 직원만이 조직의 경영진이 명확한 방향성을 가지고 있다는 데 전적으로 동의한다.

조직문화를 오래된 의지에서 새로운 의지로 바꾸고, 경영을 앞에서 제시한 6가지 변화에 맞추는 것은 임원급(C레벨)의 리더십 없이는 어려운 일이다. 문제는 겨우 22%의 직원만이 조직의 경영진이 명확한 방향성을 가지고 있다는 데 동의한다는 점이다.

조직의 변화는 왜 그토록 어려운가? 한 가지 가능한 대답은 수천 년 동안 인간이 작은 집단이나 부족을 이루어 살아왔기 때문이라는 것이다. 각 구성원은 가치를 증명하고자 부족 내에서 유대를 형성하기 위한 역할과 동기를 가지고 있다. 집단의 생존은 구성원 모두가 자신의 역할을 잘 수행하느냐에 달려 있다.

또한 우리는 내것을 빼앗을지도 모르는 외부인을 불신하게끔 되어 있다. 이런 '우리 대 그들' 전략은 사냥이나 수집 생활에 유용했기에 부족 중심주의는 여전히 우리의 DNA에 자리 잡고 있다. 게다가 사회학자들은 한 집단 내에서 유지할 수 있는 동맹의 수에 한계가 있다는 사실을 발견했다. 그렇기에 대규모 조직이 제대로 기능하기 위해서는 당신의 충실한 친구들 또한 그들만의 충실한 친구를 사귈 필요가 있다.

당신의 네트워크는 2차 및 3차 연결을 통해 영향력을 가진다. 당신이 리더로서 성공할 수 있을지는 당신의 평판이 가까운 친구를 뛰어넘는 네트워크로 뻗어나갈 수 있느냐에 달려 있다.

갤럽의 직장 조사는 이러한 사회학적 발견을 뒷받침한다. 성공하는 기업에는 파급 효과가 존재한다. 리더의 몰입은 관리자의 몰입으로 이어지고, 이는 곧 최전선으로 확대된다. 하지만 이런 일은 결코 우연히 일어나지 않는다.

수천 명의 사람과 많은 팀을 지휘하는 리더로 이뤄진 커다란 기업 사회는 비교적 최근에 형성된 인류 진화의 한 형태이다. 대규모 조직의 성공 사례와 실패 사례는 무수히 많다. 이러한 실패는 보통 협력 네트워크의 붕괴에서 비롯된다. 부족 중심주의로 인해 팀은 같은 조직의 다른 팀과 경쟁하고, 결국 조직의 더 큰 목표에 반하게 된다.

기업의 리더에게 심각한 문제는 바로 공통의 문화가 없다는 사실이다. 심지어 저명한 기업들도 그렇다. 갤럽의 베스트셀러 《유능한 관리자》를 보면 우리의 직관과는 달리 같은 조직 내에서도 팀마다 몰입도의 차이가 크다. 몇몇 팀은 몰입도 데이터베이스의 상위에 있었지만 일부는 최하위에 자리했으며, 나머지 팀들은 이 둘 사이에 흩어져 있었다.

대규모 조직과 사회가 발전해온 데에는 타당한 이유가 있다. 이러한 발전은 삶을 더 편하게 만들어주었으며, 인간의 수명을 연장하고 고통과 어려움을 덜어주었다.

공정 효율 시스템 구축, 대형 건물 설계 및 인프라 구축 같은 일에는 상사 대 직원, 지시와 통제라는 구시대적 리더십 방식이 어느 정도 효과가 있었다. 그러나 하향식 리더십 기법은 코칭과 협업을 요구하는 오늘날 직장에 이제 더 이상 적합하지 않다.

3 | 리더에게 반드시 필요한 2가지 자질

- 여러 팀을 하나로 모은다.
- 훌륭한 의사결정을 한다.

리더는 영감을 불러일으키기만 하면 성공할 수 있다는 오해가 널리 퍼져 있다. 그것이 사실이라면 좋겠지만, 안타깝게도 그렇지 않다.

생각해보자. 자기계발 강사들은 왜 자기 스스로는 변화하지 못하는가? 그 이유는 좋은 의도의 동기부여 메시지 대부분이 실제 일상 경험과 일치하지 않기 때문이다. 리더십도 마찬가지이다.

대부분의 직원은 처음에는 영감을 주는 메시지를 믿고 싶어 한다. 그러나 여러 일상적 경험을 통해 나중에는 리더의 진정성에 의문을 가지게 된다. 결국 새로운 계획에 맞춰 방침을 변경하게 되는데, 왜 그렇게 해야 하는지 이유를 알지 못한다. 또한 연례 성과 평가 후에 왜 보너스를 받지 못했는지, 왜 승진을 하지 못했는지에 대해서도 알지 못한다.

사내 정치에 골몰하던 아첨꾼들이 대신 그 기회를 차지한다. 혜택은 줄어든다. 팀 리더가 이를 고위 경영진 탓이라 말한다면 직원들은 이제 그 리더를 어떻게 생각하겠는가?

갤럽은 50년 동안 최고관리자부터 중간관리자, 일선관리자에 이르기까지 리더들을 연구해왔다. 훌륭한 리더와 그렇지 않은 리더를 구분 짓는 것은 무엇인가?

성공한 리더에게서 발견되는 특성은 20가지 이상이며, 항목은 다음과 같다. 비전을 창조하고, 전략적으로 사고하며, 영향력 있는 내부 및 외부 네트워크를 구축하고, 어려운 결정을 내리는 등 확실히 다차원적인 특성들을 발견할 수 있다.

그러나 크게 보면 다음의 2가지 요소로 요약할 수 있다.

① 여러 팀을 하나로 모은다.

② 훌륭한 의사결정을 한다.

이 2가지 요소는 조직의 민첩성과 깊은 연관이 있다. 영감을 주는 메시지도 물론 중요하지만, 리더가 여러 팀을 하나로 모아 훌륭한 결정을 내리지 못한다면 그 메시지는 조직에 큰 영향을 미치지 못할 것이다. 따라서 리더가 성공하기 위해서는 이 2가지 요소가 필수적이다.

4 | 여러 팀을 하나로 모아라

관리자가 발전하면 업무에 대해 더 큰 그림을 볼 수 있고, 다른 관리자와도 더욱 효과적으로 일하게 된다.

모든 조직은 저마다 해결해야 할 문제를 안고 있다. 구성원들이 마찰을 통해서라도 문제를 해결할지 혹은 뒤에서 불평만 할지의 여부는 그들이 리더를 어떻게 생각하느냐에 달려 있다.

직원과 마찬가지로 일선관리자와 감독자 또한 이 일을 통해 끊임없이 발전하고 있다고 느낄 수 있는 직무를 수행해야 한다. 때로는 많은 관리자가 비난을 감수하면서 회사의 문제로부터 자신의 팀을 보호하려고 한다. 반면에 어떤 관리자는 "이건 내 잘못이 아니야. 회사 잘못이야"라며 상부 경영진 탓으로 책임을 돌리기도 한다. '우리 대 그들'의 구도는 더 중요해진다. 동시에 사일로silo(조직의 부서가 다른 부서와 서로 담을 쌓고 내부 이익만을 추구하는 현상) 또한 더 커진다.

팀의 리더, 다른 관리자의 감독자, 간부 등 모든 단계의 관리자에게는 매일 하는 일과와 쉽게 연관시킬 수 있는 사명과 목적이 논리정연하게 잘 정의돼 있어야 한다. 또 변화하는 기업 전략에 맞춰 지속적으로 재정의하는 것도 필요하다. 그리고 자신의 발전과 잠재력을 이끌어내는 지속적인 코칭과 책임감은 필수이다.

관리자는 직원들에게 요구 사항을 전달하기 전에 먼저 자신이 직원으로서 필요한 것을 얻을 수 있어야 한다. 각 관리자가 속한 부서는 여러 명의 관리자들로 구성된다. 이들은 다른 관리자를 우방 또는 적으로 여긴다. 관리자 팀이 하나의 그룹으로서 얼마나 서로 연결되어 있는지에 따라 그들의 팀이 다른 팀을 지원할지 아닐지가 결정된다.

관리자들이 직접 몰입하고 발전할 때 전체적인 팀 간 협력이 고무될 가능성은 훨씬 높아진다. 이 책의 가장 주목할 만한 부분인 '상사에서 코치로'에서 관리자들을 어떻게 발전시킬지에 대한 로드맵을 제공할 것이다. 어떤 조직이든 효과적으로 변화하려면 관리자들이 함께 일해야 한다.

5 | 훌륭한 의사결정을 하라

조직은 의사결정 공장이다.

갤럽의 명예수석과학자 대니얼 카너먼은 노벨상을 수상한 심리학자이자 의사결정 분야 권위자이다. 그는 "조직은 의사결정 공장이다"라고 말했다.

조직은 리더의 결정에 따라 성공하거나 실패한다. 결정의 대상은 전략적 방향, 인수합병, 인재 고용, 신기술, 회사의 사명 또는 윤리적 딜레마에 관한 결정 등 광범위하다. 만약 조직이 내린 결정이 '올바른' 것이 아니라면 그 결정을 위해 쏟아낸 모든 재능과 에너지는 낭비된다.

올바른 의사결정은 그 자체로 과학이다. 단순히 운에 기대지 않고 올바른 결정을 내리는 데에는 3가지 핵심 요소가 있다.

1) 자신의 한계를 알아라. 리더는 의사결정을 할 때 강점과 약점을 정확하게 이해할 필요가 있다. 당신은 어떤 상황에서 잘못된 결정을 내리기 쉬운가? 예를 들어 어떤 리더는 극도로 강한 자신감 때문에 심사숙고하지 않고 잘못된 결정을 내릴 수도 있다. 또는 강한 경쟁심으로 팀이 장기적 목표를 추구하지 않고 단기적 승리만을 향하도록 할 수도 있다. 아니면 전문가의 지원 없이는 다루는 주제에 대해 충분히 알지 못할 수도 있다. 이렇듯 훌륭한 의사결정자는 자신의 한계를 확실히 알고 있어야 한다.

2) 비판적 사고를 하라. '그 결정이 말이 되는가?', '핵심 논리는 무엇인가?' 좋은 결정을 내리기 위해 리더는 동료들과 비판적 사고를 해야 한다. 그렇게 함으로써 고위험의 사각지대를 파악할 수 있다. 대부분의 리더는 자신과 비슷하게 생각하고 자신에게 의식적·무의식적으로 동조하는 사람들에게 둘러싸이기 때문에 확증편향에 빠지기 쉽다. 리더로서 '집단사고'와 맞부딪히고, 자신의 의견에 반하는 결정을 내려야 하는 경우도 많다. 중요한 결정을 내리기 전에 당신의 의사결정이 강점이나 약점에 의해 편향되었는지 평가해보라. 그리고 확증편향을 테스트해보라. 당신은 '예스맨'에 둘러싸여 있는가? 팀원 모두가 반대 의견을 내보도록 하라. 그 결정의 단기적·장기적 결과는 무엇인가?

3) 분석 기반 증거를 사용하라. 숫자가 무엇을 말하고 있는가? 당신의 결정을 뒷받침하는, 혹은 그에 반하는 데이터상의 패턴이 있는가?(52장 참조) 아마존의 CEO 제프 베조스는 다음과 같이 말했다. "사실 기반 결

정의 가장 큰 장점은 때론 위계질서를 완전히 무시할 수 있다는 점이다." 분석이 제대로 되었다면 정책, 심지어 편견을 뒤엎을 수도 있다.

함께 일하는 팀과 훌륭한 의사결정을 결합할 수 있다면 당신의 조직은 미래의 인력에 부합하는, 민첩한 문화를 구축할 최고의 기회를 얻을 수 있다.

문화

조직문화는 성과에 직접적이고 가시적인 영향을 미친다.

CULTURE

6 | 조직문화란 무엇인가

직원 중 41%가 조직이 의미하는 바가 무엇인지, 조직이 경쟁사와 다른 점이 무엇인지 안다는 데 강력히 동의한다.

조직문화는 목적, 즉 당신이 사업을 하는 이유에서 시작한다. 문화는 관리자에 따라 매일매일 살아나기도 하고 죽기도 한다.

대부분의 리더는 조직의 목적이 무엇인지 명확하게 이야기할 수 있지만, 직원의 경우는 그렇지 않다. 단지 27%의 직원만이 회사의 가치를 믿는다. 리더와 직원 간의 이러한 단절은 조직의 모든 부분에 악영향을 미친다.

문화는 직원과 고객이 당신 회사를 보는 방식인 '브랜드'를 결정한다.

세계적 수준의 조직문화는 능력 있는 직원들이 우수한 고객 경험을 창출할 수 있게 한다. 조직이 브랜드를 걸고 약속을 하고서 이를 지키지 못한다면 고객, 특히 직원들에게 신뢰를 잃는다. 안타깝게도 이런 일은 꽤 흔하다. 미국의 근로자 가운데 26%만이 회사가 고객과 한 약속을 지킨다고 평가했다.

조직의 성과는 직원들이 브랜드 차별화를 이해할 때 향상된다. 그러나 갤럽의 분석에 따르면 미국의 전체 근로자 중 절반 이하(41%)만이 조직이 의미하는 바가 무엇인지, 조직이 경쟁사와 다른 점이 무엇인지 정확히 안다고 답했다. 그리고 이를 정확히 알고 있다고 평가한 밀레니얼 세대의 71%는 앞으로 최소 1년은 지금의 회사에 머물 계획이라고 답했다. 반면에 정확히 알지 못한다고 답한 밀레니얼 세대는 그 수치가 30%까지 떨어졌다. 요컨대 뛰어난 직원은 조직의 목적을 알지 못하면 조직을 떠날 것이다.

7 | 조직문화는 왜 중요한가

조직문화는 성과에 직접적 영향을 미친다.

당신의 조직문화에 대해 다음과 같은 질문을 해보라.

- 조직의 목적과 브랜드, 문화는 서로 얼마나 조화를 이루는가?
- 조직의 목적을 직원과 고객에게 얼마나 분명하게 전달하는가?
- 직원들은 조직문화에 전념하는가?

능력 있는 지원자들은 평판을 보고 조직에 들어온다. 소셜미디어는 좋은 쪽으로든 나쁜 쪽으로든 조직문화가 외부에 알려지도록 한다.

갤럽의 분석에 따르면 조직문화에 부합하는 직원이나 팀은 그렇지 않은 직원이나 팀보다 핵심 성과지표를 더 일관되게 수행한다.

조직문화는 성과에 직접적이고 가시적인 영향을 미친다.

전 세계 근로자 3명 중 1명만이 "조직의 사명이나 목적은 나로 하여금 내가 맡은 업무가 중요하다고 느끼게 한다"는 명제에 전적으로 동의한다. 이 비율을 2배로 늘린 조직은 결근율과 안전사고가 각각 34%, 42% 감소했고, 품질은 19%나 향상되었다.

실패한 조직문화의 증상

조직은 때로 문화에 문제가 있음에도 그것을 '문화의 문제'로 보지 않는 경우가 있다. 다음은 조직문화에 문제가 있다는 몇 가지 경고 신호이다.

- 인재 유치 어려움
- 고객과 직원의 상호작용을 기반으로 한 유기적 성장의 어려움
- 리더십의 정체
- 고객의 요구에 대한 대응 능력 부족
- 톱 브랜드가 되는 데 필요한 고성과 직원 상실

표준적 조사가 조직문화에 효과가 없는 이유

모든 조직은 각자 고유한 문화를 가지고 있다. 문화는 개인적이다. 많은 문화 조사 도구는 '좋은 문화' 또는 '나쁜 문화'에 대해 미리 정해진 관점을 바탕으로 조직을 특정 문화 '유형'에 맞추려고 시도한다. 이들은 조직문화를 리더의 포부보다는 외부 기준에 비교한다. 이러한 기준으로는 조직이 일반적인 기준과 무엇이 다른지는 알 수 있지만, 기업 고유의 특성을 파악하지는 못한다.

조직문화 진단은 엄격한 과학적 방법에 기반을 두되, 조직 고유의 독창적인 면이 무엇인지를 확인할 수 있을 정도로 유연해야 한다.

8 | 어떻게 문화를 바꿀 것인가

조직문화를 통합하는 일은 어렵다. 천성적으로 부족은 자기 정체성을 유지하길 원하기 때문이다.

대부분의 최고경영자와 최고인사책임자는 조직문화를 최우선 과제로 꼽는다. 그들은 변화가 필요하다는 사실을 잘 알고 있다. 또한 그들은 전 세계에서 일어나는 변화에 민첩하게 적응할 수 있는 문화를 원한다. 특히 올바른 결정을 내리고, 그것을 신속하게 실행할 수 있는 협업의 문화, 유망한 인재를 유치하고 그들이 조직에 남을 수 있도록 하는 문화를 원한다.

기록적 수준으로 많은 기업 인수합병에 이어 전 세계의 많은 조직이 문화와 브랜드를 혼합하기 위해 노력하고 있다. 하지만 부족은 본래 자신의 정체성을 유지하기를 원하므로, 문화를 통합하는 일은 쉽지 않다.

문화를 바꾸려면 어떻게 해야 하는가?

1) 목적과 브랜드를 정의하라. 최고경영자와 최고인사책임자 및 경영진은 목적, 즉 사업을 하는 이유와 지원자, 직원, 고객이 당신의 브랜드를 인식하는 방법을 명확하게 정의해야 한다. 목적과 브랜드는 다른 모든 것의 발판이 된다. 직원 경험은 지원자가 조직에 대해 처음으로 느낀 인상, 즉 문화와 브랜드를 인식하는 방법과 신입사원 교육부터 개발, 퇴사에 이르기까지의 직원 관리 방법을 확인하는 것에서 시작한다. 최고

경영자는 목적과 브랜드에 맞추어 일관되게 행동할 필요가 있다. 이것이 팀을 하나로 모으고 효과적인 의사결정을 하기 위한 출발점이다.

2) 모든 프로그램과 커뮤니케이션을 관리하라. 인적자본, 성과 관리, 가치와 의식, 팀 구조 등을 포함한 모든 프로그램과 커뮤니케이션을 관리하라. 이는 조직의 목적과 브랜드의 일관성을 유지하기 위함이다. 갤럽은 이것이 문화를 통합하는 가장 빠른 과정이 될 수 있음을 발견했고, 매년 감사를 수행할 것을 권고한다.

3) 관리자를 코치로 전환하라. 최고의 관리자만이 조직이 원하는 문화를 만들어낼 수 있다. 훌륭한 문화는 조직이 돈으로 살 수 없는 몇 안 되는 것 중 하나이다. 관리자가 어떤 사람이냐에 따라 조직문화를 변화시키는 일은 성공할 수도, 실패할 수도 있다. 전통적인 성과 관리 시스템은 직원들을 격려하고 발전시키기 어렵다. 이로 인해 막대한 생산성 손실이 발생할 수 있다(20장 참조). 오늘날의 직원들은 상사가 아닌 코치를 원한다. 관리자를 상사에서 코치로 전환하는 것은 직원의 몰입도를 높이고 성과를 향상시키는 것뿐 아니라, 조직문화를 변화시키는 데에도 꼭 필요한 요소이다.

앞으로 몇 장에 걸쳐 일의 미래를 새롭게 만들기 위한 강점 기반 문화와 고개발 문화와 같은, 특정한 문화 유형의 변화에 대해 논의할 것이다. 거기에는 퇴직, 다양성과 포용성 그리고 인공지능에 대한 주제가 포함되어 있다. 이를 통해 조직의 문화와 브랜드를 결정하는 몇 가지 중요한 사항을 제시할 것이다. 또한 조직의 문화를 변화시키고 목적과 브랜드를 구축하는 방법에 대해 과학을 기반으로 한 통찰력을 제공할 것이다.

고용 브랜드

소셜미디어와 즉각적인 커뮤니케이션으로 인해 조직의 평판은
과거보다 훨씬 더 빠르게 사람들 사이에 퍼진다.

EMPLOYMENT BRAND

9 | 신규 인력 유치

기업은 충성도 높은 고객 기반을 구축하기 위해 마케팅 캠페인에 돈과 시간을 투자한다. 그러나 뛰어난 인재를 유치하기 위해 꼭 필요한 강력한 고용 브랜드를 개발하는 일은 종종 경시한다.

직원 경험

기술과 소셜미디어의 보급으로 이제 직원들은 회사의 브랜드 경험 방식을 손쉽게 이야기하고, 공유할 수 있다. 이제 모든 이가 조직 내에서 실제로 어떤 일이 일어나는지 안다. 여기에는 채용부터 입사,

조직과 함께하는 여정

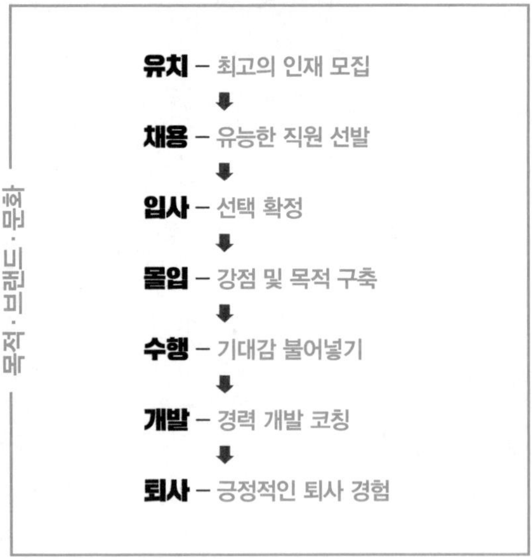

경력 개발 기회 그리고 퇴사에 이르기까지의 전체적인 경험이 포함된다.

밀레니얼 세대는 고도로 네트워크화되어 있다. 그들은 일자리를 찾을 때 입사할 가능성이 있는 조직에서 현재 일하고 있는 직원에게 설명을 듣고, 가족과 친구들에게 의견을 구한다. 이는 페이스북이나 다른 소셜 네트워크 플랫폼에서 일자리를 찾는 것과는 다르다. 이들은 신뢰할 수 있는 관계를 이용한다.

이들은 직업 박람회, 전문 채용 서비스, 다른 유형의 채용 행사에 별 관심이 없다. 그들에게는 다른 방식의 접근성이 더 좋고, 더 빠르며, 더 진실하다.

밀레니얼 세대는 관심 있는 회사로 직행하는 것을 선호한다. 또한 직업 분야와 관련한 네트워크 사이트, 온라인 취업 사이트, 직원 랭킹 사이트, 일반적인 검색엔진 등 다양한 방법을 이용해 회사를 탐색한다. 이들이 소셜 네트워크나 대학 경력 센터의 웹사이트를 이용할 가능성은 낮다.

특히 조직문화와 관련해 밀레니얼 세대는 그들의 생활방식에 맞는 직장을 선호한다. 약 50%의 젊은 직원들에게 보상은 여전히 매우 중요한 사항이지만, 보상보다 더 중요한 것은 배움과 성장의 기회, 상사의 자질 그리고 일의 재미이다.

이 모든 것이 채용에 의미하는 바는 무엇일까? 직장의 현실이 과거 어느 때보다 투명해졌다는 것을 뜻한다. 실제로 조직문화, 즉 경영자들이 일하는 방식, 사람들의 발전 방식, 직원들이 실제로 활용할 수 있는 근무 유연성, 사무실 공간과 위치 등이 회사의 고용 브랜드를 결정한다. 당신의 가장 중요한 일은 강력한 고용 브랜드와 그 브랜드에 맞는 조직문화를 제공하는 것이다. 평판은 이전보다 훨씬 빠르게 입소문을 탄다.

Z세대가 노동인구에 진입함에 따라 조직의 투명성은 더욱 확대될 것이다. Z세대는 디지털 커뮤니케이션에 익숙하다. 만약 조직에 대한 홍보 내용과 실제 조직문화 사이에 괴리가 있다면 미래의 잠재적 직원들은 이러한 사실을 온라인이나 친구들을 통해 알게 될 것이다. 그리고 조직에 관한 이 소식은 더욱 널리 퍼질 것이다.

10 | 유능한 직원 고용

편향된 생각은 잘못된 지원자를 선택하게 할 수 있다.

고용을 잘못하면 막대한 비용이 낭비된다. 유능한 직원을 고용할 기회를 놓칠 뿐 아니라 후임자를 훈련시키는 데 더 많은 돈을 써야 하기 때문이다. 반대로 유능한 직원을 고용하면 고객 몰입도는 물론, 조직의 이윤을 향상시킬 수 있어 결과적으로 비용 절감 효과를 얻을 수 있다.

올바른 채용은 고성과 문화를 확립하는 데에도 도움이 된다. 이는 직원들이 얼마나 조직문화에 쉽게 통합될 수 있는지, 얼마나 빨리 발전할지, 얼마나 오랫동안 조직에 머물 것인지, 어떻게 조직을 대표할 것인지, 어려운 시기에도 당신의 조직에 남아 있을지를 결정하는 요인이다. 채용에서 갖기 쉬운 편향성을 줄일 수 있는 효율적인 평가 시스템을 이용하면 고용 성공률을 3배로 높일 수 있다.

편향성의 유형

- **후광효과:** 면접을 보는 동안 지원자의 외형적인 특성(예를 들어 지원자의 외모, 옷차림, 자신을 보여주는 방식)에 치우친 가중치를 부여한다.
- **경험상의 오류:** 업무 능력이 뛰어난 직원이 다녔던 직장에서 온 지원자는 누구나 일을 잘할 것이라고 가정한다.
- **확증편향:** 지원자의 출신 학교 또는 클럽 활동을 기반으로 그들에 대한 인상을 형성하고, 지원자에 대한 자신의 믿음을 지지하는 의견만 수용한다.
- **과잉확신:** 스스로에게 지원자를 직감적으로 판단할 수 있는 능력이 있다고 생각해 다른 정보는 고려하지 않는다.
- **유사성편향:** 자신과 비슷한 사람을 선택해 채용한다.
- **고정관념편향:** 성별, 인종, 성적 성향, 민족성, 나이와 관련한 무의식적 고정관념을 가지고 있다.
- **가용성편향:** 인터뷰를 진행한 자신의 기억력에 의존해 종합적 시각 대신 몇 가지의 높은 점수나 낮은 점수를 토대로 채용을 결정한다.
- **투입의 증대:** 이미 채용 과정에 많은 시간과 에너지를 투자했기 때문에 이 후보자를 채용해야 한다는 압박감을 느낀다.

〈사이콜로지컬 불리틴〉에 실린 메타 분석에서 연구자인 날리니 암

바디와 로버트 로즌솔은 행동의 '단편적 판단'이라는 용어를 만들었다. 나중에 말콤 글래드웰이 이를 《블링크》에서 대중화시켰다. 과학은 사람들이 첫인상과 같은 아주 작은 상호작용의 단편에 근거해 타인을 판단한다는 사실에 뿌리를 두고 있다.

어떤 경우에는 이 단편적 판단이 올바른 통찰력을 제공한다. 예를 들어 의사나 간호사가 당신의 혈압을 측정하고, 맥박을 재고, 혈액 샘플을 채취한다면 이는 당신의 건강을 추론하기 위한 과학적 기반의 단편적 판단이라고 할 수 있다. 그러나 한편으로 단편적 판단은 성급한 판단, 잘못된 결정, 실패한 결과 등을 초래하는 무의식적 편견이 될 수 있다. 이러한 단편적 판단으로 인해 채용한 사람과 함께 실제로 근무한 후 관리자가 채용 결정을 후회하는 일은 꽤 많다.

어떤 분야에서는 엄청난 양의 데이터를 손쉽게 구할 수 있다. 예를 들어 대학 운동선수를 모집하는 경우 전문가들은 채용 결정을 내리기 전에 통계를 검토하고 경기 영상을 보는 데 몇 시간을 투자한다. 채용 부서는 별 5개 표시 방식을 이용해 선수를 평가한다. 이 시스템은 불완전하지만, 매년 어느 대학이 챔피언십에 도전하는 팀의 주인공이 될지를 예측하는 데에는 탁월하다.

하지만 대부분의 조직은 구직자에 대한 '경기 영상'을 모을 수 없다. 대신 다행스럽게도 의학의 정확성이 높아지는 것처럼 한 세기 동안, 심리학적 특성을 측정하는 과학인 심리 측정 방법이 조직심리학자들에 의해 개발됐다. 따라서 이제는 과학 기반의 단편적 판단을 제공함으로써 고용 실패를 현저하게 줄이고, 고용 결정 후 성과를 예측하는 효과적인 방법과 수단을 이용할 수 있다.

11 | 고용 분석: 해결 방안

성공적 고용의 4가지 기준

① 이전의 경험과 성과

② 선천적 경향

③ 다중 면접

④ 업무 관찰

갤럽의 연구원들은 질문을 던지고, 응답을 연구하고, 2천 명 이상의 고객을 대상으로 수백 가지 직업군에서 개인의 성취도를 추적하는 데 50년을 투자했다. 그 결과 직업 유형 전반에 걸쳐 성취도를 예측할 수 있는 5가지 선천적 경향, 즉 특성을 발견했다.

- **동기부여:** 성취 욕구
- **일하는 방식:** 효율적인 목표 달성을 위한 일의 조직화
- **주도성:** 행동하고 다른 사람들도 성공할 수 있도록 격려
- **협업:** 양질의 파트너십 구축
- **사고 과정:** 새로운 정보의 통합을 통한 문제 해결

이 5가지 특성의 고유한 하위 특성들은 개별 기여자의 역할, 관리자와 리더의 성과 예측 능력을 향상하는 데 사용할 수 있다. 메타 분석의 선구자이자 갤럽의 수석 과학자인 프랭크 L. 슈미트는 동료인 오인수, 조너선 A. 섀퍼와 함께 100년간의 조직심리학 진단 연구를

검토했다. 또한 이들은 조직에서 보편적으로 사용해온 채용 방법도 조사했다.

조사 결과 총 31개의 척도 및 방법을 찾을 수 있었다. 지능 테스트, 성격 테스트, 구조화된 인터뷰 등의 일부 방법은 전부 끝마치는 데 30분~1시간 정도의 시간이 소요된다. 어세스먼트 센터assessment center와 실무 테스트 같은 방법은 더 많은 시간이 소요될 뿐 아니라 강도 높은 수준의 관찰이 요구된다.

슈미트와 그의 동료들은 어떤 방법이 더 효율적인지를 수년 동안 연구했다. 그 결과 시간이 덜 소요되는 방법이 시간이 많이 소요되는 방법과 결과가 비슷하거나 오히려 더 나은 것으로 나타났다. 100년간의 갤럽 연구 결과와 실제 조직에서 가장 효과적이었던 방법을 토대로, 성공적인 채용을 위해 다음의 기준을 추천한다.

1) **이전의 경험과 성과.** 업무 요구 기준, 학업 성취 및 직업 지식과 관련된 핵심 경험을 포함한 지원자들의 실질적인 배경 정보를 수집하라.

2) **선천적 경향.** 동기부여, 일하는 방식, 주도성, 협업 및 사고 과정 등 지원자의 5가지 특성을 평가하라. 이 5가지 선별 기준에는 지원자에 대해 알아야 할 대부분이 포함되어 있다. 갤럽의 구조화된 인터뷰와 웹 기반 평가를 이용하면 이러한 선별을 비용 대비 효과적으로 수행할 수 있다.

3) **다중 면접.** 채용 프로세스의 후반 단계에서 채용 관리자와 팀원이

지원자와 여러 차례 면접을 진행하라. 이러한 면접을 통해 지원자가 자신이 맡을 역할, 관리자, 팀, 조직에 적합한지 상황에 맞춰 평가할 수 있다. 갤럽은 면접 대화의 품질을 향상시키기 위한 청취 가이드를 개발했다. 여러 번 면접을 한 후 각 평가를 하나로 합치면 단일 면접의 잠재적 편향성을 크게 줄일 수 있다.

4) 업무 관찰. 인턴십이나 프로젝트 경험을 바탕으로 각 지원자의 개별 성과, 협업 및 고객 가치에 대한 '경기 영상'을 수집하라. 상사나 동료로부터 평가를 듣는 것도 좋다.

이 4가지 기준을 활용하면 지원자들에게는 매력적이고 긍정적인 경험을 제공하는 동시에 효과가 높은 과학적 채용 프로세스를 설계할 수 있다. 인공지능의 발전은 앞으로 수년간 채용 프로세스를 더욱 효율적이게 만들 것이다.

12 | 유능한 직원들의 '경기 영상'을 찾는 위치

배운 내용을 적용할 수 있는 인턴십이나 일 혹은 한 학기 이상의 관련 프로젝트를 수행했다고 응답한 대학 졸업생은 3분의 1 미만이다.

유능한 직원을 유치하기 위한 브랜드 구축은 미래의 유망 직원들이 대학이나 고등학교에 다니고 있을 때부터 시작하는 게 좋다. 이러한 학생들을 유치하는 가장 좋은 방법 중 하나는 조직에 의미 있는 인턴십과 수습 제도를 두는 것이다. 그렇게 하면 학생들은 기회를 제공한 조직에 매우 고마워할 것이다.

갤럽의 연구 결과 대학 졸업생의 3분의 1만이 취업 시장(34%)이나 직장(36%)에서 사용할 수 있는 지식 또는 기술을 습득했다는 데 동의했다. 자신의 전공이 좋은 직업으로 이어질 것이라 믿는 사람은 절반을 조금 넘는 정도(53%)에 불과했다.

이는 스트라다와 갤럽이 2017년에 실시한 대학생 설문조사를 통해 발견한 주요 내용 중 하나이다. 이 조사는 전국 대학생을 대상으로 취업 준비 인식과 취업 관련 지원을 제공하는 대표적인 조사였다.

우리는 대학 졸업생의 관점에서 대학의 질을 측정하려고 고안한 갤럽 동문 조사(이전의 갤럽-퍼듀 지표)를 이용해 다음의 6가지 요소가 대학 졸업 후 성공에 긍정적인 영향을 발휘한다는 사실을 확인할 수 있었다.

① 적어도 1명 이상의, 학습에 흥미를 느끼게 만든 교수
② 한 인간으로서 자신을 배려해준 교수
③ 목표와 꿈을 추구하도록 격려한 멘토
④ 한 학기 이상의 시간을 투자한 프로젝트 작업
⑤ 수업에서 배운 내용을 적용해볼 수 있는 인턴십 혹은 일
⑥ 교과 외 활동 및 조직 활동에 대한 적극적 태도

이 6가지 경험은 졸업 후 삶의 질과 업무 몰입도와 관련이 있다.

하지만 대학 졸업생의 3%만이 대학에서 6가지를 모두 경험했다고 답했다.

바로 이 조사 결과에 조직을 위한 큰 기회가 놓여 있다. 구체적으로 기업들은 이 6가지 요소 중 3가지, 즉 멘토의 존재와 프로젝트 작업 그리고 배운 내용을 적용해볼 수 있는 인턴십을 학생들에게 제공함으로써 적극적 역할을 할 수 있다. 차세대 인재를 확보하기 위해, 학생들이 집중적인 업무 통합을 경험할 수 있도록 대학과의 제휴를 고려해보라. 미래의 직원에게 조언을 하는 데 현재 그 분야의 전문가보다 더 좋은 사람이 누가 있겠는가? 인턴십과 멘토십, 실무 프로젝트는 가장 판단하기 어려운 채용 기준, 즉 그 사람이 실제로 얼마나 일을 잘 수행할지에 대한 판단의 격차를 해소할 수 있다.

만약 조직에 수준 높은 졸업생이 필요하다면 미래 인력을 포섭하기 위한 고등학교 및 대학 경험 창출에 적극적으로 참여하라. 인턴십은 주도권을 잡기 위한 확실한 방법이다. 또한 대학 교육과정에 당신의 사업을 통합하는 방법을 생각해볼 수도 있다. 예를 들면 한 학기에 걸친 창의적인 프로젝트 디자인을 제안하는 방법도 있다.

대학 졸업생의 절반만이 자신이 배운 수업이 비용 대비 가치가 있다는 데 동의했다. 리더가 대학 경험을 설계하는 방식은 학생들의 이러한 인식과 관련되어야 한다. 또한 기업들이 차세대 신입사원을 확보하기 위해 어떻게 대학과 협력할지와도 관련이 있다.

물론 모든 사람이 4년제 대학에 다니는 것은 아니다. 많은 사람이 고등학교를 졸업한 후 바로 직장에서 일을 시작하고 있으며, 학교-직장 모델은 몇 년 안에 극적인 변화를 맞이할 것이다.

고용 브랜드를 완전히 새로운 수준으로 끌어올려 학생들에게 당신 조직이 어떤 일을 하는지에 대한 현실적 정보를 제공하라. 이는 미래의 유능한 직원을 당신의 조직으로 영입하는 데 큰 도움이 될 뿐 아니라 학생들에게 무한한 가치를 제공해줄 것이다.

13 | 신입사원 교육을 위한 5가지 질문

"이 조직이 믿는 것은 무엇인가?"

"나의 강점은 무엇인가?"

"나의 역할은 무엇인가?"

"나의 파트너는 누구인가?"

"이 조직에서 나의 미래는 어떤 모습인가?"

일단 채용되었다면 이제 막 회사에 입사한 사람이 '회사의 일원'으로 잘 적응할 수 있는 방법에는 무엇이 있을까?

신입사원을 교육하는 데에는 조직문화를 기반으로 한 다양한 방법이 있다. 어떤 회사는 사회적 유대감을 쌓는 데 초점을 맞추기도 하고, 어떤 회사는 신입사원이 스스로 그 과정을 습득하도록 내버려두기도 한다. 정해진 오리엔테이션 과정을 따르는 회사도 있으며, 혹자는 '자력으로 알아서 살아남게 하는' 전략을 사용하기도 한다.

신입사원을 교육시키는 목적은 그들에게 단지 몇 분기 정도가 아닌, 수십 년 동안의 경력 전반에 영향을 미칠 수 있는 기초 요소를 알려주기 위함이다. 처음이 중요하기 때문이다. 회사에 관한 한 아직 백지상태인 신입사원이 무언가를 배우고 변화하기를 열망하는 지금이 그들의 행동에 영향을 미치기 가장 좋은 시기이다.

그러나 많은 회사가 이토록 신입사원 교육의 개선에 큰 관심을 기울이고 있음에도 직원·관리자·리더 10명 중 단 1명만이 자신의 조직이 신입사원 교육을 훌륭히 수행하고 있다는 데 동의한다. 대략 10명 중 4명이 입사 첫날부터 6개월 동안 열심히 일하며, 이 기간이 주로 그들의 열정이 절정에 달하는 때이다.

처음의 집중력이 오래 지속되지 못하는 이유는 무엇인가? 당신과 신입사원들은 조직의 목적과 브랜드, 문화에 대한 명확한 관점을 가지고 있는가? 다음은 성공적인 신입사원 교육 프로그램을 위한 5가지 질문이다.

이 조직이 믿는 것은 무엇인가

신입사원이 알아야 할 가장 중요한 것은 바로 조직을 출발시킨 목적, 즉 공유된 믿음이다. 그래야만 그 외의 모든 것, 즉 조직이 표방하는 것과 달성하고자 하는 것을 알고 이에 맞춰갈 수 있다.

물론 당신은 신입사원을 교육하며 많은 '기본 사항', 즉 조직의 기본 혜택이나 직원들이 지켜야 할 규칙과 방침 등에 관해 말해줘야 한다. 실용적으로 보이는 이런 사항들이 바로 조직문화에 대한 실제적인 내용이다.

조직의 리더가 직원의 안전, 가족 휴가 및 윤리 위반 보고와 같은 세부 사항에 대해 처리하고 대처하는 방식은 조직문화에 대해 많은 것을 알려준다. 예를 들어 유연근무제나 직원 복지 중시 방침을 내세우고 있다고 가정해보자. 그러나 과연 직원들이 실제로 근무 중에 헬스장에 가거나 일찍 퇴근해서 자녀 행사에 참여할 수 있는가? 혜택, 규칙, 윤리적 경계, 문화는 조직의 명시된 목적과 브랜드에 부합하는가?

나의 강점은 무엇인가

신입사원이 '회사의 일원'이 됨과 동시에 생산적으로 일하기 위해서는 먼저 자기 자신을 알아야 한다. 그러나 대부분의 조직은 이 중요한 초기 단계를 간과하고 있다.

모든 신입사원이 자신의 강점을 활용해 맡은 역할을 수행하게 하는 것은 조직에 매우 중요한 문제이다. 직원이 자신의 강점을 알면 관리자와 더 깊은 대화를 나눌 수 있다. 팀원들이 서로의 강점을 알고 있으면 신입사원 또한 빠르게 팀에 동화될 수 있고, 모두가 더 잘 협력해 일을 완수할 수 있다.

효과적인 오리엔테이션을 통해 직원들이 성과를 달성하기 위해 자신의 강점을 어떻게 활용할 것인지 탐색할 기회를 제공해야 한다. 또한 신입사원은 자신이 무엇에 약한지 파악해 언제 어떤 사람에게 도움을 부탁하고, 의지해야 하는지를 알 수 있어야 한다.

하지만 강점 교육은 단지 성과만을 위한 것이 아니다. 교육이란 조직이 직원 개개인에게 시간과 돈을 투자하는 것이다. 신입사원에게 강점 교육을 한다는 것은 조직이 직원의 발전뿐만 아니라 그들의 장기적 성장에도 관심이 있다는 것을 보여준다. 강점의 과학에 관해서는 다음 장에서 토론할 것이다.

나의 역할은 무엇인가

전 세계 직장을 대상으로 한 갤럽의 연구에 따르면 약 50%의 직원이 조직이 자신에게 무엇을 기대하는지 잘 알고 있다고 답했다. 대다수의 직원은 채용 과정에서 앞으로 하게 될 일이 요구하는 바가 무엇인지 알게 된다. 하지만 현실은 생각과 다르다. 업무의 책임과 성과 평가 방법이 명확하게 정해져 있는 것이 기본이지만, 이 단계를 간과하는 경우가 많다.

다음 단계는 신입사원이 어떻게 강점을 활용해 성과를 낼 수 있을지, 그리고 자신의 업무가 어떻게 조직의 사명이나 목적과 연결되는지를 파악하는 것이다. 업무 적합성이 높은 직원은 좋은 성과를 낼 수 있으며, 조직에 오래 남는다.

신입사원이 자신의 역할을 잘해낼 수 있을 거라는 자신감을 빠른 시간 내에 갖는 것이 매우 중요하다. 직장에서의 첫 6개월을 되돌아볼 수 있어야 하고, 거기서 성공 경험을 확인해야 한다.

나의 파트너는 누구인가

신입사원은 조직에 소속감을 느껴야 한다. 또한 상사와 동료들이 자신을 받아들인다는 사실과, 실수를 통해 배우는 동안 누구에게 기댈 수 있는지도 알아야 한다. 신입사원은 조직에서 '관계 지도'를 구축하기 위한 전략을 마련해야 한다. 학술 논문에 따르면 소셜 네트워크 분석을 통해 조직에서 누군가의 영향력이 1~3차 연결을 바탕으로 결정된다는 사실을 알 수 있다.

1차 연결은 당신이 개인적으로 알고 신뢰하는 사람들, 즉 당신의 친구들이다. 2차 연결은 친구의 친구가 될 수 있다. 2차와 3차 연결은 다른 사람들을 통해 영향력을 증대시키기 때문에 직원의 평판과 영향력에 아주 큰 영향을 미칠 수 있다. 요컨대 직장에서 당신의 관계는 당신이 얼마나 많은 일을 해낼 수 있는지를 결정함과 동시에 당신이 조직에 속해 있다는 느낌을 강화한다.

이 조직에서 나의 미래는 어떤 모습인가

모든 사람은 배우고 성장할 필요가 있다. 특히 젊은 직원들은 새로운 직업 자체를 배움과 성장의 기회로 여긴다. 나이와 관계없이 모든 직원은 조직에서 경력을 쌓을 경로를 찾을 수 있어야 한다.

10명 중 9명이 가장 최근에 업무를 바꿀 때 회사를 옮겼다고 말했다. 이는 조직이 직원을 고용하고 훈련시키기 위해 투자를 했음에도 불구하고 그들에게 괜찮은 기회를 제공하지 못했다는 것을 뜻한다. 이와는 대조적으로 직장에서 배우고 성장할 기회를 가졌던 사람은 지금의 회사에서 계속 경력을 쌓겠다고 대답한 경우가 그럴 기회를 갖지 못했다고 말한 사람에 비해 2배 가까이 많았다.

주의 사항: 신입사원 교육 내용은 실제 조직문화와 일치해야 한다. 입사 6개월 후 감흥이 사라지기 시작할 무렵, 신입사원은 '이 조직에서 실제로 일이 어떻게 돌아가는지'를 알기 위해 기존 직원들과 얘기할 것이다. 만약 당신이 신입사원 교육에서 말했던 조직의 가치가 회

사의 실제 구조, 혜택과 인식, 리더십과 일치하지 않는다면 신입사원은 오랜 시간 동안 그 충격으로부터 벗어날 수 없을 것이다.

14 | 개발 단축: 강점 기반 대화

당신이 관리자라면 스스로에게 "나는 팀원들의 약점이나 강점에 대해 잘 알고 있는가?"라고 물어보라.

우리 뇌는 다른 사람을 비판하도록 되어 있다. 동료가 자신의 프레젠테이션을 검토해달라고 할 때, 우리의 첫 번째 본능은 동료의 실수와 그것을 '개선할 기회'를 찾는 것이다. 또 신입사원을 교육하는 경우 그들이 놓친 사실이나 잘못 알고 있는 정보에 초점을 맞춘다.

전통적인 성과 관리는 이러한 본능에 따른 것이다. 즉 직원들의 순위를 매기고 평가함으로써 약점을 '정정'하기 위한 방안을 말해준다. 하지만 이런 접근법은 실제로 직원들의 성과를 향상시키지는 못한다. 직원 중 단지 21%만이 조직의 성과 관리 방식은 자신의 업무를 더 잘하도록 동기부여를 한다는 데 동의한다. 이렇듯 우리는 타인에게 비판적이도록 설계되었지만, 반대로 비판을 받는 것에는 익숙하지 않다. 즉 항상 칭찬을 듣고 싶어 한다.

그렇다면 관리자들은 칭찬과 비판 사이의 올바른 균형을 어떻게 잡을 수 있을까? 경력 관리를 훌륭하게 해내려면 개인의 강점과 약점을 진지하게 검토하는 것이 필수적이다. 때로는 비판적인 피드백도 필요하며, 이를 통해 자신의 약점을 알고 책임을 져야 한다. 그러나 관리자들은 탁월한 성과를 끌어내기 위해 각 개인이 천성적으로 가장 잘하는 것에 초점을 맞춰 의미 있는 피드백을 하고, 이를 지속적으로 재확인할 필요가 있다. 이것이 신뢰를 구축하는 출발점이며, 이것이 전제되어야 비판적인 피드백이 직원의 성장과 발전으로 이어질 수 있다.

조직은 관리자에게 직원들과 더 자주 교류하도록 요구하는데, 관리자는 지속적인 대화가 지속적인 비판으로 변질되지 않게 주의해야 한다. 비판은 관리자와 직원이 신뢰 관계를 구축하는 데 방해가 되며, 이는 직원이 열린 마음으로 비판을 받아들이기 어렵게 만든다. 또한 직원들이 쉽게 일에 몰입할 수 없게 만들기도 한다.

일에 몰입하는 직원의 하루는 그렇지 않은 직원의 하루와 많이 다르다. 근본적인 이유 중 하나는 현재 일에 몰입하는 직원에게는 긍정적 경험이 풍부하기 때문이다.

일단 직원들은 부정적 경험 또는 직업 스트레스에서 벗어날 수 없다. 갤럽의 조사에 따르면 몰입도에 상관없이 직원들은 주말보다 주중에 더 많은 스트레스를 받는 것으로 나타났다. 놀라운 결과는 아니다. 대부분의 직원은 직장에서 예상치 못한 요구 사항을 처리하곤 한다. 하지만 하루의 구성과 관리자 및 동료와의 상호작용에 따라 자신이 가장 잘하는 일을 하는 데 더 많은 시간을 할애할 수 있다. 그렇다면 관리자는 직원들의 더 높은 몰입과 성과를 장려하기 위해 그 '이상적인' 하루를 어떻게 만들 수 있을까?

갤럽은 8,115명의 직원을 대상으로 한 조사에서 응답자들에게 가장 최근에 일한 날에 대해 생각해보고, 그날 다양한 활동을 하는 데 얼마의 시간을 소비했는지 말해달라고 요청했다. 일에 몰입한 직원과 그렇지 않은 직원 사이의 가장 큰 차이점은 일에 몰입한 직원의 경우 업무에 너무 몰입한 나머지 시간이 빨리 흐른다고 느낀다는 것과 그들이 잘하지 못하는 일에 집중하는 시간이 적다는 것이었다. 일에 몰입한 직원이 자신의 강점에 초점을 맞추는 데 보낸 시간은 그렇지 않은 직원보다 4배나 많았다. 반면 일에 몰입하지 않은 직원은 자신의 강점과 약점에 초점을 맞춘 일에 동일한 비중을 할애했다.

성과에 대한 강점 접근법은 약점을 얼버무리거나 직원들이 자신이 좋아하는 업무와 프로젝트에만 집중하게 하는 것이 아니다. 대부분의 업무에는 자신이 별로 흥미 없어 하는 것도 포함된다. 마찬가지로 관리자는 직원이 역할을 더 잘하도록 건설적인 피드백을 해야 할 때가 있다. 이때 비판과 칭찬의 정도를 같게 하면 안 된다. 약점 비판보다는 강점 칭찬에 좀 더 초점을 맞춰야 한다.

갤럽의 데이터에 따르면 오늘날의 직원들은 관리자가 주로 자신의 강점에 근거해 코치해주기를 기대한다. 그리고 성과가 높은 직원들은 그런 기대 사항을 팀 리더와 의논하며, 이것이 훨씬 더 좋은 결과를 가져온다.

15 | 클리프턴 강점 34: 인간의 잠재력에 대한 분류 체계

34가지 클리프턴 강점 진단 테마

개발, 개별화, 공감, 공정성, 긍정, 미래지향, 발상, 배움, 복구, 분석, 사교성, 성취, 수집, 승부, 신념, 심사숙고, 연결성, 자기 확신, 적응, 전략, 절친, 정리, 존재감, 주도력, 지적 사고, 집중, 책임, 체계, 최상화, 커뮤니케이션, 포용, 행동, 화합, 회고

"사람들의 약점을 연구하는 대신 강점을 연구하면 무슨 일이 벌어질까?"

수십 년 전 돈 클리프턴이 제기한 이 간단한 질문으로 인해 오늘날 우리가 아는 세계적인 강점혁명이 시작되었다. 이 질문은 돈 클리프턴에게 지극히 개인적인 것이었다. 그는 어렸을 때 심각한 다리 부상으로 수개월 동안 누워 있을 수밖에 없었다. 하지만 그는 이 고통스러운 경험 속에서 무너지지 않고 게걸스러울 정도로 독서를 했고, 수학과 지적인 재능을 연마하는 데 몰두했다. 이러한 경험은 그에게 약점보다 강점에 집중하는 방법을 알려주었다.

제2차 세계대전 시기에 돈은 육군 항공 항법사로서 B-24 폭격기로 자신이 연구한 수학적 기술을 시험했으며, 이후 스물다섯 번의 폭격 출격에 성공한 업적으로 명예로운 공군십자훈장을 받았다. 한번은 그가 악천후의 아조레스Azores 상공을 비행하던 중에 비행기가 항로를 이탈했다. 이 상황에서 돈은 직감적으로 이 문제를 수정할 수

있다고 생각했지만, 실제 계산해보니 그 생각이 틀렸다는 것을 알았다. 그는 이러한 경험을 한 이후 직관보다 과학을 신뢰하게 되었다.

제2차 세계대전이 끝난 후 돈은 집으로 돌아왔고, 전쟁과 파괴는 충분히 경험했으니 남은 인생은 인류에게 도움이 되는 일을 하며 보내고 싶었다. 이것이 그가 인간 발달 연구를 하게 된 계기였다.

1940년대 후반에서 1950년대의 심리학은 주로 심리적 문제를 진단하고 치료하는 데 집중되어 있었다. 돈에게는 이것이 뒤떨어진 방식처럼 느껴졌다. 돈은 "심리학 대학원을 다니며 심리학자들이 지금까지 사람들에게 무엇이 효과가 있는지가 아니라 사람들이 무엇이 잘못되었는지를 연구해왔다는 사실을 깨달았다"고 말했다. "그때 나는 사람들이 재능이 아니라 문제와 약점으로 특징지어진다는 것 또한 깨달았다. 이런 깨달음을 통해 나는 사람들을 연구할 필요성을 느끼게 됐다. 어떤 직업에서든 무엇이 차이를 만드는지를 파악하는 유일한 방법은 고성과자를 연구하는 것이다."

1949년, 돈과 그의 동료들은 네브래스카 대학교에서 네브래스카 인적자원 연구재단을 설립했다. 이 재단은 학생들의 지역 봉사활동의 거점이자 강점 기반 심리학을 연구하는 대학원생들의 실험실 역할을 했다.

돈과 그의 학생 및 동료들은 성공한 대학 졸업생들은 그렇지 못한 학생들에 비해 특히 다른 성격적 특성이 있다는 사실을 발견했다. 또한 성공한 학생들에게는 동일한 상담사가 있었다는 사실을 밝혀냈다. 성공한 사람들에 대한 이러한 발견은 여러 가설로 이어졌다. 돈과 동료들은 직업적으로 가장 성공했다고 여겨지는 학교 상담사, 교사, 판매원, 관리자들을 연구하기 시작했다. 연구 결과 돈은 직업에서 성공한 사람들에게 어떤 공통 특성이 있다는 것을 발견했다. 그는 이러한 인간 경향을 '자연스럽게 반복되는 사고, 감정 또는 행동의 패턴'이라고 정의했다.

돈은 성격검사에는 흥미가 없었지만, 사용자의 재능을 파악하는 '클리프턴 강점 진단'을 만들어 세계적 명성을 얻었다. 이 글을 쓰는 현재까지 전 세계 2천만 명 이상의 사람이 이 진단을 받았다. 그는 성격 테스트를 개발하는 데에는 그다지 관심이 없는 대신 높은 성과 결과를 예측할 수 있는, 보편적이지만 실용적인 특성을 파악하고자 했다. 그리고 각 개인에게 매우 독특하지만, 훈련을 통해 진정한 강점으로 발전시킬 수 있는 개인적 성향을 확인하고 싶었다.

돈의 작업은 사람들이 자신이 누구인지뿐만 아니라 무엇을 성취할 수 있는지를 더 잘 이해하도록 대화하게 하는 데 그 목적이 있었다.

돈은 자신의 팀과 함께 50년에 걸쳐 모든 문화, 산업, 역할, 각계각층의 가장 성공한 사람들로부터 수백 가지 연구를 수행하며 계속 데이터를 수집했고, 연구 말년에 이르러서는 강점 기반 심리학의 아버지로 불리며 미국 심리학회로부터 대통령 표창을 받는 영예를 얻기도 했다. 이 모든 연구를 메타 분석한 결과 1990년대 중반에 돈은 성공한 사람들이 강점으로 발전시킨 34가지의 뚜렷한 재능 '테마'를 발견할 수 있었다(부록 1 참조).

이 테마들은 인간 잠재력의 주요 차원을 개략적으로 보여주고 있다. 모든 사람은 이 테마들이 독특하게 혼합된 자신만의 특성이 있으며, 이는 처음에는 선천적인 잠재력이지만 의도적인 연습과 개발을 통해 거의 완벽하게 완성될 수 있다.

책 앞면에 있는 접속 코드를 이용해 클리프턴 강점 진단을 받으면 당신의 강점을 발견할 수 있다.

16 | 강점 기반 문화를 구축하는 5단계

① 최고경영자가 먼저 시작하라.

② 모든 직원이 자신의 강점을 발견할 수 있도록 하라.

③ 내부에 강점 코치 네트워크를 구축하라.

④ 강점을 성과 관리에 통합하라.

⑤ 학습 프로그램을 혁신하라.

자신의 문화가 '강점 기반'이라고 솔직하게 말할 수 있는 조직은 전 세계에 몇 개 없다. 이는 엄청난 기회를 놓치는 것이다. 강점 기반 문화를 가진 조직은 경쟁사보다 지속적으로 높은 성과를 낸다.

강점 기반 문화를 구축하는 것은 쉬운 일이 아니다. 단순히 모든 사람의 강점을 아는 것만으로는 변화를 이끌어낼 수 없다. 조직의 일상적 업무에 강점을 성공적으로 통합하기 위해서는 지속적인 대화와 성찰 그리고 연습이 필요하다. 이를 위한 가장 효과적인 방법은 갤럽이 인증한 강점 코치를 활용하는 것이다.

진정한 강점 기반 조직은 선발과 개발 프로그램을 통해 오랜 시간 동안 키워온 강력한 리더십과 훌륭한 관리자를 보유하고 있다. 이러한 리더들은 인간 개발의 비즈니스적 가치에 대한 깊은 믿음을 가지고 있으므로 조직의 성과에 큰 영향을 미친다.

강점 기반 조직에는 기본적으로 강점 기반 팀이 있으며, 업무를 수행하는 방법에 대한 표준이 있다. 강점 기반 팀은 더 높은 몰입도, 더 우수한 성과, 더 나은 고객 서비스와 더 높은 수익성을 보여준다. 강점 기반 문화가 갖는 실질적이고 측정 가능한 이점을 고려할 때, 어떻게 조직에 강점 기반 문화를 주입할 수 있겠는가?

1) **최고경영자가 먼저 시작하라.** 그러지 않으면 효과가 없다. 강점 중심의 문화를 원한다면 경영진은 어떻게 각 구성원의 장점을 활용해 목적과 사업 목표를 달성할 수 있게 할 것인가를 설명해야 한다. 경영진은 각자의 강점을 공유하고, 이러한 강점을 어떻게 사용하고 있는지 또한 이야기해야 한다. 갤럽의 책 《유능한 리더의 3가지 특징》에는 각기 다른 재능과 강점을 가진 리더들이 자신만의 방식으로 뛰어난 성과를 달성하는 방법이 소개되어 있다.

2) **모든 직원이 자신의 강점을 발견할 수 있도록 하라.** 강점 진단은 팀이 협력하고 효과적으로 성과를 내는 방식에 관한 공통의 언어로 작용한다. 강점을 아는 것은 단지 시작일 뿐이다. 강점 기반 측정 접근법은 건설적인 의사소통과 개발을 증진하기 위해 고안되었다.

3) **내부에 강점 코치 네트워크를 구축하라.** 내부의 강점 코치들은 관리자에게 강점에 대한 실질적 통찰력과 도구를 제공한다. 이들은 관리

자에게 조언과 지속적 지원을 제공하는 내부 컨설턴트 역할을 한다.

4) 강점을 성과 관리에 통합하라. 강점 기반 팀을 만들려면 관리자가 성과 코치가 되어야 한다. 이는 관리자가 먼저 자신의 강점과 그것을 사용할 수 있는 방법을 이해해야 한다는 것을 뜻한다. 그런 다음 직원 개개인의 강점을 이해하고 성과 및 역량 개발로 이어질 수 있는 효과적인 대화를 해야 한다. 직원들이 자신의 고유한 역할에 강점을 적용하는 방법을 배우면 강점은 일시적인 보존 프로그램이 아니라 지속적인 비즈니스 운영의 핵심 부분이 된다.

5) 학습 프로그램을 혁신하라. 기존 프로그램과 관행, 즉 채용, 고용, 신입사원 교육 그리고 전체 직원 수명 주기에 대한 철저한 감사를 수행하라. 강점 기반 문화에 반해 직원들을 약화시키는 프로그램이나 관행 또는 정책을 확인하고 그것들을 바꿔라. 약점을 파악하는 것은 중요하다. 또 모든 직원이 자신의 강점에 완벽하게 맞지 않는 업무와 역할을 하는 것도 사실이다. 효과적으로 역량을 향상시키기 위해서는 우선 개개인이 어떤 사람인지, 타고난 성향이 무엇인지를 이해해야 한다. 그런 다음 역량을 향상시키기 위해 자신의 강점을 사용하는 시간이 최대화되도록 직원들을 배치한다.

17 | 올바른 기대: 역량 2.0

어떤 역할에서도 성공하기 위한 7가지 역량

① 관계를 구축하라. 파트너십을 구축하고, 신뢰를 쌓으며, 아이디어를 공유하고, 업무를 완수하라.

② 사람을 개발하라. 강점, 기대와 코칭을 통해 다른 사람들이 더 효과적으로 되도록 도와라.

③ 변화를 이끌어라. 명시된 비전에 부합하는 목표를 설정하고 변화를 수용하라.

④ 다른 사람들에게 영감을 불어넣어라. 긍정성, 비전, 자신감, 도전, 인정을 통해 다른 사람들을 격려하라.

⑤ 비판적으로 생각하라. 현명한 결정을 내릴 수 있도록 정보를 수집하고 평가하라.

⑥ 명확하게 의사소통하라. 규칙적이고 간결하게 정보를 공유하라.

⑦ 책임감을 형성하라. 팀의 성과는 당신과 팀에 달려 있다.

강점 기반 접근법이 성공하기 위해서는 개인은 자신과 조직에 중요한 것을 파악하고, 거기에 자신의 강점을 집중할 필요가 있다.

당신은 직원들에게 어떤 행동을 기대하는가? 이 질문에 짧게 답할 수 있다면 당신은 자신이 원하는 문화적 요소를 이미 잘 알고 있는 것이다. 만약 질문에 대한 대답이 너무 길어 기억하기 어렵거나 사람들이 공감하지 못하는 내용이라면 문화가 당신의 열망과 일치하지 않는 것이다.

좋은 기업은 직원들이 갖추기를 기대하는 역량을 만들어낸다. 그러한 역량은 '건설적인 피드백을 제공하라'에서 '결단력 있게 행동하라'까지 다양하다. 반면에 어떤 것은 '목적의식을 가져라'나 '시대에 역행하지 마라' 등으로 모호하거나 혼란스럽다.

'역량 모델링'은 점점 더 인기를 얻고 있지만, 그에 대한 일반적인 정의와 방법론은 조직 효율성과 명확한 관련이 없다. 역량 모델에는 대개 다양한 특성, 기술, 능력, 지식, 행동, 책임이 포함된다. 그러나 이러한 혼동 상태는 역량이 무엇인지와 그 역량을 사용하는 방법에 대해 혼란을 일으킨다.

최근까지 직업과 조직에 전반적으로 적용되는 보편적인 역량을 정의하려는 시도는 없었다. 갤럽 팀은 그런 작업을 하고자 30년에 걸친 연구를 검토하고 18개 업종의 559개 업무에서 360개의 독특한 행동적 직업 요구에 대한 내용을 분석했다. 이 데이터는 갤럽 전문가들이 당초 실시했던, 다양한 역할에서 최고의 성과를 낸 사람들을 분석한 업무 분석 연구와 다른 기관의 독자적인 역량 모델에서도 얻을 수 있었다. 이를 통해 수백 건의 역량 진술서가 작성되었으며, 우리는 그것을 모두 수집했다.

갤럽의 연구원들은 우리가 연구한 모든 역할로부터 수집한 독특한 요구와 역량에서 중복 부분이 상당하다는 것을 알아냈다. 팀은 철저한 부호화 과정을 진행해 말 그대로 어떤 역할에서도 성공하도록 하는 7가지의 역량을 추려냈다.

위에 열거한 이 7가지 범주에는 모든 역량이 포함되어 있지는 않다. 그러나 조직에서 높은 성과를 낸 직원을 살펴보면 여기서 이야기한 7가지 보편적 범주의 대부분 또는 모든 역량을 지니고 있을 가능성이 크다. 이 목록은 갤럽이 어떤 조직이나 직원이 탁월한 성과를 내는 데 필요한 직무 요구 사항에 대한 가장 간단하면서도 포괄적인 설명이다.

이 역량이 정말 모든 사람에게 적용되는가

이 7가지 역량이 일선관리자에서 경영진에 이르기까지 모든 역할에 적용될 수 있는지에 대해 의문을 가질 수도 있다. 제조업체 직원이나 버스 운전사가 사람을 계발하고, 변화를 주도하며, 다른 사람들에게 영감을 줄 것으로 기대할 수 있을까? 최적으로 운영되는 조직에서라면 '그렇다.' 모두가 의미 있는 피드백과 코칭을 함으로써 동료를 발전시키는 역할을 해야 한다.

리더는 직원들이 실제로 이렇게 행동할 것을 원하는 만큼 그 첫 번째 모범이 되어야 한다. 하지만 '개발'이나 '개별화' 테마가 없는 사람이 어떻게 사람을 개발시킬 수 있을까? '분석' 또는 '전략' 테마가 없는 사람이 어떻게 비판적으로 생각할 수 있겠는가? 또는 '커뮤니케이션' 테마가 없는 사람이 어떻게 명확하게 의사소통을 할 수 있겠는가(부록 1 참조)?

모든 사람이 똑같은 방식으로 이러한 기대를 충족시키는 것은 아니다. 자신의 강점을 바탕으로 사람들은 어떤 역량을 다른 역량보다 더 쉽게 성취한다. 하지만 누구나 자신의 독특한 강점 프로파일을 사용해 이런 요구를 충족시킬 수 있다. 예를 들어 경쟁적인 사람은 '승리'의 평가 기준을 명확히 만들어 다른 사람들을 발전시킬 수 있다.

또는 화합이 매우 높은 강점인 사람은 사람들의 공통점을 발견하고 그것을 강조함으로써 비판적으로 생각하거나 갈등을 해결할 수 있다.

이 7가지 역량은 몰입도를 높이고 높은 성과를 내는 효율적인 업무 관리 방안과 일치한다. 이러한 요구를 얼마나 잘 충족하는지 어떻게 알 수 있을까? 동료, 부하 직원, 관리자 및 다른 파트너 등 주변 사람에게 물어보라. 이 7가지 역량은 360도 진단을 통한 개발 과정에 초점을 이동시킨다.

미래의 근로자는 7가지 분야 각각에서 개선해야 할 사항이 점점 더 많아질 것이다. 모든 사람은 관계를 맺고, 다른 사람들을 발전시키고, 역할 변화를 이끌어내고, 영감을 주고, 비판적으로 생각하고, 분명하게 의사소통하고, 서로에게 책임을 질 때 더 나아질 수 있다. 모든 사람은 이러한 7가지 역량을 쌓기 위해 자신의 강점을 어떻게 사용할 수 있는지를 생각해보아야 한다.

18 | 올바른 승계 계획의 수립

- 객관적인 성과 측정을 만드는 것에서 시작하라.
- 성공을 가져오는 핵심 경험을 분석하라.
- 선천적 경향을 이용하라.
- 고도로 개별화된 리더십 개발을 설계하라.

효과적인 '승계 계획(조직에서 직원들이 언제든지 상급 관리자를 대체할 수 있도록 훈련 또는 준비시키는 것)'은 임원급뿐만 아니라 조직의 모든 수준에서 인재를 유치하기 위해 필수적이다. 대부분의 기업이 안고 있는 문제는 승계 계획이 대부분 주관적이라는 것이다. 그로 인해 누가 승진해야 하는지에 대해 옳지 못한 결정을 내리게 된다. 이와 같은 부실한 승계 결정은 수행 능력이 부족한 사람을 승진시킴으로써 조직 전체에 악영향을 미친다.

그럼에도 많은 기업이 특별한 승계 계획을 가지고 있지 않으며, 필요에 따라서만 이런 중대한 결정을 내리곤 한다. 조직 내에 시스템이 없다면 인재를 채용하는 데 상당히 많은 비용이 들 수도 있다. 반면 올바른 승계 계획이 수립되면 조직 내에서 승진 결정의 성공률이 올라간다. 의사결정자가 실적을 면밀히 관찰하고, 이것을 토대로 더 나은 의사결정을 내릴 수 있기 때문이다. 하지만 시스템을 갖추는 건 하나의 단계에 불과하다. 편견을 획기적으로 줄이는 시스템 역시 필요하다.

갤럽은 편향성이 경영 결정에 어떤 영향을 미치는지를 조사하기 위해 645명의 리더에게 손해가 나고 있는 지점과 이익이 나고 있는 지점, 이 두 군데에 최고의 경영자를 배치할 수 있다면 어디에 배치할 것인지를 물었다. 리더의 3분의 2가 '손실을 만회하기 위해 현재 손해가 나고 있는 지점에 배치할 것'이라고 답했다. 이와 같은 결정은 손실회피편향을 반영한다.

한편 뛰어난 성과를 내는 리더들은 이익이 나고 있는 지점에 최고의 경영자를 배치하는 경우가 많았다. 그들은 고도로 숙련된 관리자와 성공적인 지점을 결합하면 더 많은 시너지를 얻을 수 있다는 사실을 알고 있었다. 연구 결과 또한 그들의 결정을 뒷받침했다. 뛰어난 성과를 거두는 리더들은 손실회피편향을 피하기 위한 데이터 중심 결정을 선택했다.

확증편향은 승계 결정에도 영향을 미친다. 리더들은 대체로 자신과 비슷한 사람을 후계자로 선택하거나, 선입관이나 직감에 부합하는 사람을 새로운 리더로 선택한다. 어떤 리더는 과거의 실적을 보지 않고 최근에 몇 번 성공한 리더를 선택한다. 이것을 '뜨거운 손 오류hot-hand fallacy' 또는 최신편향이라고 부른다.

다음은 승계 계획을 보다 과학적으로 하기 위한 4가지 방법이다.

1) **객관적인 성과 측정에서 시작하라.** 관리자가 경영 리더로 승진하는 경우 가능하면 몇 년에 걸친 상당한 기간의 객관적 성과 측정을 살펴보라. 영업, 이익, 이직률, 고객 서비스 등급, 결근율, 안전 및 몰입도 등 이 관리자가 이끈 팀의 성공을 측정하라.

2) **성공을 가져오는 핵심 경험을 분석하라.** 새로운 역할에 대한 기대치를 평가하라. 어떻게 발전하고 있는가? 또한 최고 성과자들의 주요 경험과 변화에 따른 역할 경험을 검토하라. 주요 경험으로는 현재 전문 직종을 벗어난 분야에 도전하고, 역경을 통해 팀을 이끌고, 비즈니스 부문 전반에서 양질의 파트너십을 구축하고, 국제적 경험을 쌓고, 고객을 깊게 연구하는 데 참여한 것이 포함될 수 있다. 이러한 경험을 정량화함으로써 승진 결정에 객관성을 확보하라.

3) 선천적 경향을 이용하라. 채용 관련 장에서 논의한 바와 같이 잘 검증된 평가는 개인의 자연스러운 경향뿐 아니라 그들이 일하는 방식 및 다른 사람과 협력하는 방식에 대한 귀중한 지침을 제공한다. 예를 들어 동기부여·업무 방식·주도성·협력·사고 과정의 5가지 선천적 경향을 풍부하게 지닌 직원은 성공 가능성이 더 높을 것이다. 이상적으로 조직은 후보자들을 채용하기에 이러한 지표를 만들고, 그가 회사에 머무는 동안 정보에 근거한 승계 결정을 내릴 수 있을 것이다. 그러나 이 평가로 위의 2가지 기준(성과 및 주요 경험)을 대체해서는 안 된다.

4) 고도로 개별화된 리더십 개발을 설계하라. 리더십 개발 프로그램은 강점을 기반으로 해야 하며, 역할에 대한 구체적인 기대를 겨냥하되 높은 자기 인식 개발을 최종 목표로 삼아야 한다. 관리자와 임원을 성공적인 리더로 만드는 일은 지속적인 과정이다.

19 | 퇴직

오늘날 직원의 35%가 지난 3년 이내에 이직한 경험이 있다고 말한다. 절반 이상이 적극적으로 새로운 일자리를 찾고 있거나 창업을 고민하고 있다고 보고했다.

우리는 이 책을 통해 유능한 직원들의 이직률을 크게 줄일 방법을 개략적으로 설명할 것이다. 하지만 필연적으로 모든 직원은 언젠가는 조직을 떠난다. 퇴직은 직원 생애 주기에서 가장 중요한 순간 중 하나이다.

모든 회사에는 좋은 이직과 나쁜 이직이 존재한다. 좋은 이직이란 직원이 장기적으로 조직에 의미 있는 기여를 한 후에 은퇴하거나 또는 새로운 길을 추구하기 위해 직업을 변경하는 경우이다. 이상적인 이직은 직원과 조직에 긍정적 경험이 된다. 좋은 조건으로 떠나는 직원은 전 직장에 대해 긍정적인 말을 남긴다. 하지만 이는 말처럼 쉬운 일이 아니다.

이와 반대로 가장 유감스러운 이직은 퇴사자가 어떤 방식으로든 존중받지 못한다고 느끼는 경우인데, 이에 대해서는 다른 장에서 논의할 것이다. 나쁜 이직은 직장에서 성취감이나 발전 기회가 없어 떠나는 경우이다. 그들은 대부분 경쟁사에 입사해 당신의 회사를 험담함으로써 평판을 손상시키고 유능한 직원을 유치하기 어렵게 만든다.

우리가 검토한 문헌에 따르면 이직 비용은 직무의 복합성에 따라 다르지만, 보통 직원 연봉의 절반에서 2배 이상에 이르는 것으로 추산한다. 비용 추정치에는 후임의 고용 및 교육과 생산성 손실을 포함하지만, 소송 비용은 포함하지 않은 것이다. 즉 직원 보유율이 조금만 높아져도 막대한 비용 절감 효과를 거둘 수 있다.

그러나 아마 이보다 훨씬 큰 이직 비용은, 효과적으로 잘 처리되지 않을 경우 조직의 평판 리스크이다. 따라서 직원 퇴사 절차에 대한 다음의 매뉴얼을 활용하면 조직문화에 대한 향후 결정을 내리는 데 도움이 되는 정보를 얻을 수 있고, 나중에 고용 브랜드를 높일 홍보대사를 얻을 수 있다.

그렇다면 성공적인 퇴사 관리란 어떤 것인가?

1) 직원의 이야기가 경청된다고 느끼게 하라. 퇴사 면담은 불완전한 정보만 제공한다. 하지만 당신은 그 정보에서 같은 실수를 저지르지 않게 하는 통찰력을 끌어낼 수 있다. 또한 경쟁사가 무엇을 제공하는지도 알 수 있다, 가장 중요한 점은 퇴사 면접을 통해 퇴사 이유와 또 다른 이야기를 들을 수 있다는 것이다.

현재 인터넷에는 어떤 조직의 예전 직원과 현재 직원들이 불만을 표출하는 수많은 공개 포럼이 있다. 갤럽은 우선 직원들이 조직에 대한 감정을 표출할 수 있는 절차를 도입하라고 권고한다. 우리는 조직에서 활용할 수 있는 수많은 퇴사 면담 질문을 보유하고 있다.

갤럽은 또한 유능한 성과자들이 조직에 있는 동안 그들과 지속적으로 면접을 진행할 것을 권고한다. 그렇게 함으로써 당신은 그들이 계속 조직에 머물지를 더욱 정확하게 예측할 수 있기 때문이다.

2) 자신의 공헌에 자부심을 느끼며 떠나게 하라. 누구든 어떤 식으로든 조직에 공헌했을 것이다. 비윤리적 행동으로 해고된 경우를 제외하고는 퇴사자에게 그가 조직에 무엇을 기여했는지, 그리고 당신이 그것을 얼마나 고맙게 생각했는지를 알려주어라.

3) 브랜드 홍보 대사를 만들어라. 물론 사람들은 종종 좋지 않은 관리자나 다른 부정적 요소 때문에 조직을 떠난다. 불만을 품은 직원의 마음을 되돌릴 방도는 없다. 다만 사람들의 의견을 듣고 그들이 조직에 무엇

을 기여했는지 얘기하는 일은 조직을 떠나는 사람이 당신 조직의 홍보 대사가 될 가능성을 높여줄 것이다.

동문 네트워크는 조직의 평판을 결정하는 가장 강력한 요소다. 떠난 직원들이 무엇을 하는지 주시하고 조직이 성장함에 따라 그리고 그들이 다른 곳에서 계속 업무 경험을 쌓아나감에 따라 관계를 유지하라.

직원들이 조직에서 경험하고 상호작용한 것이 유능한 직원을 유지하게 하고 궁극적으로는 조직의 고용 브랜드를 결정할 것이다. 이 모든 것은 관리자가 직원들을 얼마나 잘 코치하느냐에 달려 있다.

상사에서 코치로

높은 직원 개발 문화는 당신의 회사와 직원 모두에게 가장 생산적인 환경이다.

BOSS TO COACH

20 | 코칭의 3가지 요건

① 기대치를 설정한다.

② 지속적으로 코치한다.

③ 책임감을 갖게 한다.

직원 관리 방식을 바꾸는 것은 미룰 수 없는 시급 과제이다. 갤럽은 미국에서 업무 비몰입으로 인한 경영 부실과 생산성 손실이 연간 9,600억~1조 2천억 달러에 이를 것으로 추정한다. 전 세계적으로 이러한 비용은 7조 달러에 육박하며, 이는 GDP의 9~10%에 달한다.

최근 성과 관리의 발전에 대해 살펴보자. 조직은 다음과 같은 변화를 하나 혹은 둘 다 겪었을 수도 있다.

- **조직은 성과 관리 시스템이 기대에 미치지 못한다는 사실을 깨닫고 있다.** 직원 5명 중 1명만이 조직의 성과 관리 시스템이 일에 대한 동기부여를 한다는 점에 동의했다. 대기업들은 효과가 없을 뿐만 아니라 유능한 직원과 관리자들을 쫓아내는 이러한 시스템에 수만 시간과 수천만 달러를 쏟아붓고 있다.
- **기술, 세계화 및 폭발적인 정보 흐름으로 인한 변화가 일의 미래를 특정 짓고 있다.** 오늘날의 직원, 특히 밀레니얼 세대는 뭔가 다른 것을 요구한다. 그들은 상사가 아닌 코치를 원한다. 밀레니얼 세대는 명확한 기대, 책임감, 풍부한 목적을 원하며, 특히 지속적인 피드백과 코칭을 기대한다.

갤럽은 조직의 부실한 경영 문제를 해결하기 위해 지금까지 알려진 성과 관리에 대한 모든 것을 연구하기 시작했다. 우리는 6천만 명 이상의 고객 데이터베이스를 검토·평가했으며, 목표 설정, 피드백, 몰입도, 개인의 차이 그리고 역량에 관한 수백 가지 연구 자료를 메타 분석해 심도 있는 연구를 수행했다. 또한 세계 최고의 과학자와 리더, 관리자, 직원들을 인터뷰했다.

우리는 리더에서 현장 작업자에 이르기까지 어떤 통찰력이 가장 유용하고 실용적인지에 대해 알고자 했고, 최고의 과학이 말하는 것은 과연 무엇인지를 배우고 싶었다.

긍정적 측면에서 이 연구는 기존의 성과 관리를 어떻게 성과 개발로 전환하느냐에 따라 관리 방법과 생산성을 획기적으로 향상시킬 새로운 방법이 있음을 보여주었다. 그러나 갤럽은 동시에 조직들이 입증된 과학적 발견을 간과하거나 무시했다는 점도 알게 되었다. 조직은 지난 몇 년간 성과 관리에만 치중한 것으로 나타났다.

특히 기존의 성과 관리 시스템을 이용하는 조직은 직원들을 고무시키거나 발전시키는 데 어려움을 겪고 있다. 이러한 낡은 시스템은 직원들에게 불명확하고 잘못된 기대, 비효율적이거나 거의 존재하지 않는 피드백 그리고 불공정하거나 누락된 평가 방식을 의미하기 때문이다.

시스템과 프로세스의 결함으로 직원들이 업무를 수행하는 데 어려움을 느끼면 리더십은 신뢰를 잃는다. 그러나 직원들이 자신에게 요구된 사항을 성공적으로 성취하기 시작하면 당신은 자신이 만들고자 했던 문화가 현실이 되는 것을 보게 될 것이다.

성공하기 위해서는 다음의 3가지 요건을 충족하도록 교육해 관리자를 코치로 전환해야 한다.

① 기대치를 설정한다.
② 지속적으로 코치한다.
③ 책임감을 갖게 한다.

그 이유는 무엇일까? 이는 갤럽의 연구가 다음과 같은 성과 개발에 대한 통찰력을 발견했기 때문이다.

- **관리자와 함께 목표를 설정한 직원은 그렇지 않은 직원에 비해 거의 4배 이상 일에 몰입했다.** 그러나 30%의 직원만이 이런 기본적인 것을 경험한다.
- **일상적으로 관리자의 피드백을 받는 직원은 1년에 한 번 피드백을 받는 직원보다 거의 3배 이상 일에 몰입했다.** 하지만 그러한 피드백은 의미가 있어야 한다. 즉 개인의 강점에 대한 이해를 기반으로 해야 하며, 원칙적으로 관리자는 직원에게 적어도 일주일에 한 번은 의미 있는 피드백을 주어야 한다. 이러한 코칭 대화의 종류는 매일 이루어지는 퀵 커넥트에서 개발 코칭을 위한 체크인까지 다양하다(21장 참조).
- **대다수의 조직이 연례 평가 시스템을 바꾸고 있지만, 책임감은 여전히 중요하다.** 관리자는 적어도 연 2회 이상 진행 상황을 검토하고 직원들의 목적, 목표, 지표, 개발, 전략, 팀 기여도, 개인

생활에 초점을 맞춰야 한다. 이러한 검토는 성과 지향적이고 공정해야 하며, 정확함과 동시에 발전에 중점을 두어야 한다.

- **성과 평가는 개별화된 개발 목표와 함께 이루어져야 한다.** 관리자가 개별 직원 개발과 성과 평가를 통합하지 않으면 직원들은 성과 평가를 위협으로 인식할 수 있다. 이는 직원들의 발전을 비즈니스 목표와 단절시킨다.

21 | 5가지 코칭 대화

직원의 절반 가까이(47%)가 지난 1년 동안 관리자로부터 '단지 몇 번'의 피드백을 받았다고 보고한다. 그리고 26%의 직원만이 자신의 업무 개선에 관리자의 피드백이 도움이 되었다는 데 전적으로 동의한다.

성과 관리에 대한 대부분의 비판은 연례 평가를 겨냥하고 있고, 그럴 만한 이유도 있다. 관리자는 직원 피드백에 대한 요구를 받고 있지만, 이에 대한 부담이 크다. 직원들은 1년에 한 번 이상 관리자와 의견을 나누어야 한다.

많은 관리자가 팀과 정기적으로 소통하길 원한다. 그러나 직원의 절반 가까이(47%)가 지난 1년 동안 관리자로부터 '단지 몇 번'의 피드백을 받았다고 보고한다. 그리고 직원의 34%만이 자신이 어떤 프로젝트와 업무를 맡고 있는지 관리자가 잘 알고 있다는 데 동의한다. 게다가 26%의 직원만이 자신의 업무 개선에 관리자의 피드백이 도움이 된다는 데 동의한다.

여러 연구를 통해 우리는 지속적인 코칭이 성과에 많은 영향을 미친다는 사실을 발견했다. 목표 설정은 진행 상황에 대한 피드백을 동반했을 때 성과에 긍정적 영향을 미친다.

관리자와 직원 간에 효과적이고 지속적인 대화가 이루어지지 않는다면 목표와 성과 측정의 성공 여부는 운에 좌우된다. 대부분의 회사에서 1년 내내 비즈니스 요구가 수시로 바뀌고, 그에 따라 목표 또한 바뀐다. 이러한 변화는 종종 불안과 혼란을 불러온다. 그러나 지속적인 코칭을 통해 직원들은 전반적인 비즈니스 요구와 일치하는 명확한 기대치를 가질 수 있다. 이로써 자신감과 명확성을 가지고 변화에 더욱 잘 대응할 수 있다.

대부분의 회사는 관리자로 하여금 부하 직원에게 성과 코칭을 지속적으로 자주 할 것을 요구하지 않는다. 오히려 예산 책정, 전략 기획과 행정 업무를 포함해 관리자가 떠안고 있는 많은 책임은 관리자로 하여금 직원들과 자주 접촉하기 어렵게 만든다.

성과 관리 접근법을 획기적으로 변화시키기 위해 리더는 관리자에게 직원 개발 및 성과 향상을 위한 필요를 충족시키는 데 요구되는 자원과 교육을 제공해야 한다. 만약 리더가 해야 할 가장 중요한 일을 정해야 한다면 갤럽은 관리자를 코치로 준비시키는 것이 1순위라고 조언한다. 관리자를 코치로 만드는 일은 단순히 그들에게 직원들을 코치하라고 말하는 것 이상의 의미가 있다. 리더는 이런 일을 해야 한다.

- 관리자의 역할과 기대를 재정의한다.
- 이러한 기대를 충족할 수 있도록 도구와 자원을 제공하고, 관리자를 개발한다.
- 관리자가 성과를 정확하게 측정하고, 직원이 책임감을 갖게 하며, 미래에 대해 코치할 수 있도록 돕는 평가 관행을 만든다.

연례 평가는 관리자와 직원이 더 자주 대화를 나누는 것으로 대체하거나 보완하는 것만으로는 충분하지 않다. 코칭 대화는 직원들이 세세한 부분까지 간섭받는다고 느끼지 않게 하면서 핵심과 목적이 있어야 한다.

다른 성과 시나리오에는 그에 맞는 접근법이 필요하다. 복잡한 직무를 맡은 직원에게는 성공적 결과를 정의하는 데 초점을 맞춘 코칭과 함께 그러한 기대치를 달성하기 위한 자율성과 지원을 제공해야 한다. 세세한 것까지 간섭하는 것은 이런 일에 맞지 않다. 대조적으로 덜 복잡한 직무를 맡은 직원은 작업 방식에 대한 구체적 목표와 규범적 단계가 있고, 그에 따를 때 더 효과적으로 업무를 수행할 수 있다. 이런 역할을 맡은 직원은 세세하게 관리해도 괜찮을 수 있다.

갤럽은 5가지 코칭 대화를 통해 언제, 어떻게 기대치를 설정하고 지속적인 코칭을 하며, 책임감을 느끼게 하는지에 대한 실용적인 틀을 발견했다.

성과를 이끄는 5가지 대화

1) 역할 및 관계 확립. 코칭은 첫인상에서 시작된다. 이 초기 대화의 주

요 목표는 각 개인의 강점을 파악한 후 개인의 강점과 조직의 전반적인 목표에 부합하는 기대치를 설정하는 것이다.

보통 1년에 한 번, 1~3시간의 대화를 갖거나 혹은 역할이 바뀔 때 관리자는 개인의 역할에서 성공의 모습은 어떤 것인지, 직원의 일이 동료의 기대와 어떻게 연결되는지를 정의한다. 이 대화는 반년마다 시행하는 진행 상황 검토의 서곡으로서 직원의 목적, 목표, 지표, 발달, 전략, 팀, 복지에 대한 논의를 포함해야 한다.

2) 퀵 커넥트. 직원들이 업무를 '자신만의 것'으로 만들 수 있는 자율성을 갖는 것도 중요하지만, 매일 혹은 매주 관리자와 진행하는 대화 또한 많은 도움이 된다. 한 가지 말하자면 직원들은 무시당하는 것을 싫어한다. 직원들이 스스로 무시당한다고 느끼면 직원의 약점을 지적할 때보다 훨씬 더 나쁜 결과가 창출된다.

어떤 방식이든 관계없이 약간의 관심을 두는 것이 아예 주의를 기울이지 않는 것보다 낫다. 따라서 개인의 강점에 기초한 지속적인 대화가 가장 효과적이다. 더불어 관리자가 신속한 결정을 내리고 직원들을 올바른 방향으로 이끌 수 있도록 사업상의 문제를 같이 논의하는 것이 가장 좋다. 관리자가 코치로 탈바꿈하기 위해서는 일주일에 적어도 한 번은 이메일, 전화, 복도에서의 대화 또는 짧게 상호작용(1~10분 정도)하는 퀵 커넥트 습관을 들일 필요가 있다.

관리자가 이러한 퀵 커넥트 대화 기술을 습득하면 직원들은 자신이 올바른 방향으로 가고 있는지를 언제든지 알 수 있으며, 불필요한 장벽 없이 일을 진행할 수 있다. 또한 관리자는 적절한 때에 직원에게 성공을 인정해주고 일하기 어렵게 만드는 모든 것에 대해 논의할 수 있다. 단, 퀵 커넥트 대화는 강제적이라고 느끼게 해서는 안 되며, 직원의 강점과 직무 책임에 따라 달라질 수 있다.

3) 체크인. 체크인 대화에서 관리자와 직원은 성공과 장애물에 대해 검토하고, 우선순위를 조정하거나 재설정한다. 관리자는 한 달에 한두 번씩 체크인 대화를 해야 하며, 이는 직원의 필요와 업무 책임에 따라 10~30분 정도 지속한다. 체크인 대화는 퀵 커넥트보다는 좀 더 계획적이다. 체크인 대화에서 관리자와 직원은 기대치, 업무량, 목표 및 필요를 논의할 수 있다.

4) 개발 코칭. 진정한 예술이며, 숙달하기 가장 어려운 대화 유형이다. 개발 코칭 대화는 10~30분 정도로 짧을 수 있지만, 직원의 전체 경력에 영향을 미칠 수 있다.

개발 코칭 대화는 관리자가 직원을 잘 알고, 고유한 성격을 이해할 때 가장 효과적이다. 관리자는 프로젝트 직무와 발전 기회에 근거해 이러한 대화를 진행해야 한다. 개발 코칭 대화의 목적은 직원이 경력, 열망, 발전 기회를 탐색할 때 관리자가 직원에게 방향성을 제공하는 것이다.

개발 코칭 대화는 계획된 기술 훈련이나 행동으로 이어질 수 있다. 이때 관리자는 대화 도중 직원의 약점에 집중하기보다는 강점과 성취에 초점을 맞춰야 한다.

5) 진전도 검토. 연례 평가는 실패한 성과 관리의 희생양이 되었지만, 이는 대부분의 관리자가 앞의 4가지 대화를 사용하지 않았기 때문이다. 연례 평가는 임금과 승진에 대한 암시를 주는 위협적이고 두려운 것이 되어버렸다. 물론 책임감을 갖고 효과적·지속적인 코칭을 해야 한다. 관리자는 성과가 변화함에 따라 공식적으로 진행 상황을 검토하고 기대치를 재설정할 필요가 있다.

진전도 검토 대화는 성공을 축하하고 미래를 준비하며 개발과 성장 기회를 계획하는 데 중점을 두는 강력한 코칭 도구이다. 관리자는 1년에 두 번 이상, 적어도 1~3시간의 진전도 검토 대화를 해야 한다. 그리고 대화는 관리자의 다른 일별·주별·월별 코칭 대화와 일관되어야 한다.

진전도 검토 대화는 단순히 성과를 검토하는 것이 아니다. 갤럽은 관리자들에게 진전도 검토 코칭 가이드로 다음 주제를 사용할 것을 권고한다.

- **나의 목적:** 직원들에게 지금 하는 일을 왜 하는지 질문하라.
- **나의 목표:** 직원들에게 무엇을 성취하고 싶은지 묻고, 그 목표를 조직의 목표와 한 방향으로 맞추기 위해 함께 의논하라.
- **나의 지표:** 직원의 개별 성과와 팀원과의 협업, 고객 가치에 대한 진전도를 측정할 방법과 점수를 개발하라.
- **나의 발전:** 미래의 성장과 발전에 관해 직원과 이야기하고, 그들이 원하는 미래가 어떤 것인지 대화하라.
- **나의 전략:** 직원의 목적·목표·지표·발전에 대해, 그리고 자신의 강점을 이용해 실천 계획을 수립하는 방법에 대해 직원과 함

께 생각해보라.

- **나의 팀:** 직원의 가장 좋은 파트너가 누구인지 파악하라.
- **나의 복지:** 직원이 이 주제에 대해 얘기하고자 하고, 또한 편안해한다면 재정, 지역사회 활동 및 건강 등 전반적인 삶에 대한 대화의 문을 열어두어라.

표면적으로는 이러한 5가지 대화가 이미 많은 스케줄을 소화하고 있는 관리자에게는 부담으로 느껴질 수 있다. 누가 이 모든 것을 완벽하게 해낼 시간이 있겠는가? 하지만 사실 이 5가지 대화는 직원들을 더 효율적으로 관리할 수 있게 한다. 이러한 대화 덕분에 궁극적으로 상당한 시간을 절약할 수 있을 것이다. 그 이유는 성공적이고 지속적인 코칭을 통해, 직원들의 실수가 줄어들 뿐 아니라 비즈니스에 해를 끼치고 비생산적인 정치에 직원들이 신경을 덜 쓸 것이기 때문이다.

좋은 코치가 되는 것은, 관리자라면 누구나 개발할 수 있는 중요한 기술이다. 직원들은 조직에서 자신의 가치는 물론, 급여까지도 각자가 받은 코칭을 근거로 해석한다. 5가지 코칭 대화를 익힘으로써 관리자는 가장 중요한 일에 더 큰 노력과 시간을 쏟을 수 있다.

22 | 급여와 승진

급여와 승진을 올바르게 결정하기 위해서는 다음 사항에 근거할 필요가 있다.

- 발전 계획
- 공정한 성과

이미 알아차렸을지도 모르지만, 5가지 코칭 대화에서는 급여와 승진이라는 골치 아픈 문제를 다루지 않는다. 이런 것은 직위와 가치라는 정서와 연관된 지표이기 때문에 직원 개발만큼이나 진지하게 다뤄야 한다.

급여·승진 문제를 주제로 하는 진지한 대화가 필요하다. 생각해 보라. 만약 관리자가 직원들의 목적, 목표, 지표, 개발, 전략, 팀, 복지에다가 급여와 승진까지 한꺼번에 다룬다면 연례 성과 평가를 논의하는 직원의 마음속에 가장 먼저 떠오르는 생각은 무엇이겠는가? 이 질문 자체가 답이 될 것이다.

일단 급여에 대한 논의가 시작되면 다른 문제들은 옆으로 밀려나게 된다. 그렇기 때문에 우리는 급여와 승진에 관해서는 완전히 별개의 대화를 통해 논의할 것을 강력하게 권고한다.

직원 개발은 결코 급여나 승진 같은 요소에 밀려나서는 안 된다. 반대로 급여와 승진에 대한 논의는 직원의 발전 상태 및 경력 진로와 일치해야 한다. 그러나 리더와 관리자들은 급여에 대한 인식에 평등, 공정성, 기여, 사회적 비교, 자율성, 복지 등의 필요성과 인간의 원초적인 심리적 특성이 내재해 있음을 이해할 필요가 있다.

급여에 대한 인식은 그들의 모든 업무 경험에 깊이 뿌리박혀 있다. 5가지 코칭 대화가 없는 저개발 업무 환경에서 급여와 승진은 뚜렷한 사업적 성과나 경력에 대한 맥락이 없다. 이는 단순히 더 높은 급여와 더 높은 직위를 위한 정치 공작과 같은 역기능 행동을 유발하는 원인이 된다.

더 높은 급여와 직위를 위한 정치 공작과 로비는 조직에 비효율적인 비용을 부과한다. 직원들이 정치 공작에 시간을 쓰기 시작하면 생산성이 떨어진다. 또한 직원들이 시간과 열정을 이런 곳에 낭비하면 일을 훨씬 적게 하게 되고, 그 결과 같은 양의 일을 수행하기 위해 더 많은 사람을 고용해야 한다. 더 많은 사람을 고용하면 직원 개개인의 급여는 줄어들 수밖에 없다.

고개발 환경에서 일하는 직원들은 저개발 환경에서 일하는 직원들에 비해 현재 급여에 대해 더 호의적이다. 이는 급여의 정도와 관계없이 같은 결과를 보인다. 고개발 환경이 급여 문제 면에서 더 나은 이유는 모든 사람에게 향상되고자 하는 욕구가 있기 때문이다. 자신의 발전을 이끌어주는 관리자와 함께 일하는 직원은 실제로 향상될 가능성이 훨씬 크다. 반면 직원들이 자신의 발전에 대한 지속적인 코칭을 받지 못하거나 현재의 상황이 절대 변하지 않을 것이라고 느낄 때, 그들은 자신의 가치와 발전에 대한 정량적 척도인 급여로 눈을 돌리게 된다.

경쟁사는 몰입도가 높은 직원을 스카우트하기 위해서는 급여를 20% 더 많이 주어야 한다는 사실에 주목할 필요가 있다. 반대로 비몰입한 직원이라면 급여를 얼마큼 올려주든 간에 회사를 쉽게 떠날 것이다.

합리적인 보상은 직원들이 개인의 성과와 조직의 성과 모두에 대해 주인의식을 갖게 만든다. 조직과 직원들을 적합한 급여로 보상하고 승진시키기 위해서는 다음의 지침 원칙을 이용하라.

1) **급여 인상과 승진의 기준은 투명해야 한다.** 연구 결과에 따르면 평균 임금을 받는 직원들 가운데 상당수가 자신이 업무에 비해 평균보다 낮은 임금을 받는다고 생각한다. 따라서 직원들이 자신의 급여가 다른 곳에서 받을 수 있는 급여와 얼마나 차이가 나는지를 비교하게 하고 이를 명확히 하라. 만약 당신이 이러한 대화를 하지 않는다면 직원들은 자신의 급여에 대해 부정적으로 생각하고 사실과 다르게 이야기함으로써 이를 공식화할 가능성이 크다.
또한 주어진 일에 대한 급여와 승진의 기준을 명확히 해야 한다. 급여 인상과 승진을 위해 어떤 경험과 성과가 필요한지에 대해서도 이야기하라.

2) **급여나 승진을 결정할 때 그룹별로 등급을 매기지 마라.** 급여와 승진을 결정하기 위한 수단으로 강제할당식 등급을 매기면 팀원들은 각각 높은 성과, 중간 정도의 성과, 낮은 성과를 내고 있다고 가정할 수밖에 없다. 예를 들어 어떤 팀은 모두가 높은 성과를 거둘 수 있으며, 이러한 경우 순위를 강제한다면 일부 직원에게 불이익이 돌아갈 것이다. 반면에 어떤 팀은 성과가 낮은 직원들만 있을 수도 있는데, 이러한 경우 몇몇 직원은 그룹 등급에 의해 높은 보상을 받게 된다.

공정성과 형평성은 인간의 기본적인 욕구이다. 성과 시스템은 직무 유형과 목표를 고려해 각 개인에게 '특별한' 성과가 무엇인지 명확한 정의를 내려야 한다. 가장 좋은 방법은 직원이 이룬 성과의 선행 요소에 그 직원의 성과와 경력 목표에 부합하는 개별화된 핵심 경험을 결합하는 것이다. 또한 성과를 측정하는 방법과 각 역할에서 평균 이하, 평균, 평균 이상, 우수한 성과가 어떤 의미인지를 명확히 설명할 수 있어야 한다.

3) 대부분의 직원은 어떤 형태로든 인센티브를 원한다. 사람들은 일반적으로 자신의 급여에 대한 자율성과 영향력을 갖기를 원한다. 직원 중 최소 3분의 2는 어떤 형태로든 인센티브나 변동 급여를 원한다고 답했다. 고성과 직원이 큰 성과를 내고 그만큼 많이 받는 것은 공평하다고 할 수 있다.

그러나 리더는 기본 급여 대비 총인센티브의 양과 변동 급여가 초래할 수 있는 부정적 효과를 염두에 두어야 한다. 높은 인센티브는 개인주의적인 행동을 초래한다. 이러한 시스템으로 직원이 고객이나 동료들과 충돌하게 해서는 안 된다. 즉 인센티브를 조직의 목표에 맞게 유지해야 한다. 또한 성과가 개인의 성취, 협업, 고객 가치에 기반을 두도록 해야 한다.

4) 복지를 조직의 책임으로 삼아라. 직원들의 복지 수준이 높으면 성과도 더 좋다. 직원들에게 재무 계획과 투자 조언을 제공하는 지원 시스템을 구축하라. 이는 재정 관리 전문가가 직원들이 이익을 극대화할 수 있게 도와준다는 뜻이다. 금융 전문가들은 단기적으로는 재정 스트레

스를 줄이고 장기적으로는 안전을 강화하며, 재정 자원을 극대화함으로써 직원들이 기본적인 필요 사항을 처리하고 친구나 가족과 함께 좋은 경험을 갖도록 돕는다. 이러한 경쟁력 있는 복리후생 제도는 직원들의 만족도에 긍정적 영향을 미친다.

23 | 성과 평가: 편향

성과 평가는 직원보다 관리자가 어떤 사람인지를 더 많이 드러낸다.

조직은 등급 평가를 해야 하는가, 아니면 모든 성과 평가 등급을 없애야 하는가?

이 문제에 대해 많은 회사가 성과 평가 등급제를 없애는 것을 선택했고, 여기에는 그럴 만한 이유가 있다. 성과 평가 등급제에 결함이 있다면 이를 없애는 것은 합리적인 대응이다. 일반적으로 성과 평가 등급제에는 지속적인 대화가 없으며, 누가 보너스를 받고 승진하는지에 관한 소모적인 논쟁을 불러일으킨다. 이러한 시스템은 직원들이 성과를 더 잘 내도록 유도하는 대신, 높은 등급을 얻기 위한 정치 공작을 하도록 만든다.

물론 평가 자체가 문제는 아니다. 성과 평가 시스템은 직원들이 책임감을 느끼게 하고, 고성과 직원에게 보상하기 위한 좋은 의도로 고안되었다. 문제는 등급 평가에 구조적 편향이 있다는 것이다. 성과 평가를 없앤다고 해서 모든 시스템을 바꿔야 한다는 뜻은 아니다. 성과 관리 시스템을 성공적으로 이끄는 3가지 요소는 '기대치 설정', '지속적인 코칭', '책임감'이며, 이 가운데 책임감을 갖도록 하는 데에는 등급이든 아니든 평가가 필요하다.

한번 대입해보자. 당신은 연례 성과 평가를 없애고, 그 대신 직원들과 지속적인 대화를 하는 시스템을 구축했다. 그럼 이제 어떻게 승진과 급여에 대한 공정한 결정을 내릴 수 있는가? 여전히 당신에게는 사람들이 무엇을 어떻게 하고 있는지를 정확히 알려주고 다른 이들의 기여와 발전을 비교할 수 있는 시스템이 필요하다.

전통적으로 이러한 필요를 충족시켜온 것이 바로 연례 성과 평가이다. 연례 성과 평가는 좋은 의도로 만들어졌다. 그러나 경영자 개발 프로그램과 같이 연례 성과 평가 또한 잘못된 가정에 근거해 실행되고 있다. 그중 가장 잘못된 가정은 1명의 관리자가 오직 관찰만으로 직원의 성과를 타당하게 평가할 수 있다는 믿음이다. 결국 성과 평가는 직원보다 관리자가 어떤 사람인지를 더 많이 드러낸다.

평가 척도와 성과에 관한 질문을 어떻게 바꾸든 간에 개별 평가자라면 누구나 편향을 갖고 있게 마련이다. 이러한 편향은 새로운 성과 척도를 통해 얻는 약간의 이익을 압도한다. 물론 몇몇 척도는 여전히 유효하며, 우리가 발견한 가장 좋은 척도에 관해 다음 장에서 이야기할 것이다. 그러나 개별 평가자가 가지고 있는 편향을 바로잡을 수 있는 시스템은 여전히 필요하다.

성과 평가 편향 유형

- **개인적 또는 특이 편향:** 관리자는 자신이 좋아하며 자신이 일하는 방식으로 일하는 직원을 좋게 평가할 가능성이 크다.
- **후광효과:** 관리자가 중시하는 분야의 일을 잘 처리하는 직원의 경우 관리자는 그 직원의 성과가 기준 미달일지라도 그를 호의적으로 평가하게 된다.
- **중간 기본값:** 관리자는 직원의 성과를 차별화하기 어렵기 때문에 대부분의 사람에게 '만족 등급을 부여'하려는 경향이 있다. 누군가가 다른 직원보다 일을 더 잘하거나 못한다는 것을 정당화하기 위해서는 많은 노력이 필요하기 때문이다.
- **관대함 또는 엄격함 편향:** 많은 관리자가 대부분의 사람에게 만족스럽다는 평가를 내리는 경향이 있지만, 일부 관리자는 극단으로 치우쳐 있다. 관대함 편향은 직원에게 개선의 필요가 있음에도 불구하고 호의적으로 평가하는 경향인 반면, 엄격함 편향은 관리자가 '누구도 완벽하지 않다'고 생각해 직원을 과도하게 비판하는 경향이다.
- **과잉 스필오버 효과:** 후광효과와 마찬가지로 관리자는 과거에 우수한 성과를 올린 직원을 좋게 평가할 가능성이 크다. 일단 관리자가 어떤 직원에 대한 기준을 설정하고 결정을 내리면 그러한 사전 판단을 수정하기 위해서는 설득력 있는 근거가 필요하다.

역사적으로 리더들은 강제할당식 등급을 매김으로써 이러한 편향을 바로잡으려고 시도해왔다. 그러나 강제할당식 등급을 매기는 것은 조직원들이 각각 높은 성과, 중간 정도의 성과, 낮은 성과를 내고 있다고 미리 가정하기에 데이터를 왜곡하게 된다. 실상은 그렇지 않다(22장 참조).

어떤 팀에는 높은 성과를 내는 직원만 있을 수 있고, 또 어떤 팀에는 낮은 성과를 내는 직원만 있을 수 있다. 예를 들어 실적이 높은 팀에서 가장 낮은 평점을 받은 직원이 실적이 낮은 팀에서 최고 평점을 받은 직원보다 생산성이 높을 수 있다. 어느 누가 실적이 높은 직원을 처벌하고 실적이 낮은 직원을 신뢰하고 싶겠는가?

성과 측정 항목의 신뢰도를 높이는 방법은 2가지가 있다.

① 여러 출처의 정보, 예를 들어 동료와 고객 그리고 얻을 수 있는 가능한 많은 성과 데이터를 포함하라.
② 직원들과 더 자주 토론하라.

지속적인 코칭 대화 없이는 어떤 경영자도 직원들의 상태를 매일매일 알 수는 없다. 특히 지속적인 대화가 빠진 편협한 지표는 편협한 행동으로 이어지며, 직원들이 조직의 큰 목표에 이바지하는 대신 평가를 잘 받기 위한 일을 하도록 몰아간다.

24 | 성과 평가: 해결책

성과를 정의하는 3가지 차원

① 나의 일: 개인적 성과

② 나의 팀: 팀원과의 협업

③ 나의 고객: 고객 가치

갤럽의 과학자들은 모든 유형의 개별 성과자가 맡은 업무에서 가장 중요한 책임이 무엇인지 파악하기 위해 500개 이상의 다양한 역할에서 각각 요구되는 행동을 연구했다. 우리는 다양한 척도와 200개 이상의 성과 항목을 평가했다.

본 연구에서 가장 단순하고 포괄적인 성과의 정의를 보여주는 3가지 차원을 밝혀냈는데, 이는 어떤 역할의 전반적인 성공을 통계적으로 가장 잘 예측한다.

- **개인적 성과:** 직원이 독립적으로 성취해야 하는 책임.
- **팀원과의 협업:** 직원이 성공을 달성하기 위해 얼마나 효과적으로 팀원들과 협력해서 일하는가?
- **고객 가치:** 직원의 업무가 고객에게 미치는 영향. 갤럽은 이 맥락에서 고객이 조직의 내부 고객과 외부 고객으로 구분된다고 본다.

성과는 뛰어나지만 다른 팀원의 사기를 꺾거나 혹은 고객에게 헌신하지 않는 직원도 많다. 그러나 몰입도가 높고 생산적인 회사를 만들기 위해 리더와 관리자는 위의 3가지 측면 모두에서 탁월한 성과를 거둘 수 있도록 직원 개발의 우선순위를 정해야 한다.

3,475명의 관리자와 2,813명의 직원을 대상으로 3가지 직무 요구(개인적 성과, 팀원과의 협업, 고객 가치)에 대해 다양한 질문과 5점 척도 테스트를 한 결과, 다음 질문에 대해 가장 신뢰할 수 있고 타당한 성과 지표를 얻었다.

"핵심 업무 책임에 기초해 지난 6개월 동안 이 사람의 성과를 평가해주십시오."

척도는 다음과 같았다.

평균 이하 - 평균 - 평균 이상 - 우수 - 매우 우수

당신은 이 척도가 불균형적이며, 중간값이 '평균'이 아닌 것을 알아차렸을 것이다. 갤럽의 분석에 따르면 불균형한 척도는 응답을 더 다양화했으며, 후광효과와 관대함 편향을 감소시켰다(23장 참조). 이러한 척도는 꼭대기로 갈수록 더 구체적인 단계 차이를 보인다.

중요한 점은 관리자들이 '매우 우수'와 '우수' 그리고 '평균 이상'의 성과를 구분하는 지표를 알아야 한다는 것이다. 이것을 훈련하는 것만으로도 관리자를 개발하는 데 큰 도움이 된다. 일반적으로 갤럽은 전형적인 직원들 가운데 우수한 성과를 거두는 직원을 10명 중 1명으로 정의하고, 매우 우수한 성과를 거두는 직원을 100명 중 1명으로 정의할 것을 권고한다. 목표는 시간이 지남에 따라 객관적 기준으로 우수한 직원과 매우 우수한 직원의 수를 늘리는 것이다.

성과 기준에 대해 어떻게 소통하는지 혹은 성과 평가에서 명시적 척도를 쓰는지와 관계없이 갤럽은 모든 직원이 매우 우수한 성과, 팀원과의 협업, 고객 가치가 무엇인지를 결정하도록 연습할 것을 권고한다. 그리고 반년마다 평가와 지속적인 대화를 통해 각 직원을 우수한 직원으로 만들고, 일부는 각 차원에서 매우 우수한 성과로 이끄는 개발 경험에 대해 의논하도록 한다.

갤럽은 특이 편향을 실질적으로 줄이기 위해 다음의 3가지 유형 데이터로 성과 측정 방법을 설정할 것을 권고한다.

- **성과지표:** 생산성, 수익성, 정확성, 안전성, 효율성 등 주요 결과를 반영하는 성과지표. 이러한 지표에는 동료와 고객의 피드백 시스템이 포함되어야 한다.
- **주관적 관찰:** 관리자가 역할에 따른 기대에 따라 성과를 질적으로 평가할 수 있는 관찰.
- **개별적 목표:** 업무의 일반적인 책임과 연계해 각 팀원의 전문성, 경험 그리고 고유한 직무 책임을 고려한 개별적 목표.

성과를 전체적으로 살펴보려면 관리자는 질적 관찰과 함께 성과지표의 양적 객관성을 이용해야 한다. 관리자가 여러 측정 요소를 고려한 경우 그 결과는 훨씬 더 정확하다. 관리자로부터 긍정적인 주관적 평가를 받음과 동시에 주요 지표에서 매우 뛰어난 성과를 보이는 직원이 있다면 이들은 실제로도 좋은 성과를 내고 있을 것이다. 그러나 관리자의 주관적 평가와 실제 성과지표가 일치하지 않을 경우 관리자는 그 직원의 성과를 더 검토해봐야 한다.

각 직원과 관련된 일반적인 성과 측정을 하기 위해서는 관리자가 기대와 개발을 개별화해야 한다. 개별화된 목표에는 각 팀원의 고유한 능력과 책임, 전문성, 경험 및 열망이 포함된다. 아무리 기술적으로 정교하고 좋은 의도로 만든 시스템이라도 사람들이 공정하지 않다고 여기면 실패할 수밖에 없다. 책임 시스템이 공정하게 만들어졌다고 인식하기 위해서는 성취 지향적이고 정확하며 발전적이어야 한다. 시스템은 회사의 공동 이익에 기여하고 전략적 목표와 목적에 부합하는 장기적 사고와 행동을 유발해야 한다.

성과를 제대로 측정하고 관리하기 위해서는 연습이 필요하다. 관리자는 자신의 메모를 다른 관리자와 비교하고, 자신이 직원들에 대해 평균 이하 - 평균 - 평균 이상 - 우수 - 매우 우수의 성과로 평가한 것에 대해 책임을 져야 한다. 또한 관리자는 '매우 우수'를 정의할 때 고성과 직원을 포함해야 한다.

25 | 직원들을 '나의 발전'을 이유로 회사에 머무르게 하라

경력 성장의 3가지 요소

① 차이를 만드는 기회

② 성공

③ 경력 포부와의 적합성

갤럽은 오늘날 사람들이 직업을 바꾸는 가장 큰 이유가 '경력 성장의 기회'를 얻기 위해서임을 알아냈다. 그런 이유로 인한 이직은 점점 증가하고 있다.

우리의 연구 결과 밀레니얼 세대의 59%가 직장을 지원할 때 배우고 성장할 기회를 매우 중요시한다고 평가했다. 그리고 X세대의 44%와 베이비붐 세대의 41%가 이와 똑같은 생각을 가지고 있다. 게다가 밀레니얼 세대의 87%는 직업을 선택할 때 '직업의 전문성 또는 경력 성장과 개발 기회'를 중요시한다고 평가했다. 이는 비밀레니얼 세대의 69%보다 훨씬 높은 수치이다.

갤럽이 여러 세대에게 가장 최근의 직장을 왜 그만두었느냐는 질문을 던졌을 때 대답에 가장 많이 나온 단어는 '성장'과 '기회'였다. 미국 근로자의 91%는 마지막으로 직업을 바꿨을 때 성장과 기회를 위해 회사를 떠났다고 말했다.

기업 사다리에서 기업 매트릭스로

전통적인 경력 성장 패턴은 기업 사다리를 오르는 것으로, 더 높은 직함과 급여, 더 많은 관리 대상을 거느린 관리자가 되는 것이었다. 그러나 조직이 점점 더 매트릭스화됨에 따라 이 모델은 급격하게 변화하고 있다. 매트릭스 조직의 성장으로 직원들의 경력 개발 경로도 다양해지고, 여러 가지 방법으로 팀이나 프로젝트 또는 관리자를 변경할 수 있게 되었다.

오늘날 사람들은 삶의 조건에 맞는 직업을 찾고 있다. 이는 전통적인 기업 사다리 모델과는 맞지 않지만 매우 매력적인 대안이다.

조직의 리더는 '경력 성장 기회'가 직원에게 어떤 의미인지에 대한 생각을 확대할 필요가 있다. 이 주제에 관한 갤럽의 연구는 이러한 3가지 요소가 직원들이 인식하고 있는 성장, 즉 변화를 만들고 목표를 달성하며 직업에 대한 열망에 부합하는 기회와 연관되어 있음을 시사한다.

관리자는 이 3가지 요소를 직원들의 발전과 잠재력에 대한 대화의 지침으로 사용할 수 있다. 다음은 대화를 시작하기 위한 여덟 가지 질문이다.

① 최근에 이룬 성공은 무엇인가?
② 당신은 무엇을 자랑스럽게 생각하는가?
③ 당신에게 가장 중요한 보상과 인정은 무엇인가?
④ 당신의 역할은 어떤 차이를 만드는가?
⑤ 어떻게 더 큰 차이를 만들고 싶은가?
⑥ 현재 역할에서 자신의 강점을 어떻게 활용하고 있는가?
⑦ 앞으로 자신의 강점을 어떻게 활용하고 싶은가?
⑧ 경력의 다음 단계로 나아가기 위해서는 어떤 지식과 기술이 필요한가?

직원들은 스스로 일하면서 배운 것에 의해, 그리고 코치를 받으며 깨달은 것을 통해 발전한다. 관리자는 다음과 같이 자문해야 한다. 어떻게 하면 직원들이 스스로 더 많은 발견을 하도록 장려할 수 있을까?

직원마다 성장과 발전을 다르게 본다는 사실을 기억하라. 어떤 직원은 경력 성장의 하나로 회사 내에서 상 받는 것을 가치 있다고 생각할 것이고, 어떤 직원은 석사나 박사 학위를 받는 것이 더 가치 있다고 생각할 수 있다. 또 다른 직원은 큰 고객을 대상으로 프레젠테이션하는 것을 성장으로 생각할 수 있으며, 다른 직원은 멘토를 얻길 원할 수도 있다.

안타깝게도 많은 조직은 여전히 단 하나의 '상승' 방법만을 제공하고 있다. 관리자가 되어라. 당신의 강점이 경영과 관계가 없을지라도. 관리자에 적합하지 않은 사람도 그럭저럭 일은 할 수 있겠지만, 결코 제대로 잘 관리한다고 느끼지는 못할 것이다. 이것은 자신뿐 아니라 그가 관리하는 사람들의 만족도에까지 영향을 미친다.

갤럽은 야심 차고 생산적인 직원들에게 관리자가 되는 것 이상으로 새롭게 올라가는 길을 제시할 것을 권고한다.

- **개별 성과:** 재능 있는 사람들에게는 조직 내에서 관리자가 되거나 혹은 개별 고성과자로서 발전할 수 있는 기회를 주어야 한다. 우리는 개별 성과자와 관리자의 경우 서로 별도의 직함과 다른 급여 체계를 제시할 것을 권고한다.
- **개인화된 개발:** 관리자는 직원들의 포부에 대해 알아야 한다. 경력 성장에 관한 대화는 정기적이고 비공식적이어야 하며, 단순히 직원들의 성과 평가 중에 논의할 항목이 아니다. 경력의 경로는 개인의 강점과 일치해야 하며, 그들의 경험과 성공에 기

초해야 한다.

- **유연한 진로:** 유능한 직원은 자신에게 맞는 경력을 설계하는 데 함께 참여해야 한다. 이는 삶의 여러 단계에 대한 각기 다른 선택 사항, 즉 업무 외의 여러 관심사 및 성격을 말한다. 예를 들어 조직의 경력 경로는 모든 직원이 같은 속도로 이동하게 하는가? 아니면 삶의 변화에 따라 이러한 속도가 느려지거나 빨라질 수 있는가?

  아이를 기르고 학위를 따는 등 삶의 여러 사건은 직원들의 시간과 에너지를 분산시킬 수 있다. 적절한 경력 경로는 개인의 강점에 적응할 수 있을 만큼 유연해야 하며, 직원의 상황이 바뀌는 것을 고려해 조직의 목표를 달성해야 한다.

26 | 직장을 위한 머니볼

팀의 성공을 위한 12가지 요소

① 나는 직장에서 나에게 무엇을 기대하는지 안다.

② 일을 제대로 하는 데 필요한 재료와 장비를 가지고 있다.

③ 직장에서 매일 내가 가장 잘하는 일을 할 기회가 있다.

④ 지난 한 주 동안 일을 잘했다고 인정 또는 칭찬을 받았다.

⑤ 상사 또는 직장의 누군가가 나를 한 사람의 인간으로서 배려한다.

⑥ 직장에 나의 발전을 격려하는 사람이 있다.

⑦ 직장에서 내 의견은 중요한 것 같다.

⑧ 회사의 사명이나 목적은 내 일이 중요하다고 느끼게 한다.

⑨ 동료 직원들은 일을 잘하기 위해 전념한다.

⑩ 직장에 친한 친구가 있다.

⑪ 지난 6개월 동안 직장의 누군가가 나에게 나의 발전에 관해 이야기한 적이 있다.

⑫ 지난 1년 동안 직장에서 배우고 성장할 기회가 있었다.

야구든 사업이든 결정하는 것은 힘든 일이다. 그렇기에 야구 통계학자는 선수에 관한 통계를 작성하는 데 일생을 보낸다. 그들의 목표는 경기에서 승리할 선수들의 '머니볼money ball(시장성이 약한 야구팀에 적은 비용을 투자해 효과적으로 운영함으로써 내실을 추구하는 형태)' 결정을 내리는 것이다. 그들은 타율에서 타격 위치, 수비 성공률에 이르기까지 과거의 성과에 대한 상세한 통계 자료를 수집한다. 그런 다음 데이터를 결합해 개인과 팀의 성공을 예측한다.

일부 팀은 더 나은 결정을 내리기 위해 코치와 선수들에게 머니볼 데이터를 사용하는 방법을 가르치기도 하는데, 이는 실제로 꽤 효과적이다. 2017년 월드시리즈 챔피언인 휴스턴 애스트로스, 2016년 챔피언인 시카고 컵스와 보스턴 레드삭스, 오클랜드 애슬레틱스는 선수 개발, 영입, 트레이드, 경기 내 전략에 머니볼 방식을 사용했으며, 성공적 결과를 얻었다.

기업도 다양한 팀과 사업부가 얼마나 많은 성과를 내고 수익을 올릴지 예측할 때 이와 비슷한 도전에 직면한다. 많은 조직이 이윤을 극대화하기 위해 팀 특성의 변동성을 줄이기 위한 시스템을 개발했다. 그들은 비즈니스 단위의 규모에서 위치, 마케팅 노력, 제품 가용성에 이르기까지 모든 것을 활용하며, 또한 품질을 보장하기 위해 직원에게 광범위한 교육을 한다.

그렇다면 사업에서도 야구의 머니볼과 같은 접근법으로 성과를 거둘 수 있을까? 갤럽에 따르면 답은 '그렇다'이다. 우리는 50년 동안 갤럽이 '직원 몰입도'라고 부르는 직장 문화의 중요한 요소에 대한 직원들의 관점을 측정했고, 전 세계 사업체의 팀에 대한 자료를 수집해왔다. 직원 몰입도는 역할의 명확성, 가장 잘하는 일을 할 기회, 개발 기회, 강력한 동료 관계 그리고 공통된 목적과 같은 요소에 의해 결정된다. 중요한 것은 관리자가 이 모든 요인에 영향을 미칠 수 있다는 점이다.

갤럽은 또한 같은 팀에 대한 성과지표들, 예를 들어 결근율·이직률·고객 평가·생산성·수익성 등을 수집했다. 문제는 회사마다 연구자가 임의의 시간에 연구할 수 있는 팀이나 사업부 집단이 제한되어 있다는 점이었다. 어떤 연구는 불완전한 측정과 제한된 표본 크기 때문에 결과를 예측할 때 오류 가능성이 커지기도 한다. 여러 조직 내 직원 몰입도와 성과 데이터를 결합하면 메타 분석, 즉 여러 연구에 대한 결과를 얻을 수 있다. 이 방법으로 팀 몰입도가 성과에 미치는 영향에 대한 보다 정확한 추정치를 알 수 있다.

갤럽은 지난 20년 동안 팀 몰입도와 성과 간의 관계에 대한 아홉 가지 메타 분석을 완료했다. 가장 최근의 연구는 49개 분야의 산업과 73개국에 걸친 180만 명의 직원 및 230개 조직의 8만 2천여 개 팀을 연구한 것이다(부록 3 참조).

갤럽은 이 장의 시작 부분에 나열한 12개의 문장을 이용해 팀 몰입도를 평가한다. 같은 조직에 속한 팀일지라도 몰입도에 따라 팀의 성과가 크게 달라질 수 있다. 이 메타 분석 연구 결과 우리는 한 가지 핵심적인 점을 발견했는데, 그것은 팀 몰입도와 성과 간의 관계가 조직 전반에 걸쳐 일관성이 있다는 것이다. 우리가 연구한 수십 년 동안의 혁신적인 기술 변화와 산업 및 국적의 다양함에도 불구하고 이것은 사실이다.

갤럽의 연구자들이 회사 내 상위 4분위(25%) 안에 든 팀과 하위 4분위 안에 든 팀을 비교했을 때 성과에서 중위값 차이를 발견할 수 있었다(다음 페이지의 그래프 참조).

몰입도가 비즈니스 성과에 미치는 영향

갤럽은 몰입도가 높은 사업·업무 단위와 적극적으로 비몰입한 사업·업무 단위의 성과 차이를 분석해 상위 4분위의 점수가 다음과 같은 핵심 성과지표에서 하위 4분위의 점수를 크게 앞선다는 사실을 발견했다.

이러한 성과지표를 종합 성과지표와 결합한 결과 백분위 99%의 상위 팀과 백분위 1%의 하위 팀을 비교했을 때 전자의 성공 확률이 4배(또는 평균 이상의 성과)나 높다는 것을 알게 되었다.

물론 팀 성적은 결코 완벽하게 예측할 수 없다. 그러나 이러한 결과는 그 팀이 얼마나 잘해낼 수 있을지에 대한 문화적 요소 측정이 가능하다는 것을 보여준다.

41%
더 낮은 결근율

24%
더 낮은 이직률
(이직률이 높은 조직의 경우)

59%
더 낮은 이직률
(이직률이 낮은 조직의 경우)

28%
더 낮은 도난율

70%
더 낮은 안전사고 발생량

58%
더 낮은 환자 안전사고

40%
더 낮은 결함 품질

10%
더 높은 고객 평가

17%
더 높은 생산성

20%
더 높은 매출

21%
더 높은 수익성

야구팀이 더 나은 결정을 내리기 위해 머니볼 데이터를 적용하는 것처럼 12가지 요소를 측정하고 관리하는 기업은 성과와 성공 가능성을 높일 수 있다.

27 | 팀 리더의 돌파구

갤럽의 가장 큰 발견 중 하나는 관리자 또는 팀 리더가 팀 몰입도에 70%의 차이를 가져오는 단일 요소라는 것이다.

성공적인 팀을 만드는 데 가장 중요한 요소는 바로 관리자의 자질이다. 관리자는 자신의 강점, 몰입도, 팀과 함께 일하는 방식을 통해 팀 몰입도에 70%의 차이를 가져온다.

좋은 관리자는 팀원의 강점을 파악해 그들을 개발하고 배치하며, 팀이 진화하고 성장함에 따라 누가 각 역할을 수행할 것인지에 대한 어려운 결정을 내린다. 그들은 평판을 통해 유능한 직원을 끌어들이고 더 오래 팀에 남아 있게 할 가능성이 크다. 그리고 자신의 네트워크와 영향력 있는 팀원의 네트워크를 통해 다른 팀이나 조직과의 연결망을 구축한다.

최고의 관리자와 팀 리더는 팀의 성공을 이끄는 12가지 요소를 이용해 팀의 성과를 향상시킨다(26장 참조). 팀의 성과는 또한 팀원과 조직 내 다른 사람들과의 연결성, 팀의 강점 구성, 함께 일한 경험, 팀의 규모에 영향을 받는다.

조직 내 다른 사람들과의 연결성

우리는 팀의 사회적 연결이 중요하다는 것을 안다. 서로에 대한 깊은 존경심과 우정을 가진 팀은 더 몰입하며, 그만큼 더 좋은 성과를 올린다. 팀원 간의 '핸드오프(자기 팀의 다른 선수에게 공을 넘겨주는 것)'가 원활하게 이루어지면 고객에게 더 좋은 서비스를 제공할 수 있다.

마찬가지로 갤럽은 여러 연구를 통해 다른 조직과 사회적으로 연결된 팀이 더 몰입하며, 더 높은 성과를 보인다는 것을 발견했다. 개인적 인맥이 많은 팀원뿐만 아니라 조직 내에서 영향력이 있는 사람과 원활하게 교류하는 팀원은 분명 그 팀에 영향을 미친다. 이러한 연결을 통해 팀은 조직 내 다른 사람들로부터 지원을 받아 업무를 보완할 수 있다. 이는 팀 전체를 효과적으로 만드는 자원이다.

하지만 한 팀의 모든 구성원이 반드시 이런 방식으로 연결돼 있어야 하는 것은 아니다. 한 연구를 통해 우리는 팀이 성공적으로 고객에게 서비스하기 위해서는 1명의 고객 서비스 팀원만 조직의 다른 사람들과 연결되어 있으면 된다는 것을 알아냈다.

팀의 강점 구성

갤럽은 34가지의 강점 테마(15장과 부록 1 참조)가 실행력, 영향력, 관계구축, 전략적 사고의 4가지 인간 행동 영역에 적합하다는 것을 발견했다. 갤럽은 6개 산업 전반에 걸친 1만 1,441개 팀을 대상으로 4개 영역이 균형 있게 구성된 팀이 성공에 더 유리한지 알아보기 위한 연구를 진행했다.

강점의 불균형이 극심한 팀을 찾기는 쉽지 않았지만, 갤럽은 팀원들이 강점을 인식하고 있느냐의 여부가 실제로 팀이 어떤 강점을 가졌느냐보다 몰입도와 성과에 더욱 중요하다는 사실을 알아냈다. 자신의 강점을 잘 알고 있는 팀원들은 그들이 가장 잘하는 것을 더 빠르고 효율적으로 해낼 수 있다. 동료의 특성을 이해하고 그에 감사한다.

함께 일한 경험

학술 문헌에 따르면 팀의 집단 지능이 개별 팀 구성원의 능력을 합한 것보다 훨씬 뛰어나다는 것을 설명한다. 조직에서 오래 일한 직원일수록 자신이 가장 잘할 수 있는 일을 할 확률이 높다. 즉 경험이 중요하다. 함께 오래 일한 팀의 구성원은 자신의 역할이 무엇인지 잘 알고, 동료가 하는 일에 대응해 무엇을 해야 하는지를 예측할 수 있으며, 높은 성과를 내는 효율적인 방법을 더 잘 찾을 수 있다.

팀 구성원이 같이 일한 경험을 얼마나 필요로 하는지는 업무의 복잡성과 상호 의존성에 따라 다르다. 갤럽의 연구에 따르면 일반적으로 직원들은 회사가 자신에게 무엇을 기대하는지 알고 있으며, 회사에서 일을 가장 잘할 수 있는 시점은 입사 후 3년이 된 시점이라는 응답이 가장 많다. 10년 이상 회사에 다닌 사람들은 역할의 명확성이 그보다 훨씬 더 높다.

이것은 팀에서 자신의 역할을 명확히 알고 이를 완성하려면 반드시 3~10년의 기간이 필요하다는 의미일까? 아니다. 훌륭한 관리자는 극단적인 개인화를 통해 이러한 협업 학습 속도를 높인다. 오늘날의 일터 환경에서는 이러한 학습곡선을 향상시켜야 한다.

팀의 안정도 중요하지만, 집단 사고를 피하려면 새로운 멤버들과 지속적으로 연습하는 것도 중요하다. 100개 이상의 기업 고객 서비스 팀을 대상으로 한 갤럽의 조사에서 기존 직원들이 100% 계속 함께하는 팀이 75~99%의 팀원 유지율을 가진 팀보다 낮은 성과를 기록한다는 것을 발견했다. 이 사실에서 알 수 있듯 팀은 새로운 팀원과의 긍정적인 마찰로부터 배움을 얻는다.

팀의 규모

갤럽은 300만 개 팀의 몰입도를 연구했다. 팀원 수는 상당히 다양했다. 가장 높은 몰입도와 가장 낮은 몰입도를 모두 기록한 것은 10명 미만으로 구성된 팀이었다. 구성원이 적은 팀은 그만큼 더 쉽게 흔들릴 수 있다. 관리자는 규모가 작은 팀일 때 좋든 나쁘든 더 큰 영향력을 행사한다.

대부분의 몰입 요소는 팀의 규모가 커질수록 약해지지만, 3가지 경우에 예외가 있다. 회사에서 자신에게 무엇을 기대하는지를 알고 자신이 가장 잘하는 것을 할 기회를 갖는 것은 규모가 큰 팀일수록 유리하다. 직장 내 좋은 친구는 다양한 팀의 규모에서도 비슷한데, 이러한 경향은 산업에 따라 다르다. 규모가 큰 팀은 역할을 명확히 하고, 전문화하며, 다양한 동료들을 만날 수 있는 더 큰 기회를 제공한다.

팀의 규모와 이러한 역동성은 팀 몰입도에 영향을 미치지만, 가장 중요한 요소는 관리자나 팀 리더의 자질이다.

28 | 직원 몰입 프로그램이 효과가 없는 이유

전 세계적으로 85%의 직원이 비몰입 혹은 적극적인 비몰입 상태에 있다.

전 세계 기업의 리더들은 일에 대한 몰입의 이점을 인식하고 있으며, 대부분은 몰입도를 측정하기 위한 설문조사를 실시한다. 하지만 직원 몰입도는 20년 동안 거의 변동이 없었다.

갤럽은 2000년 이후 미국 내 직원 몰입도를 추적해왔다. 약간의 변동이 있었지만, 미국 직원의 3분의 2는 2000년부터 지금까지 직장에서 비몰입 혹은 적극적 비몰입 상태에 있다.

2018년 현재 갤럽은 미국 내 직원의 34%가 일에 몰입하며, 열정적으로 팀과 조직에 전념하고 있다는 것을 발견했다. 전 세계적으로는 직원의 15%만이 일에 몰입하고 있다.

긍정적 측면에서 미국과 세계의 이러한 몰입 직원 비율은 증가 추세에 있다. 이는 2009년에 미국 28%, 전 세계 11%였던 것과 비교하면 증가한 것이다. 이 수치를 2배로 늘린다면 세계는 바뀔 것이다.

왜 더 빨리 증가하지 않는가

많은 조직이 직원 몰입도를 높이는 데 주력하고 있음에도 왜 전 세계적인 몰입 수준은 더 빠르게 증가하지 않는가? 다양한 이유가 있지만, 그중 한 가지는 조직이 직원 몰입 데이터를 측정하고 보고하는

직원 몰입도의 변화(몰입 직원의 비율)

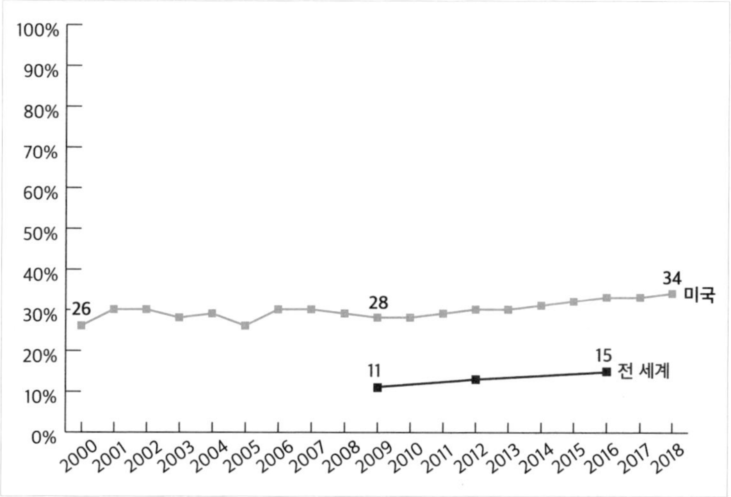

방법 때문이다.

직원 중 60~80%가 일에 몰입하고 있으며, 이러한 결과에 몇 년 동안 변화가 없다는 보고서를 가진 조직을 보는 것은 드문 일이 아니다. 하지만 이 결과를 더 깊이 파고들면 우리는 이 회사들이 사용한 '일에 몰입한 직원의 비율'의 기준이 전혀 높은 수준이 아니라는 것을 알게 된다. 거기에서 직원들이 자기 선언적인 전념도와 회사에 머물 의향 등을 묻는 5점 만점 척도 질문에 대해 4와 5만 선택해 조직을 옹호한 것일 뿐이다.

갤럽의 조사에 따르면 4라고 응답한 사람은 5 또는 '강력하게 동의한다'고 응답한 사람과 행동 양상이 매우 다르다. 당신은 많은 직원이 단지 나중에 당신 회사에 남아 있을 것이라는 걸 축하하고 싶은가, 아니면 그들이 당신 회사에 몰입하고 있다는 것을 축하하고 싶은가?

회사는 대부분의 직원이 조직에 '몰입'하고 있다고 선전하지만, 실제로 그렇게 느끼는 사람은 극소수에 불과하다. 그들은 지금 상황에 만족하고 있을 뿐 더 나은 다른 곳에서 일할 수 있다면 기회를 놓치지 않을 것이다. 실제로 많은 직원이 적극적으로 다른 일자리를 찾고 있다.

갤럽은 산업 내에서 몰입도 격차가 나타나고 있다고 본다. 한쪽 끝에는 사업 성과의 변화를 이끄는 과학적·경험적으로 검증된 접근 방식이 있다. 이러한 접근 방식은 문화를 변화시키는 전략적·전술적 개발과 성과 개입에 의해 뒷받침된다. 조사에는 더 많은 투자가 필요하지만, 이 접근 방식을 사용하는 기업은 직원 몰입도와 성과를 높일 가능성이 더 크다.

반면 다른 한쪽 끝에는 초점이 없는 연간 조사와 지표들이 있다. 이런 유형의 조사는 전통적인 직원 만족도 조사처럼 대개 사업 목표와 관련이 없고, 행동으로 옮기기 어려운 차원을 측정한다. 이 조사는 일에 몰입하는 직원들에게 '독특한 요인'이 있는지를 확인하려고 한다. 이러한 접근 방식은 명확한 기대, 가장 잘할 수 있는 일을 하는 것, 인정, 개발 같은 근본적 몰입 요소들이 모든 조직에서 공통적으로 중요하다는 과학적 사실을 무시한다(26장 참조).

오늘날의 기술 덕분에 직원 설문조사를 만들어 이를 '몰입 프로그램'이라고 부르는 게 매우 쉬워졌다. 불행히도 조직은 이제 이 전략을 이용해, 상자에 체크하는 욕구를 충족할 수 있게 되었다.

기업은 또한 정기적인 사내 조사(펄스 서베이)를 통해 직원들의 의견을 지속적으로 조사할 수 있다. 그러나 수집한 데이터를 바탕으로 한 명확한 전략과 그에 따른 행동이 없다면 펄스 서베이는 득보다 실이 클 수 있다. 직원들이 '우리 조직은 내가 응한 조사 결과에 따라 행동한다'는 말에 동의할 수 있을 때 직원들이 일에 몰입할 비율은 거의 3배 더 높다.

고개발 직장은 단순한 조사 이상의 것을 필요로 한다. 측정 자체만으로 변화를 일으키거나 성과가 높아지지는 않기 때문이다. 조직은 실제로 직장이나 사업 성과를 개선하는 대신 직원들의 인식을 측정하고 지표를 제공하는 데 상당한 노력을 기울인다. 이러한 접근 방식이 실패하는 주된 이유는 다음과 같다.

- 관리자와 직원 개발보다 조사 데이터 또는 보고서에 더욱 중점을 둔다.
- 몰입도를 성과 향상을 위한 지속적인 시스템으로 보지 않고 단순한 조사 업무로 간주한다.
- 몰입도를 높은 사명감으로 헌신하는 직원이 아닌, 단순히 직장에 만족하는 직원의 비율로 측정한다.
- 직원을 회사의 미래에 중요한 이해당사자로 대우하기보다는 그들의 만족도를 측정해 게임방이나 멋진 커피 머신 등을 설치하고, 직장에 애완동물을 데려올 수 있게 하거나 볼링 파티를 여는 것 등으로 욕구만 충족시킨다.

이러한 접근 방식은 직원을 개발하고 문화 변화를 달성하는 데 장벽을 만들며, 결국 기업이 직원들에게 잘못된 약속을 하는 결과를 가져온다. 커뮤니케이션 캠페인을 통해 변화를 약속하지만, 실제적인 후속 조치는 거의 제공하지 않는 것이다.

29 | 고개발 문화 만들기

고개발 문화는

- 최고경영자와 이사회가 주도한다.
- 관리자에게 새로운 관리 방식을 교육한다.
- 전사적인 소통을 실천한다.
- 관리자에게 책임을 부여한다.

갤럽은 좋은 직장과 나쁜 직장을 구분하는 요소를 연구해왔다. 수준 높은 직원 개발 문화는 회사는 물론 직원에게도 가장 생산적인 환경이다. 그렇다면 지속적인 고개발 문화를 어떻게 만들 수 있는가? 불행히도 조직문화는 당신이 켰다 껐다 할 수 있는 그런 것이 아니다. 계획적이고 잘 짜인 전략에서부터 시작해야 한다.

우선 고개발 문화를 창출하려면 직원 설문조사를 하고 그 결과를 통해 관리자가 관리 방식을 어떻게 바꿔야 할지 알아야 한다. 어쩌면 그 이상이 필요할 수도 있다. 핵심 몰입 요소가 성과 관리나 인적자본 전략과 얼마나 한 방향으로 정렬되어 있는지를 자세히 살펴볼 필요가 있다.

좋은 소식은 성공적으로 문화를 바꾼 조직이 많다는 것이다. 갤럽은 전 세계에 걸쳐 가장 높은 성과를 거둔 39개 회사와 제휴했다. 이 회사는 조직에 몰입하는 직원의 비율을 거의 2배로 늘렸다. 이를 통해 극도의 경쟁, 시장 변화, 불리한 규제 조건, 경기 침체, 기타 외부 위협을 견뎌낸 끈기 있는 직원들이 탄생했다.

고개발 기업은 직원들을 끌어들이기 위한 전략 이면에 뚜렷한 목적을 갖고 있다. 그들은 성취하고자 하는 구체적 행동과 왜 그것이 성공을 위해 꼭 필요한지를 알고 있다.

다음은 고개발 문화를 성공적으로 구축한 조직에서 볼 수 있는 4가지 주요 패턴이다.

최고경영자와 이사회가 주도한다

'전략적 한 방향 정렬'은 모든 사람에게 좋은 의미로 들린다. 그러나 이 용어는 이미 다른 여러 것들로 인해 그 의미가 희석되었다. 그렇다면 이는 정확히 무슨 뜻인가? 리더와 직원들이 무슨 일을 해야 하는지, 조직이 무엇을 위해 있고, 이루려는 것이 무엇인지가 완벽하게 연관되어 있음을 아는 것이다.

'직원 몰입도'는 그 기준에 부합하지 않는 한 아무런 가치도 없다. 가장 잘하는 회사는 이렇게 한다.

- 조직이 왜 존재하는지, 외부에 어떻게 알려지기를 원하는지에 대해 잘 정의된 목적과 브랜드를 가지고 있다. 조직의 모든 사람은 직원의 몰입이 목적과 브랜드의 통합을 달성하는 시스템이라는 것을 이해해야 한다. 리더는 몰입 요소를 비즈니스 이슈

와 명확하게 연결해야 한다. 이는 몰입을 추상적 개념이 아닌 일상 업무와 연관시킨다는 뜻이다.

- 최고경영진의 노력이 수반되어야 한다. 그들은 자신의 태도, 신념, 행동이 조직문화에 폭포수와 같이 큰 영향을 미친다는 것을 알고 있다. 훌륭한 일터의 리더는 단지 경영진 입장에서 보고 싶은 것만 이야기하는 것이 아니라 그렇게 실천한다.
- 리더는 개선 경로를 그려낸다. 그들은 회사가 오늘날 어디에 위치해 있고, 앞으로 어디에 위치할 것인지를 정의한다.

관리자에게 새로운 관리 방식을 교육한다

- 최고 조직의 리더는 팀에 하향식 명령을 하기보다 팀 차원에서 문제를 해결하도록 권장한다. 그들은 일선관리자와 팀의 역량을 구축해 그들이 스스로 문제를 해결할 수 있도록 교육 및 개발 프로그램에 초점을 맞춘다.
- 몰입·성과·교육이 한 방향으로 정렬되어 있다. 교육은 강점을 기반으로 하며, 12가지 몰입 요소를 겨냥한다. 관리자는 팀 구성원의 강점을 파악하는 방법을 알고, 결과를 달성하기 위해 강점을 사용하고 구축하는 방법을 배운다.
- 교육은 각 관리자의 능력에 맞게 맞춤형으로 제공한다. 높은 성과를 달성하는 직원들과 높은 몰입도를 보이는 팀의 관리자는 낮은 성과와 낮은 몰입도를 보이는 팀의 관리자보다 심화된 커리큘럼을 수행한다.

전사적인 커뮤니케이션을 실천한다

- 최고의 조직에는 유능한 최고인사책임자가 있어 관리자에게 선천적 성향에 맞게 직원을 개발하는 방법을 가르치는 시스템을 구축한다.
- 조직에는 우수 사례를 수집하고 질문에 답하는 지정된 '챔피언 네트워크'가 있다.
- 현재진행형인 우수 사례의 수집은 높은 몰입도를 보이는 팀의 모습을 생생하게 보여준다.

관리자에게 책임을 부여한다

- 우리의 연구에 따르면 가장 높은 직원 몰입도를 보이는 기업은 '인정'을 직원들로 하여금 더 높은 수준의 성공으로 나아가게 하는 수단으로 여긴다. 직원을 인정하는 것은 회사가 무엇을 중시하는지에 대한 강력한 메시지를 전달한다.
- 최고의 조직은 모든 사람이 관리자가 되어야 한다고 생각하지 않으며, 개별 성과자의 역할에 대해 다양한 가치의 진로를 개발한다.
- 평범함을 용인하는 것은 최고의 적이다. 그들은 고성과 팀이 생산성, 직원 이직률, 고객 서비스, 직원 몰입도의 조합에 기초한다고 정의한다. 관리자는 팀을 일에 몰입하게 만드는 것이 자신의 일임을 명확히 알고 있다. 최고의 조직은 팀 몰입도 저하의 진행 패턴을 알고 관리자를 변화시킨다. 어느 누구도 자신의 발전이 관리자로 승진하는 데 달려 있다고 생각하지 않는다.

- 최고의 조직은 명확한 기대, 지속적인 대화, 책임감이 없다면 의미 있는 사명과 목적도 없다는 것을 알고 있다.

30 | 좋은 관리자의 5가지 특징

① **동기부여:** 팀이 뛰어나게 업무를 수행하도록 고무시킨다.

② **일하는 방식:** 목표를 설정하고 팀이 가속화하도록 자원을 마련한다.

③ **주도성:** 사람들이 행동하도록 그들에게 영향을 주고, 역경과 저항을 헤쳐나간다.

④ **협업:** 깊은 유대감을 지닌 헌신적인 팀을 구축한다.

⑤ **사고 과정:** 전략과 의사결정에 대한 분석적 접근을 구축한다.

당신 조직의 여러 관리자를 떠올려보라. 당신이 경력을 쌓는 동안 10명의 상사를 경험했다면, 아마도 다시 상사로 함께 일하고 싶은 사람은 그중 2~3명밖에 없을 것이다. 이것도 운이 좋은 경우이다. 어떤 사람은 다시 함께 일하고 싶은 상사가 1명뿐이거나 1명도 없을 수 있다. 대부분의 사람은 경험이나 다른 사람의 말을 통해 좋은 상사란 어떤 사람인지 또는 어떤 사람이어야 하는지에 대해 어느 정도 인식하고 있다.

당신이 관리에 대해 알고 있는 모든 것, 즉 읽고 보고 경험한 것을 고려하라. 훌륭한 관리자를 만드는 요소가 과연 무엇인지 잠시 시간을 내 생각해보라. 누군가가 어떻게 훌륭한 관리자가 되었는지 자문해볼 수도 있다. 이러한 특성은 어떻게 얻을 수 있을까? 선천적으로 다른 사람을 관리하는 데 재능이 있는 것일까, 아니면 그렇게 되는 법을 배운 것일까?

행동유전학 연구에 따르면 사람은 누구나 11장에 나열된 것과 같은 개별적 특성, 즉 자신이 어떤 사람인지 아는 것과 같은 정체성과 느낌 및 행동의 패턴, 즉 자기만의 성격과 사고 과정이 있다고 말한다. 사람은 유전자와 초기 발달 경험으로 인해 자신을 독특하게 만드는 특성이 있다. 이것은 분명 좋은 일이다. 이는 모든 사람이 조직과 팀에 다른 능력과 자질을 가져온다는 것을 의미한다.

그럼 이제 당신의 '기본' 경향을 생각해보라. 많은 사람이 있는 환경에서 당신은 잘 아는 사람들과 같이 있으려고 하는가, 아니면 낯선 사람들에게 자신을 소개하고 싶은가? 직장에서 당신은 하나의 프로젝트를 완성하는 데 집중하기를 원하는가, 아니면 동시에 많은 프로젝트에 참여하기를 원하는가? 당신은 사람들의 복잡성을 즐기는가, 아니면 아이디어의 복잡성을 좋아하는가?

50년 동안 갤럽은 무엇이 훌륭한 관리자를 만드는지를 타고난 선천적 경향 측면과 시간에 걸쳐 의도적으로 개선되는 측면 2가지를 모두 연구했다. 연구 결과를 요약하면 훌륭한 관리자의 절반은 선천적 경향에 영향을 받고, 나머지 절반은 경험과 지속적 발전에 영향을 받는다는 것이다.

관리자를 고용하기 전 과학적 기준을 통해 그의 선천적 경향을 예측할 수 있다. 관리자가 제 역할을 훌륭히 수행해내고 성공 확률을 크게 높일 수 있도록 동기부여, 일하는 방식, 주도성, 협업, 사고 프로세스 5가지 특성을 평가하라.

불행히도 현재의 경영 관행은 직원을 승진시킬 때 잘못된 평가 기준을 사용한다. 갤럽은 수천 명의 관리자에게 어떻게 관리자가 되었는지 질문을 던졌다. 그 질문에 가장 많이 나온 2가지 응답은 조직원 역할에서의 성공과 재직 기간이었다.

표면상으로는 이러한 이유가 합리적인 것처럼 보인다. 높은 성과를 거두거나 오랫동안 회사에 몸담아온 사람들은 더 높은 직위라는 보상을 받는다. 관리자로 승진하는 것은 급여와 직위가 함께 올라가는 것을 의미하기에 이는 관리자가 되고자 하는 욕구를 강화한다.

갤럽의 분석 결과 오늘날 대부분의 팀 리더는 사람들을 관리하는 선천적 경향을 가지고 있지 않은 것으로 나타났다. 그렇다면 분명 그 역할을 수행하는 데 어려움을 겪을 것이다. 다행인 점은 대부분의 조직이, 필요한 관리 인재를 내부에 보유하고 있으며, 올바른 평가 시스템을 통해 그러한 인재를 찾을 수 있다는 것이다.

그렇다면 관리자가 될 적임자를 가장 효과적으로 파악하는 시스템이나 문화를 어떻게 구축할 수 있는가?

① 과학적으로 설계·검증된 도구를 사용해 훌륭한 관리자의 5가지 특징, 즉 동기부여, 일하는 방식, 주도성, 협업, 사고 프로세스에 대한 관리 역량을 평가하라.
② 재능 있는 직원들에게 프로젝트와 팀을 이끌어볼 기회를 주어라. 그들의 활동을 지켜보고 누가 훌륭한 팀을 이끌 수 있는지 기록하라.

③ 관리자로의 승진을 판단할 때 단지 재직 기간이나 비관리직에서의 성공에만 기초하지 마라. 관리자가 되는 것이 통과의례가 되어서는 안 된다.

④ 좋은 성과를 내는 개별 성과자라면 그 역할에서 더 성공한 다음에 더 높은 직위를 바라보도록 만들어라. 가장 좋은 것은 가치가 있다고 해서 관리자의 수를 늘리는 게 아니라 수익을 극대화하는 것이다.

31 | 관리자를 키우는 방법

관리자를 키우는 데 매년 수십억 달러가 소요된다. 하지만 갤럽의 연구 결과 3명의 관리자 중 1명만이 지난해에 자신이 배우고 성장하는 기회가 있었다는 데 전적으로 동의했다.

대부분의 사람에게 관리란 유쾌한 경험이 아니다. 관리는 받는 사람보다 하는 사람에게 더 힘들다. 관리자들은 자신이 이끄는 팀의 개별 성과자보다 더 많은 스트레스와 피로감을 받을 뿐 아니라 일과 삶의 균형이 무너지고 체력적으로도 힘들다고 말했다.

관리자는 리더와 일선 직원들 사이에 끼여 있기에 그 역할은 극도로 어려울 수밖에 없다. 갑작스러운 조직의 변화와 시장의 혼란은 관리자에게 큰 타격을 준다. 회사가 자신에게 무엇을 기대하는지를 알 확률은 관리자가 자신이 관리하는 직원보다 낮다. 관리라는 업무는 다른 직업보다 더 큰 자율성과 직위를 갖지만, 우선순위를 자주 바꾸고 팀 개개인을 살펴야 하는 어려움이 있다.

조직이 직원들을 최대한 활용하지 못하는 것은 그리 놀라운 일이 아니다. 직장에서 누군가가 자신의 발전을 격려한다는 데 동의한 관리자는 30% 미만이다. 관리자 개발 훈련을 받은 사람들은 그 프로그램이 별 효과가 없다고 말한다.

관리자를 교육하기 위한 전통적인 접근법은 관리자들이 갖추기를 바라는 역량을 정의한 후 해당 역량을 가르치는 것이다. 듣기에는 그럴듯하다. 그러나 갤럽은 이 접근법이 인간 본성에 대한 중대한 원리를 간과하고 있다고 본다. 그것은 모든 사람이 자신의 고유한 강점에 근거해 각각 다르게 발전한다는 원리이다.

미래의 관리자들이 직원의 개인적 강점을 알고 발전시키는 것도 중요하지만, 자신의 강점을 발전시키는 것은 필수적이다. 어느 누구도 모든 일을 다 잘할 수는 없다.

관리자는 자연스럽게 자신의 경향을 따라 발전하며, 한 가지 스타일로만 규격화되도록 강제될 수 없다. 갤럽의 연구 결과에 따르면 개별 관리자의 강점을 인정하는 학습 및 개발 프로그램이 획일화된 프로그램보다 훨씬 효과적이다.

팀 리더 역시 다른 사람들과 마찬가지로 자신의 상사와 코칭 대화를 나눌 필요가 있다(21장 참조). 관리자를 어떻게 키울지 고민이라면 다음의 갤럽 권고 사항을 고려해보라.

① 현재 관리자의 모든 학습 및 개발 프로그램이 강점 기반 문화를

구축하는 것과 일치하는지 분명히 감사하라(16장 참조).

② 관리자에게 강점에 대한 심층 학습(14장과 15장 참조), 몰입(26장 참조), 성과 코칭(20장 참조) 등 강점에 기반한 리더십의 기초를 가르치는 갤럽 교실 학습에서 시작하라.

③ 관리자가 상사에서 코치로 탈바꿈할 수 있도록 커리큘럼을 개발하라.

④ 교실에서 배운 개념을 발전시킬 수 있도록 지속적인 e-러닝 경험을 구축하라.

⑤ 경영진은 최소 일주일에 한 번은 관리자 및 팀 리더와 강점 기반 대화를 해야 한다(21장 참조).

⑥ 갤럽의 강점 기반 교육 결과에 대해 팀 리더나 관리자가 다음의 진술에 전적으로 동의할 수 있게 하라(5점 만점에 5점 부여).

- 본 강좌는 나에게 영감을 주었다.
- 내가 리드하는 방식을 바꿀 무언가를 배웠다.
- 이 교육에서 배운 것을 실제로 매일 적용하고 있다.
- 이 교육에 참여한 후 나의 성과가 상당히 향상되었다.

일의 미래

오늘날 리더와 관리자들이 직면한 도전은 다양한 노동력 관리,
원격근무 관리, 인공지능의 부상, 긱 노동 같은 임시 고용, 일과 삶의 경계 등이다.

THE FUTURE OF WORK

32 | 직장의 변화

- 오늘날의 직원들은 이전 세대에 비해 인종·문화·성별 다양성이 훨씬 크다.
- 원격근무가 지속적으로 증가하고 있다.
- 오늘날 대부분의 직장은 매트릭스화되어 있다.
- 디지털화가 업무의 본질을 근본적으로 변화시키고 있다.
- 모바일 기술은 일과 삶의 경계를 모호하게 만들고 있다.
- 임시직과 '긱' 노동이 여기 있다.
- 가장 바라는 특전은 유연근무제이다.

직장의 변화는 매우 빠르게 진행되고 있어 조직과 관리자들이 따라잡기 힘든 상황이다. 문제는 이러한 변화가 실제로 다가오고 있는지 여부가 아니라, 이러한 변화에 어떻게 대처하느냐이다.

몰입의 어떤 측면은 이루기 쉬워진 반면, 다른 측면은 훨씬 더 이루기 어려워졌다. 예를 들어 고도로 매트릭스화된 조직 환경에서의 직원 간 협력은 매트릭스화되지 않은 환경에서보다 용이하지만, 기대치는 그만큼 명확하지 않다는 것을 갤럽의 데이터가 보여준다. 팀리더는 고객의 요구가 변화함에 따라 정기적으로 협력해 우선순위를 명확히 해야 한다.

원격 작업 환경에서는 그 반대이다. 조직은 이제 적절한 장비와 기대치를 갖춘 원격 근로자들을 찾을 수 있으며, 그들이 가장 잘할 수 있는 일을 하도록 자율성을 부여한다. 그러나 원격 근무자들 입장에서는 협력할 기회나 인정받을 기회가 없을 수도 있다. 원격 근무자들이 동료나 관리자로부터 멀어지면 회사를 그만둘 확률이 높아진다.

오늘날의 리더는 일과 삶의 경계가 모호한 환경을 관리하고 있다. 예를 들어 미국 정규직 직원의 3분의 1 이상이 정규 근무시간 이외의 시간에도 업무 이메일을 자주 확인한다고 답했다. 대다수 사람들이 업무 시간이 아닐 때도 스마트폰으로 업무 메일을 확인한다. 그리고 정규직 직원의 4분의 3 이상이 그러한 일을 긍정적인 발전으로 본다.

문제는 근무시간 이외의 시간에 이메일을 자주 확인하는 근로자의 절반 가까이(48%)가 그 전날 스트레스를 많이 받는다는 점이다. 그러나 직원의 상황을 이해하고, 명확한 기대를 갖게 하며, 직원을 코치해주고, 책임을 갖게 하는 올바른 관리자가 있다면 근무시간 전후에 업무 메일을 확인하는 일은 그들의 스트레스를 크게 증가시키지 않는다.

하지만 회사는 프랑스의 법처럼 정규 근무시간 이외의 시간에는 업무를 금지하는 정책이 있다. 이러한 정책은 사무실에서 일주일에 40시간 일하는 전통적 근무시간을 초과해 근무외 시간에 일하는 것은 복지에 좋지 않다고 가정한다.

그러나 대부분의 정규직 근로자들은 근무지가 아닌 곳에서 근무시간 이외의 시간에 업무를 보는 것을 장애물이라기보다는 이점으로 생각한다. 이는 아마도 모바일 기술의 유연성 때문일 것이다. 좋은 관리자의 도움이 있다면 직원들은 특별한 스트레스 없이 이러한 기술의 유연성을 이용할 수 있다.

33 | 다양성과 포용을 위한 3가지 조건

"나를 존중해달라."

"나의 강점을 알아달라."

"리더는 옳은 일을 할 것이다."

다양성의 범주는 빠르게 확장되고 있다. 예를 들어 인종, 연령, 성별, 종교, 성적 지향, 사회경제적 지위, 장애, 생활방식, 성격, 키, 체중, 기타 신체 특성, 가족 구성, 학력, 근무연한, 정치 성향, 세계관 등 인간 본성의 스펙트럼은 다양하다.

리더로서 당신은 그런 다양성을 어떻게 이해하고 다루어야 하는가? 그에 대한 해결책은 직원들이 위에 열거한 3가지 조건을 어떻게 생각하느냐에 달려 있다. 다양성과 포용이라는 주제가 리더들이 꼽은 우선순위 목록 상위권에 위치한 데에는 이유가 있다.

우리는 모두 대학 캠퍼스나 지역사회에서 사회 불안을 목격했고, 이는 사업에서도 예외가 아니다. 2017년 미국인의 42%는 인종 간의 관계에 대해 우려가 '크다'고 답했으며, 이는 미국에서 기록된 최고 수치이다. 불과 3년 전만 해도 이 비율은 17%였다. 이와 관련해 블랙 라이브스 매터Black Lives Matter(아프리카계 미국인을 향한 폭력과 제도적 인종주의에 반대하는 사회운동)는 전국적 운동으로 발전한 반면, '정치적 올바름'에 대한 반발 또한 존재한다.

할리우드와 엔터테인먼트, 정부, 교육, 스포츠와 비즈니스 분야에서 리더들의 성희롱 혐의가 폭발적으로 제기되고 있다. 현재 10명 중 약 7명은 성희롱이 주요 문제라고 답하며, 이는 20년 전 10명 중 5명에 비해 증가한 수치이다. #미투 운동 또한 등장했다.

그러나 현재 상사가 남성이냐 여성이냐에 대한 미국인의 선호도는 큰 차이가 없다. 특히 남성에게 그 문제는 덜 중요하다. 보통의 미국인은 동성애자를 도덕적으로 수용할 수 있고, 동성애는 타고난 성향이라고 믿는다. 이는 지난 수십 년 동안 사람들이 믿어온 것과 비교하면 극적인 변화이다.

인구통계도 변화하고 있다. 예를 들어 밀레니얼 세대의 42%는 비코케이지언caucasian, 즉 백인이 아니다. 이는 베이비붐 세대와 비교했을 때 2배 높은 비율이다.

다양성과 포용의 문화를 구축하길 원한다면 직원들이 다음 3가지 문장에 대해 어떻게 생각할지 생각해보라.

- 나는 직장에서 존중받고 있다.
- 나의 고용주는 직원 개개인의 강점을 쌓는 데 전념하고 있다.
- 윤리와 진실성에 대한 우려가 제기된다면 나의 고용주는 옳은 일을 할 것이다.

갤럽은 이 3가지에 초점을 맞추면 조직이 올바른 방향으로 나아갈 수 있다는 것을 발견했다. 다음 3개 장은 이 주제들에 관해 다룰 것이다. 하지만 그 전에 다양성 교육에 대한 참고 사항을 짚고 넘어가 보도록 한다.

다양성 교육에 대한 참고 사항: 민감성 훈련과 무의식적 편견 훈련 등을 포함해 다양성 훈련의 효과에 관한 수백 가지 연구가 이루어졌다. 결과는 일관성도 없고 결론도 없다는 것이다. 다양성 교육은 의무적이라고 느껴지거나 존경, 강점 및 리더십에 대한 헌신을 토대로 구축된 문화의 일부가 아닌 경우 종종 실패한다. 다양성 교육은 단지 하루짜리 이벤트로는 효과를 내지 못한다.

34 | 다양성과 포용: '나를 존중해달라'

무례함은 독이다.

무례함은 사람이 경험하는 가장 강렬한 감정 중 하나일 것이다. 우리 모두는 살면서 무례함을 느꼈던 때를 기억할 것이다. 이는 잊기 어려운 기억이다.

가장 기본적인 단계에서 존중은 누군가의 이름을 아는 것과 그들이 가치 있게 여기는 것이 무엇인지에 대해 인식하는 것에서 시작된다. 직장에서 존중받지 못한다고 말하는 직원이 있다면 이는 조직에 더 큰 문제가 있을 수 있다는 경고의 표시이다. 이렇게 이야기하는 직원의 90%가 직장에서 어떤 종류의 차별이나 괴롭힘을 당한 적이 있다고 말했다.

갤럽은 포용에 대한 인식과 가장 밀접한 관련이 있는 직원 몰입 요소는 '상사 또는 직장의 누군가가 나를 한 인간으로서 대한다'와 '직장에서 나의 의견은 중요한 것 같다'라는 사실을 발견했다. 이 2가지 요소는 존중이 무엇인지를 말해준다.

직원들은 함께 일하는 사람들에게 자신이 중요하게 여겨지길 원하고, 또 자신의 아이디어가 중요하게 여겨지길 원한다. 그들은 사회적으로 외면당하거나 자신의 아이디어가 무시당했다고 느끼면 자기 자신이 무시당하고, 간과되고, 거부당했다고 느낀다. 그리고 이러한 감정에 대한 이유를 찾으려고 한다.

어쩌면 이러한 불평은 차별에 의한 것일 수도 있다. 물론 그렇지 않을 수도 있지만, 직원은 인종, 성별, 나이 혹은 다른 요소들 때문에 이러한 차별이 있다고 가시적 원인을 찾을 것이다. 어떤 조직도 의도하지 않은 무례함을 막을 방법은 없다. 하지만 사람들이 서로를 알고 충분히 배려하면 어느 정도는 줄어들 것이다. 예를 들어 〈리더십과 조직 연구 저널Journal of Leadership & Organizational Studies〉에 발표한 갤럽의 연구는 관리자와 직원 간의 인종 차이가 직원들이 현재 직장을 계속 다니거나 떠나는 데 미치는 영향을 분석했다. 그 결과에 따르면 관리자와 직원이 서로 다른 인종일 때 조직을 떠나는 경우가 더 많았다.

그러나 관리자와 직원이 서로 다른 인종이어도 몰입도가 높은 직장에서 일하는 직원은 현 직장에 계속 머물려는 경우가 가장 많았고, 이러한 경향은 관리자와 직원이 같은 인종인 직장에서보다도 높았다. 서로 다른 인종의 관리자와 직원이 함께 일하는 데 있어 몰입도와 가장 밀접한 관계의 요소는 '상사나 직장의 누군가가 나를 한 인간으로서 대한다'이다.

35 | 다양성과 포용: '나의 강점을 알아달라'

조직이 직원들의 강점을 구축하기 위해 노력하고 있다는 데 전적으로 동의하는 직원은 전체의 21%에 불과하다.

조직 전반에 걸쳐 포용성을 높이는 가장 좋은 전략은 강점 기반 접근법을 채택하고 강점 기반 문화를 구축하는 것이다.

한 조사에서 갤럽은 한 산업의 팀을 대상으로 강점 기반 개발 접근법을 사용하면 그에 따라 포용성에 대한 인식이 변화하는지를 알기 위해 포용에 따른 후속 변화를 연구했다. 자신의 강점을 인식하게 된 직원의 비율이 높은 팀은 상당히 높은 수준의 포용감을 느낀다. 우리가 조사한 직원들은 자신의 강점에 대해 깨닫는 것이 이전에는 갖지 못했던 가치와 소속감을 느끼는 데 도움이 된다고 말했다.

학계에서 '대인 조화'라고 불리는 연구 흐름도 이와 유사한 것으로, 사람들이 각자에 대해 뭔가를 공유함으로써 서로를 더 잘 알 수 있게 해주는 접근법이다. 이 접근법은 비효율적인 업무 관계를 가진 팀의 성과를 향상시키는 것으로 나타났다.

강점 기반 접근법은 사람들이 서로를 알고, 긍정적인 대화를 하게 만든다. 또한 강점 기반 문화를 가진 조직은 일관되게 경쟁사를 능가하는 결과를 보인다(16장 참조).

개인의 독특한 재능을 알려주는 갤럽의 강점 진단은 개인의 재능과 강점에 대한 생산적인 대화를 이끌어내도록 설계되었다. 이러한 대화에서 관리자는 직원의 고유한 강점, 즉 문화·배경·기술·지식에 초점을 맞출 수 있다. 각 개인이 자신을 어떻게 표현하고 싶은지 정의하도록 해보라.

다른 사람들처럼 직원들도 어디 출신이고 어떤 사람인지에 상관없이 소속감을 원하고, 자신만의 가치를 알아주길 원한다. 강점 진단과 직원 개발은 직원들이 어떻게 생각하고, 느끼고, 반응하는지에 대한 미묘한 차이를 심층적으로 살펴볼 수 있다.

36 | 다양성과 포용: '리더는 옳은 일을 할 것이다'

직원의 21%는 만약 윤리와 진실성에 대한 우려가 제기된다면 고용주가 옳은 일을 할 것이라는 데 동의하지 않는다.

'포용적인 환경을 만들면 다양성 문제는 자연스럽게 해결될 것이다'라는 정설을 들어본 적이 있을 것이다. 하지만 훌륭한 문화를 구축하면 자연스럽게 다양한 직원을 끌어들일 수 있다고 말은 하지만, 현실은 그렇게 간단하지 않다.

조직은 다양한 인적 집단을 고용·개발하는 방법 그리고 어떤 행동이 용인되고 용인되지 말아야 할지에 대한 기준을 세울 전략이 필요하다. 리더는 우선 다양성과 포용이 같은 것이 아니라는 사실을 인식해야 한다. 다양성은 당신이 조직에 끌어들이는 사람들의 분포 정도이고, 포용은 당신이 직원들을 어떻게 끌어들이고 대하는가이다.

조직문화는 명확한 목적과 브랜드, 즉 조직의 평판과 조직이 지지하는 가치에서 시작한다는 것을 명심하라. 리더는 공격적·차별적 행동을 관용해서는 안 된다. 그리고 공식적·비공식적으로 의사소통함과 동시에 이러한 정책을 시행해야 한다. 차별은 절대 용인하지 않는다는 '제로 용인'을 최고경영진부터 확실히 하고, 조직의 사람들에게 무엇이 허용될 수 있는지를 알려야 한다.

조직은 또한 윤리 문제를 보고하는 시스템과 그러한 윤리 문제가 발생했을 경우 적절히 처리할 방법에 대한 규범이 있어야 한다. 강력한 문화와 시스템을 갖추는 것은 다른 무엇보다도 중요하다.

조직의 원칙은 직원을 유치하고 고용하는 방식에서도 명확해야 한다. 역할에서의 성공을 정의하는 명확한 기준은 채용 전략의 핵심이다. 직무 요구에 부합하는 경험, 검증된 평가, 구조화된 인터뷰 등의 객관적 기준을 활용해 자격을 갖춘 후보를 선발함으로써 편향을 줄이는 것을 목표로 해야 한다(11장 참조).

갤럽의 연구는 모든 직업군의 인구통계학적 집단에 선천적 능력이 존재한다는 것을 보여준다. 핵심은 광범위하고 다양한 지원자 풀pool을 확보하고 성과를 예측하는 기준에 따라 직원을 채용하는 것이다. 고용된 사람을 이후에 승진시킬 때도 비슷한 원칙을 따라야 한다.

마지막으로 가장 중요한 단 하나의 의사결정은 누구를 관리자로 임명하는가이며, 이후 관리자의 역량을 어떻게 개발시키는가이다. 뛰어난 관리자는 자연스럽게 관계를 구축하고, 팀원들을 연결하며, 팀원에게 어떤 일이 일어나고 있는지 알고, 갈등이 커지기 전에 해결함으로써 조직문화를 온전하게 구현한다.

다양성과 포용에 관한 참고 사항: 다양성과 포용은 복잡한 문제이다. 이 주제에 대한 갤럽의 가장 큰 공헌이자 최선의 조언은 모든 사람이 존중받고, 강점을 인정받으며, 리더가 옳은 일을 할 것이라고 믿는 문화에서 시작된다는 점이다.

37 | 성별 격차

세계적으로 조직은 직장 내 여성 비율을 더 높여야 한다. 이는 단지 여성들에게 혜택을 주기 위해서만이 아니라 실제로 기업에 도움이 되기 때문이다.

기업이 성평등을 실천하지 않는 것은 엄청난 기회 손실이다. 세계 인구의 절반이 여성이지만, 최근 발표한 국제노동기구ILO의 통계에 따르면 노동시장에 참여한 남성은 76%인 데 비해 여성은 그 절반에 불과하다.

모든 여성이 정규직 일을 원하는 것은 아니지만, 갤럽은 성별이 균형적인 조직, 즉 여성과 남성의 비율이 50 대 50에 가까운 조직이 성비가 불균형한 조직보다 실질적·재정적으로 더 나은 성과를 내고 있다는 것을 발견했다. 그리고 성비의 균형과 높은 몰입 문화가 결합하면 결과는 더욱 좋아진다는 것 또한 알아냈다.

성비 균형이 재무 성과를 향상시키는 3가지 이유는 다음과 같다.

- 성비가 균형적인 집단은 일을 수행하고 고객의 요구를 충족시키는 능력이 더 크다.
- 평균적으로 여성이 남성보다 더 많이 일에 몰입한다.
- 여성 관리자는 남성 관리자에 비해 일에 몰입하는 직원을 더 많이 보유하고 있다.

갤럽은 이 주제에 대한 데이터를 처음 수집한 1953년부터 지금까지 미국의 상사 선호도 변화를 추적해왔다. 그 당시 미국인은 여성 상사보다 남성 상사를 61%포인트 차이로 더 선호했다. 그러나 현재 대다수 미국인의 상사에 대한 성별 선호도는 사실상 차이가 없다고 보고한다.

대다수 미국인은 상사에 대한 성별 선호도가 없다

만약 당신이 입사한 새로운 직장에서 상사를 선택할 수 있는 기회를 준다면 당신은 남성 상사를 선호하는가, 여성 상사를 선호하는가?

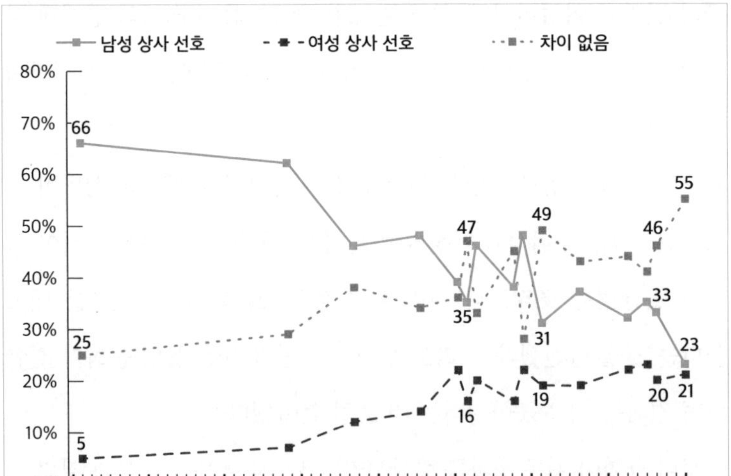

미국 성인의 응답임: 자발적인 응답

하지만 〈포춘〉이 선정한 500대 기업의 최고경영자 가운데 단 32명만이 여성이다. 여성의 45%가 최고경영자나 고위 경영진 및 리더가 되고 싶다고 말함에도 불구하고 말이다.

조직 내 성평등을 달성하는 가장 좋은 방법은 무엇인가

한 가지 해답은 리더의 직위에 더 많은 여성을 올리는 것이다. 임원급 여성의 비율이 낮은 점과 39장에서 논의할 임금 격차 문제는 승진과 성과 그리고 법적 자격 취득에 대해 리더들이 투명하게 기준을 공유하지 않는 이상 계속해서 논의될 것이다. 예를 들어 주 40시간 근무를 목표로 정했음에도 리더들이 승진하려면 60시간 일해야 한다고 속삭일 때, 혼란을 야기하고 불평등에 대한 잠재적 인식을 갖게 할 것이다.

핵심은 주어진 작업에 대해 어떻게 높은 성과를 달성할 수 있을지를 정하는 것이다. 다른 장에서 우리는 편향을 줄이기 위한 팀원과의 협업과 고객 가치 등의 성과 시스템을 개발하는 방법에 대해 논의할 것이다. 또한 직원들의 제도적·산업적 지식도 평가해야 한다.

경영진과 정규직에서의 불균형적인 남녀 비율에 대해 그 진상을 규명하는 일은 쉽지 않다. 모든 문제에 대한 해답을 얻을 수는 없어도 우리의 분석에서 발견한 것을 통해 통찰을 얻을 수는 있다.

갤럽은 국제노동기구와 진행하는 글로벌 프로젝트의 일환으로 유급 직장에서 일하는 여성들이 직면한 불평등 요소가 무엇인지를 조사했다. 남성과 여성을 대상으로 한 이 조사에서 응답의 대부분은 다음의 3가지 영역이었다.

- 불공정한 대우
- 임금 불평등
- 근로시간의 유연성

이에 대해서는 각각 다음 세 장에서 토론해볼 것이다.

38 | 직장에서의 여성: #미투 시대

미국 직장인의 27%가 성희롱을 당한 경험이 있다고 보고한다.

직장에서의 불공정한 대우는 많은 개발도상국에서 가장 자주 언급되는 관심사이며, 최근 미국에서는 엔터테인먼트·정치·비즈니스·교육 분야의 리더에 대한 수많은 성희롱 혐의가 제기되어 이 이슈가 전면으로 떠올랐다. 이는 전 세계의 #미투 운동으로 확산되었다.

현재 여성의 63%와 남성의 54%는 직장 내 성희롱 문제에 대해 사회가 충분히 민감하지 않다고 답했다. 이 두 수치는 모두 1998년 이후 20%포인트 이상 상승했다. 게다가 성희롱이 심각한 문제라고 답한 비율은 69%에 이른다. 미국 여성의 42%와 미국 남성의 11%가 성희롱의 희생자라고 답했다.

다양성과 포용에 관한 36장의 내용에서 언급했듯이 조직의 윤리와 진실성에 관한 직원들의 요구 중 하나는 '리더들은 옳은 일을 하는 것'이다.

이제 적어도 성희롱 문제에 있어서만큼은 더 이상 관용이 없음을 명심해야 한다. 리더는 성희롱에 대한 합리화를 허용하거나 '남자가 그럴 수도 있지' 따위의 변명을 해서는 안 된다. 남성 리더가 조직의 다른 남성들과 비공식적인 대화 도중 성과 관련된 무례한 발언을 했을 때 '그만하라'고 말하는가, 아니면 웃어넘기는가? 조직문화는 그 순간 형성된다.

조직은 직장 성희롱 문제를 경영진에게 알리는 방법과 절차에 대한 규범뿐만 아니라 기밀 시스템이 필요하다. 성희롱은 어떤 경우에는 단순한 무례함에서 비롯된 '교정 가능한 것'일 수도 있지만, 어떤 경우에는 즉각적인 해고 사유가 될 수 있다.

조직에서 발생하는 괴롭힘 문제를 묵인하고, 리더의 위반 사항을 내부적으로 보호하려고 시도함으로써 발생할 수 있는 참상은 분명하다. 문화의 특징 가운데 모든 사람이 알고 있으면서도 암묵적으로 동의하는 부당한 처사보다 더 나쁜 것은 없다.

39 | 직장에서의 여성: 왜 임금 격차가 발생하는가

83%: 남성 급여에 대한 여성 급여의 비율

임금 불평등은 북미를 비롯한 많은 선진국 성인들의 가장 큰 관심사이다. 이는 여성과 직업에 관한 갤럽과 국제노동기구의 보고서에서 가장 강력한 발견이기도 하다. 남녀의 임금은 비슷한 업무 유형이나 다른 요소들과 비교해봐도 설명되지 않는 격차가 존재한다. 어떤 이들은 이러한 남녀 임금 격차를 차별 탓으로 돌린다.

하버드 대학교 경제학 교수인 클라우디아 골딘은 이 주제에 관한 한 선도적 전문가로, 미국의 데이터를 광범위하게 연구해왔다. 그녀는 삶의 다양한 상황 요소, 역할의 기간, 근무시간과 직업 유형을 통제하는 469개의 직업을 비교했다. 골딘의 연구 결과는 전체적으로 볼 때 남녀 임금 격차가 차별에서 기인한다는 증거가 충분하지 않음을 보여준다.

골딘은 임금 격차가 직장에서 '시간적 유연성'이 별로 없는 직업, 다시 말해 기업·금융·법률 등의 직업에서 특히 크다는 것을 발견했다. 즉 남녀 임금 격차가 가장 큰 직업은 근무 장소와 시간이 경직된 직종이다. 이러한 직종은 사무실에서 오랜 시간 일하는 것을 요구한다. 반면 성별 임금 격차가 비교적 적은 직업은 과학·기술·일부 보건 전문직이다. 이러한 유형의 직업은 많은 경우 유연성이 있다.

남녀가 직장에서 처음 일하기 시작할 때는 급여 수준이 비슷하다. 그러다 약 10~15년 후 임금 격차(와 직함의 차이)가 상당히 벌어진다. 이러한 변화는 여성 직원이 아이를 출산한 지 1~2년이 지난 후부터 시작된다.

남성과 여성의 역할은 시간이 지남에 따라 점점 더 수렴되고 있지만, 여전히 여성은 주로 돌봄의 역할을 한다. 덕분에 남성은 경력을 발전시키는 데 더 많은 시간과 노력을 투입할 수 있고, 이는 임금 격차가 발생하는 이유를 설명해준다. 한 예로 부양 의무가 없는 여성이 남성과 비슷한 수입을 올리고 있다는 것에 주목할 필요가 있다.

갤럽의 데이터는 여성들이 직장을 그만두는 가장 큰 요소가 자녀라는 것을 보여준다. 실제로 18세 미만의 자녀를 둔 취업 여성의 54%는 주부 역할(40%는 가정 밖에서 일하는 것을 선호함)을 선호한다고 응답했다. 반면 18세 미만의 자녀가 없는 여성 중 70%가 가정 밖에서 일하는 것을 선호하는 것으로 나타났다.

조직에 여성 직원의 비율을 높이는 열쇠는 가족과 삶의 의무를 수용할 수 있을 정도로 유연한 조직문화 그리고 성과와 성취에 대한 공평한 인정과 보수이다.

40 | 직장에서의 여성: 일과 삶의 유연성

워킹 맘 3명 중 1명은 필요할 때 회사가 재택근무 허용을 잘한다고 응답한다. 그리고 회사가 그걸 매우 못한다고 말한 사람도 같은 비율이다.

보편적으로 거의 모든 남성과 여성은 '일과 가족 사이의 균형'을 여성들이 직면한 가장 큰 문제 중 하나로 언급한다. 일부 기업은 워킹 맘을 포함한 새로운 근로자들의 요구를 충족시키기 위해 고군분투하고 있다. 시간이 지남에 따라 많은 조직이 유기적으로 변화하고 여성 직원을 위한 복지, 특히 업무 일정의 유연성을 고려하게 될 것이다.

조직이 유연성을 제공하는지와 실제로 그것을 존중하는지는 다른 문제다. 어떤 조직은 유연성에 대한 정책을 표방하지만, 사무실에서 근무하라고 암묵적인 압력을 가하거나 가족 문제 때문에 근무시간에 직장을 벗어나는 것에 대해 죄책감을 갖게 한다.

오늘날은 기술의 발전 덕에 많은 회사의 직원들이 장소에 구애받지 않고 일할 수 있게 되었지만, 모든 직장이 그런 유연성을 부여하는 것은 아니다. 모든 조직은 정책과 혜택, 성과 관리 시스템을 검토하고 높은 생산성을 유지함과 동시에 더 많은 유연성을 부여할 수 있도록 이러한 시스템을 조정해야 한다. 예를 들어 리더는 직원들이 사무실에서 더 많은 시간을 보낸다고 더 나은 실적을 얻는지를 진지하게 고려할 필요가 있다.

당신은 일과 삶의 균형이라는 과제를 해결하고, 여성 직원을 유치 또는 유지하는 방법을 고민하고 있는가? 그렇다면 최고의 조직은 어떻게 하고 있는지를 검토해보라.

- **여성들은 경영진에 오르기를 원하지만, 가족을 돌보며 그 위치에 도달하려면 지원이 필요하다.** 최고의 조직은 여성들이 경력을 유지할 수 있도록 돕지만, 그와 동시에 삶의 특정 시점에서 가족에게 집중할 수 있도록 유연성을 부여한다(남성에게도 마찬가지이다).
- **일부 여성들은 높은 직위와 리더십의 책임을 원하며, 거기에 긴 시간을 투자해야 한다고 해서 이를 단념하지는 않는다.** 최고의 조직은 누가 승진을 원하는지 경청하고, 직원들이 스스로의 발전을 가속화할 수 있도록 올바른 조치를 취한다.
- **여성들은 삶의 다른 부분을 관리하면서 꾸준한 성장과 경력 개**

발을 원한다. 최고의 조직은 직원들에게 일할 수 있는 시간과 장소에 대한 선택권을 제공한다.

- **일부 여성들은 지도자 자리에 앉고 싶어 하지 않는다.** 최고의 조직은 여성들이 가장 잘하는 것을 찾고 그것을 할 수 있도록 도와준다. 조직의 성과 시스템은 직원들이 기업 사다리를 오르지 않고도 계속 성장할 수 있는 곳에서 좋아하는 일을 할 수 있도록 힘을 실어줘야 한다.

가장 두드러지는 점은 각각의 직원들, 즉 남성과 여성 모두 좋은 삶과 경력의 의미에 대해 자신만의 정의를 내린다는 것이다. 훌륭한 관리자는 직원 각자의 열망을 알고 이를 위한 현실적 기회를 제공한다.

41 | 베이비붐 세대는 짐이 될까

미국인의 74%는 65세 이후에도 일할 계획이 있다.

밀레니얼 세대는 자신의 경력이 발전하는 것을 보고 싶어 한다. 그리고 다른 곳에서 성장하기 위해 회사를 떠날 수도 있다. 한편 베이비붐 세대와 고령 근로자들은 이미 은퇴 연령에 도달했거나 그 이상의 나이가 되었다. 그들의 재임 기간과 경험을 고려할 때, 그들은 당신의 조직에 급여와 관련해 상당한 부담을 줄 수 있다.

많은 고령 근로자는 은퇴를 원하지 않거나 은퇴할 여유가 없다. 어떤 사람은 그들이 은퇴하면 그동안 조직이 축적해온 풍부한 제도적 지식과 지혜를 잃을 수 있다는 위험성을 제기하기도 한다.

현재 미국 노동시장에 종사하고 있는 다섯 세대 중에서는 전통 세대(베이비붐 세대보다 한 세대 위)가 가장 일의 몰입도가 높다. 현재 70대 이상인 이들은 선택적으로 일하고 있을 가능성이 크다. 비정규직이든 정규직이든 그들은 의미와 목적이 있는 천직을 찾고자 했다. 그들 또한 자율성을 좋아한다.

50~64세 근로자의 40%가 65세 이후에 은퇴할 것으로 예상한다. 그러나 그들 중에는 일을 계속하기를 원하는 사람이 있는가 하면, 적극적 비몰입자이지만 재정적인 이유로 계속 일해야 하는 사람도 있다. 이런 상황은 최고인사책임자에게 어려운 과제를 안겨준다. 나이 든 직원을 어떤 방식으로 은퇴시키거나 역할을 축소시킬 것인가? 어떻게 하면 후세대가 역할을 넘겨받도록 승계를 준비할 수 있을까?

고령 근로자들은 대부분 고위직에 있어 그들과 경력 전환과 은퇴에 관한 대화를 나누기가 쉽지 않다. 이상적으로 조직이 몇 년 앞서 승계 계획의 기초를 다져놓았다고 가정해보자(18장 참조). 다음은 이러한 경우 리더가 고려해야 할 3가지 전략이다.

고령 직원의 성공을 준비시켜라

고령 직원을 성공으로 이끌려면 먼저 장기 계획을 물어보는 것부터 시작해야 한다. 미래에 대한 자율성을 부여하고, 아무도 강제로 내쫓지 않는다고 안심시켜라. 또한 지금의 조직이나 다른 곳에서 자기 강점을 활용할 수 있는 기회를 찾도록 도와라. 미래에 자신의 강점을 사용할 계획을 세우는 일은 분명 행복을 증진시킬 것이다.

오랜 시간 동안 함께 일해온 고령 직원이 회사를 떠나기 전에 자신이 원하는 미래에 대해 생각할 수 있도록 프로그램에 등록하게 함으로써 그들의 충성심을 인정해주어라. 예를 들어 그들의 나이와 재직기간을 점수로 나타내는 프로그램을 활용해 다양한 교육, 금융, 퇴직수당에 대한 자격을 결정할 수 있다. 이러한 프로그램을 통해 고령 직원의 공로를 인정하고, 삶의 다음 단계로 이행하는 데 회사가 도움을 줄 것이라는 사실을 알게 하는 것이다.

목표는 직원이 미래의 행복을 위한 결정을 내리고, 개인으로서 우아하게 퇴직하는 계획을 수립하도록 하는 것이다.

고령 직원의 장점과 잠재력을 알아라

베이비붐 세대는 다른 세대보다 동료를 발전시키고자 하는 욕구가 더 컸으며, 사업 능력에서도 젊은 직원들을 앞지르는 경우가 많았다. 일부는 뛰어난 멘토로서 명예직이나 비정규직으로 회사에서 계속 일할 수 있다. 어떤 사람은 회사에서 새로운 부서를 설립하는 데 자문 역할을 맡고 싶어 할 수도 있다.

고령 직원의 강점과 제도적 지식 및 잠재력을 인정하고, 회사 안팎에서 그들을 위한 기회를 찾아보라. 나이나 경험에 상관없이 모든 사람은 배우고 성장하기를 원한다.

고급 분석법을 이용해 인재를 보충하라

고령 직원이 은퇴해도 회사의 인재 풀을 탄탄하게 유지하고, 젊은 직원에게 가치 있는 경력 개발을 하도록 하려면 최고 성과자들을 연구하라. 성공한 사람이 왜 성공했는지에 대한 기록과 검증된 평가를 활용하고, 업무와 조직의 성격이 변함에 따라 미래에 어떤 유형의 직원이 성공할 것인지를 예측하라. 또한 높은 성과를 거둔 사람들의 프로필을 구축하고 개선해 체계적으로 후보자를 찾고, 역할에 맞는 타고난 특성을 지닌 젊은 직원을 유치해야 한다.

경험은 성공의 중요한 요소이다. 가장 성공적인 고령 직원, 특히 경영진 인사와 함께 경력 상담을 수행해 젊은 직원이 어떤 경험을 거쳐야 할지를 판단하라. 많은 조직이 이력서 외에는 경험을 논의하거나 문서화하는 일은 거의 없지만, 최고 성과자들의 업무 경험을 기록하는 것은 중요하다.

42 | 복리후생과 특전 그리고 유연근무제: 직원들이 진짜 중시하는 것

일의 몰입도가 낮은 직원은 더 나은 복리후생을 위해 직장을 옮길 가능성이 꽤 높다.

새로운 직장을 찾는 사람들은 게임방, 무료 음식, 고성능 커피 머신 같은 편의 시설을 원하는 게 아니다. 그들은 행복을 더해줄 혜택과 특권을 찾는다. 즉 더욱 큰 유연성과 자율성, 더 나은 삶으로 이끌어 줄 능력을 중시한다.

갤럽은 직원들이 차별화 요소로 보는 게 무엇인지 더 잘 이해하기 위해 혜택과 특전에 관한 다양한 연구를 수행했다. 그 연구 결과에 따르면 미국의 근로자들은 건강보험 때문에 일자리를 옮길 가능성이 가장 높다. 절반 이상이 보너스, 퇴직 계획, 유급휴가 또는 유연근무제를 위해 회사를 옮기겠다는 뜻을 밝혔다. 대다수의 직원은 회사가 건강보험(91%), 유급휴가(92%), 401(k)[급여에서 공제하는 퇴직금 적립](68%)를 제공한다고 말한다. 고용주가 보너스와 유연근무제를 제공한다고 말하는 사람은 절반도 안 된다. 어떤 경우에 혜택은 실제보다 그에 대한 인식이 더 중요하다. 예를 들어 회사가 401(k) 계획이나 직원 지원 계획, 유연근무제를 실시한다고 말하는 직원의 수는 그것을 실시한다고 대답한 인사 전문가에 비해 적다.

갤럽은 혜택 제공 빈도와 그것이 이직이나 몰입도, 직원의 복지와 어떤 관계가 있는지를 조사한 후 공통 혜택을 4가지 범주로 분류했다.

- **기본 요소:** 퇴직 프로그램, 건강보험, 유급휴직과 유급휴가, 기타 보험
- **일부가 중요시하는 요소:** 이익 배분, 유연한 근무지, 직원이 선택한 독립적 프로젝트에 대한 유급 시간 인정, 금전적 보너스
- **차별화 요소:** 유연근무제
- **가치 요소:** 업계 콘퍼런스 및 개발 프로그램, 지역사회 조직 또는 이벤트 후원, 자원봉사 기회, 하드웨어 또는 소프트웨어 비

용 환급, 재무 계획 또는 코칭

복리후생은 직원들이 회사에 입사할지, 계속 다닐지, 떠날지에 영향을 미치는 여러 요소 중 하나이다. 그러나 직원들은 더 나은 퇴직 프로그램과 유연근무제, 이익 배분을 제공하는 회사가 있다면 적극적으로 직장을 옮길 가능성이 상당히 높다는 점에 주목해야 한다.

갤럽은 회사의 복리후생과 특전을 검토한 후 다음 2가지 질문에 답할 것을 권장한다.

1) **각 복리후생과 특전에 대한 투자수익률 분석을 알고 있는가?** 투자수익률을 추정하는 데에는 조직 전체의 복리후생과 그 복리후생이 직원들의 웰빙을 얼마나 증진시켰는지에 대한 분석이 포함되어야 한다.

2) **직원들은 조직의 복리후생과 특전의 목적을 이해하고 있는가?** 직원들은 조직이 제공하는 복리후생이 스스로의 신체적·사회적·재정적 건강과 목적 그리고 지역사회를 어떻게 개선시키는지 알 필요가 있다.

43 | 유연근무제와 고성과를 함께 얻는 방법

44%의 직원이 회사에서 유연근무제를 시행하고 있다고 말한다.

직원들의 몰입과 복지에 관한 한 유연근무제는 가장 가치 있는 특전이자 혜택이다. 하지만 직원들 가운데 44%만이 조직이 어떤 형태로든 이러한 유연근무제를 시행하고 있다고 말한다.

다음의 갤럽 연구 결과를 고려해보라.

- 직장인의 53%는 직장을 고려할 때 일과 삶의 균형과 복지가 매우 중요하다고 답했다.
- 밀레니얼 세대의 63%와 모든 세대의 절반 이상이 유연근무제를 시행하는 조직으로 직장을 옮기려고 한다.
- 직원들은 급여가 일부 감소하더라도 유연근무제를 택하고자 한다. 직원들은 유연근무제가 없는 직장보다는 소득이 2% 줄어들지라도 유연근무제가 가능한 직장을 택할 것이다.

그렇다면 왜 일부 조직만이 유연근무제를 채택하고 있는 것일까? 무엇이 조직으로 하여금 그러한 선택을 하지 못하게 가로막는 것일까?

유연근무제가 왜 인기가 많은지부터 살펴보자. 유연근무제가 일의 몰입도와 복지에 영향을 미치는 가장 큰 이유는 아마도 사람들이 자유를 깊이 갈망하기 때문일 것이다. 사람들은 자신의 삶을 통제하고 싶어 한다. 직원들에게는 오전 9시부터 오후 5시까지의 근무시간 동안 처리해야 할 삶의 많은 책임이 있다. 또한 생활방식과 상황에 따라 일을 다르게 수행한다.

회사는 종종 직원들에게 근무시간 이외의 시간에 업무를 처리하도록 요청할 때가 있다. 이에 대한 한 가지 공정한 대가는 전통적인 근무시간 동안 직원들이 자녀의 행사에 참여하거나 자녀를 돌보고, 운동이나 약속 등의 개인적 문제를 처리할 수 있게 하는 것이다.

하지만 현실에서 어떻게 유연근무제가 작동할 수 있을까? 직원들이 마음대로 드나들면 정말 일을 제대로 할 수 있을까? 일을 위해 고용한 사람들에게 유연근무제를 적용하는 게 가능한 일이긴 할까?

유연근무제는 예정된 시간에 직원이 물리적으로 있어야만 하는 직업들, 예를 들어 제조, 의료, 직접적 고객 서비스직 같은 직종에서는 실현 불가능하다. 그리고 유연근무제가 적합한 산업이라 할지라도 이러한 유연성이 모든 직종에서 이점이 될 수는 없다.

다음은 사람들이 일하는 시간과 장소를 넘나드는, 다양한 유형의 유연성을 보여주는 몇 가지 예시이다.

- **일의 유형:** 직원들이 프로젝트, 팀, 역할을 선택하는 데 참여할 수 있도록 격려한다.
- **조직 구조:** 고도로 협력적인 업무 환경으로 계층을 축소하는 것을 고려하라.
- **문화와 업무 환경:** 유연한 작업 공간을 갖춘 오픈 스페이스를 고려하라. 평상복 입는 날을 허용하고, 점심시간이나 쉬는 시간을 스스로 결정하도록 장려한다.
- **역할:** 고객과 직접 대면하는 서비스업처럼 특정 시간에 일해야 하는 경우 근무를 바꿔 할 수 있도록 권장한다. 일부 조직에서는 첨단 기술을 이용해 직원들이 이러한 시스템을 쉽게 활용할 수 있게 하거나, 다른 직원을 위해 근무를 바꿔준 사람에게 보

상을 제공한다.

유연한 업무의 궁극적 결과는 책임감과 자율성임을 명심하라. 훌륭한 관리자는 유연근무제를 고성과 요인으로 활용하는데, 이를테면 다음과 같다.

- 자신이 관리하는 사람, 즉 직원들의 강점과 약점은 물론 일상생활에 대해서도 알고 있으며, 계속해서 그들을 코치한다.
- 개별 성과, 팀원과의 협업, 고객 가치 등 직원들이 책임을 져야 하는 결과에 대해서는 반드시 책임을 지게 한다.

실제로 유연한 근무 환경을 갖추는 것은 리더와 조직이 제공하는 옵션에 직원들이 어떻게 반응하는지, 그리고 업무 중에 유연성 요소를 어떻게 사용하느냐에서 시작된다. 결국 유연근무제를 책임감과 자율성으로 귀결되게 하는 열쇠는 바로 관리자이다.

44 | 새로운 사무실

직원의 43%가 적어도 일정 시간은 동료들과 떨어져 다른 장소에서 일한다고 보고한다.

오늘날의 직원들은 자율성과 유연성을 요구하는데, 거기엔 어디서 일할지와 사무실이 어떻게 설계되고 배치되는지에 대한 것도 포함된다. 미국 근로자의 절반 이상이 그들에게 더 많은 유연성을 제공하는 직장이 있다면 일자리를 옮길 의향이 있다고 말했다. 또한 근로자의 3분의 1 이상은 적어도 일정 시간 본인이 원하는 곳에서 일하는 것을 허용하는 직장으로 옮길 것이라고 답했다.

2016년 인적자원관리협회의 조사에 따르면 현재 60%의 기업이 직원에게 재택근무를 허용하고 있으며, 이는 1996년보다 3배나 증가한 수치이다. 갤럽은 적어도 일정 시간은 동료들과 떨어져 다른 장소에서 일한다고 보고한 직원이 증가하고 있음을 발견했다. 근무시간 내내 동료들과 다른 장소에서 일하는 직원의 비율은 2012년 9%에서 2016년 13%로 증가했다고 밝혔다.

한편 많은 조직이 사무실의 배치를 보다 개방적이고 유연하게 변경하고 있다. 국제시설관리협회의 조사에 따르면 미국 기업의 약 70%가 탁 트인 구조의 사무실을 사용하는 것으로 나타났다. 전 뉴욕시 시장 마이클 블룸버그는 시청사의 일부를 그런 개방적인 구조로 재설계한 것으로 유명하다. 그는 2018년 트위터를 통해 "개방적이고 협력적인 업무 공간이 기업과 시청 모두에 변화를 가져다준다고 항상 믿어왔다"고 말했다.

이 트렌드는 기업에 좋은가, 나쁜가

갤럽은 100% 원격근무자 혹은 원격근무가 전혀 없는 사람이 일의 몰입도가 낮고, 적극적 비몰입자가 될 가능성도 높다는 것을 발견했다. 가장 높은 몰입도를 기록한 것은 주 5일 근무 중 3~4일을 원격으로 일하는 직원들이었다. 이는 2012년에 일주일에 하루 원격근무하는 데서 상승한 것이다.

일부 회사는 협업과 의사소통을 개선하기 위해 원격근무를 축소하기로 결정했다. 일리가 있는 말이다. 갤럽의 분석 결과 원격근무자들은 역할의 명료성과 기타 긍정적 이점을 누리긴 하지만, 자신의 발전을 격려해주는 동료들과의 강력한 관계는 부족한 것으로 나타났다.

원격근무의 효과는 역할에 따라 달라진다. 특정한 지식이나 교육적 배경에 의존하는 업무를 하며 다른 사람의 즉각적 요구에 반응할 필요가 없는 직원에게 원격근무는 효과적이다. 그러나 서비스나 지원 업무를 하는 직원의 원격근무 비율이 40% 이상일 경우 적극적 비몰입이 증가했다.

원격근무를 극대화하기 위해서는 5가지 코칭 대화를 연습하고 실천할 수 있는 팀 리더가 필요하다(21장 참조). 핵심 개발 결과를 이끌어낼 이러한 리더들은 명확한 기대, 지속적인 코칭, 책임이라는 3가지 전략이 있어야 한다. 전략과 이를 실행할 코치가 없다면 원격근무는 도박이다. 어떤 직원은 스스로 잘해낼 수 있을 것이나 대다수의 직원은 그렇지 않을 것이다.

집에서 일하든 사무실에서 일하든 직원들이 일반적으로 사무실 공간에 대해 바라는 것은 무엇일까? 대부분의 직원은 100%의 시간을 동료들과 같은 장소에서 근무하며 보내기 때문에 업무 공간은 매우 중요하다. 직원들이 원하는 사무실의 3가지 특성은 다음과 같다.

- 필요 시 프라이버시 보호
- 개인 업무 공간
- 자신의 집무실 보유

많은 조직이 직장을 무료 음식, 커피 머신, 실내 암벽등반 같은 편의 시설을 갖춘 환경으로 개선하려고 노력한다. 이런 것은 좋은 특전이긴 하지만, 훌륭한 리더의 코칭을 대체할 수는 없다.

갤럽이 밀레니얼 세대가 일자리를 찾을 때 중요하게 여기는 요소가 무엇인지 조사했을 때 편의 시설은 우선순위 목록의 맨 아래에 있었다. 밀레니얼 세대의 18%만이 '일하는 데 재미있는 장소'를 매우 중요하게 여긴다고 말했다. 반면에 가장 중요한 요소로 꼽은 것은 배우고 성장할 기회와 관리자의 자질이었다.

다음은 모든 직원을 위해 고려해야 할 7가지 사항이다.

- 각자 자신에게 기대하는 바를 알고 있는가?
- 모든 직원이 산만하지 않게 일할 수 있는가?
- 언제, 어디서 일할지에 대해 직원들에게 선택권을 줄 수 있는가?
- 모두에게 개인적 공간이 있는가?
- 직원들이 동료와 교류하기 쉬운가?
- 5가지 코칭 대화를 통해 직원 한 사람 한 사람을 효과적으로 코치하고 발전시킬 수 있는가?
- 모든 직원이 책임을 지게 할 수 있는가?

직원들의 업무 공간이 어디인지, 그것이 어떻게 설계되었는지 그리고 직원들의 업무가 무엇이든 관계없이 조직이 필요로 하는 것은 모든 직원에 대한 명확한 기대와 지속적인 코칭, 책임을 유지하면서 몰입과 생산성을 고취할 수 있는 훌륭한 관리자이다.

45 | 기업 혁신: 창의성을 관리하고 육성하는 방법

직원의 30%가 직장에서 창의적이기를, 혹은 새로운 방법을 생각하도록 요구받는다는 말에 강력히 동의한다.

조직에 창의성은 필수이다. 이것은 어느 조직에나 해당되지만, 특히 끊임없이 변화하는 시장에 적응해야 하고 유기적 성장을 위해 노력하는 기업에는 더욱 그렇다.

끊임없이 게임의 규칙이 바뀌어 경쟁과 탁월한 민첩성이 요구되는 오늘날, 혁신은 더 이상 연구개발 부서의 전유물이 아니다. 이에 따라 많은 조직이 창의적인 직원들을 원한다. 하지만 대부분의 직원은 자신이 창의적이라고 믿지 않으며, 새로운 방법을 발견해낼 수 있다고 생각하지 않는다. 모든 조직이 산업의 파괴적 혁신에 직면하고 있기에 이는 큰 문제이다.

'하지만 모든 직업에 창의성이 반드시 필요한 것은 아니다'라고 반박할 수도 있다. 물론 버스를 운전하고, 고객을 맞이하고, 선반을 정리하고, 쓰레기를 처리하고, 스프레드시트를 완성하거나 코드를 작성하는 데 창의성이 별로 필요하지 않아 보일 수 있다.

그러나 모든 업무에는 창의성을 발휘할 수 있는 잠재력이 있다. 고객의 특정 요구를 충족시키는 것이든, 업무를 더욱 효율화하기 위한 프로세스를 개선하는 것이든. 그리고 그 일을 하는 당사자보다 더 일을 잘해낼 수 있는 사람은 없다.

하지만 창의성을 성과 관리 시스템에 통합한 조직은 거의 없는 것으로 보인다. 자신이 창의적이라는 말에 강력하게 동의하는 직원의 절반만이 창의적인 일을 할 시간을 매일 갖고 있으며, 창의성에 따르는 위험을 감수할 수 있다고 답했다.

액면 그대로 보면 창의성과 성과 관리는 양립할 수 없는 것처럼 느껴질 수도 있다. 창의적인 일터가 되려면 직원들에게 기대, 시간, 위험을 감수할 자유가 있어야 한다.

- **기대:** '창의성'이 조직의 가치라고 표방해도 진짜 우선순위가 되기 위해서는 관리자가 직원들에게 창의성을 기대해야 한다. 직원들은 공식적인 기대와 직장의 일상적 현실 사이에는 큰 괴리가 있다는 것을 안다. 창의성이 조직에 중요한 것이라면 이것을 조직의 규칙적인 대화 주제로 삼고, 개인이 달성해야 할 명확한 결과에 초점을 맞춰야 한다. 창의성에 대한 명확한 기대를 가지고 있을 때 직원이 위험을 감수하고 새로운 제품, 서비스, 솔루션을 만들어낼 수 있다고 믿는 경향은 3배 정도 더 높다.
- **시간:** 조직의 장기적 성공에 중요한 요소는 종종 가장 시급하고

단기적인 목표와 상충되기도 한다. 창의성에는 실험하는 시간, 팀과 아이디어를 공유하는 시간, 새로운 것을 배우는 시간, 실패로부터 배울 수 있는 여유 등이 필요하다. 직원들이 창의적일 수 있는 시간을 갖도록 하라.

- **위험을 감수할 자유:** 직원들은 회사가 새로운 아이디어와 접근법에 대해 관심이 없거나 이를 실행하지 않을 것이라고 판단하면 바로 그 일을 그만둘 것이다. 즉 관리자는 위험을 감수해야 하며, 직원들이 위험을 감수할 수 있도록 권한을 부여하고 지원할 필요가 있다.

조직에서 창의성을 실행하기 위한 방법은 다음과 같다.

- **창의성을 직무 기술서에 명시하고, 혁신을 공개적으로 인정하라.** 창의성이 조직의 가치와 최우선 과제라면 리더의 결정은 이를 뒷받침해야 한다. 매일 직원들에게 창의적 사고와 아이디어를 공유할 시간을 주어라. 창의성이 잘 발현되려면 명확한 업무 기대치에 초점을 맞추고 그에 기반을 두어야 한다. 또한 팀이나 조직을 진정으로 개선하는 혁신을 공개적으로 인정하라. 이는 일하는 방식을 지속적으로 개선하는 것이 업무의 일부라는 메시지를 모든 직원에게 보내는 것이다.
- **단계가 아닌 결과를 정의하라.** 관리자들이 목표를 달성하기 위해 반드시 거쳐야 하는 단계를 지나치게 규제하면 혁신은 위축된다. 예를 들어 당신이 고객 참여도를 높이기 위해 고안한 단계

가 고객에게 서비스를 제공하는 데 방해가 된다면 직원들은 진정한 개별화된 고객 서비스를 제공할 수 없다. 훌륭한 팀 리더는 명확한 목표와 기대를 설정하되, 그 목표 방식에 대해 직원들이 유연성을 발휘할 수 있도록 한다. 그러면 고객은 직원들의 강점을 체험할 기회를 갖게 된다. 하지만 이는 절차를 무시해도 좋다는 뜻은 아니다. 직원들이 혁신은 조직의 목표와 기준에 부합하는 경계가 있다는 것을 확실히 인식하도록 하라.

- **더 많은 아이디어를 창출하기 위해 직원들의 몰입도를 높여라.** 열정적으로 일에 몰입하는 직원들은 회사를 위해 훨씬 더 많은 아이디어를 낸다. 몰입도가 높은 직원들(또는 팀)은 몰입도가 평균인 직원에 비해 많은 아이디어를 가지고 있다고 말한 비율이 20% 정도 더 높았다. 아이디어가 있다고 말한 평균 몰입도의 직원들보다 성공적으로 아이디어가 구현될 가능성은 2.4배 더 높았다.
- **조직 구조에 유연성과 자율성을 강화하라.** 고도로 매트릭스화된 팀과 원격근무를 하는 직원들은 창의성을 위한 시간이 더 많다고 말했다. 유연성과 자율성이 증가하면 몰입도와 성과가 향상된다. 갤럽의 연구 결과에 따르면 전체 근무시간 중 20~60%가 원격근무일 때 창의성 발현에 가장 도움이 된다.

46 | 훌륭한 관리자 없이는 민첩해질 수 없다

민첩하지 못한 조직, 빠른 적응 능력이 없는 조직은 경쟁에서 밀려나거나 사업을 중단하게 될 것이다.

'적응하거나 죽거나'라는 말이 오늘날처럼 적절했던 적은 없다. 조직의 생사를 위협하는 다음 3가지 문제를 고려하라.

- 급격하게 파괴적 혁신을 가져오는 기술(업계를 완전히 재편성하고 시장 대부분을 점유하게 될 신제품이나 서비스)
- 인수합병을 통한 성장
- 유능한 직원을 끌어오지 못하는 낡은 문화

민첩하지 못한 조직, 빠른 적응 능력이 없는 조직은 경쟁에서 밀려나거나 사업을 중단하게 될 것이다. 그렇다면 어떻게 해야 오늘날 시장과 직장의 빠른 변화에 효과적으로 대응할 수 있을까? 조직은 훨씬 더 민첩해져야 한다. 민첩성은 조직문화에 좌우된다. 당신의 조직문화는 고객 중심적이고 신속한가, 아니면 내부 지향적이고 관료주의와 절차에 발목 잡혀 있는가?

조직도를 재구성하고 조직을 매트릭스화하는 것만으로는 충분하지 않다. 갤럽의 분석 결과 훌륭한 관리자를 보유하지 못한 조직은 뛰어난 민첩성을 가질 수 없다. 이는 전통적인 단일 보고 라인에서든, 매트릭스 구조로 인력 관리 기능을 분산시키든 마찬가지이다. 형편없는 관리자는 변화를 효과적으로 해석하지 못하고, 그러한 변화가 자신에게 불편하게 느껴질 때는 회사를 비난하며, 다른 부서와 협력하거나 정보를 공유하지 않음으로써 민첩성의 장애물이 된다.

반면 훌륭한 관리자는 직원들과 관계를 맺고, 성과를 관리하고, 코치하고, 직원들을 효과적으로 개발하며, 조직 전체의 부서와 잘 협력해 민첩한 사고방식을 이끌어낸다. 그들은 직원 생활 주기의 각 단계(채용, 고용, 신입사원 교육, 몰입, 성과, 개발)를 민첩하도록 만든다. 또한 기회를 놓치지 않고 오히려 만들어낸다.

하지만 관리는 혼자 할 수 있는 일이 아니다. 팀원들과 마찬가지로 관리자에게도 조직의 지원이 필요하다. 예를 들어 인적자본 관리 시스템은 쉽게 배우고 사용할 수 있어야 한다. 팀 리더는 기술과 씨름하기보다는 강점을 개발하는 데 시간을 투자해야 한다.

관리자에게 올바른 발전과 명확한 기대, 지속적인 코칭 그리고 책임을 부여하지 않는다면 조직에 민첩한 문화를 만들 수 없다.

47 | 긱 노동: 회사와 직원의 새로운 관계

풀타임 근로자 4명 중 1명, 파트타임 근로자 2명 중 1명은 긱 업무를 한다.

대공황 이후 많은 연구자는 전통적인 고용주와 직원 관계가 아닌, 독립적인 노동자를 뜻하는 '긱gig 노동자'의 등장에 매료되었다. 그렇다면 얼마나 많은 긱 노동자가 있을까?

갤럽은 미국 근로자의 36%가 주된 직업 혹은 보조적 직업에서 단기 계약이나 프리랜서 같은 긱 경제에 참여하고 있다는 사실을 알아냈다. 긱 경제는 프리랜스 그래픽 디자이너부터 대체 교사, 우버 드라이버에 이르는 사람들을 포괄한다.

인터넷을 통해 원격으로 작업할 수 있게 되면서 업무 관계의 종류가 근본적으로 변화했다. 온라인 플랫폼(우버 등)을 이용해 풀타임으로 일하지만 어느 한 곳에 특별히 고용되지 않는 사람의 비율은 정규직 근로자의 6.8%(총 근로자의 7.3%)에 달한다.

이와 같은 새로운 자유시장 시스템을 '우버 경제'라고 부르기도 한다. 뭐라고 부르든 간에 이는 과거 고용주와 직원의 관계와는 근본적으로 다르다. 얼마 전까지만 해도 기업은 직원을 돌볼 책임이 있었고, 직원은 회사에 충성을 다했다. 직원들은 회사에 수년 동안 머물렀고, 고용주는 이를 연금이란 형태로 보상했다. 직원과 고용주 사이에는 이렇게 양해되는 사회적 계약이 존재했다.

이 개념은 고용주와 비전통적 관계를 맺고 있는 현재 미국의 대다수 근로자에게 더는 중요하지 않다. 오늘날의 직원들은 전통적인 직업과 하나 이상의 '부업'을 가지고 있을지 모른다. 그들은 여러 온라인 플랫폼에서 계약 업무를 하거나 임시 대행사를 통해 일할 수도 있다.

직원과 회사가 서로에게 기대하는 바는 급격하게 변화하고 있다. 이미 많은 기업이 인적자본을 극대화하기 위해 임시 인력을 활용하고 있다. 그러나 장기적으로 긱 노동이 근로자와 조직에 이로운지는 아직 불분명하다.

48 | 긱 노동자: 절망적인가, 만족스러운가

긱 노동자 3명 중 2명 정도는 자신이 선호하는 일을 하고 있다고 말한다.

긱 경제에 대한 논란은 이런 추세가 오늘날의 노동시장에 어떤 의미를 갖는가에 대한 것이다. 긱 노동자들은 생계를 유지하기 위해 필사적으로 그들이 할 수 있는 모든 일을 하고 있는가, 아니면 유연성과 자율성을 위해 전통적인 근무시간(오전 9시~오후 6시)에서 벗어나기를 원하는가?

기존 연구들은 실제로 긱 경제에서 일하는 사람들이 긱 경제체제를 더 선호한다는 사실을 시사한다. 매킨지 글로벌 연구소는 긱 노동자의 30%가 필요에 따라 그러한 일을 하고 있다고 답한 반면, 70%는 자신의 선택이었다고 말했다. 업워크Upwork와 프리랜서 연합Freelancers Union의 연구에 따르면 프리랜서의 63%가 자신이 원해서 긱 노동을 선택한 것으로 나타났다.

갤럽의 분석 결과 긱 노동자의 64%가 현재 자신이 선호하는 유형의 업무를 하고 있다고 답한 반면, 전통적 유형의 직원들은 71%가 같은 대답을 했다. 긱 노동자 중에서 독립 계약자들은 선호하는 유형의 일을 할 가능성이 높은 반면, 임시직과 계약직 노동자들은 그렇지 못할 가능성이 있다.

나이 든 긱 노동자들은 젊은 긱 노동자에 비해 선호하는 유형의 일을 하고 있을 가능성이 높다. 아르바이트만 원하는 이도 있다. 일주일에 30시간 미만으로 일하는 긱 노동자 10명 중 6명은 추가 근무를 원하지 않는다고 응답했다.

근로자의 경험은 긱 업무 유형에 따라 다르다

긱 노동자는 전반적으로 전통적인 근로자와 비슷한 몰입도와 일에 대한 만족을 드러낸다. 그러나 이는 긱 업무의 유형에 따라 다르다. 예를 들어 프리랜서와 온라인 플랫폼 노동자가 계약직 및 임시직 근로자보다 몰입도가 더 높다.

긱 노동자에게는 진전도를 검토하는 면담과 코칭이 주어질 가능성이 적다. 긱 노동자들, 특히 독립 계약자와 플랫폼 노동자들은 직관과는 달리 동료와의 사회적 관계가 더 밀접할 수 있다. 기술이 사회적 격차를 좁힌 것으로 보인다.

긱 노동의 이점은 한편으로 긱 노동자에게 딜레마가 될 수 있다. 긱 노동자는 제때에 정확한 급여를 받는다고 답할 가능성은 적은 반면, 유연한 근무 일정이 자신들의 생활방식에 적합하다고 보고할 가능성은 높다.

잠재적 긱 노동자들은 의심할 여지 없이 양쪽을 저울질한다. 기업들도 직원을 유치하고, 고용하고, 유지하기 위한 창의적인 패키지를 설계할 때 저울질해야 한다. 어떤 조직은 필요를 위해 긱 노동자들과 경쟁하고 있고, 또 어떤 조직은 유망하고 똑똑한 사람들을 고용하기 위해 긱 노동과 경쟁한다.

낙관론자들은 긱 경제가 기업가 정신과 노동자의 권한을 증가시키는 움직임을 대표한다고 주장한다. 또한 전업주부나 고령 근로자, 장애인 가족 등에게 일할 기회를 줄 수 있다. 이러한 새로운 기술로 새로운 직업군을 만들어낼 가능성을 보여주기 때문에 긱 경제는 장기적으로 도움이 될 수 있다. 반면 이러한 추세는 일부 조직이 인건비와 간접비용을 줄이기 위해 비정규직을 더 고용함으로써 직원과 고용주 간의 사회적 계약을 악화시킬 수 있다.

49 I 인공지능의 등장: 이제 어쩌지

미국인의 73%는 인공지능 발전이 실업 증가로 이어질 것이라고 응답했다.

인공지능AI으로 인한 자동화는 빠르게 현실화되고 있으며, 결국 트럭 운전사에서 가정부, 외과의사, 공장 근로자에 이르기까지 모든 산업과 직업 부문에 걸쳐 근로자들에게 영향을 미칠 것이다. 자동화는 이미 콜센터 직원, 은행원, 서버에까지 영향을 미치고 있다.

공상과학소설이 수십 년 동안 꿈꾸던 일이 오늘날 직장에서 일어나고 있는 것이다. 미국 전체 일자리의 거의 절반(47%)이 자동화에 의해 없어질 위기에 처해 있다.

미국 인구의 4분의 3(76%)은 AI가 향후 10년 동안 사람들의 일과 사고방식을 변화시킬 것이라는 데 동의하며, 77%는 이러한 변화가 어느 정도 또는 매우 긍정적일 것이라고 말했다. 미국인은 또한 AI가 초래할 미래를 두려워하고 있다. 63%는 AI의 채택이 빈부격차를 증가시킬 것이라고 믿는다.

미국 근로자들은 이민자보다 AI로 인해 일자리를 잃을까 봐 걱정하고 있다. 미국인 10명 중 거의 6명이 AI가 미국의 일자리에 가장 큰 위협이라고 생각한다. 반면 이민이 가장 큰 위협이라고 생각하는 사람은 10명 중 4명 정도로, AI가 위협이라고 답한 사람의 비율보다 적다. 그리고 13%의 사람만이 현재 직업이 향후 5년 안에 자동화로 인해 사라질 가능성이 높다고 말했다. 20년 안에 자신의 직업이 사라질 가능성이 어느 정도 혹은 높다고 말한 사람의 비율은 그 2배(26%)에 이른다. 몇십 년 안에 일자리를 잃을까 봐 걱정하는 미국인은 거의 없지만, 앞으로 미래에 큰 변화가 있을까 봐 두려워하는 건 분명한 사실이다.

어떤 산업이 일자리를 잃을 것인가

옥스퍼드 대학교의 칼 프레이와 마이클 오즈번이 발표한 보고서에 따르면 미국 내에서 가장 흔한 직업인 소매 영업직은 향후 10년 안에 극적으로 줄어들 가능성이 가장 높다. 패스트푸드점 직원, 육체노동자, 계산원, 비서, 행정 보조원도 사라질 가능성이 있는 일자리이다. 간호사와 교사도 곧 그 명단에 포함될 수 있다. 수리 및 제조·사무·서비스 및 운송·금융 및 보험·부동산 분야에서 일하는 미국인의 대다수는 AI로 인해 창출되는 일자리보다 사라질 일자리가 더 많다고 믿는다.

그렇다면 어떤 직업이 AI로부터 안전한가? 미국인은 법률 및 공공정책 부문이 자동화의 물결에 가장 덜 취약하다고 말한다. 이 분야에서 AI와 관련되어 일자리가 제일 먼저 줄어들 거라고 말한 미국인은 단 9%뿐이었다. 또한 미국인은 예술·오락·스포츠 분야와 지역사회·사회서비스 분야 일자리는 AI로부터 안전하다고 답했으며, 이러한 분야의 직업이 없어질 것이라고 말한 사람은 각각 15%, 16%에 불과했다.

대중의 인식과 산업 전문가의 의견은 대부분 일치한다. 사회적 기술, 창의력 또는 고등교육을 필요로 하는 직업은 자동화될 가능성이 적다. 상담사, 치료사, 경찰관 같은 직업은 미래에도 인간이 맡게 될 것이다.

문화의 전환에는 시간이 걸릴 것이다. 예를 들어 대부분의 투자자는 여전히 투자 결정을 내릴 때 '로보 어드바이저'(수학적 규칙이나 알고리즘을 기반으로 디지털 금융 자문을 제공하고, 온라인으로 투자 관리를 해주는 재정 고문)가 계속해서 헤드라인을 장식하고 있음에도 불구하고 여전히 인간 어드바이저를 선호한다. 하지만 결국에는 많은 서비스가 '혼합'될 것이며, 이는 고객이 기술 도구와 개인적 관계라는 2가지 장점을 모두 누릴 수 있다는 것을 의미한다.

어떤 산업에서 일자리가 늘어날 것인가

자동화는 파괴적이기는 하지만 역사적으로 수많은 일자리를 창출하기도 했다. 한 예로 교통과 통신 기술의 발전으로 수백만 개의 일자리가 생겨났다. 그러나 MIT의 에릭 브리뇰프슨과 앤드루 맥아피는 기술 발전이 일자리 창출보다 감소를 더 빨리 불러일으킬 정도로 생산성과 소득의 연결성을 분리시키는 반면, 전자상거래에 대한 수요가 증가함에 따라 미래의 사람들은 로봇과 함께 일하게 될 것으로 전망한다. 예를 들어 창고 로봇은 사람들이 하기 힘든 일을 하고 있지만, 예측 불가능한 일은 잘 처리하지 못하기 때문에 아직은 사람의 감독을 받아야 한다. 〈잉크Inc.〉에 따르면 아마존은 2014년부터 전 세계적으로 25개 창고에서 10만 대의 로봇을 사용하고 있으며, 그 시기에 시간당 인력은 약 4만 5천 명에서 거의 12만 5천 명으로 3배 가까이 증가했다.

세계 1,000대 기업을 대상으로 한 액센처 글로벌 연구소는 AI가 창출할 3가지 범주의 일자리를 선정했다.

- **트레이너:** AI 시스템에 상호작용과 관점 해석 방법을 가르치는 사람
- **익스플레이너:** 문맥적으로 유용한 의사결정을 내리도록 AI를 해석하는 사람
- **서스테이너:** AI의 윤리적 특성과 성과를 평가하는 사람

재교육 또한 새로운 가능성이다. 특히 대부분의 미국인(61%)은 기술 혁신으로 인한 재교육에 대해 고용주가 책임을 져야 한다고 생각하고 있다.

2017년 12월, 구글은 유튜브에서 유해한 콘텐츠를 발견하기 위해 콘텐츠 조정자와 기타 집행 직원 등의 총인력을 1만 명 이상으로 확대했다. 구글에 따르면 이러한 인적 데이터를 이용해 유사한 유해 콘텐츠를 찾아내는 기계학습을 더 강화할 것이라고 한다. 이것은 기계와 인간 노동력 간 상호작용의 한 예일 뿐이다.

기계가 역사적 여명과 함께 새로운 기술의 물결을 일으킬까 봐 걱정하는 한편, 이러한 물결이 일자리를 창출하는 속도보다 없어지게 하는 속도가 더 빠를 것인지에 관한 논쟁은 여전히 진행 중이다. 즉 전문가들의 견해도 나뉜다. 한 가지 확실한 것은 AI가 앞으로의 업무 수행 방식을 크게 변화시킬 것이라는 점이다.

50 | 인공지능: 직장이 준비해야 할 것

자동화와 인적 개발이 함께 이루어진다면 이는 분명히 자동화 하나만 이루는 경우를 능가할 것이다.

불안과 불확실성은 말할 것도 없고 인공지능에 대한 엇갈린 의견 속에서 회사는 어떤 고민을 하게 될까? 이것만은 확실하다. 자동화는 사회의 다른 어떤 부분보다 직장에 더 많은 영향을 미칠 것이다. 구체적인 방법과 시기는 알 수 없지만, 리더들이 앞으로의 10년을 준비하기 위해 할 수 있는 것 2가지가 있다.

1) 사람에게 투자하라. 이는 직관에 반하는 것으로 볼 수 있지만, 점점 자동화되고 있는 세계에서 사람은 어느 때보다도 중요해질 것이다. 미래의 가장 중요한 일은 결국 사회적 기술을 필요로 할 것이고, 인간과의 상호작용은 고객 관계를 구축하는 가장 강력한 방법으로 남게 될 것이다. 모든 것이 자동화되면서 고객은 대면 상호작용에 대한 기대가 더 커진다. 현재 이런 예는 애플 매장 내의 지니어스 바Genius Bar에서 볼 수 있다.

또한 미래의 업무는 창의력과 빠른 학습 능력을 필요로 할 것이다. 요컨대 조직은 인력을 더 빠르게 개발해야 한다. 갤럽의 조사에 따르면 미국 근로자 10명 중 3명만이 직장에 자신의 발전을 장려하는 사람이 있다는 사실에 동의한다. 그리고 10명 중 4명은 작년에 직장에서 배우고 성장할 수 있는 기회가 있었다는 것에 전적으로 동의한다.

이러한 비율은 나이가 들수록 점점 줄어든다. 간단히 말해 리더들은 앞으로의 필요를 위해 인력을 개발하는 데 훨씬 더 집중할 필요가 있다. 자동화와 인재 개발이 함께 이루어진다면 이는 분명히 자동화 하나만 이루는 경우를 능가할 것이다.

2) 미래의 기회에 대해 의사소통하라. 만약 가장 극단적인 예측이 현실화된다면 앞으로 몇 년 동안은 역할 변화와 대규모의 해고가 있을 것

이다. 이런 유형의 조직 붕괴는 명확하고 배려심 있는 의사소통을 필요로 한다. 리더는 조직이 어디로 향하고 있는지, 그리고 앞으로 회사가 어떤 기술을 습득해야 하는지에 대해 투명하게 전달할 필요가 있다. 조직에서 변화가 일어나는 동안 사람들은 자신이 어떤 역할을 해야 하는지 알아야 한다. 그들은 기회의 미래를 볼 필요가 있고, 리더들은 기회를 발전시킬 준비가 되어 있어야 한다.

51 | 기술의 소용돌이 속에서: 인적자본 관리 시스템과 기타 해결책

목표는 기술을 인간의 본성과 조합하는 것이지 그 반대가 아니다.

인적자본 관리 시스템은 채용, 지원자 심사, 고용, 시간 사용, 출근, 이직, 성과, 혜택, 승계 계획, 경력 개발, 학습 및 직원 몰입도를 포함하는 조직의 모든 활동에 대한 기존 데이터를 이용해 통찰력을 극대화하도록 설계된다. 그러나 점점 고성능의 시스템과 기계를 구축하는 동안에도 인간은 여전히 그것들을 사용해야 한다. 기술은 몇 달 내에 바뀔 수 있지만, 인간의 본성이 변화하는 데에는 수천 년이 걸린다.

목표는 기술을 인간의 본성과 조합하는 것이지 그 반대가 아니다. 기계를 탄생시킨 두뇌를 이해하는 것은 중요하다. 인간의 뇌가 자신의 발명품을 효과적으로 사용하기 위해서는 몇 가지 필요조건이 있다. 다음은 그중 몇 가지 요건이다.

- **진보 지향적:** 진전을 이루고 목표를 성취하는 것은 대단히 중요하다. 하지만 기술이 제공하는 지표가 너무 좁거나 모호하거나 혼란스럽다면 이는 전반적인 조직 목표와 효과적인 사용을 가로막게 된다.
- **예측 가능하고 믿을 수 있는 신뢰성:** 인간의 뇌는 다른 인간을 신뢰하는 것처럼 기계 또한 신뢰할 필요가 있다. 예측 가능성과 믿음은 시스템의 신뢰를 결정한다. 기술이 사람들이 기대하는 편익을 제공할 것이라는 믿음을 주어야 한다(예측 가능성). 그리고 시스템에 입력된 데이터의 품질과 기능은 사람들이 다시 그 데이터로 돌아오는지(의존성)를 결정할 것이다.
- **쉬운 작업:** 대니얼 카너먼은 인간의 뇌에 2개의 시스템이 있다고 말한다. 시스템 1은 빠르고 편향되기 쉬운 반면, 시스템 2는 느리고 신중하다. 뇌는 많은 요구 사항을 처리할 때 쉽게 게을러지고, 시스템 1에 의지하는 경향이 있다. 최고의 기술은 시스템 2의 많은 요구 사항을 대체할 수 있다. 기술이 채용이나 고용과 같은 복잡한 문제를 해결하는 데 도움이 될 것이라는 믿음을 주어야 한다.
- **멋진 사용 경험:** 의미 있는 것을 성취하거나, 즐겁고 친숙한 목소리를 내거나, 영감을 주는 피드백을 받는 등 기술을 통해 긍정적 경험을 하면 도파민이 분비되어 기분이 좋아진다. 기술은 사용하기 즐거워 사람들이 다시 돌아오고 싶게 만들어야 한다.

- **개별화:** 효과적인 시스템은 개인의 장점과 약점, 상황과 경험을 고려해 자동화와 학습을 통해 각 개인에게 필요한 조언을 제공할 것이다.

인적자본 관리 시스템은 법적인 오류와 데이터 보안 오류, 데이터 품질 저하, 비효율적인 계획과 변경 관리, 리더와 관리자 그리고 직원을 분리시키는 잘못된 정보 등의 여러 가지 이유로 실패할 수 있다.

예를 들어 칭찬이 직원의 몰입도를 높이는 중요한 요소라는 연구 결과를 보고받은 한 회사는 직원들을 위해 디지털 칭찬 도구를 사용하기 시작했다. 누구라도 언제든지 다른 직원을 인정해줄 수 있었다. 거기까지는 좋았다. 그러나 누가 인정을 받는지에 대해서는 고려하지 못했다. 생산성이 떨어지는 직원도 생산적인 직원만큼 인정받을 가능성이 높았다. 애당초 효과적으로 인정하는 방법에 대한 교육이 이루어지지 않았기 때문에 회사의 좋은 의도는 실패로 끝났다.

기업은 또한 직원들이 회의, 고객, 동료, 이메일에 얼마나 많은 시간을 보내는지를 알기 위해 기술을 사용할 수 있다. 분석가들은 다양한 활동을 수행하는 데 적합한 시간 비율을 연구하고 결정할 수 있다. 그러나 사람들이 업무의 각 부분을 수행하는 데 소요되는 시간을 규제하면 직원들의 행동과 자율성을 제한하고, 결국 고객과 성과에 긍정적 영향을 미치는 등의 통찰력의 광범위한 목적으로부터 오히려 멀어지게 된다.

새로운 기술의 한 가지 큰 이점은 인적자본 관리 시스템 위에 구축돼 가치 있는 통찰력을 제공하는 기계학습이다. 일부 통찰력은 임원을 위해 설계된 반면, 다른 통찰력은 중간관리자와 현장관리자에게 임시 보고 및 분석 기능을 제공한다.

다음은 조직이 기술과 인적자본 관리 시스템을 평가할 때 고려해야 할 몇 가지 질문이다.

- 무엇을 이루고자 하는가?
- 사용자는 자신이 기대하는 바를 알고 있는가?
- 투자수익률을 알고 있는가?
- 인적자본 관리 시스템을 선택할 때 재무 시스템과 같은 브랜드여서 선택한 것인가, 아니면 조직 전체에 최선의 것이어서 선택한 것인가?
- 화려한 소프트웨어를 사용할 것인가, 아니면 최고의 비즈니스 프로세스와 과학적 토대를 갖춘 소프트웨어를 사용할 것인가?
- 미래의 필요를 충족시킬 소프트웨어를 선택하는가, 아니면 현재의 필요에 따른 소프트웨어를 선택하는가?
- 시스템은 개별화될 수 있는가, 아니면 일률적인가?
- 시스템이 조직 경영의 질을 높이는가, 시스템은 관리자의 일을 더 효율화하도록 정보와 교육을 제공하는가?

기술의 힘과 사람의 힘이 결합하면 미래 직장의 변화에 엄청난 영향을 미칠 것이다. 훌륭한 관리자를 배치하면 기술을 활용해 어떤 측정 시스템도 생산성을 높이는 데 활용할 것이다.

52 | 예측 분석으로 더 나은 의사결정하기: 관리자를 위한 머니볼

조직에서 측정할 수 있는 것은 수백만 가지이지만, 리더가 정말 알고 싶어 하는 것은 상황을 바꾸는 데 가장 중요한 것이 무엇이냐는 점이다.

갤럽은 80년 넘게 빅데이터와 예측 분석 분야에 종사해오면서 글로벌 일터에 대한 많은 사실을 발견해왔다. 우리는 그 어떤 기관들보다 세계 70억 시민의 의지에 대한 자료를 더 많이 가지고 있다.

한 데이터가 있다. 전 세계 직원 몰입도에서 보편적인 관리 역량, 34가지 강점 분류에 이르기까지 모든 것을 포함한 데이터이다.

인터내셔널 데이터 코퍼레이션은 전 세계 데이터가 2년마다 2배씩 증가하며, 2020년까지 44조 기가바이트 이상에 이를 것으로 추산하고 있다. 이는 2013년에 비해 10배 이상 증가한 수치이다. 디지털 경제의 성장과 데이터 과학의 발전은 빅데이터의 분석적 가치를 극적으로 증폭한다.

하지만 이 모든 빅데이터와 예측 분석의 목적은 무엇일까? 조직과 리더는 이들로부터 무엇을 얻을 수 있을까? 이에 대한 갤럽의 답은 '우수한 의사결정'이다. 빅데이터와 분석을 통해 고성과 팀을 구축하고 새로운 고객을 창출하는 데 유용한 돌파구를 마련할 수 있다면 리더들에게 큰 혜택이 된다. 문제는 실제로 기가바이트의 데이터를 통찰력으로 만드는 것이 말처럼 쉽지 않다는 점이다.

대부분의 리더는 많은 데이터를 필요로 하지 않는다. 그들에게 필요한 것은 이미 보유하고 있는 데이터를 최대한 활용하는 것이다. KPMG의 연구에 따르면 절반 이상(54%)의 임원이 최고 장벽은 어떤 데이터를 수집해야 하는지를 아는 것이라고 답했다. 그리고 85%의 임원은 자신이 수집한 데이터를 분석하는 방법을 모른다고 답했다.

분석 기반 의사결정 문화

가트너의 추정에 따르면 빅데이터 프로젝트의 60%는 문화 문제로 인해 시범 또는 실험 단계를 넘어서지 못할 것이라고 한다. 올바른 문화는 최고경영진에서 시작된다. 최고의 리더는 데이터 중심 문화를 위해 데이터를 구축하고 유지하는 명확한 전략에 따르도록 지원한다.

데이터 중심 문화를 성공적으로 구축하려면 리더가 데이터를 어떻게 사용할지에 대한 강력한 신뢰가 필요하다. 예를 들면 이메일과 일정 관리 추적, 직원 설문조사 등이 실제로는 익명이 아니거나 일부 빅데이터를 통해 직원들의 사생활이 침해될 수 있다는 우려도 나오고 있다.

갤럽은 예측 분석에 성공하기 위해서는 복잡한 분석을 단순화하고 실행 가능한 통찰력으로 전환하는 것이 중요하다는 사실을 알아냈다.

분석 감사에서 시작하라

한 글로벌 서비스 회사가 새로운 데이터와 분석 기술에 투자하고 데이터 과학 사업부를 신설했다. 그 후 갤럽은 이 회사의 데이터 경험 감사를 실시했다. 감사 결과 5명의 리더 중 3명은 새로운 데이터 분석 시스템에서 좋은 결정을 내리는 데 필요한 정보를 아직 얻지 못한 것으로 나타났다.

리더들은 회사의 데이터 과학이 산업 표준에 뒤떨어져 있다고 생각했다. 그러나 데이터 경험 감사 결과 이보다 더 시급한 문제는 커뮤니케이션과 프로세스 관리였다. 이 회사는 의사결정에 필요한 요구부터 업무 분석을 하는 데까지의 전체 분석 수명 주기를 관리할 능력이 부족했다.

이러한 문제를 해결하기 위해 회사는 초점을 재조정하고, 변화 관리에 착수했다. 리더와 데이터 과학 팀의 기대, 역량, 의사결정 규칙, 책임 시스템을 한 방향으로 더 잘 정렬했다. 그 결과 더 높은 품질의 의사결정이 가능해졌다.

갤럽의 예측 분석으로 해결할 수 있는 몇 가지 비즈니스 과제는 다음과 같다.

- **관리자 개발:** 성과를 극대화하고 승리하는 팀을 구성하기 위해 관리자 특성, 성과, 경험 등을 평가
- **유능한 팀원의 유치 및 채용:** 소싱 전략 분석 및 개선
- **승계 계획:** 잠재성 있는 리더를 조기에 파악하기
- **이직 원인 파악:** 직원의 이직 원인과 비용을 파악하고 이를 개선할 수 있는 방법을 검토
- **성과지표 재정립:** 조직의 성과, 문화, 브랜드에 맞는 적절한 평

가지표 설계

- **역할의 자동화 예측:** 디지털화가 대체할 역할을 파악하고, 전환 교육을 실행해 미래 인력을 계획하기
- **결함 및 안전 리스크:** 다중 데이터 출처를 결합해 고위험 팀을 식별하기
- **보상과 혜택:** 공평하고 시작 적합성이 있는 보상 설계를 통해 직원들의 몰입도, 복지, 성과, 회사 재직률을 향상하기
- **내부 프로그램 평가:** 시행 제도와 정책의 투자수익률 추정
- **다양성과 포용:** 모집과 채용 및 문화의 분석

맺음말

비즈니스 성과에서 인간 본성의 역할

갤럽은 어느 조직에서나 인간 본성의 역할에 따른 단계를 개략적으로 정의했다. 우리는 그 단계를 '갤럽 경로Gallup path'라고 부른다.

갤럽은 전 세계 30만 개 기업을 포함한 직원과 고객의 상호작용 데이터베이스를 통해 이러한 요소들을 확인하고 타당성을 검증했다. 이것은 행동경제학의 주제에서 가장 진전된 메타 분석이다.

꼭대기에서 시작해 길을 따라 걸어보자. 상장 기업은 주가 상승의 가장 큰 단일 요소인 이익 증가를 목표로 한다. 기업이 이익을 얻고 주가가 올라갈 때는 모든 것이 훌륭하다. 리더는 주주와 언론의 영웅이며, 실질적 이익으로 보너스를 받을 수도 있다. 회사는 성장 활동에 투자하고, 연구개발을 늘리고, 제품과 내부 스타트업을 창출하고, 전 세계에 지사를 설립하고, 다른 회사를 인수하고, 지역사회의 요구에 시간과 돈을 투자하며, 지속적으로 차세대 리더를 육성할 수 있다. 그것이 회사를 운영하고 승리하는 길이기 때문이다.

여기서 행동경제학은 어떤 역할을 하는가? 이익의 증가는 주가의 상승을 80% 예측한다. 실질 매출의 증가는 그 시기의 이익 증가를

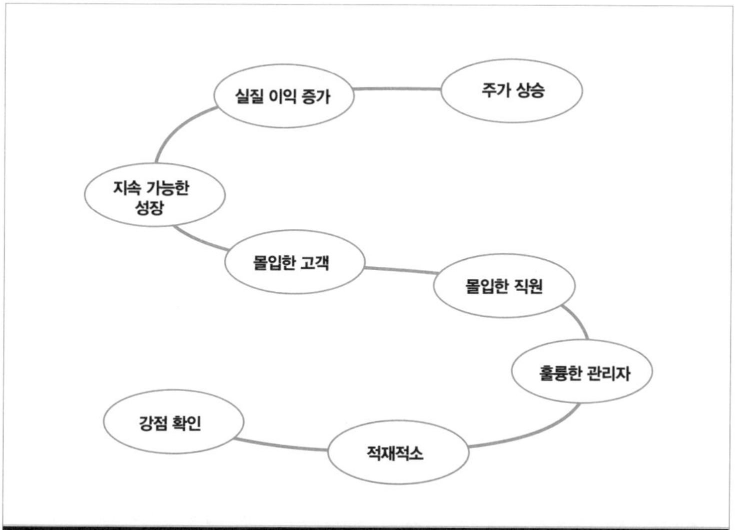

미시경제학 경로

유기적 매출 성장의 행동경제학 기반 모델

80% 예측한다.

이익을 증가시키기 위해서는 큰 비용을 절감하는 식스시그마·린 경영을 시행하거나, 애모티제이션amortization 또는 수입의 재정의를 통해 대차대조표를 재구성하거나, 사업부를 매각하는 등 여러 방법도 있다는 사실을 기억하라. 이 모든 방법은 이익을 증가시키고, 따라서 주가도 상승시킨다. 하지만 진짜 지속 가능한 이익과 주가 성장은 매출 성장, 특히 유기적 성장의 결과로 나오는 것이다. 유기적 성장이 합병에 의한 성장보다 낫다.

당신이 예측 통계를 좋아한다면 분명히 다음과 같은 질문을 할 것이다. "어떤 리더십 활동 또는 행동경제 변수가 실제 매출 증가를 가장 잘 예측하는가?" 답은 높은 고객 몰입도이다. 갤럽의 과학자들은 이를 고객 만족이 아닌 고객 몰입이라고 부르는데, 그 이유는 만족한 감정만으로는 더 많이, 더 자주 구매할 것이라고 확실하게 예측하지 못하기 때문이다. 몰입은 매출 증가에 더 나은 요인이다.

진짜 중요한 발견은 고객 몰입도가 증가하면 매출 또한 증가한다는 점이다. 고객이 조직과의 파트너십을 5점 만점 중 4점 이하로 평가한다면(대다수의 임원은 4점이 높은 점수라고 생각하지만, 사실은 그렇지 않다), 그러한 고객들은 다음 행동을 하지 않을 것이다.

① 더 자주 구매하기
② 구매당 지출을 늘리기
③ 더 높은 마진을 지불하기

다음 질문은 "고객을 몰입하게 만드는 것은 무엇인가?"일 것이다. 간단히 답변하자면 이렇다. 몰입한 고객은 당신 회사에 대한 신뢰도가 높다. 당신 회사는 고객을 존중하고, 공정하게 대한다. 문제가 발생하면 재빨리 문제를 해결해 고객을 만족시킨다. 만족한 고객은 당신 회사에 정서적 애착을 가진다. 한마디로 그들은 당신 회사의 제품이나 서비스가 없는 세상을 상상할 수 없다.

비투비B2B 기업의 경우 몰입한 고객은 당신의 회사를 신뢰할 수 있는 조언자라고 할 것이다. 그들의 비즈니스를 이해하고, 그들이 거둔 성과에 당신이 상당한 영향을 미쳤다고 말할 것이다.

갤럽 경로를 따라 내려가면 고객 몰입은 매출 증가와 주가 상승을 이끌고, 직원 몰입이 고객 몰입을 유도한다는 것을 알 수 있다. 직원과 고객이 교차하는 그 지점에서 회사를 이끌어갈 수 있는 가장 강력한 에너지가 있다. 에너지는 고객 혹은 직원의 어느 하나가 아닌, 그 교차점에 있다.

직원과 고객으로부터 평균 이상의 점수를 받은 사업부는 평균 이하의 점수를 받은 사업부보다 재정적으로 평균 3.4배 더 효과적이다. 훌륭한 제품, 훌륭한 마케팅과 광고, 훌륭한 전통적 경제 여건을 갖추었다고 하더라도 가장 강력한 행동의 지렛대는 바로 몰입한 직원의 수를 늘리는 것이다. 몰입한 직원은 도미노 효과를 만들어낸다. 몰입한 직원은 고객 몰입을 불러일으키고, 이는 매출 증가를 만들어내며, 결국 주가 상승을 이끈다. 그 결과 모두가 승리한다.

이 모든 것을 완벽하게 해내려면 회사는 모든 직원의 강점에 초점을 맞춰야 한다. 강점은 그들이 주어진 활동을 지속적으로 거의 완벽하게 해내는 능력이기 때문이다. 마지막으로 행동경제적 요구가 한 가지 남아 있다. 이것은 가장 큰 요인이기도 하다. 이를 제대로 해내지 못하면 다른 모든 것이 무너진다. 일단 직원 개개인의 강점을 신중하게 진단하고, 그들이 자연스러운 능력을 발휘해 거의 완벽하게 해내는 업무를 부여했다면 정말 훌륭한 관리자를 배정하라.

갤럽 경로에 있는 모든 것은 나쁜 관리자가 있으면 가로막힌다. 만약 회사의 모든 팀원이 훌륭한 관리자, 즉 훌륭한 코치와 일할 수 있다면 당신은 무한한 잠재력을 가진 조직을 성공적으로 설계한 것이다. 결국은 관리자이다.

부록

APPENDIXES

1

강점으로 이끌기

클리프턴 강점 진단의
34가지 테마 안내서

인간으로서 우리는 개인마다 많은 차이가 있으며, 리더도 예외가 아니다. 뛰어난 리더는 자신의 타고난 강점과 한계를 날카롭게 인식한다. 그들은 자신의 강점으로 가장 큰 수익을 올리기 위해 어디에 시간을 투자해야 하는지를 잘 알고 있다. 그리고 어느 분야에 선천적 재능이 부족한지, 또 어느 분야에서 다른 누군가의 손을 빌려야 하는지도 안다.

이 책에는 자신과 주변 사람들의 강점을 발견하고 구축할 수 있도록 돕는 갤럽 강점 진단이 포함되어 있다. 베스트셀러 《위대한 나의 발견 ★강점 혁명》이나 강점 기반 리더십 또는 진단을 소개한 다른 책들을 통해 갤럽 강점 진단을 잘 알고 있을 것이다. 이 진단은 100개 이상의 국가에서 2천만 명 이상의 사람이 자신의 강점을 발견하고 활용하는 데 도움을 주었다.

이 책의 앞에는 갤럽 강점 진단을 할 수 있는 접속 코드가 들어 있다. 이 장에서는 34가지의 강점 테마 각각에 대한 간략한 정의와 함께 이러한 테마를 이용해 다른 사람들을 이끌 수 있는 팁을 소개한다. 팀원과 주변 사람들의 강점을 살리는 참고자료로 사용하기 바란다.

Developer
개발

I

개발 테마에 뛰어난 재능이 있는 사람들은 다른 사람의 잠재력을 알고 이를 개발한다. 이들은 작은 개선의 징후를 발견하고, 진전의 증거에서 만족감을 얻는다.

개발 테마가 강한 리더가 이끌 때

- 다른 사람을 위해 좋은 일을 하는 것은 인격의 표시이자 신뢰에 대한 초대이다. 사람들이 자신의 잠재력을 발견할 수 있도록 도와라. 또한 잠재력을 개발할 수 있도록 함께 노력하자고 제안함으로써 그들과 관계를 쌓아라. 이렇게 하면 관계의 폭과 깊이를 크게 할 수 있다.
- 다른 사람들이 당신의 이런 선행의 숨은 의도가 있지 않은지 생각할 때 상처받지 마라. 당신이 사람들의 발전에 흥미를 보이는 만큼 사람들도 당신을 신뢰하는 데 시간이 걸릴 수 있다. 그들이 당신에 대한 완전한 확신을 가질 때까지 몇 주, 몇 달 혹은 몇 년의 시간을 두어라. 그들은 당신만큼 다른 사람을 쉽게 신

뢰하지 않을 수 있다.

- 당신은 사람들의 성장과 발전에 진심으로 기뻐한다. 다른 사람에게 집중하는 당신의 타고난 재능은 당신이 보살피는 사람들에게 축복이다. 당신이 그들을 응원하고, 또한 믿고 있다는 사실을 알려라. 당신의 사려 깊은 보살핌은 사람의 마음을 움직이고, 당신이 자기편이라는 확고한 믿음을 갖게 할 것이다. 사람들은 당신의 지지를 결코 잊지 못할 것이다.
- 당신은 '우리는 사랑하는 사람에게서 가장 잘 배운다'는 말을 제대로 이해하고 그 의미를 안다. 누가 당신을 사랑하는가? 당신은 누구를 사랑하는가? 가르치고 안내할 뿐만 아니라 사랑할 수 있을 만큼 가까이 다가가라. 당신의 감정을 전달하라. 그 효과는 영원히 지속될 것이다.
- 다른 사람을 개발하는 일을 시작할 때 먼저 당신이 파악한 발전을 인정하라. 이것은 자신감과 안정감을 제공한다. 그들이 해낼 수 있다는 것을 이미 입증했기 때문에 앞으로도 해낼 수 있음을 확신한다고 안심시키면 그들은 다음 단계를 덜 위협적으로 느낄 것이다. 다음 목표가 그들의 손이 닿는 범위 안에 있다는 확신을 보여주어라.
- 개발 성향을 가진 사람은 다른 사람이 쉽게 문턱을 넘을 수 있게 돕는다. 당신은 사람들이 도전할 수 있고, 실패도 용인되는 '안전지대'를 제공한다. 궁극적 성공에 도달하려면 한 번 이상의 시도를 해야 한다고 말해줌으로써 그들이 준비하게 하라. 사람들이 올바른 기대를 갖도록 하면 그들은 다시 시도할 수 있는

안정감과 자신감을 얻을 것이다.

- 사람들로 하여금 자신의 재능을 깊이 파고들어 시험해보도록 하라. 당신과 함께라면 그들은 실패에 대한 안전장치를 가지고 있는 것이며, 실패하더라도 직격탄을 맞았다고 느끼지 않을 것이다. 그들이 자신의 재능을 최대한 활용할 수 있도록, 위험을 감수할 수 있도록 지원하라.
- 상상력을 확장하는 질문을 함으로써 사람들의 도전의식을 북돋워라. 지금까지 무엇을 이루었는가? 무언가를 얼마나 이룰 수 있다고 상상하는가? 무엇을 꿈꾸는가? 만약 선택에 어떤 장애물도, 장벽도 없다면 무엇을 어떻게 할 것인가?
- 당신의 육성 방식은 주위 사람들에 대한 자연스러운 반응이며, 이로 인해 당신은 많은 사람에게 영감을 주는 멘토가 된다. 최고의 멘토들이 사용하는 접근 방식과 스타일을 고려하고, 그것에서 교훈을 얻어라. 그중 당신에게 맞는 방식을 사용해 당신이 멘토링하는 사람들을 격려하고 옹호하라.
- 당신은 가능한 한 많은 사람에게 조언하고 싶어 한다. 이러한 욕구를 충족하기 위해 '그 순간의 멘토'가 되는 것을 고려해보라. 가장 가슴 아프고 기억에 남는 성장의 순간은 대부분 적절한 시기에 올바른 언어가 전달될 때, 즉 열정을 재점화하는 언어를 명확히 이해시켜 새로운 기회에 눈을 뜨거나 인생의 방향을 바꾸게 하는 그 한순간에 일어난다.

개발 테마가 강한 사람을 이끌 때

- 조직 내 다른 사람을 성장시킬 수 있는 구조로 이들을 배치하라. 예를 들어 그들에게 한두 사람을 지도하게 하거나 혹은 안전, 혜택, 고객 서비스 같은 회사의 주제에 대해 가르칠 기회를 주어라. 필요하다면 지역 교육기관에 등록하게 하라.
- 이들은 감독관, 팀 리더 또는 관리자 역할에 적합한 후보일 수 있다. 이들이 이미 경영 직무를 맡고 있다면 더 큰 책임이 따르는 직책에 임명될 수 있을지 사업부에 문의하라. 이 테마에 강한 사람은 다른 사람들을 개발함으로써 미래에 대비한다.
- 이들이 진작에 이직 또는 해고되었어야 하는 사람들을 보호할 수 있다는 점에 유의하라. 어려움을 견디는 사람들을 돕는 것이 아니라 성공을 이뤄낼 수 있도록 그들을 준비시키는 데 이들의 재능을 집중할 수 있도록 도와라. 힘들어하는 사람에게 이들이 취할 수 있는 최선의 개발 조치는 자신이 뛰어날 수 있는 다른 영역에서 기회를 찾게 하는 것이다.

Individualization
개별화

I

개별화 테마에 뛰어난 재능이 있는 사람들은 각 개인의 독특한 자질에 흥미를 느낀다. 이들은 서로 다른 사람들이 생산적으로 협력할 수 있는 방법을 찾는 데 재능이 있다.

개별화 테마가 강한 리더가 이끌 때

- 때때로 당신은 사람들이 원하는 것보다 그들에 대해 더 많이 알고 있을 수 있다. 비밀을 엄수하고, 일대일로만 당신의 통찰력을 공유하라.
- 사람들은 사람의 독특한 자질을 알아보는 당신의 재능을 신뢰한다. 누군가에 대한 인상을 말해달라는 요청을 받았을 때 최대한 긍정적인 면에 초점을 맞추어 신뢰를 쌓아라.
- 당신은 요구, 강점 그리고 스타일에 따라 사람을 개별적으로 대우하려는 경향이 있다. 사람들은 당신의 이런 태도를 편파적이라 생각해 불신할 수 있다. 인간적 관점뿐 아니라 고성과 관점에서도 당신이 지닌 개별화 특성을 방어할 준비를 하라. 그러면

사람들은 당신의 결정에 대해 믿음을 보낼 것이다.

- 사람들은 아주 짧은 시간을 보냈음에도 당신이 그들에 대해 얼마나 깊이 파악하고 있는지를 알고 놀라곤 한다. 당신은 아마 그들로부터 "그걸 어떻게 아셨어요?"라는 말을 여러 번 들었을 것이다. 관계가 발전함에 따라 사람들은 자신의 행동, 동기, 재능에 관한 당신의 생각과 통찰력을 더 많이 듣고 싶어 할 것이다. 당신은 그들에게 자신을 비추는 거울이자, 가치 있는 관점을 제공하는 사람이다. 그들 자신에 대해 더 많이 알려달라 말하고, 당신의 통찰력을 시험해보라. 그들이 당신에게 말하는 것을 받아들이고 긍정하라.
- 잘 아는 사람이 아니라도 당신은 그에게 가장 적합한 선물이 무엇인지 아는 재능을 갖고 있다. 사람들에게 작은 놀라움을 선사하고 기쁘게 해주어라. 예상치 못한 작은 선물은 빠르게 관계를 구축하는 데 도움이 될 수 있다. 이러한 방법으로 그들에게 다가가고, 그들이 놀라워하고 기뻐하는 모습을 즐겨라. 완벽하게 고른 선물을 누가 마다할 수 있겠는가?
- 당신의 개별화된 인식은 안정성을 제공하는 데 필수이다. 사람들의 욕구와 필요에 주의를 기울이고, 그들이 올바른 역할을 하도록 도와라. 사람들은 자신이 가장 잘하는 일을 할 때 자신감과 안정감을 점점 더 느낄 것이다.
- 아마도 당신은 '모든 일반화는 거짓이다. 물론 이 말도 포함해서'라는 문구를 좋아할 것이다. 당신이 각 사람의 고유한 상황에 관심이 있다는 것을 알면 당사자들은 이해받고 있다는 느낌

과 동시에 안정감을 느낀다. 사람들이 얻고 싶어 하는 기회에 관한 결정을 내릴 때, 규칙이나 통념이 있지만 그럼에도 그들의 독특한 재능과 필요를 고려한다는 사실을 사람들에게 알려라.

- 때때로 당신은 사람들이 자신에 대해 아는 것보다 그들을 더 잘 안다. 다른 사람의 행동 패턴을 알아채고 그들이 보지 못하는 것을 발견하는 당신의 재능을 활용하라. 그러면 그들이 묵혀둔 재능을 활용하고, 반복적으로 그들을 괴롭히는 함정을 피할 수 있도록 도움을 줄 수 있다. 그들이 꿈과 포부를 이루도록 피드백을 주어라.
- 당신은 사람의 환경과 재능이 맞아떨어질 때 가장 생산적이라는 사실을 본능적으로 알고 있다. 필요한 경우 동료들이 자신만의 스타일로 일할 수 있게 하라. 이를테면 옷, 작업 공간, 작업 시간 등을 통해 개성을 표현하는 것처럼 말이다. 이러한 정책은 동료들에게 영감을 불어넣어주고, 동시에 그들이 업무에 최선을 다하게 할 것이다.
- 당신은 다양한 스타일과 문화 속에서 편안하게 움직이며, 직관적으로 상호작용을 개인화한다. 조직 내에서 다양성과 커뮤니티의 노력을 주도함으로써 의식적으로 그리고 능동적으로 이러한 재능을 활용하라.

개별화 테마가 강한 사람을 이끌 때

- 이들을 선발위원회에서 일하도록 배치하라. 이들은 각 지원자

의 강점과 약점을 잘 판단할 것이다. 개별화 재능을 활용해 그 역할에 맞는 인재를 발굴함으로써 조직의 생산성 향상에 기여할 것이다.

- 필요한 경우 모든 직원이 자신의 강점을 활용해 성과급을 최대한 높일 수 있게 하는 성과급 프로그램을 설계하는 일에 이들을 참여시켜라.
- 이들에게 내부 직원 연수를 시키거나 신입사원 멘토링을 해달라고 부탁하라. 이들은 각 사람이 어떻게 다르게 배우는지 파악하는 능력을 발휘할 것이다.
- 이들의 다른 상위권 강점이 무엇인지 살펴보라. 만약 이들이 행동 테마나 개발 테마에 강점을 보인다면 이들은 관리자나 감독자가 될 잠재력이 있을 것이다. 만약 주도력과 사교성이 높다면 이들은 잠재 고객을 실질 고객으로 바꾸는 데 한몫할 것이다.

Empathy
공감

공감 테마에 뛰어난 재능이 있는 사람들은
타인의 상황에 자신을 대입해 상상함으로써
그 사람의 감정을 느낄 수 있다.

공감 테마가 강한 리더가 이끌 때

- 다른 사람이 걱정스러운 상황에 직면했을 때 그 복잡한 감정을 표현하고 받아들일 수 있도록 도와라. 당신의 감정이 그들의 감정을 반영하든 반영하지 않든 그들의 감정을 존중하고, 자유롭게 표현하도록 허용하라. 이러한 감정을 정직하게 인정함으로써 신뢰를 쌓아라.
- 당신에게는 신뢰가 가장 중요하다. 그렇기에 많은 동료가 생각, 감정, 걱정 혹은 바라는 것을 당신과 나누려고 편안하게 다가올 것이다. 그들에게 용기를 주어라. 진정으로 도움을 주고자 하는 당신의 관심과 태도에 그들은 진심으로 감사할 것이다.
- 당신은 다른 사람의 행복에 함께 기쁨을 느낀다. 그렇기에 당신

은 사람들의 성공을 강조하고, 성과를 긍정적으로 강화하는 기회를 발견할 수 있다. 기회가 있을 때마다 사람들에게 감사를 표하고, 그들을 인정하라. 그러면 당신은 심오하면서 정성을 다한다는 인상을 줄 것이다.

- 당신에게는 사람들이 자신의 감정을 스스로 알아채기도 전에 그들의 감정을 먼저 느끼고 이해하는 능력이 있다. 이 묘한 능력은 그것을 어떻게 나누느냐에 따라 상대를 불안하게 만들 수도 있고, 위로할 수도 있다. 당신 추측하고 있는 것을 사람들이 인식할 수 있도록 질문을 통해 부드럽게 유도하라. 그들이 감정을 말하게 하고, 자기 발견을 해나가도록 도와라.
- 당신은 사람들의 감정에 민감해 분위기를 쉽게 파악한다. 이 재능을 활용해 사람들 사이에 상호 이해와 지지의 다리를 놓아라. 공감 능력은 리더로서 당신이 부하 직원에게 관심이 있다는 것을 보여준다. 이는 부하 직원의 충성심을 얻는 데 특히 중요한 역할을 한다.
- 인내와 이해는 당신의 가장 큰 특성이다. 시간을 내어 사람들의 의견을 들어라. 서둘러 판단하지 마라. 안전한 환경에서 생각과 감정을 정리하는 시간과 공간을 제공하면 사람들은 안정감과 평온함을 느낀다.
- 사람들은 당신을 측근이나 멘토로 선택할 가능성이 크다. 당신이 그런 관계에 만족한다는 걸 알면 그들은 기꺼이 당신과 함께할 것이다. 그들의 열망에 대해 당신이 느끼는 바를 말로 표현함으로써 격려하고, 그들의 꿈을 함께 상상하며 영감을 주고 이끌어라.
- 공감 능력은 사건과 반응을 예측할 수 있게 해준다. 당신은 사

람들이 어떤 감정을 느끼는지 관찰하고 있기에 조직에서 어떤 일이 일어날지 감지할 가능성 또한 높다. 사람들이 긍정적 감정을 쌓도록 도와라. 그러면 그룹 차원에서 이런 기대를 통해 희망을 만들어낼 수 있다.

공감 테마가 강한 사람을 이끌 때

- 주의를 기울이되, 이들이 운다고 해서 과민 반응하지 마라. 이들에게 눈물은 삶의 일부이다. 이들은 다른 사람의 기쁨이나 비극을 그들 자신보다 더욱 진하게 느낄 수 있다.
- 이들이 자신의 공감 능력을 특별한 선물로 볼 수 있도록 도와라. 다른 사람들이 느끼는 감정을 느낀다는 것은 이들에게 너무도 자연스러운 일이지만, 어쩌면 감정의 강도에 스스로 당황할 수 있다. 그런 재능을 활용해 많은 사람에게 도움을 줄 수 있음을 알려주어라.
- 논리보다 본능이 앞서는 이들의 의사결정 능력을 시험해보라. 이들은 왜 특정 행동이 옳은지 설명할 수 없을 때도 있지만, 그럼에도 종종 이들의 말이 옳을 때가 있다. "우리가 무엇을 해야 할지에 대해 당신의 느낌은 어떤가요?"라고 물어보라.
- 이들이 긍정적이고 낙관적인 사람들과 함께 일하도록 하라. 그들은 감정을 받아들이고 이를 통해 동기부여가 될 것이다. 반대로 비관론자와 냉소주의자들로부터 멀어지도록 하라. 그들은 강한 공감 능력을 가진 사람을 우울하게 만들 것이다.

Consistency

공정성

공정성 테마에 뛰어난 재능이 있는 사람들은 모든 사람을 똑같이 대해야 할 필요성을 잘 알고 있다. 이들은 모든 사람이 따를 수 있는 안정적인 일과 명확한 규칙 및 절차를 간절히 원한다.

공정성 테마가 강한 리더가 이끌 때

- 당신이 그룹이나 조직에 승인한 규칙 또는 프로그램을 스스로에게도 적용해 신뢰를 쌓아라. 규칙에 맞춰 사는 것은 당신의 원칙에 대한 존중을 보여주고, 평등한 분위기를 설정하며, 규칙 준수를 장려한다.
- 다른 사람들은 직위의 특권을 이용하지만, 당신은 아마 그것을 거절하고 조직 내 다른 사람들과 같은 기대와 기준에 따르는 것을 선호할 것이다. 이 '동등한 지위' 정책을 적용해 존경을 얻고 지지층을 확고히 하라.
- 다른 사람이 어떻게 행동하고 반응하는지 예측할 수 있으면 관계를 쌓는 과정을 계획하는 데 도움이 된다. 당신의 공정성이

사람들과 관계를 형성하는 데 어떤 영향을 미치는지 생각해보라. 당신은 사람들이 필요할 때 그곳에 있는가? 진심으로 연민과 배려를 보이는가? 가장 가까운 관계의 기초를 분석하고, 그러한 관계 속에서 당신의 공정성이 어떤 역할을 하는지를 살펴보라. 그런 다음 이러한 패턴을 통해 삶에서 친한 친구의 수를 늘리는 방법을 생각해보라.

- 다른 사람이 당신의 공정성과 형평성의 가치에 감사를 표시할 때 그들이 누구인지를 알고 지지와 이해의 기반을 형성하라. 당신과 비슷한 원칙을 따르는 사람들과 관계를 잘 형성할 수 있다. 당신이 존중하는 가치와 이상을 가진 사람들을 칭찬할 기회를 찾아라. 그들이 어떻게 세상을 더 나은 곳으로 만드는지 이야기하라. 그렇게 그들 스스로가 무엇을 가장 잘하는지 깨닫게 하고, 당신이 그들을 신경 쓴다는 것을 보여주어라.
- 사람들은 무엇이 기대되는지, 그리고 무엇이 용인되지 않는지 알아야 편안하게 느낀다. 본의 아니게 규범을 위반하지 않도록 사람들을 이해시켜라.
- 다른 사람이 당신의 행동 규칙을 알고 있다면 그는 다른 부분에서도 당신이 행동 규칙을 일관성 있게 적용하리라 기대할 것이다. 당신 스스로와 다른 사람에 대해 공정성을 얼마나 중요하게 생각하는지 말로 표현하라. 사람들은 규칙뿐 아니라 그 기저의 원칙까지 알게 될 것이다. 이는 규칙이 적용되지 않는 상황에서 당신의 행동을 예측하는 데 도움을 준다.
- 사람들이 당신에게 도움을 청하러 오는 것은 당신이 지닌 공정

성에서 오는 안정감 때문일 수 있다. 그들이 당신에게 의지할 수 있도록 당신은 언제나 그 자리에 있을 것이라는 확신을 주면 그들에게 큰 격려가 될 것이다.

- 당신이 약자에게 도움이 되는 존재라는 것을 깨달을 수도 있다. 이것은 기분 좋은 일이다. 당신이 선두에 선 사람뿐만 아니라 모두를 지지한다는 것을 의미하기 때문이다. 힘들어하는 사람들을 격려하라. 그들의 개인적인 성공 패턴을 고려하는 것을 잊지 마라. 그들은 자신에게 잘 맞지 않는 문제를 해결하기 위해 방식을 바꾸려 노력하고 있을 수도 있다. 그들이 자신에게 맞는 패턴을 찾아 기회를 최대한 활용하도록 지원하라.

공정성 테마가 강한 사람을 이끌 때

- 조직에 일관된 관행을 마련하기 위해 규칙을 세울 때는 이들에게 도움을 요청하라.
- 이들에게 분석적 역할이 주어졌을 때는 개별적 작업보다는 집단 연구를 하도록 요청하라. 이들은 특정 개인에 대한 세부 사항보다는 그룹을 일반화하는 데 더 능숙하다.
- 당신이 관리자로서 동등하고 절대적인 규칙을 공정하게 적용해야 하는 정책과 씨름하는 경우 이들에게 도움을 요청하라. 이들은 자연스럽게 관련 설명과 정당성을 찾을 수 있을 것이다.
- 다양한 사람을 동등하게 대해야 하는 상황에서는 이들에게 규칙과 절차 개발에 관한 도움을 요청하라.

Positivity

긍정

긍정 테마에 뛰어난 재능이 있는 사람들은
대단한 열정을 가지고 있다. 이들은 보통 낙관적이며,
앞으로 할 일에 대해 다른 사람들을 신나게 만들 수 있다.

긍정 테마가 강한 리더가 이끌 때

- 어떤 사람들은 부정적인 말을 듣는 데 너무 익숙해진 나머지 처음에는 당신의 지속적인 긍정적 발언을 의심할 수 있다. 그렇더라도 긍정적인 말을 계속하라. 그리고 시간이 지나도 당신과 그들의 삶에서 긍정적 부분에 집중할 것이라는 믿음을 주어라.
- 당신이 하는 칭찬이 항상 진실한지, 아니면 공허한 칭찬이나 거짓이 아닌지를 점검하라. 연구 결과에 따르면 거짓 칭찬은 직설적 비판보다 더 큰 피해를 준다. 진실하다고 믿는다면 그대로 말하라. 그렇지 않다면 다른 사람의 지성과 판단력을 존중하되, 거짓 아첨의 유혹에 굴복하지는 마라.
- 긍정 성향이 높은 당신은 자연스럽게 칭찬에 너그럽다. 당신은

아무리 관대해도 지나치지 않다. 과한 칭찬에 괴로워하는 사람은 거의 없다. 마음껏 칭찬하라. 단, 구체적이면서 개인적으로 하라. 다른 사람에게 좋은 감정과 진실한 감사를 퍼뜨려라. 사람들이 당신과의 교류를 기대하게 만들어라.

- 누군가 어둠 속을 헤매며 힘들어할 때 당신은 그들에게 몇 안 되는 빛일 수 있다. 당신의 그 역할을 과소평가하지 마라. 당신의 꾸준한 긍정 에너지가 필요한 사람들은 당신을 찾을 것이다. 그러면 그들에게 "너는 할 수 있어"라고 말해주어라. 무엇이 필요한지 물어보라. 그것만으로도 그들은 생기를 되찾을 것이다.
- 긍정적이고 힘이 되는 농담을 하라. 당신의 인생관은 모욕적이고 무심한 농담 혹은 빈정거림에 기대지 않는다. 이러한 긍정적 태도는 분명 다른 사람에게 좋은 영향을 미치고, 주변 분위기를 밝게 만들 것이다.
- 당신에게는 타인의 자신감을 높여주는 타고난 재능이 있다. 옳은 일을 하는 사람과 일을 올바르게 하는 사람을 파악하라. 그리고 그들을 칭찬하라. 당신의 칭찬으로 그들은 더욱 자신감을 얻을 것이다.
- 긍정적인 당신은 때때로 해결책이 완벽하지 않아도 그것을 감내할 수 있다. 결과적으로 당신은 사람들이 완벽을 고집하기보다 발전할 수 있도록 한다. 이상에 못 미치는 상황이 일어날 가능성을 찾고, 사람들에게 이를 설명하라. 그러면 사람들은 완전한 해결책이 없을 때도 상황을 개선하기 위해 주저 없이 위험을 감수할 것이다.

- 순간순간의 드라마를 강조하라. 사람들이 성공담을 15분간 말할 기회를 얻는다면 그런 무대를 마련할 사람은 아마도 당신일 것이다. 각 사람의 15분이 중요하게 여겨질 만큼 무대는 충분히 크고, 감동이 오래가도록 만들어라.
- 당신의 낙관주의는 사람들이 기대를 가지고 앞을 내다보도록 한다. 미래에 관해 이야기하라. 무엇이 가능한지에 대해 이야기하라. 사람들이 어떤 기회와 가능성을 발견했는지 공유하도록 하라. 그저 큰 소리로 말하기만 해도 기대가 생기고, 결국 실현할 수 있다.
- 때로 감정은 행동의 결과이지만, 어떤 때는 행동의 원인이 되기도 한다. 사람들을 축하하고 많이 웃게 만들며, 조직에 음악과 드라마를 투여하라. 이렇게 감정에 긍정적 영향을 미치면 생산성에서 팀워크, 최종 결과까지 모두 좋아질 것이다.
- 긍정적 환경을 조성할 때는 사람들을 보호하고 육성해야 한다. 만성적으로 불평하거나, 징징거리거나, 말썽을 일으키는 사람을 당신과 주변 사람들로부터 멀리하라. 그들의 비관은 당신의 긍정만큼 전염성이 높다. 의도적으로 아주 긍정적인 환경에서 시간을 보내라. 그러면 조직은 더욱 활기를 얻고 긍정적으로 변화할 것이다.

긍정 테마가 강한 사람을 이끌 때

- 회사의 가장 중요한 고객을 대상으로 하거나 신제품 출시 같은

이벤트를 준비하는 일에 이들을 배치하라.

- 이들의 열정은 전염된다. 프로젝트 팀에 이들을 배치할 때는 이 점을 고려하라.
- 이들은 기념하는 것을 좋아한다. 누군가가 이룩한 성과에 대해 어떻게 그 업적을 인정하고 기념할 것인지는 이들에게 물어보라. 이들은 그 누구보다 더 창의적인 아이디어를 낼 것이다.
- 이들이 가진 다른 성향을 파악하라. 개발 테마가 있다면 교실에 열기를 불어넣는 훌륭한 트레이너나 교사가 될 수 있다. 만약 주도력 테마가 강하다면 확고한 자기주장과 에너지를 조합해 판매 업무에서 특출한 능력을 발휘할 것이다.

Futuristic
미래지향

미래지향 테마에 뛰어난 재능이 있는 사람들은 미래에 무엇을 할 수 있을지로부터 영감을 얻는다. 이들은 미래에 대한 비전을 가지고 사람들에게 활력을 불어넣는다.

미래지향 테마가 강한 리더가 이끌 때

- 다른 사람이 상상하는 것을 도울 때 당신의 비전이 현실에 기초하도록 하라. 많은 사람은 몇십 년 후를 상상하는 걸 당신만큼 쉽게 해내지 못한다. 상상을 실현하기 위해 그들이 무엇을 할 수 있을지를 최대한 자세히 설명하라. 현실적인 태도는 당신의 아이디어에 신뢰와 자신감을 더해줄 것이다.
- 앞을 내다보는 당신의 타고난 능력을 감안하면 당신은 때때로 곧 일어날 것만 같은 상황을 미리 감지할 수 있다. 당신은 문제 자체보다는 가능성에 관해 이야기하는 것을 더 즐긴다. 하지만 사람들이 문제로 인해 어려움을 겪기 전에 잠재적 장애물을 제거하는 데 힘써라. 이를 보고 사람들은 당신을 의지하며, 당신

이 보는 것을 신뢰할 것이다.

- 다른 사람과 관계를 맺는 가장 좋은 방법 중 하나는 경청하는 것이다. 당신이 이끄는 사람들에게 꿈을 물어보라. 그들에게 꿈꾸는 미래를 설명하도록 하라. 그들의 이야기 어딘가에 당신의 미래주의적 재능과 연결될 만한 부분이 있을 것이다. 그들이 열망을 이야기할 때 그것에 도움이 될 질문을 함으로써 그들과 연관성을 구축하라. 당신이 그들의 미래 희망과 꿈에 관심을 가져주었다는 사실 때문에 그들은 당신을 더욱 가깝게 느낄 것이다.
- 당신은 다른 사람보다 미래를 더 분명하게 내다볼 수 있다. 자신의 꿈을 정조준하고 이루기 위해 노력하면 충분히 이룰 수 있다고 사람들에게 말하라. 아마도 당신은 그러한 꿈에서 사람들이 몰랐던 재능이나 고려하지 않았던 기회를 발견할 수 있을 것이다. 사람들의 가능성에 당신의 시간과 에너지를 쏟는 것은 그들을 향한 배려와 우정을 나타낸다. 이는 또한 당신이 리더라는 사실을 보여준다.
- 사람들은 미래를 내다볼 수 없기에 때때로 '이 또한 지나가리라' 하고 현재의 두려움을 과장하기도 한다. 당신에게는 다양한 관점을 볼 수 있는 재능이 있다. 당신은 현 상황에 얽매이지 않는다. 오늘이 지나면 내일이 오고, 그들의 걱정 또한 지나갈 것이라는 당신의 침착함을 사람들과 공유하라.
- 미래에 대해 생각할 때 당신이 이끄는 사람들의 감정을 확인하라. 당신의 비전이 너무 훗날의 일이거나 매우 불확실해 보인다면 그들은 걱정하거나 불편해할 수 있다. 당신의 시나리오를 그

들이 어떻게 보고 있는지 물어보고, 이것은 '가능성'을 위한 그림일 뿐 '반드시 해야 하는' 계획이 아님을 알려라. 그들의 운명을 쥐고 있는 사람은 당신이 아닌 그들 자신이다.

- 당신은 미래를 사고하는 능력이 있다. 사람들이 방향과 안내가 필요할 때 당신을 대화 상대로 선택하는 건 자연스러운 일이다. 어쩌면 당신은 평생 다른 사람의 안내자 역할을 해왔는지도 모른다. 이러한 역할에 대해 생각해보라. 어떤 질문을 해야 할지도 생각하라. 사람들은 당신에게 무엇을 필요로 하는가? 당신은 그것을 어떻게 알 수 있는가? 당신을 찾는 사람에게 적절한 질문을 해줄 수 있다면 당신의 조언은 사람들의 기대와 열망에 잘 들어맞을 것이다.
- 당신은 미래에 대한 이미지를 통해 사람들에게 영감을 준다. 비전을 표현할 때 사람들이 당신의 광범위한 생각을 더 잘 이해하도록 생생한 단어와 은유로 자세히 묘사하라. 당신이 보는 것을 동료들이 더 쉽게 이해하도록 스케치와 단계별 실행 계획 혹은 모의 모델을 통해 당신의 아이디어와 전략을 더욱 구체화하라.

미래지향 테마가 강한 사람을 이끌 때

- 이들에게 조직이 미래에 필요로 할 제품과 서비스에 대해 생각하고, 쓰고, 계획할 시간을 주어라. 그러면 이들은 회사 뉴스레터, 회의, 업계 컨벤션 등에서 자신의 관점을 전달할 수 있을 것이다.

- 이들을 조직의 기획위원회에 배치하라. 3년, 5년, 10년 후 조직의 모습을 예상하는 데이터 기반 비전을 제시하도록 하라. 그리고 6개월마다 이러한 발표를 반복하게 하라. 이런 방식을 통해 이들은 매번 새로운 데이터와 통찰력으로 조직의 미래 비전을 구체화할 수 있다.
- 조직이 변화를 수용해야 하는 경우 이들에게 조직의 미래 요구라는 관점에서 변화를 다루도록 요청하라. 이들이 새로운 방향의 관점을 제시하는 프레젠테이션을 하거나 글을 쓰게 하라. 그들은 사람들이 현재의 불확실성을 극복하고 미래의 가능성을 긍정적으로 받아들이게 만들 수 있다.

Ideation
발상
I

발상 테마에 뛰어난 재능이 있는 사람들은
아이디어에 매료된다. 이들은 겉보기에 상관없는
현상들에서도 그 사이의 연관성을 찾을 수 있다.

발상 테마가 강한 리더가 이끌 때

- 당신이 새로운 것을 추구하는 이유를 알면 사람들은 당신을 믿고 좋은 선택을 하도록 도울 것이다. 따라서 당신이 하는 일의 '이유'를 설명하라. 당신이 현 상태를 개선하고, 세상을 더 잘 설명하고, 궁극적으로 인류에 도움이 되는 발견을 하고자 한다는 것을 그들에게 알려주어라.
- 간단하게 설명하라. 당신의 모든 생각, 가능성, 접점은 어떤 사람들에게는 혼란스럽게 느껴질 수 있다. 당신은 기본 원리의 단순성을 본다. 다른 사람들도 그것을 알 수 있도록 명확하게 하라. 사람들이 분명히 아는 사실은 당신이 옳고 이치에 맞는 일을 하려 한다는 것이다. 그것이 무엇이고, 무엇이 될 수 있는지

를 연결할 수 있게 그들을 도와라.

- 사람들은 당신의 창조적인 상상력과 새로운 아이디어에 관한 지속적 탐구를 우러러본다. 이러한 탐구에 그들을 초대하라. 함께 꿈을 꾸자고 제안하라. 분야와 접근법이 다르더라도 아이디어와 가능성에 대한 관심과 흥분을 토대로 서로 만족하는 관계를 구축할 수 있다.
- 실용적인 사고방식을 가진 사람, 즉 아이디어를 현실로 만들고 결실을 맺을 수 있는 사람들과 파트너가 되어라. 당신은 그들에게 영감을 불어넣고, 그들은 당신의 꿈을 실현하도록 도울 수 있다. 그러한 차이점이 당신과 그들을 하나로 묶고, 각자가 혼자서 할 때보다 성공 가능성을 더 높여준다. 사람들의 기여에 대해 배려와 감사를 전하라.
- 안정성과 발상은 서로 상충돼 보일 수 있다. 당신은 언제나 관례에서 벗어나 새로운 각도에서 사물을 보는 방법을 찾는다. 당신이 현재의 관행을 파괴하려고 하는 게 아니라 상황을 개선하고자 한다는 사실을 표현하라. 당신은 단지 현 상태를 유지하고 그들이 기존에 해오던 방식대로 하는 데에서 안정성이 오는 것이 아니라는 사실을 이해한다. 진정한 안정성은 미래를 확실하게 준비하는 데에서 온다.
- 위험을 감수해야 한다. 그런 위험은 무모한 것이 아니라 계산된 것이라고 알려줌으로써 사람들을 침착하게 만들 수 있다. 새로운 것을 추구하는 논리를 사람들이 깨달을 수 있게 하라. 그렇게 함으로써 그들에게 자신감을 심어줄 수 있다. 그리고 그 과

정에서 계속 정보를 제공하라.

- 당신은 연구개발 종사자들과 자연스럽게 어울린다. 선각자와 몽상가들의 사고방식을 높이 평가한다. 상상력이 풍부한 직원들과 시간을 보내고, 브레인스토밍 세션에 참여하라. 좋은 아이디어를 가진 사람을 초대하라. 탁월한 발상 재능을 가진 리더로서 당신은 아이디어에 영감을 더하고, 그것을 실현하는 데 기여할 수 있다.
- 아이디어에 관해 같이 이야기하고, 지지해주고, 만족스러운 관계를 맺을 수 있는 각계각층의 사람들을 찾아라. 당신이 모르는 분야와 지역에 관한 지식과 꿈에서 영감을 얻을 것이다. 크게 생각하고 싶어 하는 다른 사람의 요구를 충족시켜라.

발상 테마가 강한 사람을 이끌 때

- 이들은 창의적인 아이디어가 풍부하다. 그런 아이디어가 가치를 발휘할 만한 곳에 이들을 배치하라.
- 최고의 고객에게 내놓을 수 있는 유용한 아이디어나 통찰력을 생각하도록 이들을 격려하라. 갤럽의 연구 결과 기업이 고객에게 의식적으로 무언가를 가르칠 때 고객 충성도가 높아진다.
- 이들에게는 모든 것이 잘 맞아떨어져야 한다. 결정을 내리면 각 이론이 어떻게 같은 이론이나 개념에 뿌리를 두고 있는지 이들에게 설명해주어라.
- 특정 결정이 중대한 개념에 부합하지 않는 경우에는 그 결정이

예외적 혹은 실험적 조치임을 이들에게 반드시 설명해야 한다. 그런 설명이 없다면 이들은 조직에 일관성이 없어지는 것을 걱정할 것이다.

Learner
배움

배움 테마에 뛰어난 재능이 있는 사람들은
배움과 지속적인 개선에 대한 열망이 크다.
이들은 결과보다 배움의 과정에 흥미를 느낀다.

배움 테마가 강한 리더가 이끌 때

- 당신이 배움의 과정에 있다는 사실을 그대로 인정하라. 배움의 과정을 솔직하게 개방하면 다른 사람으로 하여금 당신과 동등하다고 느끼게 하며, 이는 일방적 기대가 아닌 상호 관계적 기대를 가지도록 만든다.
- 당신의 지식보다 우월한 지식을 존중하라. 어떤 리더는 모든 분야에서 직원보다 더 '잘 알아야' 한다고 느낀다. 하지만 이는 비현실적이며, 오히려 발전을 방해한다. 다른 사람이 아는 것을 존중하고, 또 인정해주어라. 그들에게 귀를 기울이고, 적어도 해당 분야에서는 그들이 전문가임을 믿어라.
- 당신은 다른 사람과 함께 학습할 때 자신의 취약한 부분을 발견

할 수 있다. 항상 당신이 초대해 함께 배울 수 있는 사람이 있는지 생각하라. 당신이 누군가에게 같이 스터디를 하자고 말한다면 함께 시간을 보내고 유대감을 형성하는 기회를 가진다는 뜻이다.

- 완료한 프로젝트, 증명서, 보고 지표 개선 등 다른 사람이 학습에서 이룬 성취를 높이 평가하고 축하하라. 이런 행동은 성장을 위한 사람들의 노력과 가치를 인정해주는 것이다. 결과뿐 아니라 거기에 이르는 과정의 가치 또한 인정하라. 학습자는 물론 배움 자체에도 가치가 있다는 사실을 긍정하라.
- 다른 사람의 성장에 투자할 때는 "당신은 중요한 사람이고, 당신은 투자할 만한 가치가 있는 사람이다"라고 말해주어라. 이를 통해 상대는 당신이 자신과 지속적 관계를 맺고 싶어 한다는 사실을 알게 된다. 모두가 알 수 있게 이를 선언하라. 당신이 그들에게 많은 시간과 노력을 투자하고 있다는 사실을 알려라.
- 학습에는 시간이 걸린다. 인내심으로 사람들의 학습을 기다려주어라. 그러면 그들은 자신이 소모품이 아니라고 느낄 뿐 아니라 당신이 그들을 믿고 소중히 여기며, 성장을 도와줄 것이라고 생각할 것이다.
- 학습에 대한 당신의 열정은 다른 사람도 열정적이게 만든다. 조직 전반에 지속적인 학습 프로그램을 만들어 사람들에게 열정을 불러일으켜라.
- 조사를 하면 배움을 성과로 만드는 데 도움이 된다. 배움과 성장의 기회가 있을 때 직원들의 몰입도, 생산성, 충성도가 높아진다. 사람들의 학습 욕구가 충족되고 있는지 측정할 방법을 모

색하라. 이를 통해 개별화된 학습 이정표를 만들고, 학습 성과를 보상해줄 수도 있다. 이러한 보상과 눈에 띄는 발전은 사람들에게 더 큰 학습 목표를 가지도록 동기부여를 한다.

배움 테마가 강한 사람을 이끌 때

- 빠르게 변화하는 분야에서 앞서가야 하는 역할에 이들을 배치하라. 이들은 역량을 유지시켜주는 도전을 즐길 것이다.
- 이들은 현재의 역할과는 상관없이 새로운 사실, 기술 혹은 지식을 배우고 싶어 한다. 이들이 배움에 대한 의욕을 잃지 않도록 혁신적인 방법과 환경을 마련하라. 그러지 않으면 이들은 더 많은 자극과 도전이 주어지는 환경을 찾아 나설 것이다. 만약 조직에 배움의 기회가 없다면 대학이나 교육기관에서 공부할 수 있도록 지원하라. 이들에게 승진은 필수가 아니다. 그러나 배움은 매우 중요한 문제이다. 이들에게는 배움의 결과보다 과정이 더욱 큰 활력이 된다.
- 이들이 자신의 분야에서 마스터나 전문가가 되도록 장려하라. 이를 위해 관련 강의나 수업을 들을 수 있게 도와주어라. 필요하다면 교육을 계속 받을 수 있게 재정적 지원도 하라. 그들의 배움을 인정해주어라.
- 이들이 더 많은 것을 배우도록 옆에서 이끌어줄 전문가와 함께 일하도록 하라.
- 이들에게 내부 토론 그룹이나 프레젠테이션을 이끌도록 요구하라. 다른 사람을 가르치는 것보다 더 좋은 학습 방법은 없다.

Restorative
복구

복구 테마에 뛰어난 재능이 있는 사람들은
문제를 다루는 데 능숙하다. 이들은 무엇이
잘못되었는지를 알아내고 그것을 해결한다.

복구 테마가 강한 리더가 이끌 때

- 피드백을 잘하고, 질서를 회복시키며, 상황을 잘 정리하는 당신은 사람들에게 신뢰를 준다. 당신은 시스템을 완전하게 회복시키고 그것이 견실하게 작동하는지 확인한다. 필요할 때마다 기꺼이 이런 일을 할 용의가 있다는 사실을 사람들에게 알려라. 그러면 사람들은 당신에게 확신을 가질 것이다.
- 당신은 사람들이 불가능하게 여기는 상황에 끌릴지도 모른다. 당신은 성공 확률이 낮아 보일수록 그 문제를 해결하고자 하는 욕구가 더 커진다는 사실을 알려라. 사람들은 힘든 일을 해결하고 싶어 하는 당신의 열망을 존중하며, 당신을 믿어도 된다는 것을 알게 될 것이다.

- 사람들은 당신이 기꺼이 어려운 문제에 뛰어들어 그것을 해결하려고 하는 것에 감사한다. 일을 바로잡고자 하는 욕구는 당신이 그 일에 신경을 쓴다는 신호이다. 사람들이 문제가 있다는 것을 깨닫기도 전에 문제를 해결하고 그것을 알려라. 이는 당신의 헌신과 관심이 어느 정도인지를 보여줄 것이다.
- 사람들은 자신이 망가졌다고 느낄 때 당신을 가장 필요로 할 것이다. 당신에게는 바로 달려가 그들을 위로해주려는 본능이 있다. 응급구조 요원이 되어라. 당신의 도움이 필요한 사람에게 최대한 빨리 연락해 도움과 사랑을 주어라. 그들은 당신이 신체적·감정적 고통에서 벗어나도록 도왔다는 사실을 기억하고, 당신을 가장 도움을 준 사람으로 생각할 것이다.
- 당신은 국면을 전환해야 하는 상황에 자연스럽게 이끌린다. 어떤 프로젝트나 조직, 비즈니스 혹은 팀이 축 늘어져 있다면 다시 활력을 불어넣을 계획을 적극적으로 수립하라. 당신이 참여한다는 사실을 알면 사람들은 안심하게 될 것이다.
- 복구 능력을 활용해 '문제를 방지하기 위한' 계획, 방법, 시스템 등을 고안해보라. 당신이 우발적 사태를 대비해 분석하고, 실수를 예방하기 위한 조치를 사전에 취했다는 것을 알면 사람들이 안심할 것이다.
- "이걸 한 단계 더 높은 수준으로 끌어올리려면 어떻게 해야 하지?"라고 묻는 사람이 되어라. 완성은 정도가 없다. 끊임없이 개선이 가능하기 때문이다. 항상 더 높은 수준의 성취와 서비스를 주도하고, 이를 위한 영감을 주어라.

- 어떤 사람의 결함과 단점이 그의 전부라고 사람들이 생각하지 않도록 만들어라. 사람들이 현재 달성하는 수준의 실력과 성과에 대해 인정해주어라. 어떻게 성과를 높일 수 있을지 그들 스스로 의견을 낼 때 탁월성에 대한 그들의 욕망을 밀어주어라.

복구 테마가 강한 사람을 이끌 때

- 가장 중요한 고객의 문제 해결을 담당하는 자리에 이들을 배치하라. 이들은 장애물을 발견하고 그것을 제거하는 도전을 즐길 것이다.
- 만일 이들이 문제를 해결하면 그 성과를 축하하라. 이들이 바로잡은 모든 잘못된 상황은 이들에게 성공이다. 당신이 이런 관점으로 봐주는 것이 이들에게 필요하다. 장애물을 해체하고 앞으로 나아가는 이들의 능력에 다른 사람들이 의존하고 있음을 보여주어라.
- 이들에게 무엇을 어떻게 개선하고 싶은지를 물어보라. 이러한 개선을 앞으로 6개월간의 목표로 삼게 하라. 그러면 이들은 당신의 관심과 정확성을 높이 평가할 것이다.

Analytical
분석

분석 테마에 뛰어난 재능이 있는 사람들은
이유와 원인을 찾는다. 이들은 상황에 영향을 미칠 수 있는
모든 요인에 대해 생각해보는 능력이 있다.

분석 테마가 강한 리더가 이끌 때

- 당신은 어떤 특성을 상징하는지 생각해보라. 사람들은 당신의 분석적 사고를 신뢰하기 때문에 굳이 따로 조사하지 않고 당신의 권고를 따를 것이다. 이게 별문제 없을 수도 있지만, 때로는 당신에게 맞는 것이 그들에게는 맞지 않을 수도 있다는 사실을 깨닫도록 도와줘야 할지도 모른다. 사람들이 어떤 행동을 하거나 제품을 선택할 때 당신의 분석에 근거하기보다는 그들 스스로의 필요와 욕구에 맞춰 선택할 수 있도록 도와라. 당신이 그들에게 최선의 것을 바란다는 사실을 알면 당신을 더욱 신뢰하게 될 것이다.
- 당신은 무엇이 진실하고 정직한 것인지를 자연스럽게 밝혀낸

다. 사람들은 당신이 서로 충돌하거나 혼란을 주는 정보에 대한 '진실 판독기'이길 기대할 것이다. 이는 당신이 사람들을 돕는 방법이므로 그들이 도움을 요청하기를 기다리지 마라. 사람들은 당신의 주도적 분석을 존중하고 신뢰할 것이다.

- 아이디어를 면밀히 조사하길 좋아하는 사람들은 당신의 분석적이면서 진실을 추구하는 접근 방식에 끌릴 것이다. 아이디어로 줄다리기하는 것처럼 토론하게 하라. 새로운 아이디어를 찾아내고, 추측으로 사실을 가려내는 일에 흥미를 느끼도록 만들어라. 같은 테마를 가진 사람을 만났을 때는 토론과 논쟁을 하는 게임을 만들어 둘 다 즐겨라.
- 위기에 처한 사람에게 반응하는 것은 분명 배려와 인정을 보여주는 방법이다. 사람들이 수많은 데이터와 결정을 내려야 할 문제에 압도당했을 때 당신은 그 상황에 개입해 어떤 것이 진짜고, 어떤 방법으로 어려운 상황을 벗어날 수 있을지에 대해 도움을 줄 수 있다.
- 데이터는 그것을 뒷받침하는 연구가 있으면 설득력을 더하기 때문에 사람들은 그에 근거한 계획과 결과를 받아들일 것이다. 당신은 여러 가능성을 면밀하게 따지므로 사람들이 미래에 대해 원하는 안전감을 제공할 수 있다. 주어진 일을 신중하게 처리하고, 사람들이 당신에게 배우고 있다는 사실을 알고 있어야 한다.
- 당신의 인정은 다른 사람에게 스스로의 판단을 믿어도 좋다는 자신감을 심어준다. 이를 통해 그들은 힘을 얻어 앞으로 나아가고, 일을 성사시킬 수 있다. 다른 사람이 꽤 훌륭한 결정을 내리

고 있는 것 같다면 그렇다고 말하라. 그들의 의견과 추론에 대한 당신의 믿음은 일을 진행하는 데 필요한 확실성과 힘을 줄 수 있다.

- 옳지만 어려운 일을 하고 있는 사람에게는 격려를 아끼지 마라. 사람들은 당신의 감정과 행동을 추측하려고 노력할 수도 있다. 그들이 현명하게 판단한다면 칭찬해주고, 미래를 직시할 수 있도록 격려해줘야 한다. 그가 성공할 사람이라고 믿는다면 성공할 거라고 말해주어라.
- 다른 사람이 당신에게 의사결정에 대한 조언을 구하는 경우 당신의 사고 과정을 세분화해 어떻게 정보를 분류하는지 그에게 알려주어라. 대부분의 사람은 이렇게 행동할 수 없을 것이다. 하지만 일부 사람은 당신의 접근법을 배우고 싶어 한다. 당신은 이러한 과정을 자연스럽게 수행하지만, 분석 단계를 최대한 명확하게 보여주도록 노력하라. 누군가가 배우려는 의욕을 보이면 가르쳐라.
- 지도는 상호적일 수 있다. 분석 테마가 높은 사람이라면 행동 테마가 높은 사람과 협력하라. 당신은 그들이 현명한 결정을 내리도록 도울 수 있고, 그들은 분석한 것을 행동으로 옮기도록 당신을 도울 수 있다. 이는 모두에게 이익이 되며, 성장의 계기가 될 수 있다.

분석 테마가 강한 사람을 이끌 때

- 이들에게 이미 내린 결정에 관해 설명해야 하는 경우에는 그러한 결정이 도출된 과정과 논리를 명확하게 설명하라. 어쩌면 너무 지나치게 설명한다고 생각할지도 모르지만, 이들에게 이 정도의 세부 사항은 필수적이다.
- 기회가 있을 때마다 이들의 추론 능력을 인정하고 칭찬하라. 이들은 자신의 훈련된 정신을 자랑스러워한다.
- 이들에게는 정확하게 조사된 자료가 필요함을 기억하라. 절대로 조잡한 자료를 믿을 만한 증거로 건네려 하지 마라.
- 자료에서 패턴을 발견하는 일은 이들에게 중요한 부분이다. 이들에게 패턴을 자세히 설명할 기회를 주어라. 이는 동기부여를 하고 관계를 굳건히 하는 데 도움이 될 것이다.
- 이들에게 항상 동의할 필요는 없지만, 이들의 관점을 진지하게 받아들일 필요는 있다. 이들은 자신의 관점을 아주 신중하게 생각해왔을 것이기 때문이다.

Woo

사교성

사교성 테마에 뛰어난 재능이 있는 사람들은 새로운 사람을 만나 그를 자기편으로 만드는 것을 좋아한다. 이들은 서먹서먹한 분위기를 깨고 다른 사람들과 관계를 맺는 것에서 만족감을 얻는다.

사교성 테마가 강한 리더가 이끌 때

- 사람들은 자연스럽게 당신에게 매력을 느낀다. 당신의 매력에 진심을 담아라. 그러면 중요한 순간에 그들이 당신을 신뢰할 것이다. 그렇지 않으면 연락처는 많아도 당신을 따르는 사람은 없을 것이다.
- 사람들은 당신을 처음 만날 때도 많은 정보를 공유해줄 것이다. 그들로 하여금 자신이 주는 정보가 가치 있게 받아들여지고, 필요 시 보호받는다고 느끼게 하려면 어떻게 그 정보를 수집하고 저장해야 할까? 사람들과 연락을 유지하고, 대화의 중요한 세부 내용을 기록할 수 있는 시스템을 만들어라. 이러한 세부 사항은 민감한 정보일 수 있으니 조심스럽게 다뤄야 다른 사람의 신뢰

를 얻고 계속 연락을 이어갈 수 있다.

- 당신은 가는 곳마다 친구나 팬을 사귄다. 그중 일부를 오래 지속되는 관계로 발전시키는 것이 중요하다. 단발적 관계를 넘어 그 사람들이 어떻게 하면 당신과 특별한 관계임을 느끼게 할 수 있을지를 고민해보라. 이런 중요한 관계를 어떻게 하면 다음 단계로 발전시킬 수 있을까? 거기에 필요한 만큼 시간과 노력을 투자하라.
- 리더는 지속적으로 다양한 사람을 만나고 연결시킴으로써 신뢰, 지원, 소통으로 이뤄진 네트워크를 구축한다. 그리고 지지층을 결집함으로써 리더는 시간, 거리, 문화적 장벽을 초월해 영향력을 행사한다. 당신의 사회적 인맥 지도를 만들어 깊은 관계를 유지하는 동시에 넓게 뻗어나가도록 하라.
- 네트워크의 깊이와 폭을 다른 사람과 공유하라. 당신이 어느 분야에나 아는 사람이 있다는 걸 알면 사람들은 당신이 최신 정보를 갖고 있으며, 필요할 때 언제든 도움을 얻을 수 있는 사람이라고 생각하게 된다.
- 나가서 고객, 경쟁자와 대화하라. 지역사회에 참여하라. 유능한 리더는 자신의 영향력이 조직에 한정된다고 생각하지 않는다. 오히려 더 큰 연결망을 발견하고, 그곳으로까지 영향력을 확대한다. 도움을 얻을 수 있는 기반을 넓히면 조직이 지속해서 존재할 수 있고, 확장의 기회 또한 모색할 수 있다.
- 사교성 재능은 조직의 맥박을 빠르게 뛰게 한다. 당신이 어떤 힘을 갖고 있으며, 어떻게 아이디어 교류를 이끌어낼 수 있는지

인식하라. 단순히 동료들과 대화를 시작하고 재능 있는 사람들을 한데 모으기만 해도 개인과 조직의 성과가 획기적으로 향상될 것이다.

- 당신의 모든 만남과 인사는 당신이 돕고자 하는 사람들에게는 그들의 고객, 상사, 동료의 가치 있는 정보가 될 것이다. 가능한 한 가십거리 대신 좋은 소식을 많이 퍼뜨려라. 그들이 무엇을 잘하고 있는지, 다른 사람들이 그들을 어떻게 평가하는지 말해주어라. 이를 통해 그들이 다른 사람들과 함께 일하면서 성공했는지를 검증할 수 있다.

사교성 테마가 강한 사람을 이끌 때

- 당신 조직이 외부 세계와 처음 접하는 지점에 이들을 배치하라.
- 이들이 사람들의 이름을 기억할 수 있도록 돕는 시스템을 정비하라. 이들이 최대한 많은 고객의 이름과 세부 사항을 기억하게끔 목표를 설정해주어라. 조직이 시장에서 많은 사람과 관계를 맺는 데 이들의 도움을 얻어라.
- 이들이 공감, 절친 같은 테마에 뛰어나지 않다면 고객과 긴밀한 관계를 맺고 싶어 하지 않을 것이다. 이들은 사람들을 만나 인사하고, 설득하고 난 뒤 그다음으로 넘어가는 것을 선호할 수도 있다.
- 이들의 강력한 사교성 때문에 당신은 이들을 좋아하게 될 것이다. 하지만 이들에게 어떤 역할과 책임을 맡길지 고려할 때는

당신의 개인적 호감보다 이들의 진정한 강점에 초점을 맞추어라. 이들의 매력에 현혹되지 않도록 주의하라.

- 가능하다면 당신 조직이 지역사회의 호의를 얻는 데 이들을 활용하라. 이들을 회사를 대표하는 사람으로 커뮤니티 클럽이나 모임에 보내라.

Achiever
성취

I

성취 테마에 뛰어난 재능이 있는 사람들은
열심히 일하며, 엄청난 에너지를 가지고 있다.
이들은 바쁘게 생산적인 일을 할 때 큰 만족을 느낀다.

성취 테마가 강한 리더가 이끌 때

- 사람들은 당신의 직업윤리와 헌신을 존경한다. 근면함과 생산성은 당신이 올바른 일을 제대로 하고 있는 사람이라는 것을 보여주는 신호이다. 사람들의 신뢰에 부응하라. 하기로 한 것은 어떻게든 해내라.
- 함께 일하는 사람과 관계를 맺어라. 함께 열심히 일하면서 유대감이 형성된다. 당신이 기꺼이 운전대를 잡고 다른 사람들 옆에서 일하는 모습을 보여준다면 좋은 관계를 쌓을 수 있을 것이다. 당신이 스스로를 상급자가 아닌 동등한 사람으로 여긴다는 걸 보여주면 사람들은 신뢰와 존경의 감정을 느낄 수 있다.
- 당신에게는 목표를 설정하고 달성하는 것이 가장 중요하다. 이

러한 생활방식을 더 많은 분야에 적용하라. 중요한 사람들과 보내는 시간이 부족한가? 좋아하는 사람을 선택하고, 함께 하면 좋아할 프로젝트를 만들고, 일정을 정하라. 함께 시간을 보내고, 함께 무언가를 이뤘다는 사실에 기분이 좋아질 것이다.

- 매일 해야 할 일 목록에 적어도 한 가지 이상의 개인적 관계 구축에 대한 목표를 적어라. 함께 시간을 보내고 투자하면 사람들은 자신을 가치 있는 존재로 느낀다. 더불어 당신은 매일 '완료' 칸에 체크 표시를 하는 만족감을 느낄 수 있을 것이다.
- 사람들은 열심히 일하고 부지런히 노력하는 당신의 믿음에 의지하며 이를 기대할 것이다. 당신은 사람들에게 안정적인 삶을 위해서는 꾸준한 노력이 필요하다는 예시가 될 것이며, 안정감 또한 줄 것이다. 사람들에게 자신의 모든 것을 쏟아부어 일하는 기분이 어떤 것인지 이야기해보라. 자신의 삶에서 통제할 수 있는 단 한 가지는 바로 부단한 노력이라는 것을 알려주어라.
- 사람들은 좀처럼 지치지 않는 에너지를 가진 당신을 바위 같은 존재로 본다. 당신은 항상 일하고 있으며, 결코 지치지 않는 것처럼 보인다. 어쩌면 사람들은 하루 종일 일만 하는 당신을 불쌍히 여길지도 모른다. 어떤 사람에게는 그렇지 않을지 모르지만 당신에게는 이것이 편하다고 설명하라. 사람들에게 본인에게는 어떤 방식이 알맞은지 물어보라. 그렇게 함으로써 그들이 각자의 업무 스타일에 자신감을 갖게 하고, 그들을 이해하고 지지하기 위해 노력하라.
- 당신의 엄청난 에너지와 최선을 다해 무언가를 성취하고자 하

는 욕구는 타인에게 영감을 준다. 당신은 다른 사람의 목표를 알고 진전도에 대해 질문하면서 격려할 수 있다. 또한 사람들이 일정표와 체크리스트를 작성하도록 함으로써 그들의 계획과 꿈을 이루는 데 도움을 줄 수 있다.

- 당신을 즐겁게 만드는 목표와 마감일 정하기는 대규모 프로젝트를 관리하는 사람들에게 특히 도움이 된다. 당신은 크고 복잡한 일을 작게 쪼개고 중간 이정표를 세움으로써 관리가 가능한 것으로 만들 수 있다. 누군가가 당신에게 대규모 작업의 지침에 대해 조언을 구하면 전체 일을 하나씩 단계별로 처리하는 방법을 공유하라.

성취 테마가 강한 사람을 이끌 때

- 추가 작업이 필요한 프로젝트의 경우 이들에게 부탁하라. "일을 끝내고 싶으면 바쁜 이에게 물어라"라는 말은 대체로 사실임을 기억하라.
- 이들이 바쁘게 일하는 것을 인정하라. 회의에 참석하는 것은 이들에게 매우 지루할 가능성이 높다. 이들은 일만 처리하도록 하거나 꼭 필요한 회의에만 참석하도록 하면 완전히 몰입할 것이다.
- 이들이 수행한 작업을 측정할 수 있도록 하라. 이들은 일한 시간을 측정하는 것을 좋아한다. 더 중요하게는 해낸 일의 총량을 측정할 수 있어야 한다. 고객의 수, 잘 알고 있는 고객, 검토한

파일, 연락한 잠재적 고객 또는 진료한 환자의 수와 같은 간단한 측정도 기준이 될 수 있다.

- 이들과 함께 일하며 관계를 구축하라. 함께 열심히 일하면 높은 성취도를 가진 사람들과 유대감을 쌓게 된다. 성취도가 낮은 사람과는 떼어놓는 것이 좋다. 이들은 '게으름뱅이'를 싫어하기 때문이다.
- 이들이 일을 마치고 났을 때 휴식이나 쉬운 과업을 주는 것은 그들이 원하는 좋은 보상이 아니다. 그보다는 성과를 인정해주고, 성취감을 느낄 수 있는 새로운 목표를 주는 것이 더 좋은 보상이 될 것이다.
- 이들은 대부분의 사람보다 덜 자고, 더 일찍 일어난다. 업무에 이런 조건이 필요할 때 이들을 주목하라. 또한 "이 일을 끝내려고 얼마나 늦게까지 일했어요?" 또는 "오늘 아침 몇 시에 나왔어요?" 같은 질문을 던져라. 이들은 이런 작은 관심에 고마움을 느낄 것이다.
- 이들은 자발적으로 행동하므로 당신은 이들을 승진시키고 싶은 유혹을 받을 수도 있다. 하지만 이들을 자신이 가장 잘할 수 있는 일에서 멀어지게 하는 것은 실수이다. 이들의 강점을 명확하게 파악하고, 이미 잘하는 것을 더 많이 할 수 있게 하는 것이 더 좋은 방법이다.

Input

수집

I

수집 테마에 뛰어난 재능이 있는 사람들은
수집과 보관이 꼭 필요하다고 생각한다. 이들은
정보, 아이디어, 사물, 심지어 관계까지 쌓는다.

수집 테마가 강한 리더가 이끌 때

- 정확하고 새로운 정보를 제공함으로써 신뢰받는 권위자가 되어라. 여러 출처를 통해 정보의 정확성을 점검하고, 사람들이 사실과 의견을 구분할 수 있도록 도와라.
- 당신은 맡은 일을 충실히 해내고, 사람들에게 성공에 필요한 정보를 제공함으로써 존중받는다. 시간을 들여 철저하게 연구하는 당신을 보며 사람들은 당신의 열정에 감사하고, 당신이 발견한 것을 신뢰할 것이다.
- 당신이 명민하며, 최신 정보와 발전에 관해 많은 지식을 갖추었다는 사실을 아는 리더는 당신을 탐낼 것이다. 당신이 그들의 질문에 답하고 시급한 문제를 연구하는 것을 즐긴다는 사실을

사람들에게 알려라. 수집 능력으로 사람들과 관계를 맺고, 그들이 도움을 필요로 할 때는 기꺼이 도와라.

- 당신과 관심사가 같은 사람을 만났을 때는 당장의 배움 기회보다 관계의 가능성을 먼저 생각하라. 이것이 우정의 시발점이 되도록 공통의 관심사에 맞는 전시회나 강연 행사에 그 사람을 초대하라. 수집 능력을 관계의 디딤돌로 삼아 우정을 쌓아라.
- 당신의 지식은 안정성의 기반이 된다. 당면한 주제에 관해 당신이 철저하게 그리고 깊이 연구했다는 사실을 알면 사람들은 당신의 결정이 주도면밀할 것이라 믿고 자신감을 가질 수 있다. 당신이 연구에 얼마만큼의 노력을 기울였는지 사람들에게 알려라.
- 당신은 단순히 정보를 수집하는 데 그치지 않고, 그 정보가 유용하다고 판명될 때까지 보관하기도 한다. 중요한 정보를 백업하고 문서화함으로써 사람들에게 올바른 방향으로 나아가고 있다는 확신을 줄 수 있다.
- 당신의 마음은 스펀지와 같아 자연스럽게 정보를 흡수한다. 하지만 스펀지의 주된 목적이 흡수한 것을 영구히 보관하는 게 아닌 것처럼 당신 또한 정보를 저장하기만 해서는 안 된다. 출력이 없는 입력은 정체로 이어질 수 있다. 당신이 수집한 정보가 누구에게 도움이 되는지를 알고 그들과 공유하라.
- 다른 사람들의 생각과 아이디어를 배워라. 그에 대해 토론하는 시간을 가져라. 이러한 과정을 통해 당신은 가르치는 동시에 배울 수 있다.

수집 테마가 강한 사람을 이끌 때

- 조직에 중요한 주제를 연구해달라고 부탁해 이들의 호기심을 자연스럽게 집중시켜라. 또는 연구 요소가 풍부한 일에 이들을 배치하라. 이들은 이러한 연구나 일을 통해 지식을 얻는 것을 좋아한다.
- 이들이 수집 외에 또 어떤 테마에 강한지 주목하라. 만약 이들이 개발 테마에 강점이 있다면 흥미로운 사실과 이야기로 재미있게 수업하는 뛰어난 교사나 강사, 트레이너가 될 수 있다.
- 이들이 수집한 정보를 보관하는 시스템을 개발해 필요할 때 활용할 수 있도록 하라.

Competition
승부
I

승부 테마에 뛰어난 재능이 있는 사람들은 다른 사람의 성과와 비교해 자신의 진전을 측정한다. 이들은 1등을 차지하기 위해 노력할 뿐만 아니라 경쟁 자체를 즐긴다.

승부 테마가 강한 리더가 이끌 때

- 사기꾼은 절대 성공하지 못한다. 승리만을 위한 승리는 진정한 승리가 아니라는 것을 기억하라. 그것은 자기 자신을 패배시키는 일일 뿐이다. 그러한 승리의 대가는 패배의 고통보다 클 수 있다. 그러므로 궁극적 승리를 향해 나아갈 때 진실성을 유지하도록 명심하라.
- 사람들과 함께 쌓은 신뢰를 지켜라. 경쟁심 때문에 다른 사람들의 존중을 잃는 일이 없도록 때로는 (경쟁) '무대에서 내려올' 필요가 있다. 스스로 감정을 분출할 시간을 가지되, '심판'들이 보지 못하는 곳에서 행하라.
- 경쟁자들은 서로를 한눈에 알아본다. 당신의 승부욕을 자극하

는 사람이 있다면 서로 경쟁할 수도 있고, 힘을 합쳐 챔피언 팀을 만들 수도 있다. 어느 쪽이든 공유한 관점을 바탕으로 유대감을 형성할 수 있는 기회이다.

- 당신은 경쟁 활동에 그 자체를 즐기는 사람을 참여시킬 수 있는가? 이는 삶의 도전에 대한 서로의 관심과 공동의 접근에 바탕을 둔 지속적 관계를 만드는 방법이다. 경쟁자를 참여시키고, 관계를 맺을 기회를 구축하라.
- 경쟁은 부정적 인상을 줄 수 있다. 경쟁의 재미있는 면을 끄집어내라. 그리고 감정적 유대감을 형성하는 데 그것을 사용하라. 모든 사람이 모든 활동에 동일한 강도의 감정을 쏟아붓지 않는다는 것을 기억하라. 그들이 '게임에 몰입하는' 이유는 당신의 이유와 다를 수 있음을 받아들이고, 그들에게 존중을 보여주어라.
- 승리하는 팀은 자신감이 높아진다. 개인이나 팀이 최고가 되도록 어떻게 도울 수 있는가? 선수가 자신의 강점을 바탕으로 발전할 수 있도록 그의 포지션을 설정하라. 이는 그들에게 성공과 안전의 가능성을 최대로 높여준다. 그들이 원래 가지고 있는 능력을 바탕으로 얼마나 높은 성과를 낼 수 있는지를 보여주어라.
- 경쟁에서 지고 있다면 궁극적 목표가 무엇인지 기억하라. 장기간 노력해야 한다는 점을 마음에 새기고, 다른 사람들에게도 상기시켜주어라. 사람들에게 실패했다는 생각보다는 지속적으로 노력하면 결국 성공할 거라는 사실을 일깨워주어라.
- 다른 사람들을 옹호해라. 그들이 각자 어떤 면에서 최고가 될 수 있다는 믿음을 말로 표현해라. 그들이 보지 못하는 스스로의

잠재 가능성을 당신은 볼 수 있다. 당신이 그들에게서 발견한 재능을 당사자에게 알려주고, 그들이 그 재능을 강점으로 바꾸는 방법을 깨치도록 도와라.

- 당신의 조직에는 어떤 요건이 존재하는가? 모두가 분명한 목표를 가질 수 있도록 하라.
- 당신의 사전에는 1등만이 중요하기 때문에 승리를 확신하는 영역에 자신을 제한하는 경향이 있다. 리더로서 당신의 그룹이 진정으로 뛰어난 능력을 보여줄 수 있는 영역을 파악하고, 그룹의 강점과 경쟁력을 구체적 용어로 정의하라. 그렇게 함으로써 그룹과 조직을 준비시키면 자연스럽게 유례없는 성공을 이루기 위한 낙관적 분위기가 조성될 것이다.
- 당신은 현실적 측정으로 성과를 평가하는 데 능숙하다. 이러한 재능을 활용해 조직 내·외부에서 이룩한 세계적 수준의 성과를 알아보고, 실제적인 업계 기준을 파악해보라. 이 기준에 비추어 조직을 평가하고, 사람들이 그 기준을 넘어서도록 격려하라.

승부 테마가 강한 사람을 이끌 때

- 다른 사람, 특히 다른 경쟁적인 사람과 비교해 이들의 성취를 측정하라. 당신은 모든 직원과 이들의 성과를 비교할 수도 있지만, 경쟁적인 사람들만 그런 공개적 비교에 기쁨을 느낀다는 것을 기억하라. 다른 사람들은 그 비교에 분개하거나 굴욕감을 느낄 수도 있다.

- 이들을 위한 대회를 준비하라. 다른 경쟁자와 경쟁할 때는 팀 내부에서 그 상대를 찾지 말고 다른 사업부에서 찾아야 한다. 높은 점수를 받은 경쟁자는 자신과 수준이 비슷한 사람과 경쟁하기를 원한다. 평범한 성과자와의 경쟁은 이들에게 동기부여가 되지 못한다. 이들을 관리하는 가장 좋은 방법 중 하나는 그들보다 더 많은 성취를 이룬 경쟁 상대를 고용하는 것이다.
- 이들과 재능에 관해 이야기하라. 이들은 다른 모든 경쟁자와 마찬가지로 승자가 되는 데에는 재능이 필요하다는 것을 안다. 이들의 재능이 무엇인지 알려주고, 이기기 위해서는 그 재능을 강화해야 한다고 말해주어라. 승리가 곧 승진을 의미하는 것이 아님을 알려주라. 그러지 않으면 이들이 '피터의 법칙(조직에서 어떤 직책의 적임자를 선택할 때 그 직책에 요구되는 직무 수행 능력보다 지원자의 과거 업무 성과에 기초해 평가하는 경향이 높다는 이론)'의 사례가 될 수 있다.

Belief
신념

신념 테마에 뛰어난 재능이 있는 사람들은
변하지 않는 핵심 가치를 지니고 있다.
이러한 가치에서 그들의 삶의 목적이 나온다.

신념 테마가 강한 리더가 이끌 때

- 윤리적 행동은 존중과 신뢰의 기초가 된다. 청렴 또한 여기에 기대되는 사항이다. 공정성을 보장하고 단결을 강화하기 위해 당신이 용인하는 행동과 용인하지 않는 행동을 분명히 전달하라. 처음부터 이 점을 명료하게 하면 오해와 관계의 손상을 막을 수 있다.
- 여기서 신념이란 일정한 도덕적·정신적 신념에 관한 것이라기보다는 봉사의 자세에 관한 것이다. 섬기는 리더가 어떤 뜻인지를 다른 사람들에게 보여주어라. 팀이 외부의 일을 하도록 하라. 팀 내부가 아닌 다른 사람이나 그룹을 돕기 위한 일을 하게 하라. 말보다 훨씬 더 효과적인 행동으로 신뢰를 보여주어라.

그 정도로 진실하면 진정 존경받게 된다.

- 당신의 가치는 깊은 의미의 원천이다. 인생에서 가장 의미 있는 것에 대해 다른 사람들과 이야기하라. 핵심 가치만큼 중요한 무언가에 대한 대화 상대가 되는 것만으로도 관계를 형성할 수 있다. 오랜 시간 알고 지냈든 아니든 간에 서로의 인생에서 가장 중요한 것이 무엇인지 배워라. 우리 모두는 다른 배경을 가지고 있고, 삶의 다양한 단계를 거치고 있다는 것을 받아들여라. 관계는 언제나 성장할 수 있다. 듣는 것에서부터 관계를 만들 수 있다.
- 어떤 유대감은 순간적으로 형성되기도 한다. 공통의 가치는 사람들을 빠른 시간 안에 가깝게 만들고, 어쩌면 평생 동안 가깝게 지내도록 해줄 것이다. 이것은 당신과 그들의 삶에 큰 기쁨의 원천이 될 수 있다. 당신의 삶에서 가장 중요한 것에 대해 함께 탐구하고, 질문하고, 대화를 나눠라. 이를 통해 관계는 놀라울 정도로 빠르게 깊어질 수 있다.
- 당신의 신념 때문에 친밀한 사람과 소원해지지 않도록 주의하라. 당신은 결코 중립적일 수 없고, 중립적이어야 할 필요도 없지만, 당신의 메시지가 판단에 따른 것이 아닌지 다시 생각해 보라.
- 당신의 어떤 신념은 돌에 새겨진 것과 같다. 변화무쌍한 세상에서도 이는 결코 흔들리지 않는다. 이러한 확고한 기반은 당신이 만들어낸 관계, 활동, 업무 환경의 초석이 될 수 있다. 당신처럼 신념이 있느냐에 상관없이 사람들은 당신이 어디에 서 있는지

알고 있으며, 그 믿음의 안정성을 확신할 수 있다.

- 당신의 열정은 당신으로 하여금 싸울 태세를 갖게 한다. 이 전투에서는 무언가에 맞서 싸우는 사람이 아니라 무언가를 위해 싸우는 지도자가 되기 위해 노력하라. 사람들이 당신을 긍정적인 시각으로 보아야 당신의 대의가 더 많은 지지를 얻으며, 몰입하고 유지하는 데에도 도움이 된다. 사람들은 당신이 옳은 것을 위해 싸울 거라 믿을 것이다. 그리고 당신의 신념이 얼마나 강한지 확신한다.
- 일에 대한 당신의 의미와 목적은 종종 다른 사람에게 방향을 제시한다. 그것에 대해 이야기하고 당신이 느끼는 중요성을 공유하라. 사람들에게 그들의 일이 왜 중요한지, 그것이 자신과 타인의 삶에 어떻게 변화를 만드는지를 상기시켜라. 그들이 일을 통해 재능과 가치를 어떻게 실현할 수 있는지에 대해 더 많이 알고, 연관성을 찾을 수 있도록 지원하라.
- 다른 사람들은 가치에 대한 확신이 당신보다 부족할 수 있다. 만약 그들이 자신의 가치를 찾고 있다면 시간과 돈을 어디에 쓰는지 생각해보도록 하라. 우리가 실제로 시간, 재능, 보물을 어디에 사용하는지는 진정 무엇을 가치 있게 여기는지를 말해준다.

신념 테마가 강한 사람을 이끌 때

- 이들은 강력한 기반 가치를 가진다. 이러한 가치를 조직의 목적과 어떻게 조화시킬지 방법을 생각해보라. 예를 들어 당신 회사

의 제품과 서비스가 어떻게 사람들의 삶을 더 윤택하게 만드는지, 당신 회사가 어떻게 진실성과 신뢰를 구현하고 있는지, 또는 동료와 고객을 위해 무엇을 더 잘할 수 있는지에 대해 이야기하라. 이런 행동과 말을 통해 이들은 조직문화의 가치를 실현시킬 것이다.

- 이들은 더 많은 돈을 벌 기회보다 더 높은 수준의 서비스를 제공하는 기회에 큰 가치를 부여한다. 이들의 타고난 서비스 지향성을 향상시킬 수 있는 방법을 찾아라. 이들의 최고 면모를 볼 수 있을 것이다.

Deliberative
심사숙고

심사숙고 테마에 뛰어난 재능이 있는 사람들은
의사소통이나 선택을 할 때 신중을 기한다.
이들은 장애물에 대한 대책을 예상한다.

심사숙고 테마가 강한 리더가 이끌 때

- 당신은 민감한 주제에 대해 신중하고 사려 깊기에 사람들의 신뢰를 얻는다. 미묘한 문제나 갈등을 처리할 기회를 마주했을 경우 이러한 재능을 활용하라.
- 사람들은 당신이 옳은 일을 하는 것과 거기에 시간을 할애하는 것을 존중한다. 당신이 결정을 내리기 전에 생각할 시간이 필요하다면 그들에게 알려라. 당신에게 가장 중요한 것을 지키는 것에 대해 그들이 인정한다는 것을 믿어라.
- 당신은 관계의 중요성과 무게를 이해하고, 책임을 진지하게 받아들인다. 누군가를 당신의 인생에 추가하기로 결정했으면 그 관계를 잘 유지하라. 가까운 사람과의 활동과 대화에 투자하고,

가장 중요한 사람들에게 당신의 마음을 드러내라. 당신도 알다시피 관계가 평생 유지되는 일은 어려운 만큼 관심과 사랑을 기울일 만하고, 또 필요하다.

- 당신은 칭찬을 거의 하지 않으며, 매우 희귀한 일임을 이해시켜라. 그러므로 다른 사람을 칭찬하고 싶을 때 말 대신 구체적인 무언가로 기념하라. 예를 들어 당신이 감사의 표시로 눈에 보이는 무언가를 주면 당신의 칭찬은 그의 기억 속에 오랫동안 남아 있게 될 것이다.
- 당신은 무모한 위험을 감수하기보다는 신중하게 결정에 접근하는 경향이 있다. 무언가가 믿을 수 없을 정도로 좋아 보인다면 본능을 믿어라. 당신의 신중함과 주의는 사람들로 하여금 당신의 결론이 안전하다고 느끼게 한다.
- 사람들은 당신의 결정과 신중한 의견에 감사할 것이다. 당신이 분석한 선택 사항과 특정 과정을 선택한 이유에 관해 사람들에게 설명하라. 그러면 그들도 당신의 결정을 이해할 것이다. 또한 당신의 의견만큼이나 그들의 의견도 신중하게 묻고 평가하라.
- 결정을 내리기 전에 '숙고' 기간을 가짐으로써 다른 사람이 무모하게 행동하지 않도록 하라. 당신의 주의는 다른 사람이 충동적인 상태에서 벗어나 현명한 선택을 할 수 있도록 만든다.
- 당신이 어떤 주제에 대해 많이 알고 있다면 그와 관련해 수행한 연구와 분석 결과를 사람들에게 제공하라. 그들이 하는 일이 옳다고 믿는다면 무언가를 시도하도록 그들을 격려하라. 그리고 그것을 뒷받침하는 증거를 보여주어라.

심사숙고 테마가 강한 사람을 이끌 때

- 빠른 결정을 요하는 역할에 이들을 배치해서는 안 된다. 이들은 직감만으로 결정을 내리는 것을 불편해할 가능성이 높다.
- 법, 안전 혹은 정확성이 요구되는 상황 등 주의가 필요한 일에는 이들에게 주도권을 주어라. 이들은 어느 부분이 위험한지, 어떻게 하면 당신을 보호할 수 있을지를 본능적으로 알 것이다.
- 이들은 특히 이면에서 협상을 이끌어내는 능력이 뛰어날 가능성이 크다. 가능한 범위 내에서 이들에게 이러한 역할을 맡아달라고 부탁하라.
- 이들에게 접대 담당, 영업 스타, 네트워커 같은 역할을 요구하지 마라. 이들에게는 이러한 역할에 필요한 성향이 없을 수도 있다.
- 이들은 사람들과의 관계에서 선택적이고 차별적일 수 있다. 따라서 이들의 소속 팀을 자주 바꾸지 마라. 이들에게는 주변 사람들이 유능하고 믿음직하다는 것을 확신할 시간이 필요하다. 그리고 이러한 확신을 갖기까지는 어느 정도 시간이 걸린다.
- 이들은 다른 사람을 잘 칭찬하지 않는다. 그렇기 때문에 이들이 누군가를 칭찬한다면 그 사람은 정말 그러한 자격이 있기 때문이라는 것을 명심하라.

Connectedness
연결성

연결성 테마에 뛰어난 재능이 있는 사람들은 모든 것에 연관성이 있다는 믿음을 가지고 있다. 그들은 우연이란 건 없으며, 모든 사건에는 의미가 있다고 믿는다.

연결성 테마가 강한 리더가 이끌 때

- 당신의 인생 철학은 자신만을 위한 삶을 넘어서게 한다. 당신의 신념에 대해 목소리를 내라. 가치관에 따라 행동하라. 당신 자신을 넘어서서 가진 것을 베풀면 사람들은 당신이 모든 인간에 대해 존중심을 갖고 있음을 알게 된다. 존중심은 이타적 행위에 자연스레 따르는 부산물이다.
- 인간에게 내재된 공통점을 이해하는 데 활용되는 세계적 또는 다문화적 책임을 찾아라. 글로벌 역량을 구축하고, 이분법적으로 생각하는 사람들의 사고방식을 변화시켜라. 모든 구성원의 최대 이익을 위해 행동하는 것은 선의와 신뢰의 표시이다.
- 상호 유대를 추구하고 당신과 만나는 사람에게서 공통점을 빠

르게 찾을 수 있도록 질문을 생각하라. 당신과 공유하는 관심사를 찾을 때까지 이런 질문을 계속하라. 당신이 쌓은 연결을 긍정하고 축하하며, 관계의 기반을 구축하는 일을 시작하라.

- 어떤 사람과 공통점을 발견하면 그 사람과 공유하는 믿음이나 활동에 대해 질문함으로써 관심을 보여주어라. 그리고 이를 삶의 다른 영역에 대한 대화 주제로 활용하라. 상대방이 어떤 사람인지 한 가지 측면에서뿐 아니라 하나의 전체적인 사람으로서 알아가라.
- 당신에게는 꿈과 의미를 중심으로 사람들을 한데 모으는 능력이 있다. 보다 큰 전체 속에서 서로의 공통점을 본다. 당신이 발견한 연결고리에 근거해 개인의 삶을 연결하는 역할을 하라. 존재하는지조차 몰랐던 유대감을 다른 사람들이 발견하게 하고, 낯선 사람들이 서로의 공통점을 알게 해 우정의 길을 만들어주어라. 당신은 사람들이 남은 삶에 영향을 주는 관계를 만들어가게 할 수 있다.
- 더 큰 그림에 대한 감각으로 당신은 혼란 속에서도 침착함을 유지할 수 있다. 주변 사건에서 당신만이 발견한 더 큰 의미를 지적하라. 사람들에게 이것은 전체의 작은 한 부분에 불과하다는 것을 보여주어라. 삶에서 지속적인 것과 일시적인 것의 차이를 알 수 있도록, 현재의 어려움을 그런 관점에서 바라보아라.
- 사람들은 편안하고 친숙한 것에 둘러싸여 있을 때 안전함을 느낀다. 사람들이 그런 안전함을 필요로 할 때 변하지 않는 것과 공유하는 것, 즉 네트워크가 그들을 둘러싸고 있다는 것을 상기

시켜라. 어려운 시기에는 혼자가 아니라는 것을 아는 것만으로도 평안과 자신감을 되찾을 수 있다.

- 믿음은 서로 나눌 때 기본적인 힘이 될 수 있다. 믿음이 있는 관계에서는 불확실하거나 두려운 상황에서 당신의 지지가 그 사람에게 매우 중요할 수 있다. 믿음을 공유하면서 얻는 확신을 필요로 하는 사람이 주변에 있다면 그에게 다가가라.
- 당신에게는 쉽게 보이는 연결점을 사람들이 찾지 못한다는 사실에 당신은 놀랄지도 모른다. 사건과 사람에게서 발견한 상호 관련성을 그들에게 이해시켜라. 더 큰 그림을 볼 수 있도록 도와줌으로써 그들이 세계관을 넓히고 새로운 방식으로 생각하도록 하라. 어떻게 하면 그들이 생각지도 못한 곳에서 자신의 재능을 적용해 새로운 차원으로 끌어올릴 수 있을까? 자신과 많이 다르다고 생각하는 사람과 어떻게 협력할 수 있을까?
- 당신은 조직 구조상의 선과 경계는 알고 있지만, 그것을 자연스럽고 유동적인 것으로 대한다. 조직 내 혹은 조직 간의 업무적·기능적·계층적 분할 전체에 걸쳐 지식의 공유를 방해하는 사일로를 해체하는 데 연결성이라는 재능을 사용하라. 각기 다른 그룹이 공동의 목표를 위해 함께 일하도록 격려하라.
- 사람들이 자신의 재능, 행동, 사명 사이의 연관성 혹은 더 큰 조직의 성공과의 연관성을 볼 수 있도록 도와라. 사람들은 자신이 하는 일에 대해 믿음이 있고, 스스로가 더 큰 무언가의 일부분이라 느낄 때 성취를 이루고자 더 열심히 몰두한다.

연결성 테마가 강한 사람을 이끌 때

- 이들은 영적인 지향과 강한 믿음을 가지고 있을 가능성이 크다. 이들의 영성을 이해하고 최소한으로 받아들이기만 해도 이들은 점점 더 편안함을 느낄 것이다.
- 조직의 사명을 생각하고 발전시키는 데 수용적인 이들은 자연스럽게 스스로를 더 큰 무언가의 일부라 느끼고, 전반적인 사명이나 목표에 기여하기를 즐길 것이다.

Self-Assurance

자기 확신

I

자기 확신 테마에 뛰어난 재능이 있는 사람들은 위험을 감수하고
자신의 삶을 관리하는 능력에 자신감을 느낀다.
이들은 자신의 결정에 확신을 주는 내면의 나침반을 가지고 있다.

자기 확신 테마가 강한 리더가 이끌 때

- 과거에 저지른 실수, 잘못된 방향, 잘못된 결정을 인정함으로써 다른 사람들을 놀라게 하라. 어떤 사람이 너무 자신감에 차 있으면 사람들은 그가 자신의 실패를 드러내리라 기대하지 않을 것이다. 사실 어떤 도전도 극복할 수 있다는 당신의 확신은 실패를 극복해본 경험에서 비롯한 것이다. 취약함을 드러내라. 당신의 강인함은 취약함에서 나온다는 것을 사람들에게 보여주어라. 그때 사람들은 당신의 진실성을 볼 것이다.
- 당신도 때로는 결정을 내리는 것이 두려울 때가 있다는 사실을 공유하라. 당신도 결정을 내릴 때 겁을 먹기는 마찬가지이다. 당신은 그저 '내가 아니면 누가?'라고 자문할 뿐이다. 일단 모을

수 있는 최선의 정보를 얻으면 이제는 행동을 취할 때라는 사실을 당신은 안다. 당신이 어떻게 의사결정에 접근하는지를 더 잘 이해하면 사람들은 당신을 정말 신뢰할 것이다.

- 때로 당신의 자신감은 다른 사람의 자신감을 높여준다. 이 때문에 당신에게 끌리는 사람도 있다. 그들은 자신이 올바른 결정을 내리고, 견고한 관계를 맺으며, 성공적인 삶을 살 수 있다는 것을 믿지 못할 수 있다. 반면에 당신의 신념 체계는 그들에게 "너는 할 수 있어!"라고 말한다. 당신은 그들의 실패보다 성공을 훨씬 더 잘 기억하며, 그 과정을 자세히 떠올릴 수 있다. 자신을 응원하고 지지해주는 당신 같은 친구와 함께라면 사람들은 적극적으로 모험을 할 수 있을 것이다.
- 당신은 누구나 인정하는 독립적이고 자족하는 사람이지만, 그럼에도 불구하고 사랑을 주고받을 필요는 있다. 결국 당신도 인간이다. 다른 사람과 관계를 구축할 때 당신이 어떻게 그들에게 도움을 줄 수 있을지 생각해보라. 반대로 그들이 당신의 삶에 기여하는 부분도 생각해보라. 사람들이 어떻게 당신을 더 행복하고 만족스럽게 만드는지 생각해보고, 그들에게 그것을 말해주어라. 당신은 그들을 필요로 하며, 소중히 여긴다는 사실을 알려주어라.
- 당신은 자신감이 충만하다. 그 자신감이 경험에 기반을 두고 있다는 것을 남들이 알도록 당신이 과거에 이룬 성공에 대해 이야기하라. 그러면 당신이 커다란 목표를 두고 "할 수 있다"고 말할 때 사람들은 잠잠할 것이다.

- “꼭 해야만 한다면 할 수 있다.” 이 격언을 인용해 다른 선택 사항이 없을 때는 요구되는 일을 할 힘과 의지가 생긴다는 것을 사람들에게 이해시켜라. 행동하지 않는 것은 선택 사항이 아니다. 유일한 선택은 가능한 사실을 통해 최선의 결정을 내리고 움직이는 것이다.
- 새로운 과제나 모험을 고려할 때 그것이 어떤 재능과 기술과 지식을 요구하는지 신중하게 고려하라. 팀을 구축하라. 당신의 재능이 그 역할에 잘 맞지 않으면 다른 사람에게 키를 넘겨주어라. 기꺼이 전문가에게 일을 맡기고 그 일을 성공시키는 당신의 능력을 사람들은 높이 평가할 것이다. 당신의 이런 모습은 사람들에게 편안함과 안정감을 준다.
- 사람들에게 목표를 충분히 높게 잡았는지 물어보라. 그들은 당신만큼 큰 꿈을 꾸지 못할 수도 있다. 현재보다 더 큰 그림을 실행할 수 있다면 당신의 삶 또한 커질 것이다.

자기 확신 테마가 강한 사람을 이끌 때

- 끈기가 꼭 필요한 위치에 이들을 배치하라. 이들은 방향을 바꿔야 한다는 압박 속에서도 궤도를 유지하는 자기 확신이 있다.
- 이들에게 확실성과 안정성이 요구되는 역할을 부여하라. 중요한 순간에 이들 내면의 권위는 동료와 고객을 진정시킬 것이다.
- 이들의 행동 주체가 되는 자기 개념을 지지하라. “당신에게 달려 있다. 당신이라면 할 수 있다”, “당신의 직관은 무어라고 말하

는가? 당신 마음 가는 대로 하라"와 같은 말로 이들의 자기 개념을 강화하라.

- 이들은 실제 자기 재능과 관련없는 일에도 할 수 있다는 믿음을 가질 수 있다는 점을 이해하라.
- 만약 이들이 미래지향, 집중, 존재감 혹은 정리 테마에 강한 재능을 가지고 있다면 이들은 당신 조직의 리더가 될 잠재력이 있다.

Adaptability
적응
I

적응 테마에 뛰어난 재능이 있는 사람들은
흐름에 따르는 것을 선호한다. 그들은 사물을
있는 그대로 받아들이고, '지금'을 중시하는 경향이 있다.

적응 테마가 강한 리더가 이끌 때

- 때로 당신이 할 수 있는 것이라고는 사람들이 자신을 믿고 자기 나름대로 대처하는 능력을 찾게 도와주는 것밖에 없다. 사람들이 어쩔 수 없는 상황이라고 생각할 때 아직도 본인의 반응에 결과가 달렸다는 것을 보여주는 게 도움이 될 수 있다. 당신은 그들의 능력을 믿고, 그들이 할 수 있는 일을 믿도록 함으로써 그들에게 자신감을 심어줄 수 있다.
- 당신은 주도권을 잡거나 다른 사람들을 통제하려 할 필요가 없다. 그보다는 오히려 삶의 길을 함께 가는 여행의 동반자이다. 당신이 원하는 방향으로 그들을 조종하기보다는 그들과 함께 하기 위해 여기에 있다는 것을 깨닫게 하라. 사람들에게 어디로

가고 싶은지 묻고, 그곳에 갈 수 있도록 그들을 도와라. 그러면 그들은 당신이 진정으로 자기편이라는 것을 알게 될 것이다.

- 사람들은 당신과 같이 있을 때 그 순간에 함께해주는 당신의 태도에 감사한다. 그들의 감정과 욕구를 우선시하라. 물론 나중에 상황이 바뀔 수도 있지만, 지금 여기 있는 것이 현실이다. 함께 시간을 보낼 때 그들이 중요시하는 것에 집중하라. 그러면 그들은 자신이 존중받으며, 특별하다고 느낄 수 있다.
- 흐름과 함께하는 당신의 능력 덕분에 사람들은 덜 불안하고, 덜 좌절한다. 이는 다른 재능 테마를 가진 사람들에게도 좋은 약이 된다. 다른 사람이 스트레스를 받을 때 당신은 사람들의 시야를 넓혀줄 수 있다. 사람들이 삶의 모든 측면을 통제하지 않아도 된다는 데서 오는 편안함을 느낄 수 있게 도와라. 어떤 상황에서도 사람들이 더 행복하도록 풀어주어라.
- 당면한 과제에 대한 대응은 당신의 훌륭한 재능 중 하나이다. 즉각적인 상황 인식과 타인에 관한 관심은 그들로 하여금 당신이 자신을 배려하는 것처럼 느끼게 한다. 때때로 당신은 사람들의 감정 상태에 반응해 그들이 필요로 하는 것을 살펴보도록 돕기도 한다. 이는 사람들이 어려움에 처했을 때 당신이 중요한 파트너가 될 수 있음을 뜻한다.
- 안정성과 유연성을 함께 가질 수 있는가? 물론이다. 강풍에 견딜 수 있을 만큼 튼튼하지만, 세분화된 줄기를 지닌 야자나무를 생각해보라. 그처럼 완고한 고집을 부리지 않음으로써 사람들을 안심시킬 수 있다. 신중하게 세운 계획이 중간에 어떤 장

애물에 부딪혀 코스를 벗어나고, 우회할 수도 있다. 사람들에게 때로는 샛길로 가야 하며, 누군가는 샛길로 가고 싶어 할 수도 있고, 어쩌면 샛길이 궁극적인 성공으로 가는 길일지도 모른다는 것을 보여줄 수 있다. 장애물이 계획을 방해할 때도 지속할 수 있게 도와라. 여정을 계속 이어나갈 수 있다고 확신시켜라.

- 인내심은 미덕이다. 때로는 다른 사람에게 그러한 점을 상기시킬 필요가 있다. 빠르게 행동하고 결과를 내는 사람들은 인내심이 부족해 너무 쉽게 포기할 수 있다. 당신은 그들이 긴장을 풀고 일이 순리대로 흘러가도록 도움으로써 여유를 갖게 할 수 있다. 어쩌면 그 결과는 그들이 의도한 것보다 훨씬 더 나을 수도 있다.
- 사람들의 삶을 통제하는 대신 그들 스스로 삶을 시작할 수 있도록 격려하라. 당신의 관점과 경험, 지혜를 공유함으로써 그들에게 영감을 주어라.
- 수용성은 당신이 줄 수 있는 큰 선물이다. 좋든 나쁘든 과거에 어떤 사건이 있었다면 어떻게 사람들이 그 일을 극복하고 다음으로 나아가도록 도울 수 있는가? 통제할 수 없는 어떤 것을 받아들이게 된 경우를 떠올려보라. 기분이 어땠는가? 어떻게 하면 다른 사람도 당신처럼 수용할 수 있도록 도울 수 있는가?

적응 테마가 강한 사람을 이끌 때

- 이들은 반응하고 대응하기 위해 사는 사람들이다. 예측하지 못한 일에 적응하고, 그것을 다루는 능력이 필수적인 자리에 이들을 배치하라.
- 이들에게 당신의 계획에 대해 알려주되, 이들이 집중 테마가 강하지 않은 한 당신과 함께 계획을 세울 것이라고 기대하지 마라. 이들은 준비 작업이 지루하다고 생각할 것이다.
- 이들의 다른 재능 테마를 살펴보라. 만약 이들이 공감 테마에도 강한 재능을 가지고 있다면 고객의 다양한 요구에 민감하며, 그러한 요구들을 수용해야 하는 자리에 이들을 배치하라. 만약 이들이 개발 테마에 강력한 재능을 가지고 있다면 이들을 멘토로 삼는 것도 고려해보라.
- 이들이 목표 설정 회의나 진로 상담 같은 미래 관련 회의에 참여하지 않아도 이해하라. 이들은 '지금 여기'에 사는 사람들이므로 이런 회의는 별 의미가 없다고 생각할 것이다.

Strategic

전략

전략 테마에 뛰어난 재능이 있는 사람들은 앞으로 나아갈
여러 대안적인 방법을 만들어낸다. 어떤 상황에 직면하더라도
이들은 빠르게 관련 패턴과 이슈를 알아챌 수 있다.

전략 테마가 강한 리더가 이끌 때

- 결정을 내릴 때 관련된 사람들과 솔직하고 철저하게 논의하라. 모든 대안을 검토한 후 최선의 해결책을 찾는 당신의 과정을 그들이 신뢰할 수 있도록 하라.
- 당신이 가진 편견을 직시하라. 당신은 가능성을 객관적으로 평가하고 있는가? 어쩌면 개인적 욕망이나 편안함에 기대고 있지는 않은가? 각 선택에 적법한 절차를 부여하라. 파트너의 도움을 받아, 올바른 이유로 결정을 내리고 있는지 확인하라. 사람들은 당신의 진실성과 객관성을 존중할 것이다.
- 인간관계에도 전략적 사고를 적용하라. 당신에게 긍정적인 영향을 미치는 사람들의 목록을 만들고, 각 관계에 더 많은 시간과

노력을 쏟으려면 무엇을 해야 하는지 구체적으로 계획해보라.

- 가족에 관한 당신의 목표는 무엇인가? 친한 친구에 관한 목표는? 혹은 그들의 목표는 무엇인가? 소중한 사람들을 생각하는 데 전략적 사고 능력을 사용하라. 누군가가 장애물에 가로막혀 꿈을 이루지 못할 어려움에 처해 있는가? 당신은 그들에게 다른 길을 알려주고, 그들이 장애물을 피하도록 도울 능력이 있다. 가능성을 발견할 수 있도록 도움으로써 당신이 그들을 신경 쓰고 있음을 알게 하라.
- 당신이 우러러보거나 존경하는 훌륭한 리더의 전략을 연구하는 시간을 가져라. 투입은 산출과 비례한다. 당신이 연구하며 수집한 통찰은 전략적 사고를 자극하는 풍부한 자원이 될 것이다. 이를 통해 사람들은 당신이 제안하는 선택지가 당신 혼자만의 생각이 아니라 연구에 토대를 둔 것임을 알 수 있다. 당신이 역사적 관점과 외부의 조언을 진지하게 받아들이는 것을 보면 사람들은 당신의 아이디어가 탄탄한 토대 위에 서 있다는 것을 인정할 것이다.
- 사람들은 믿을 만하다고 검증된 방법만을 고려하지만, 당신은 새로운 길과 여러 가지 가능성을 본다. '만약 그렇다면' 하고 그 가능성에 대해 신중하게 생각해본 다음, 그 분야에서 리더로 자리매김하라. 이전에 가본 길에만 초점을 맞추면 새로운 길을 비출 때보다 더욱 제한적이라고 믿는다는 것을 설명하고, 모든 선택지를 신중하게 저울질해보는 것이 더 이득이라는 점을 이해시켜라. 당신의 열린 사고방식을 보며 사람들은 당신이 항상 최

고의 길을 찾고 있다고 확신한다.

- 새로운 계획이나 기업의 최전선에 서 있어라. 당신의 혁신적이면서도 체계적인 접근은 벤처 사업을 시작하는 데 대단히 중요하다. 다른 사람들을 역효과를 낳는 '터널 시야'(터널에서 주변 시야가 보이지 않고 좁아지는 것처럼 눈앞의 상황에만 집중하느라 주변에서 일어나는 현상을 제대로 이해하거나 파악하는 능력이 저하되는 현상)에 빠지지 않게 잡아주기 때문이다. 그들의 시야를 넓히고, 성공 가능성을 높여라.
- 당신의 전략적 사고는 달성 가능한 일이 몽상으로 끝나지 않게 막아준다. 비전을 현실로 만드는 데 필요한 모든 경로를 충분히 고려해 조직을 이끌어라. 사전 숙고를 통해 얻은 지혜는 장애물이 나타나는 것을 방지하고, 다른 사람들을 앞으로 나아가게 한다.
- 특정 문제로 고심하거나 장애물에 막혀 전진하지 못하는 사람이 있다면 당신이 그 문제에 관해 상담해줄 수 있다고 얘기하라. 사람들이 다른 방법이 없다고 확신할 때도 당신은 자연스럽게 길을 찾아냄으로써 그들을 격려하고, 성공으로 이끌 것이다.

전략 테마가 강한 사람을 이끌 때

- 조직을 이끄는 최전선에 이들을 배치하라. 이들은 문제와 해결책을 예측하는 데 매우 뛰어나다. 모든 가능성을 검토하고 최선의 방법을 찾도록 요구하라. 그리고 가장 효과적인 전략을 보고하게 하라.

- 전략 기획이나 미래지향적인 세미나에 참석할 기회를 줌으로써 이들의 전략적 재능을 인정하라. 그곳에서 얻은 콘텐츠는 이들의 아이디어를 날카롭게 다듬어줄 것이다.
- 대체로 이들은 생각과 아이디어를 말로 표현하는 데 재능이 있다. 동료들에게 아이디어를 얘기하거나 생각을 글로 써서 내부에 공유하게끔 하라. 이를 통해 생각을 다듬을 수 있을 것이다.

Relator
절친

절친 테마에 뛰어난 재능이 있는 사람들은 다른 사람들과 친밀한 관계를 즐긴다. 이들은 목표를 달성하기 위해 친밀한 사람들과 열심히 일하는 것에 깊은 만족감을 느낀다.

절친 테마가 강한 리더가 이끌 때

- 중요한 관계는 곧 비밀을 만들어낸다. 그 비밀을 지킴으로써 상대의 신뢰를 얻고, 유지하라. 작은 균열이 댐을 무너뜨릴 수 있다는 것을 명심하라.
- 당신은 깊은 우정을 만들어가는 데 내재적 위험이 따른다는 사실을 알지만, 다른 사람들보다 그러한 사실을 더 편하게 받아들일 수 있다. 사람들에게 그렇다고 말하라. 큰 소리로 그것을 인정하라. 상대에게 그에 대한 신뢰가 있으며, 자신에 대해 더 많이 드러내는 것을 편안하게 느낄 만큼 관계가 깊다는 것을 말하라.
- 당신 삶에서 중요한 인물과 일대일로 충분한 시간을 가져라. 관계를 공고히 하고, 사람들과 공유할 감정적 에너지를 비축하라.

당신이 그들에게 관심을 갖고 있다는 것을 보여줄 기회를 놓치지 마라.

- 당신은 보통 사람들보다 더 많은 사랑과 우정을 나눌 수 있다. 사람들과의 관계 덕분에 행복하다는 사실을 그들에게 알려주어라. 그리고 그들도 그러한지 물어보라. 그들에 대한 동정심과 사려와 관심을 더욱 늘려나감으로써 당신이 그들에게 마음을 쏟고 있다는 것을 보여주어라.
- 당신은 오랜 우정에서 깊은 만족감을 얻는다. 가족이든 개인적 집단이든 또는 조직의 사람이든 당신은 이러한 관계가 평생 지속되길 기대한다고 말하라. 이를 통해 지속적으로 서로를 돕고, 이해하며, 안정적인 관계가 구축되기를 기대하라.
- 당신은 공식적인 시스템보다는 비공식적인 시스템에서 더 편안함을 느낀다. 그러나 규모가 크고 복잡성이 존재하는 조직에서는 보다 공식적인 시스템을 필요로 한다. 그러한 현실에도 불구하고 당신은 다른 사람들이 관계에서 핵심적으로 중요한 부분은 변하지 않는다는 사실을 이해하도록 도울 수 있다. 조직이라는 공식적인 바다 한가운데에 비공식적인 섬을 만들어라.
- 당신은 받는 것보다 주는 것에 익숙하다. 그러나 당신이 관대함을 유지하려면 빠르게 유출되는 만큼 유입이 있어야 한다. 당신이 어떤 사람과 행사에서 만족감을 느끼는지 알고, 그것을 위한 시간을 계획하라. 이를 통해 충전한 에너지를 당신을 찾는 사람에게 나눠줄 수 있을 것이다.
- 당신은 독특한 관점으로 사람들의 삶과 업적에 의미를 부여하

며, 그들과 관계를 맺는다. 그들이 큰 그림을 볼 수 있게 도와라. 그들의 성과와 성공 패턴을 말해주어라. 그들의 삶이 세상에 변화를 가져왔음을 다양한 방법으로 보여주어라.

절친 테마가 강한 사람을 이끌 때

- 이들이 동료의 목표를 파악하도록 하라. 이들은 다른 사람의 목표와 열망을 이해할 때 그들에게 더욱 유대감을 느낀다.
- 조직에 계속 함께하고 싶고, 꼭 필요한 사람이 있다면 절친 테마가 강한 사람에게 이들과 진심 어린 관계를 맺도록 부탁해보라. 관계를 구축하는 데 능한 이들은 기여도가 높은 사람들을 조직에 머물게 하는 역할을 할 수 있다.
- 이들이 또한 어떤 재능 테마에 강한지를 파악하라. 만약 이들이 집중이나 정리 혹은 자기 확신 테마에 강점이 있다면 좋은 관리자가 될 잠재력이 있다. 직원들은 항상 자신을 알아주고, 자신의 성공을 바라는 사람을 위해 더 열심히 일한다. 절친 테마가 강한 사람은 이런 종류의 관계를 쉽게 맺을 수 있다.
- 이들은 관대하다. 이들의 관대함이 주변 사람들에게 어떤 영향을 주고, 또 어떻게 연결되는지를 보여주어라. 이들은 당신이 알아준 것에 감사해할 것이며, 이로써 당신과 이들의 관계는 강화될 것이다.

Arranger
정리

정리 테마에 뛰어난 재능이 있는 사람들은 조직화를 잘하고, 이러한 능력을 보완하는 유연성도 가지고 있다. 이들은 생산성을 극대화하기 위해 모든 조각과 자원을 어떻게 배치할지 결정하기를 좋아한다.

정리 테마가 강한 리더가 이끌 때

- 업무 진행 중에 중간 단계를 수정해야 할 때는 솔직한 피드백이 있어야 한다. 사람들에게 솔직하게, 있는 그대로 말해도 괜찮다고 이야기하라. 마찬가지로 당신 또한 사람들에게 솔직하라. 서로 존중하는 관계가 되는 것이 중요하다.
- 새로운 시스템, 계획, 실행 방법을 만들 때는 투명하게 해야 한다. 당신의 사고 과정을 개방적으로 밝힌다면 사람들은 당신의 추론을 이해하고 따를 것이다.
- 다른 사람에게 무엇이 적합한지, 그것을 어떻게 배치해야 할지를 고려해 당신의 시간을 사용하라. 그렇게 하면 그들에게 도움이 되고, 그들은 당신에게 감사할 것이다. 당신은 그들이 무엇

을 가장 잘할 수 있는지를 분명하게 알 수 있다. 당신이 아는 것을 그들에게 말하고, 그들이 있는 그대로의 모습으로 가장 잘할 수 있는 일을 하도록 '권한'을 주어라. 이를 통해 좌절감은 최소화하고 기쁨을 최대화한다면 그들이 더 만족스러운 삶을 살 수 있도록 하는 셈이다.

- 때로 사람들은 당신이 자신을 구조해주기만을 기다릴 수 있다. 또는 혼란과 부조화로 인해 감정적으로 무력해질 수도 있다. 사람들이 과부하 상태에 빠진 것을 보면 적극적으로 개입해 그들의 세상을 단순화하도록 도와주어라. 모든 조각을 서로 맞물리게 배열하는 방법을 보여주고, 혼란을 가능한 한 줄여주어라.
- 당신에게 복잡한 상황에 유동적으로 대처하는 능력이 있으면 결정적인 순서나 계획이 필요한 사람들을 편안하게 할 수 있다. 또한 당신이 사람들을 혼란에 빠지게 하지 않고, 무한한 정보 중에서 사람들이 알아야 하고 기억해야 할 정보를 가려낼 수 있을 때 사람들은 미래에 대한 긍정적 기대와 모든 일이 잘 풀릴 것이라는 확신을 가진다.
- 가끔은 잘 세운 계획도 혼돈으로 치달을 수 있다. 어떤 혼돈이 일어났는지 사람들이 알기 전에 문제를 해결함으로써 당신은 사람들이 안전하도록 도울 수 있다. 당신에게는 사람들을 바짝 다잡는 것이 중요하지 않지만, 꾸준하게 운영하는 건 중요하다. 많은 사람은 안심을 주는 리더십을 원하는데, 당신은 그렇게 할 수 있다.
- 당신은 사람들이 자신에게 맞는 활동을 하도록 도울 수 있을 뿐

만 아니라, 무엇을 하면 안 되는지 알고 그것을 그만두도록 격려할 수 있다. 사람들이 일정과 약속에 갇혔다고 느낄 때 당신은 그들이 자유로워지도록 도울 수도 있다. 사람들이 삶에 대해 더 만족스럽게 느끼고, 더 생산적으로 일할 수 있도록 그들의 책임을 재조정하는 방법에 대해 영감을 주어라.

- 성취를 목표로 하는 사람이 시간에 맞춰 해야 할 일을 다시 정비하려면 현재 상황을 명확하고 구체적으로 바라볼 필요가 있다. 달력에 일주일간의 모든 스케줄을 기록하도록 해보라. 그리고 스케줄의 매시간을 설명하게 하라. 그런 다음 삶의 질을 높이는 스케줄을 위주로 활동을 합치거나, 없애거나, 추가하는 방법을 찾도록 도와라.

정리 테마가 강한 사람을 이끌 때

- 이들은 새로운 도전을 통해 발전하므로 지식과 기술 수준에 따라 가능한 한 많은 것을 지원하라.
- 이들은 관리자 또는 감독자가 될 재능을 가지고 있다. 이들의 정리 재능은 서로 다른 강점을 가진 사람들이 함께 일할 수 있는 방법을 찾는 데 도움을 준다.
- 이들이 가진 다른 재능 테마에 주목하라. 만약 체계 테마에 재능이 있다면 이들은 일을 완수하기 위한 방법과 체계를 확립할 수 있는 훌륭한 조직자일 것이다.
- 이들이 팀을 구성하는 방식은 신뢰와 관계를 통해 이루어진다

는 것을 명심하라. 이들은 정직하지 못하거나 허술하게 일하는 사람은 거부할 수도 있다.

Significance
존재감

존재감 테마에 뛰어난 재능이 있는 사람들은 큰 영향을 미치고 싶어 한다. 이들은 독립적이다. 그리고 조직이나 주변 사람에 대해 얼마나 많은 영향력을 갖는지를 기반으로 사업의 우선순위를 정한다.

존재감 테마가 강한 리더가 이끌 때

- 큰 목표 달성에 대한 당신의 욕구를 공유하라. 무엇이 당신에게 동기부여를 하는지 솔직하게 말하고, 사람들에게도 같은 질문을 해보라. 이를 통해 서로 신뢰를 쌓을 것이다.
- 당신이 세상에 얼마나 영향을 미치느냐는 전적으로 얼마나 많은 사람이 당신을 리더로 여기느냐에 달려 있다. 무대 위에 있든 무대 아래에 있든 항상 당신이 누구인지에 대해 진실하라. 그러면 당신의 진정성이 드러날 것이다.
- 당신의 포부는 대체로 다른 이보다 높을 것이다. 정상을 향해 길고 가파른 오르막길을 오르는 동안 이정표를 지날 때마다 이를 인지하고 기념하라. 그것은 당신과 사람들에게 보상이 될 것

이다. 목표가 얼마나 중요한지, 그에 대해 각 개인이 기여하는 바가 어떤 의미를 지니는지 반복해서 말하라. 이 도전에서 그들이 얼마나 가치 있는 동료인지 말하고, 그들에게 상의 몫을 나눠줌으로써 당신의 말이 진심임을 증명하라. 성공적인 파트너십을 맺는다면 오랫동안 그들과 함께할 수 있을 것이다.

- 의미 있는 관객에게 받는 박수와 감사, 지지는 당신으로 하여금 더욱 큰 성과를 내게 만든다. 당신은 누구의 인정을 가장 중요하게 생각하는가? 부모님, 형제, 선생님, 상사? 그들의 인정이 당신에게 얼마나 중요한지 그들에게 말한 적이 있는가? 당신이 그들의 의견에 얼마나 신경을 쓰는지 알려라. 그들이 알아주는 것이 당신에게 얼마나 큰 힘이 되는지, 그들이 당신의 삶에 얼마나 가치 있는 역할을 하는지 알게 하라.
- 당신은 영향력이 지속되기를 원한다. 당신은 즉각적 순간을 넘어 지속적인 변화를 만들어내고 싶어 한다. 사람들에게 그런 욕망에 대해 이야기하라. 당신의 비전은 순간의 영광을 위한 것이 아니라 장기적 영광을 위한 것임을 알려라. 당신의 헌신이 얼마나 깊어질 수 있는지 알면 그들은 더 좋게 느낄 것이다.
- 당신은 주요 팀이나 중요한 프로젝트를 이끌 때 최고의 역량을 낼 수 있다. 당신의 동기는 가장 중요한 문제가 걸려 있을 때 극대화된다. 일단 경기가 시작되면 당신에게 공을 패스하라고 외쳐라. 큰 리스크를 지고 책임을 스스로 떠안는 당신의 자신감에 사람들은 매료될 것이다.
- 당신은 자신이 성취할 수 있는 것이 얼마나 광대한 것인지, 그

리고 그것이 미래뿐 아니라 현재에도 어떤 의미가 있는지에 대해 생각하며 시간을 보낸다. 다른 사람들도 이런 것에 대해 생각해보도록 도와주어라. 그들은 어떤 사람으로 알려지고 싶어 하는가? 무엇을 남기고 싶어 하는가? 그들에게 비전을 보여주고, 스스로의 선택을 평가할 수 있도록 도와라.

- 당신은 종종 재능 때문에 주목을 받는다. 이 기회를 이용해 사람들에게 긍정적 관심을 기울여라. 다른 사람을 옹호하고, 그들이 성공할 수 있도록 잡아주는 것이 당신의 존재감을 가장 잘 보여주는 방법이다.

존재감 테마가 강한 사람을 이끌 때

- 이들이 정당한 이유로 눈에 띄도록 조율하라. 그러지 않으면 이들은 부적절한 방법으로 눈에 띄려고 할 수도 있다.
- 신뢰할 수 있고, 생산적이며, 전문적인 사람들과 함께 일할 수 있는 곳에 이들을 배치하라. 이들은 최고의 사람 주변에 있는 것을 좋아한다.
- 이들이 다른 최고 성과자를 칭찬하도록 하라. 이들은 다른 사람이 스스로를 성공적이라고 느끼게 해주고 싶어 한다.
- 타인의 인식을 중요하게 생각하는 이들은 마땅히 인정을 받아야 할 때 받지 못하면 자존심이 상할 수 있다. 이럴 때는 이들의 강점에 주의를 기울이고, 강점을 바탕으로 새로운 목표를 세울 수 있도록 격려하라. 그 목표는 이들을 재충전해줄 것이다.

Command
주도력
I

주도력 테마에 뛰어난 재능이 있는
사람들은 존재감이 있다. 이들은
상황을 통제하고 결정을 내릴 수 있다.

주도력 테마가 강한 리더가 이끌 때

- 생각한 것을 그대로 말하는 당신의 성향 때문에 사람들은 당신이 장난을 치지 않을 것이라고 믿는다. 그들은 당신이 말하는 것을 액면 그대로 받아들이고, 그렇기 때문에 대화가 끝난 후에도 당신이 입장을 바꾸지 않을 것임을 자신할 수 있다. 이러한 직설적 특성은 신뢰를 쌓고, 신뢰는 관계를 형성한다.
- 당신이 내세우는 가치와 행동 사이의 상관관계를 살펴보라. 당신에게 가장 중요한 가치를 적어라. 당신의 신념이 진실하다는 것을 말해주는 최근의 행동 사례가 있는가? 규칙적으로 '언행일치' 체크리스트를 통해 자기 평가를 해보라. 다른 사람들이 당신의 말을 믿고 당신의 행동을 존중할 수 있도록 하라.

- 당신은 강하게 느끼고, 감정 표현이 풍부하다. 당신이 하고 싶은 일을 하라. 사람들에게 당신이 어떤 기분을 느끼는지, 왜 그들이 당신에게 중요한지 이야기하라. 다른 사람이 입 밖으로 꺼내지 않는 것들을 표현하라. 당신이 먼저 말하면 그들도 그 감정이 자기만 느끼는 것이 아님을 알게 된다. 그리고 그들은 아직 그렇지 않더라도 당신은 의미 있는 관계를 만들 기회를 열어갈 수 있다. 진정한 관심, 애정, 배려의 표현은 리더와 추종자 사이에 유대를 낳는 강력한 동기가 될 수 있다.
- 당신은 강한 표현을 쓴다. 그렇게 자신의 감정을 표현해 인간으로서 자신이 믿는 것을 소중하게 여기는 다른 사람들과 유대감을 형성하라. 중요한 관계는 종종 가치관을 공유하는 것에서부터 형성되기 때문에 당신의 신념과 열정에 대해 말하는 것은 사람들이 당신을 잠재적 친구이자 대변자로서 '찾는' 한 가지 방법이 될 수 있다. 당신과 함께할 수 있도록 그들을 초대하라. 그들은 자신의 등을 떼밀어줄 사람이 필요하다.
- 때때로 사람들은 당신의 강한 모습을 보고 당신이 모든 상처로부터 보호할 단단한 껍데기를 갖고 있다고 추측한다. 그들은 자신은 취약하고 당신은 강하다고 느낄지도 모른다. 그러나 관계는 상호 간의 취약성에 달려 있다. 마음을 열어라. 그리고 고통과 어려움을 함께 나누어라. 사람들에게 당신의 부드러움을 보여주는 것은 그들에게 관계의 동등함을 느끼게 하고 신뢰를 나타내는 일이다.
- 사람들은 당신이 어디에 서 있는지 알고 있다. 당신의 신념이

모래 위에 세워진 것이 아니라는 걸 이해하는 사람들은 안정감을 갖게 되고, 당신이 항상 그들의 옆에 있으며, 당신이 믿는 것을 고수할 것이라는 확신을 가질 수 있다.

- 사람들은 용기가 필요할 때 당신을 찾는다. 예를 들어 스스로에게 용기를 북돋거나 자신을 대변해줄 누군가가 필요할 때일 수도 있다. 그들은 용기가 흔들릴 때 당신의 용기를 '빌리고' 싶어 한다. 사람들에게 어려운 일을 대신 하거나 혹은 함께해주길 원하는지 물어보라. 당신의 '책임지는' 태도는 위기 상황에서 사람들을 안심시킨다. 특히 어려운 도전에 직면했을 때 당신의 주도력 재능을 이용해 사람들의 두려움을 진정시켜라.
- 당신은 보는 대로 말하기 때문에 사람들은 스스로 진실을 감당해야 할 때 당신을 찾는다. 다른 사람들에게 도움을 청할 수도 있지만, 그들이 할 수 있는 것과 없는 것, 해야 하는 것과 하지 말아야 하는 것에 대한 솔직한 평가를 받기 위해 당신을 찾는 것이다. 또한 당신은 조언을 꺼리지 않는다. 그들에게 현재 계획에 얼마나 전념하고 있는지 물어보라. 당신의 솔직한 의견을 원하는지도 물어보라. 만약 그들이 그렇다고 하면 부드럽되 진실한 의견을 주어라.
- 당신의 강력한 말은 다른 사람에게 영감을 준다. 진부하거나 감상적으로 보일까 봐 두려워하지 말고 그 일을 하는 '목적'이 무엇인지 이야기하라. 당신의 감정은 사람들이 위기에 대처하고 헌신적으로 일하게 한다. 그들은 당신이 목소리를 내주길 기대할 수 있다. 말로써 영감을 주어라.

주도력 테마가 강한 사람을 이끌 때

- 가능하다면 이들에게 주도권과 결정을 내릴 수 있는 여지를 주어라. 이들은 누군가에게 밀착 감독을 받는 걸 좋아하지 않을 것이다.
- 이들과 대치할 때는 단호하게 행동하라. 필요하다면 즉각적인 전환을 요구하라. 가능한 한 빨리 이들이 생산적으로 행동하도록 조정하라. 이들은 실수를 빨리 극복하고 당신도 그렇게 해야 한다.
- 이들은 솔직하고 강한 스타일로 다른 사람들을 위협할 수 있다. 때때로 사람들의 기분을 상하게 하는 이들의 의견이 과연 정당한지 고려할 필요도 있다. 하지만 예의 바르고 공감하는 법을 배우도록 이들을 밀어붙이기보다는 그 동료들로 하여금 이들의 고집스러움이 그들을 더 효율적으로 만든다는 걸 이해시키는 편이 당신의 시간을 더 잘 활용하는 것이다.

Intellection

지적 사고

지적 사고 테마에 뛰어난 재능이 있는 사람들은
지적 활동이란 단어로 특징지을 수 있다.
이들은 자기 성찰적이며, 지적 토론을 즐긴다.

지적 사고 테마가 강한 리더가 이끌 때

- 다른 사람의 생각을 주의 깊게 분석하고, 당신의 의견을 정중하게 제시함으로써 그들이 함정에 빠지거나 실수하지 않게 도울 수 있다. 그들은 성공을 도우려는 당신의 솔직담백한 뜻에 감사해하며 당신을 의지할 것이다.
- 어떤 이들은 당신의 순전한 지적 능력을 우러러본다. 그러니 생각에서 멈추지 말고 이를 실천함으로써 당신의 가치를 입증하라. 당신의 지적 사고 능력을 이용해 스스로를 다른 사람들과 차별화하라.
- 사람들과 지적·철학적 논쟁을 하며 교감하는 것은 사물을 이해하는 한 가지 방법이다. 동시에 관계를 구축하는 방법이기도 하다.

당신과 토론 취향이 비슷한 사람과 도발적인 질문을 주고받아라. 이러한 질문을 통해 그들은 당신을 날카롭게 생각을 갈고닦는 사람으로 여기고, 당신과 함께 시간을 보내는 것을 좋아할 것이다.

- 어떤 사람은 당신이 그 자신을 대신해 생각해주기를 바라겠지만, 어떤 사람은 당신과 함께 생각하고 싶어 할 것이다. 당신은 그들과 전혀 다른 각도에서 사물을 보기 때문에 그들과 관계를 쌓을 수도 있다. 특히 매우 단순하고 행동 지향적인 사람에게 당신은 성공 확률을 높여주는 일종의 생각 파트너가 될 수 있다. 당신의 생각을 공유함으로써 그들을 진심으로 아낀다는 사실을 보여주어라.
- 사람들이 당신의 사고 과정을 따라갈 수 있도록 가끔은 한 발짝 뒤로 물러서라. 그들은 결정을 내리기 전에 왜 그런 결론이 도출되었는지 이해하도록 당신의 사고 과정을 따라갈 필요가 있다. 사람들이 당신의 결정에 근거가 부족하다고 판단하지 않게 당신이 밟아나간 생각의 단계를 보여주어라.
- 당신에게는 생각을 위한 공간과 고독이 필요하다는 사실을 사람들에게 이해시켜라. 이는 단지 당신의 스타일이며, 그들과의 관계와 기회에 대해 최선을 다하려는 마음에서 비롯된 것임을 설명하라. 조직과 동료들에게 무엇이 가장 좋은지 당신이 깊이 고민하고 있다는 사실을 알면 그들은 큰 위안을 얻을 것이다.
- 질문을 재구조화하고 대화에 참여시킴으로써 사람들이 지적 자본을 최대한 활용할 수 있도록 격려하라. 그들이 자신에게 알맞은 방법으로 지성을 발휘하도록 도와라. 그런 다음 본인의 사고

능력을 활용해 미래에 대해 생각할 수 있도록 격려하라.

- 사람들은 아이디어나 노력에 대해 당신이 주는 현명한 의견을 존중하기 때문에 당신에게 조언을 구할 것이다. 시간을 들여 당신의 지적 경로를 따라가며 숙고할 때 당신의 재능을 가장 잘 발휘할 수 있음을 기억하라. 프로젝트나 새로운 계획의 최전선에 나서라. 그러면 당신의 사고 능력은 장기적 결과에 더욱 크게 영향을 미칠 것이다.

지적 사고 테마가 강한 사람을 이끌 때

- 이들에게 사색할 시간을 주어라. 어떤 사람에게는 이러한 시간이 생산적 활동에 별 도움이 되지 않겠지만, 지적 사고가 강한 이들에게는 확실히 도움이 될 것이다. 이들은 성찰을 통해 좀 더 명료해지고, 자신감을 갖는다.
- 이들과 함께 강점에 대해 상세하게 토론하라. 이들은 자기 성찰과 자기 발견을 즐길 것이다.
- 이들이 부서 내 다른 사람에게 의견을 제시하게 하라. 자신의 생각을 타인에게 말해야 한다는 압박감 때문에라도 이들이 생각을 좀 더 명확하게 다듬으려고 애쓸 것이다.
- 이들을 성취도가 높은 사람과 한 팀이 되도록 하라. 에너지가 넘치는 파트너는 이들이 생각과 아이디어를 행동으로 옮길 수 있도록 자극할 것이다.

Focus
집중
I

집중 테마에 뛰어난 재능이 있는 사람들은 방향을 잡고, 그 방향을 따라가며 거기서 벗어나지 않도록 조정한다. 이들은 우선순위를 정하고 행동한다.

집중 테마가 강한 리더가 이끌 때

- 당신은 무엇이 중요한지 잘 알고, 거기에 계속 주의를 기울이기 때문에 사람들은 당신을 존중할 것이다. 불필요한 것을 타인에게 위임하지 않도록 주의하라. 누군가에게 무언가를 부탁하기 전에 그것이 성과에 긍정적 영향을 미치는지 자문해보라. 당신이 시간을 들일 가치가 없다면 물어볼 것도 없이 다른 사람 또한 마찬가지이다. 사람들은 당신의 판단을 믿을 것이다.
- 집중력이 뛰어난 당신은 인생에는 선택이 가득하다는 것을 잘 알고 있다. 모든 사람은 자신의 결정에 책임이 있다는 것을 기억하라. 당신이 사람들의 선택을 이해하고 존중한다는 것을 보여주어라.

- 한 걸음 물러서서 인생의 우선순위를 생각해보라. 집중력을 이용해 중요한 프로젝트뿐 아니라 사람들에 대해서도 목표를 설정하라. 파트너로서 그들에게 시간과 관심을 얼마나 쏟아야 할지에 대한 목표와 전략을 세워라. 매일의 할 일 목록에 이 목표를 포함하고, 실행한 것을 점검하라.
- 직장에서는 누구에게 투자해야 하는가? 당신이 일에 더 집중할 수 있도록 도와주는 사람은 누구인가? 그들에게 감사를 표하라. 당신의 효과성에 그들이 기여한 역할을 인정하고, 그들에게 당신의 도움이 필요할 때 먼저 손을 내미는 것을 잊지 마라.
- 평소에 계획한 시간을 연장해 집중 효과를 극대화하라. 예를 들어 당신이 어떤 목표를 이루는 데 보통 1년을 계획했다면 이번에는 3년을 계획해보라. 예상 기간의 폭을 점진적으로 늘려라. 당신이 장기적 목표에 집중하고, 이를 염두에 두고 있다는 사실을 사람들이 알면 그들은 당신에게 안정감을 느낄 것이다.
- 가족이나 직장에서 장기적 목표를 공유할 때는 사람들이 당신의 미래 계획 중 일부라고 말하라. 당신에게 그들이 얼마나 소중하고 필요한지 알려주고, 그들과 반드시 함께할 것이라는 확신을 주어라.
- 평생에 걸쳐 우리는 의미가 없을 수도 있는 책임과 과제를 부여한다. 사람들이 삶에서 혼란을 겪지 않도록 정리하는 것을 도와라. "당신의 인생과 일에서 가장 중요한 우선순위는 무엇인가?", "이 일을 좋아하는가?", "이 일을 그만두면 어떻게 될까?" 같은 질문을 던져라. 이를 통해 사람들이 에너지에 초점을 맞추도록

하면 그들은 미래에 대한 새로운 전망을 세울 수 있을 것이다.

- 회사 후임의 커리어를 함께 설계해주는 것이 조직에 투자하는 일이다. 다른 사람을 멘토링할 때는 잘 정의된 진로를 세우도록, 그리고 열망을 이루기 위한 행동 계획을 세우도록 도와라.
- 측정 가능하고 구체적이며 가시적인 성과목표를 갖는 것은 긍정적 효과를 내는 데 매우 중요하다. 집중력을 날카롭게 유지하도록 스스로 정기적인 '최소 목표'를 설정하라. 또한 목표, 측정 시스템, 성과목표를 동료들과 공유하라. 당신은 사람들의 팀 감각을 높이고, 조직의 더 큰 목표를 위해 그들의 발전을 고무시킬 것이다.

집중 테마가 강한 사람을 이끌 때

- 타임라인에 목표를 설정한 후 이들이 목표를 달성할 방법을 찾도록 하라. 이들은 업무 사항을 스스로 통제할 수 있는 환경에서 최고의 기량을 발휘할 것이다.
- 이들과 정기적으로 연락하라. 이들은 목표를 향한 진전에 관해 이야기하는 것을 좋아하므로 규칙적으로 관심을 보이면 더욱 성장할 것이다. 목표와 목적에 관해 이야기하려면 얼마나 자주 만나는 게 좋을지 이들에게 물어보라.
- 이들이 항상 다른 사람의 감정에 민감할 것이라고 기대하지 마라. 이들도 종종 자신의 일을 완수하는 것이 최우선 과제이다. 그들이 목표를 향해 나아가는 과정에서 다른 사람의 감정을 상

하게 할 수 있다는 점을 명심하라.

- 이들은 끊임없이 변화하는 상황에서는 잘 피어나지 못한다. 변화에 대해 설명할 때 이들이 이해할 수 있는 언어를 사용하라. 예를 들어 변화 궤도와 목적을 이야기할 때는 '새로운 목표'나 '새로운 성공 척도' 같은 용어를 사용하는 것이 좋다. 이것이 이들이 자연스럽게 생각하는 방식이다.
- 이들을 시간 관리 세미나에 참석시켜라. 이들은 원래 시간 관리에 능숙하지 않을 수도 있지만, 이들의 높은 집중력은 목표를 향해 최대한 빨리 나아가도록 한다. 따라서 효과적인 시간 관리의 효용성을 이내 깨달을 것이다.

Responsibility
책임

책임 테마에 뛰어난 재능이 있는 사람들은 자신이
하겠다고 말한 것에 대해 주인의식을 갖는다.
이들은 정직과 충성심 같은 안정적인 가치에 헌신한다.

책임 테마가 강한 리더가 이끌 때

- 당신은 다른 사람의 도덕적 양심을 수호한다. 당신의 직원이나 조직이 어떤 잘못된 일에 관여되면 머릿속에서 경보가 울리고, 그 문제를 다뤄야 한다는 의무감이 들 것이다. 먼저 문제의 근원을 찾아라. 질문하며 실태와 동기를 파악하라. 당신의 걱정을 솔직히 말하라. 가능하면 그 사람 스스로 윤리적으로 상황을 바로잡도록 하라. 필요하다면 잘못된 것을 바로잡아 양심의 가책을 덜어내라.
- 도덕적 강점과 성실성을 알아보고 인정하는 것이 중요하다. 틀린 것을 지적하는 것만큼 혹은 그 이상으로 옳은 것을 인정하고 확인하라. 사람들은 이러한 점을 보고 당신을 존중할 것이다.

- 당신은 다른 사람, 특히 당신이 가장 아끼는 사람에 대해 책임감을 느낀다. 그들을 자주 만나라. 그들은 어떻게 지내고 있는가? 그들을 어떻게 도울 수 있는가? 가능하다면 매일 그들에게 관심을 표현하고, 당신이 그들의 삶에 온기를 부여하고 있음을 기억하라.
- 당신의 실수가 다른 사람에게 피해를 준다면 당장 그 사람을 찾아가 상황을 바로잡으려고 노력하라. 사과를 하되, 그 이상으로 보답하라. 당신이 실수를 인정할 때 사람들은 당신을 더 쉽게 용서하며, 친밀감이 빠르게 회복된다.
- 당신의 책임감은 자연스럽게 사람들에게 안정감을 준다. 그들은 제시간에 일을 제대로 완수하려면 당신을 의존해야 함을 안다. 모든 책임을 혼자 떠맡기보다는 팀원들과 나누고, 각 사람이 조직에 기여할 수 있도록 하라.
- 당신은 섬기는 스타일의 리더이다. 이런 섬김의 정신은 고객, 멤버, 후원자에게 효과적이지만, 때로 아랫사람을 대할 때는 통하지 않을 수도 있다. 섬기고 돕고자 하는 당신의 열망을 아랫사람들에게 알려라. 당신에게 도움을 요청하는 것은 당신이 바라는 형태의 인정임을 알게 하라.
- 당신은 자연스럽게 모든 프로젝트에 주인의식을 가진다. 다른 사람들도 그렇게 하도록 부추김으로써 책임을 나누어라. 그들의 대변자가 되어 그들 또한 주인의식을 가질 수 있도록 경험과 기회를 부여하라. 이는 직원들의 성장과 발전에 기여할 것이다.
- 심리적 주인의식은 선택의 산물이다. 책임을 부여하지 말고 사

람들이 스스로 무엇을 책임질 것인지 선택하게 함으로써 주인 의식을 갖게 하라. 그들이 과제를 받는 대신 진정한 책임을 가질 수 있도록 하라.

책임 테마가 강한 사람을 이끌 때

- 가능한 한 이들을 부조리한 동료와 같은 팀에 배치하지 마라.
- 이들은 자발적으로 행동하는 사람이다. 이들이 임무를 완수하는지 감독할 필요가 거의 없다는 것을 명심하라.
- 이들을 엄격한 윤리가 요구되는 자리에 앉혀라. 결코 당신을 실망시키지 않을 것이다.
- 이들에게 새로 어떤 책임을 지기를 원하는지 주기적으로 물어보라. 이들은 자발적인 일에서 동기부여를 얻는다. 그러한 기회를 주어라.
- 당신은 시간을 지키는 이들의 능력에 감명받아 이들을 경영진으로 승진시키는 것을 고려할지도 모른다. 하지만 조심하라. 이들은 다른 사람의 일에 책임을 지는 것보다는 스스로 일하는 것을 선호할지도 모른다. 그럴 경우 다른 사람을 관리하는 일에 불만을 가질 수도 있다. 이들이 조직 내에서 성장할 수 있는 다른 방법을 찾는 것이 더 나을지도 모른다.

Discipline
체계

체계 테마에 뛰어난 재능이 있는 사람들은 루틴과 체계를 즐긴다. 이들의 세계는 이들이 창조한 체계가 가장 잘 설명한다.

체계 테마가 강한 리더가 이끌 때

- 당신은 자신이라고 결코 규칙에서 제외시키지 않는다. 사람들은 타협하지 않는 원칙을 지닌 당신을 존경할 것이다. 당신이 정한 기준에 충실하라. 당신의 행동에 진실성이 반영될 것이다.
- 사람들은 모든 세부 사항이 정확히 제대로 실행되는지 확인하는 일을 당신에게 부탁할 수도 있다. 이럴 경우 당신이 그들의 기대를 몇 번이고 충족시킨다면 당신의 체계는 신뢰의 기초가 될 것이다. 그들은 당신의 일관된 행동을 존중할 것이다.
- 자신의 부족함을 보충하기 위해 체계가 필요하다고 믿는 사람들에게 엄청난 파트너가 될 수 있다. 당신의 강력한 질서 감각 덕분이다. 당신에게는 없지만 사람들이 가지고 있는 긍정적 특

징을 찾아서 짚어주고, 상호 간의 고마움을 바탕으로 관계를 구축하라. 누군가가 당신에게 의지하고 당신도 그들을 의지할 때 상호 보완적인 협력 관계가 가장 잘 이루어질 수 있다.

- 사람들이 놓친 세부 사항을 짚어주는 친절을 베풀어라. 배려하는 마음을 가지고 사람들이 자신을 괴롭히는 세부 사항에서 벗어날 수 있는 방법을 찾아라. 이를 통해 그들의 삶을 행복하게 만들고 감사의 마음을 얻을 수 있다.
- 당신은 예측 가능하고 일관성 있는 사람이다. 당신은 필요할 때 적절한 일을 한다. 다른 사람들과 타임라인을 공유하고, 일이 일관되게 진전되는 것을 그들이 보게 하라. 당신이 한번 한 말은 항상 행동으로 옮기는 사람임을 알게 되면 사람들은 당신에게 프로젝트를 맡기는 것이 안전하다고 느낄 것이다.
- 모든 사람이 당신처럼 질서 감각을 갖고 있는 것은 아니다. 당신이 많은 것을 통제하고 있다는 것을 사람들에게 알려주어라. 이를 통해 질서로부터 얻는 침착함과 여유를 공유하게 될 것이다. 각 단계가 알맞은 시기에 성취되고, 전체 프로젝트가 계획에 따라 수행되도록 하라. 모든 중요한 일이 계획에서 이탈하지 않는다는 것을 알면 사람들은 자신이 잘하는 일에 몰입할 수 있을 것이다.
- 성과목표가 있으면 당신은 노력에 박차를 가한다. 당신은 매일 그리고 매주 일을 해내는 것을 좋아한다. 사람들은 당신의 생산성이 뛰어나다는 것을 알고, 당신의 성과목표에서 그 비결을 찾으려고 할 수 있다. 관심을 보이는 팀원들에게 당신의 업무, 목

표, 일정을 상세히 설명하고, 당신의 사례를 함께 공유하라.

- 체계 테마가 부족한 사람에게 체계와 틀을 강요하는 것은 효과가 없다. 질서가 필요해 보이는 사람들을 '바꾸려고' 하기보다는 그들이 잘하는 것을 발견하라. 그런 다음 그 분야에서 그들을 지원하고 격려하라.

체계 테마가 강한 사람을 이끌 때

- 이들을 무질서하거나 혼란스러운 상황에 투입하라. 이들은 체계가 없이 무질서한 환경에서는 편치 않기 때문에 질서와 예측 가능성이 회복될 때까지 쉬지 않고 일할 것이다.
- 정해진 기간 내에 끝내야 할 일이 많을 때 이들은 우선순위를 정해야만 한다는 것을 기억하라. 시간을 들여 우선순위를 함께 정하고, 일정이 정해지면 그 일정에 충실하라.
- 당신이 일을 계획하고 조직하는 데 도움이 필요하다면 이들에게 요청하라. 시간 관리 시스템이나 부서의 프로세스 일부를 재설계하는 아이디어를 검토해달라고 요청할 수 있다. 동료 직원들에게도 이런 점이 이들의 재능이라고 알려주고, 비슷한 유형의 도움이 필요할 때 이들을 찾도록 하라.
- 이들은 업무를 효율적으로 수행하기 위한 루틴을 개발하는 데 탁월하다. 유연성과 반응성이 필요한 상황에서 일한다면 이들에게 특정 상황에 적합한 루틴을 고안하도록 하라. 이들은 어떤 일이 일어나더라도 대응할 수 있는 대비책을 만들어낼 것이다.

Maximizer
최상화

최상화 테마에 뛰어난 재능이 있는 사람들은
개인적 · 집단적 우수성을 자극하는 방법으로 강점에 초점을 맞춘다.
이들은 강점을 탁월성으로 전환하고자 노력한다.

최상화 테마가 강한 리더가 이끌 때

- 세상에는 당신이 잘하는 일도 있지만 잘 못하는 일도 있다는 사실을 인정하라. 누구나 힘들어하는 영역이 있다는 사실을 다른 사람에게 인지시키고, 그가 그런 상황에 있을 때 당신이 도울 것이라고 알려주어라. 이러한 개방적인 태도는 사람들이 스스로에게 정직할 수 있도록 '허용'한다.
- 당신은 각 사람이 강한 영역에서 빛나기를 원하며, 취약한 영역은 피하는 게 좋다고 생각한다. 그리고 사람들은 당신의 이러한 생각을 자주 들을 필요가 있다. 따라서 그들이 그 점을 이해하고 신뢰하도록 메시지를 반복해서 주어라. 어떤 사람들에게는 약점이 무엇이고, 어떻게 실패했는지 따지지 않을 거라는 확신

이 필요하다. 당신은 항상 탁월성에만 집중한다는 것을 그들이 정말로 믿을 때까지 계속해서 강조하라.

- 당신의 최상화 능력으로 다른 사람을 자유롭게 해주어라. 사람들은 팔방미인, 만점을 받는 학생 혹은 다재다능한 사람이 되어 주었으면 하는 기대에 부응해야 한다는 생각을 너무나 자주 한다. 하지만 당신은 아무에게도 그것을 기대하지 않는다. 그보다는 그들이 어떤 사람인지, 무엇을 할 수 있는지를 더 기대할 것이다. 그들의 독특한 재능과 탁월함에 감사한다는 사실을 명확하게 표현하라. 그들의 재능을 이런 식으로 봐주는 사람은 당신뿐일지도 모른다.
- 다른 사람이 성과를 내는 과정에서 탁월성을 발휘한 순간을 짚어주어라. 사람들은 종종 자신이 무엇을 잘했는지 인지하지 못한다. 언제 어디서 그들의 재능이 발휘되는지 보고 있다고 말해주어라. 우리는 가끔 '재능'의 개념을 스포츠나 음악 같은 명백한 영역에 한정하곤 한다. 그들의 재능과 스스로에 대한 시각을 넓혀주어라. 그들이 좋은 친구가 되는 데 재능이 있는지, 조직하는 일 혹은 소통에 재능이 있는지를 알려주어라. 당신은 그들의 삶을 변화시키고, 옹호자가 될 수 있다.
- 다른 사람에게서 안도감을 빼앗는 가장 확실한 방법은 그들이 잘 못하는 일을 자주 시키는 것이다. 사람들이 가장 잘할 수 있는 일을 하게 하고, 그들의 자신감이 자라는 것을 지켜보라.
- 사람들이 잘하지 못하는 분야에서 그들을 지원하라. 그들을 보완해주는 파트너나 시스템을 지원해줌으로써 자신감을 심어주

어라.

- 부족한 부분을 찾아 고쳐야 한다는 통념에 빠지지 않도록 하라. 그 대신 직원과 조직이 무엇을 잘하는지 파악하고, 거기에 투자하라. 탁월성이 자라날 수 있는 공간을 만들고 장려하는 데 자원을 사용하라.
- 잘하는 것을 추구하는 것에 대해 생각해본 적이 없는 사람에게 최상화 개념을 설명하라. 이 원칙에 따를 때 어떤 장점이 있는지 알려주어라. 타고난 재능과 강점을 활용하라. 그게 더 생산적이고, 더 높은 기대치를 갖게 해준다. 이것이 에너지와 자원을 가장 효율적 · 효과적으로 사용하는 방법이다. 게다가 더 즐겁다.
- 사람들이 무엇에 능숙한지를 모두 발견하기는 아마도 힘들 것이다. 그들 스스로 자신의 재능을 발견하고 지키게 만들어라. 그들이 어떻게 성공했는지 알도록 다음과 같이 질문해보라. "승리하는 데 당신이 가장 잘한 일은 무엇인가요?" "어떻게 그런 일을 더 자주 할 수 있을까요?" 꿈을 꾸도록 그들에게 영감을 주어라. 이러한 토론을 원한다면 언제든지 찾아와도 좋다고, 그것이 당신에게 큰 즐거움이라고 말해주어라.
- 리더로서 당신은 조직의 자원을 최대한 활용해야 할 책임이 있다. 재능은 모든 기업에게 가장 큰 자원이다. 당신은 다른 사람의 재능을 찾아낼 수 있다. 부하 직원과 동료들이 자신의 재능을 알고, 강점을 개발해 업무에 적용할 수 있도록 그들을 적재적소에 배치하라. 필요한 자리에 알맞은 사람은 항상 존재한다.

사람들을 신중하게 모집하고 고용하면 많은 기회를 제공하는, 뛰어난 조직을 만들 수 있을 것이다.

최상화 테마가 강한 사람을 이끌 때

- 시간을 정해 이들의 강점을 상세하게 논의하고, 조직이 이익을 내는 데 이들의 강점을 어디에 어떻게 활용할 것인지를 전략화하라. 이들은 이런 대화를 즐기고, 어떻게 하면 자신의 재능이 가장 잘 꽃피울지에 대해 다양하고 실용적인 제안을 할 것이다.
- 앞으로의 커리어와 보상 계획을 세우도록 도와주어라. 그러면 이들은 자신의 역할을 수행하면서 계속 성장할 것이다. 이들은 본능적으로 강점을 지속적으로 개발하고 싶어 할 것이다. 반면 단지 돈을 더 벌기 위한 이유로 이러한 경로에서 벗어나도록 강요하는 직업 구조는 좋아하지 않을 것이다.
- 이들에게 조직의 모범 사례를 조사하는 태스크 포스를 이끌도록 요청하라. 또한 각 직원의 생산성을 측정하는 프로그램을 설계하는 일에 도움을 요청하라. 이들은 각 역할 내에서뿐만 아니라 조직 전반에 걸쳐 그러한 탁월함을 어떻게 수치화할 수 있을지에 대해 생각하기를 즐길 것이다.

Communication

커뮤니케이션

커뮤니케이션 테마에 뛰어난 재능이 있는
사람들은 생각을 말로 표현하는 데 능숙하다.
이들은 대화와 발표에 뛰어나다.

커뮤니케이션 테마가 강한 리더가 이끌 때

- 당신은 언어를 써서 그럴듯하게 돌려 말하거나 사람을 조종할 수 있다. 그러나 이는 시간이 지날수록 지치는 일이다. 말을 그럴듯하게 꾸미는 것은 단기적으로는 설득력을 가질 수 있지만, 결국에는 감정적인 대가를 치른다는 것을 기억하라. 당신은 효과적일 뿐 아니라 윤리적이어야 한다.
- 사람들과 상호 존중하라. 서로에게 감사할 수 있도록 하라. 그들이 진정으로 잘하는 것과 공헌할 수 있는 것에 대해 '알리는' 시간을 가져라. 진정한 칭찬은 사람들을 격려하지만, 거짓 칭찬은 그들을 약화시킬 뿐만 아니라 진지하게 받아들여지지 않는다는 점을 명심하라.

- 당신은 사람이 지금 이 자리에 있든 없든 같은 방식으로 말한다. 당신이 하는 말의 일관성이 지닌 가치는 진실성을 전달하고 신뢰를 구축한다.
- 당신은 사람들의 감정을 포착하고, 때로는 그들 스스로 찾을 수 없는 말로 표현할 수 있는 능력이 있다. 그래서 사람들은 당신에게 자연스럽게 끌린다. 따라서 질문을 하라. 사람들이 의사소통하려고 하는 핵심 문제, 즉 그들이 표현하고자 하는 기쁨이나 힘든 점을 정확히 짚어내도록 노력하라. 그런 다음 그 감정들에 대해 목소리를 내라. 사람들이 느끼는 것을 표현하는 단어를 찾도록 돕는 일은 그들이 감정을 표현하고 처리하게 만드는 강력한 방법이다.
- 언어는 문화의 단서이다. 가족에서 기업까지 어느 집단에서든 당신이 사용하는 단어가 무엇을 시사하는지 생각해보라. 이름은 그에 대해 기대하는 바를 전달한다. 당신은 매주 열리는 회의를 '부서 회의', '직원 회의', '팀 회의', '품질 회의'라고 부르는가? 이러한 회의는 '회의실', '콘퍼런스실', '휴게실', '교육실', '학습실' 중 어느 곳에서 열리는가? 당신이 상대방을 신경 쓰고 있음을 알 수 있도록 긍정적인 방향으로 질문하는가?
- 다른 사람의 성공을 언어로 포착한 뒤 가급적이면 글로 옮겨 다시 연관시켜라. 적절한 언어로 사람들을 칭찬하고, 안심시키며, 그들에게 피드백을 주는 데 당신의 재능을 사용하라. 당신이 다른 사람의 업적에 긍정적 지지를 보낼 때 그들은 자신의 역할에 안정감을 느낄 것이다.

- 시간을 어떻게 표현하는지에 대해 생각해보라. 우리는 여기에 장기간 머물러 있는가? 우리는 즉각적인 성과를 좇는가, 장기적인 명성을 쌓아가고 있는가? 단어를 선택할 때 안정은 장기적 관점에서 자신감과 동의어라는 사실을 고려하라. 큰 그림이 중요하다는 것을 사람들이 느끼게 하라. 그러면 그들은 미래를 더 낫게 만드는 일을 주저 없이 실험할 것이다. 비록 실패하더라도 말이다.
- 대변인이 되고, 그룹의 성공 사례 수집가가 되어라. 누적된 성과에 기반해 그룹에 맞는 브랜드를 만들어라. 이 견고한 기반은 미래에 대한 그룹의 자신감을 강화해줄 것이다.
- 조직적 환경에서는 '요약' 커뮤니케이션을 구성하는 역할을 하라. 회의가 끝나면 참석자들에게 요약 메일을 보내라. 핵심 요점을 정리하고, 사람들이 취해야 할 행동을 개략적으로 설명하라. 성공 요소를 요약하라. 훌륭한 일을 해낸 사람을 칭찬하라. 미래의 성취뿐만 아니라 긍정적인 활동과 결과에 대해 격려할 수 있다.
- 당신의 말은 개인과 집단의 인상과 기대에 영향을 미친다. 당신은 그들의 이미지를 향상시키고 있는가, 손상시키고 있는가? 다른 사람과 이야기할 때는 의식적으로 격려하고 영감을 주는 낙관적인 단어를 선택하라.
- 미래의 그림을 그리는 데 어떤 용어와 표현을 사용하는가? 당신의 말은 사람들을 인도할 수 있다. 당신의 말이 사람들을 이끄는 방향을 생각해보고, 그 방향을 잘 선택하기 위해 노력하

라. 그 단어들은 당신이 상상하는 것보다 더 오랫동안 사람들에게 영감을 줄 수 있다.

커뮤니케이션 테마가 강한 사람을 이끌 때

- 이들에게 당신 조직의 흥미로운 사건에 관한 이야기를 하라. 그런 다음 동료들에게 이러한 이야기를 할 기회를 주어라. 이들은 조직문화에 활기를 불어넣고, 이를 강화하는 데 도움을 줄 것이다.
- 이들에게 조직 내 전문가들이 더 매력적이고 몰입이 가능한 프레젠테이션을 할 수 있도록 도와달라고 요청하라. 어떤 상황에서는 이들에게 전문가들이 사용할 프레젠테이션을 만들어달라고 부탁할 수도 있을 것이다.
- 이들에게 공공 연설 훈련을 받게 한다면 반드시 이들을 우수 학생과 최고 수준의 트레이너가 있는 소규모 수업에 배치하라. 초보자와 함께 훈련하면 이들은 분명히 짜증을 낼 것이다.

Includer

포용

I

포용 테마에 뛰어난 재능이 있는 사람들은
다른 사람을 잘 받아들인다. 이들은 소외된 사람들을
인지하고, 그들을 포함시키기 위해 노력한다.

포용 테마가 강한 리더가 이끌 때

- 엘리트주의와는 정반대인 당신의 태도는 존경과 명예를 받게 만든다. 사람들은 공통 기반을 찾는 데, 그리고 각자가 팀 또는 회사 전체에 기여하는 바를 파악하는 데에서 당신을 신뢰한다.
- 자동적 수용은 당신의 관계 방식이다. 당신은 누군가를 포용하는 데 어떤 장점과 단점이 있는지를 따지지 않는다. 단지 그곳에 있다는 사실만으로 그들을 환영하고 같은 팀으로 편입할 것이다. 사람들이 과거에 소속되지 못한 경험을 떠올려보게 하고, 그때 기분이 어땠는지 물어보라. 그들은 다른 사람을 존중하는 당신의 태도를 보고 당신이 존경받을 만한 사람이라는 것을 알게 될 것이다.

- 누구에게나 포용력이 높은 친구가 필요하다. 당신은 사람들이 환영받는다고 느끼게 해주고, 즉시 그들 자신보다 더 큰 무언가에 소속되도록 한다. 사람들이 스스로를 구경만 하는 아웃사이더처럼 느낄 때 당신은 손을 내밀어 그들을 초대한다. 비록 거절당할지라도 사람들을 포용하길 주저하지 마라. 당신은 분명 옳은 일을 하고 있는 것이다.
- 신입사원을 육성하라. 그들의 첫 번째 친구가 되어라. 그들의 이름을 알고 사람들에게 소개시켜 서로 연결점을 찾을 수 있도록 도와라. 당신은 이런 방법으로 친한 친구를 많이 사귈 수 있다. 불확실하다고 느끼던 장소에서 처음으로 자신에게 소속감을 준 사람은 쉽게 잊히지 않는 법이다.
- 당신은 모든 사람이 배제되지 않을 것임을 알게 함으로써 안정과 안전을 강화한다. 다양한 사람들을 초대하고, 그들에게 꾸준히 마음을 열어라. 그렇게 하면 사람들은 언제나 그런 환영과 포용을 받을 수 있다는 사실을 깨닫게 된다.
- '항상 누군가를 위한 새로운 자리가 있다'라는 당신의 태도는 새로운 사람이 그룹에 가입할 때 경쟁보다 포용을 촉진한다. 그룹이 모든 사람을 수용하기 위해 확장되는 것을 본 내부 사람들은 자신의 자리가 있다는 사실에 텃세를 덜 부리는 동시에 더 안전하다고 느낄 것이다. 그들에게 신입사원 오리엔테이션의 일부를 맡아달라고 요청함으로써 그들이 더욱 자신감을 느끼게 하라.
- 사람들이 당신을 통해 서로 관계를 맺는다는 사실을 고려하라.

당신은 정보가 흘러다니는 통로이다. 당신은 한 집단의 모든 사람과 연결될 수 있고, 또한 사람들을 효과적으로 서로 연결시킬 수 있다. 당신이 만든 네트워크가 나날이 더 커지는 것을 지켜보라.

포용 테마가 강한 사람을 이끌 때

- 이들은 모든 사람을 팀의 일원으로 느끼게 만드는 데 관심이 많다. 이들에게 신입사원 오리엔테이션 프로그램을 개발하도록 요청하라. 신입사원을 환영하는 방법에 대해 생각할 때 이들은 매우 행복해할 것이다.
- 이들의 포용력을 고객에게 집중시키는 데 활용하라. 이들을 적절한 위치에 배치한다면 고객과 회사 간의 장벽을 허무는 데 매우 효과적이다.
- 이들은 선별된 특별 고객만을 위한 엘리트 제품이나 서비스에 흥미가 없을 수 있으므로 대중 시장에 맞게 설계된 제품이나 서비스를 맡는 일에 이들을 배치하라. 이들은 넓은 그물을 던질 계획을 세우느라 즐거워할 것이다.
- 필요한 경우 이들에게 지역사회 기관과 조직을 연결하는 다리가 되어달라고 요청하라.

Activator
행동
I

행동 테마에 뛰어난 재능이 있는 사람들은 생각한 것을 곧바로 행동으로 옮긴다. 이들은 어떠한 것에 관해 이야기만 하기보다는 당장 그 일에 착수하고 싶어 한다.

행동 테마가 강한 리더가 이끌 때

- 행동은 당신이 어떤 사람인지 말해준다. 사람들에게 당신은 이상과 원칙에 대해 말만 앞서지 않는 사람이라는 것을 보여줘라. 당신에게 중요한 가치를 실현하는 일을 하라. 변화를 만들라. 당신의 진정성을 보여줘라. 말한 것을 행동으로 옮겨라.
- 행동을 위한 행동으로는 부족하다. 다른 사람의 욕구를 존중하는 것은 존경심을 보여주는 한 가지 방법이다. 이것이 그들이 원하는 방향인가? 그들은 당신이 시작한 일을 기꺼이 떠맡을 의향이 있는가? 당신이 의견만을 내세우는 사람이 아니라 진정으로 그들의 편이라는 사실을 확실히 알려줌으로써 신뢰와 존경을 쌓을 것이다.

- 행동 테마는 일대일 관계를 만들고, 이를 한 단계 끌어올리는 촉매제 역할을 할 수 있다. 주변에 당신이 도움을 줄 수 있는 사람이 있는가? 그렇다면 그에게 연락하고 제안하라. 일단 행동하면 네트워크를 확대하고 우정을 쌓을 수 있을 것이다.
- 다른 사람을 위해 빠르게 행동하는 것은 강력한 메시지를 전달한다. 당신이 마음을 쓰고 있다는 것을 보여줄 뿐 아니라 말만 하는 것보다 훨씬 더 빨리 유대감을 쌓는다.
- 행동 테마가 강한 사람은 안정성이 약하다고 생각할 수도 있다. 그러나 일관성은 안정성의 일부이며, 당신으로 하여금 사람들이 장애물을 극복하는 것을 돕는 자리를 일관되게 지키게 해준다. 당신이 목표를 향해 나아가고 장애물을 극복하는 것을 즐긴다는 사실을 다른 사람들에게 큰 소리로 알려라. 행동 테마가 약한 사람들에게는 당신이 그들을 돕기 위해 그곳에 있다는 사실이 위안이 될 것이다.
- 용기는 당신이 지닌 안정성의 한 부분이다. 사람들이 행동하기를 주저할 때 그들을 행동하도록 격려해주면 그들은 당신이 옆에 있다는 사실에 자신감을 느낀다. 그들은 목표에 더 빨리 도달하는 과정에서 당신을 믿는다.
- 다른 사람을 이끄는 데 필요한 한 가지는 실패에 대한 두려움을 줄여주는 것이다. '해보기 전에는 절대 알 수 없다'는 말은 행동력이 높은 사람들의 태도이다. 사람들로 하여금 긍정적 결과에 대한 믿음을 높이고 부정적 결과에 대한 두려움을 줄이는 당신의 능력은 매우 생산적일 수 있다. 어쩌면 당신은 그들에게 "최

악의 시나리오는?" 하고 물어볼지도 모른다. 사람들에게 부정적 결과가 나와도 그렇게 두려워할 일은 아니라는 걸 보여주면 그들은 꿈에 더 빨리 도전할 수 있을 것이다.

- 때때로 사람들은 두려움에서 벗어나 행동하기 위해 당신의 에너지를 필요로 한다. 특히 불확실성이 있을 때 더욱 그렇다. 당신의 '한 번에 한 걸음씩' 접근법은 그런 위험 요인을 줄이는 데 도움이 될 수 있다. 다른 사람에게 새로운 일과 프로젝트를 시작할 수 있는 자신감을 북돋워주어라. 당신의 열정을 공유해 그들을 격려하고 추진력을 높여주어라.

행동 테마가 강한 사람을 이끌 때

- 이들의 전문성에 맞는 프로젝트를 시작하고, 이들에게 조직할 수 있는 책임을 부여하라.
- 이들이 일을 잘해낼 수 있다는 것을 알고 있으며, 중요한 시기가 되면 도움을 요청할 것이라고 이들에게 말하라. 당신의 기대는 이들에게 활력을 불어넣을 것이다.
- 업무 진행 과정 중 수렁에 빠진 팀이나 행동보다 말이 앞서는 팀에 이들을 배정하라. 이들은 팀을 행동으로 이끌 것이다.
- 이들이 불평할 때는 주의 깊게 들어라. 거기에서 무언가를 배울 수도 있다. 그런 다음 이들이 이끌 수 있는 새로운 업무나 개선 과제에 관해 이야기하고, 이들을 당신 편으로 끌어들여라. 이 일은 즉시 실행해야 한다. 이들이 궤도를 벗어나면 빠르게 부정

성을 부추길 수 있기 때문이다.

- 이들의 다른 재능 테마를 알아보라. 만약 이들에게 주도력 테마가 있다면 이들은 매우 효과적으로 판매하고 설득할 수 있는 잠재력을 가지고 있을 것이다. 만약 이들이 절친 테마와 사교성 테마에 강하다면 잠재적 가능성을 가진 직원을 끌어들이고, 회사에 헌신할 것을 유도하는 훌륭한 채용 담당자가 될 수 있다.
- 이들이 너무 많은 장애물에 부딪히는 것을 막기 위해 전략이나 분석에 재능이 있는 사람을 파트너로 삼아 상황을 면밀하게 파악하도록 하라. 이 경우 이들의 행동 본능이 논의와 분석에 강한 파트너의 능력에 눌리지 않도록 관계를 중재해야 할지도 모른다.

Harmony

화합

화합 테마에 뛰어난 재능이 있는 사람들은
갈등을 즐기지 않는다. 대신 합의를 추구한다.

화합 테마가 강한 리더가 이끌 때

- 당신은 다른 사람들의 조언을 소중히 여기고, 잘 들어줌으로써 그들에 대한 존중을 표시한다. 때로 당신이 동의하지 않더라도 각자의 관점이 가치 있고 존경받을 만하다는 것을 말해줄 필요가 있다. 효과적으로 듣는 것의 가치를 전달하는 법을 배워라.
- 가장 큰 목소리만 들어야 하는 것은 아니다. 가끔은 토론을 멈추고 모두가 발언권을 갖도록 해야 한다. 이 경우 목소리가 작은 사람들이 의견을 내는 데 편안한 환경이 준비되어 있는지 확인하라. 모든 사람의 의견을 검토하면 훨씬 더 좋은 결정을 내릴 수 있다는 것을 분명히 할 때 사람들은 당신의 동기에 믿음을 갖고 토론 시간을 더 많이 가질 것이다.

- 당신의 화합 재능은 삶을 즐겁게 만든다. 당신은 갈등과 마찰을 줄임으로써 스트레스를 줄일 줄 안다. 조직의 더 큰 목적을 개념화하는 데 시간을 투자하라. 긴장이 고조될 때는 모든 사람을 하나로 묶는 사명을 기억하라. 갈등을 해소하는 것 외에도 당신은 사람들이 공유한 목적을 기반으로 성장하게 도울 수 있다. 그들의 견해를 고려하고 존중하는 당신의 모습에 사람들은 매료될 것이다.
- 공통점을 찾는 일은 당신에게 자연스러운 일이다. 당신은 개인과 그룹의 조화를 추구하며, 모든 이의 일대일 관계와 그룹 관계를 배려하고 강화한다는 것을 보여준다. 팀 내부의 각 상호작용에서 당신은 몇 개의 공통점을 찾을 수 있는가? 그 수를 세고, 시간이 흐름에 따라 평균을 높일 수 있을지 살펴보라. 연결 지점의 수가 많을수록 지속적이고 중요한 관계를 구축할 기회가 많아진다.
- 평화를 추구하는 당신의 배려 깊은 접근법은 의견이 다른 사람들이 계속 그룹과 연결되도록 한다. 다양한 아이디어를 이끌어내는 능력이 바로 그룹의 강점이라는 사실을 그들에게 상기시켜라. 반대 의견을 가진 사람을 설득하는 당신의 요령 덕분에 그룹 내 모든 사람은 내부에 어떤 문제가 있더라도 이대로 잘 유지될 것이라는 안전함을 느낄 것이다.
- 당신은 분위기를 누그러뜨리고 모든 사람이 평정을 유지하게 한다. 열정에서 나온 경솔한 말로 다른 사람이 상처받지 않도록 주의하라. 존엄과 존중의 분위기를 조성하면 사람들이 자신의

견해를 말하는 것에 대해 안전함을 느낄 것이다.

- 사람들이 자신의 의견이 진정으로 받아들여진다고 느끼도록 상호작용하고, 포럼을 만들어라. 이것은 개인의 몰입도와 성취도를 높이며, 팀 전체의 성과에 기여해 미래에 대한 희망을 만들 것이다.
- 기술과 지식을 활용해 불안 없이 문제를 해결하도록 당신의 재능을 갈고닦아라. 갈등 해결 과정을 밟아나가는 데 능숙해지고, 사람들이 당신과 이 과정을 함께 밟아나가도록 하라. 합의를 통해 해결책을 찾는 전문가가 되도록 사람들을 격려하라. 가르치고 동시에 배워라.

화합 테마가 강한 사람을 이끌 때

- 이들과 합의해 분야와 이슈를 찾고, 정기적으로 검토하라. 화합에 강점이 있는 사람들과 함께 그러한 문제를 해결하라. 이들은 자신이 지원받고 있다는 것을 알 때 더 집중하고, 더 생산적이며, 더 창의적이 된다.
- 당신이 틀렸을 때도 이들은 당신의 판단에 동의할 수 있다. 놀라지 마라. 화합을 위해 이들은 당신이 틀렸다는 것을 알면서도 고개를 끄덕일 수 있다. 그렇기 때문에 당신의 생각을 명확하게 유지하려면 당신에게는 자기 의견을 본능적으로 솔직하게 말하는 타입의 사람이 필요할지도 모른다.

Context

회고

회고 테마에 뛰어난 재능이 있는 사람들은
과거에 대해 생각하는 것을 즐긴다.
이들은 과거를 연구함으로써 현재를 이해한다.

회고 테마가 강한 리더가 이끌 때

- 사람들과 공감할 수 있는 자신의 이야기를 나누어라. 자신의 과거를 조금이라도 공유하는 것은 사람들과 신뢰를 쌓는 관문이 될 수 있다.
- 다른 사람들 또한 기꺼이 자신의 역사와 인생의 사건을 공유할 수 있도록 하고, 그들이 당신에게 이야기를 털어놓을 때는 그들의 신뢰에 감사하라.
- 당신은 주변 사람들의 삶의 뿌리, 역사, 성장기에 관심이 많다. 사람들과 대화를 시작할 때 건네면 좋은 말은 "당신 인생의 전환점은 무엇인가요?"이다. 당신이 듣기에 재미있는 이야기를 이끌어낼 질문을 그들에게 던져라. 사람에게 관심을 보이는 것은

그 사람을 신경 쓰고 있다는 것을 증명하는 일이다.

- 누군가가 말해준 이야기의 세부 사항을 기억하고, 그것을 그 사람과의 관계를 이어나가기 위한 연결고리로 활용하라. 당신이 그 사람에게서 들은 이야기가 여러 사람이 모인 곳에서 나왔을 때, 방을 가로질러 그 사람과 눈을 마주치는 것은 당신이 그 이야기를 기억하며 두 사람이 연결되었다는 신호를 뜻한다.
- 안정성은 회고와 연결되어 있다. 우주에는 새로운 것이 없다는 느낌은 우리가 이전에 이러한 느낌을 이미 경험했고, 앞으로도 경험할 것이라는 사실을 의미한다. 사람들에게 그들의 강점을 상기시켜라. 그들이 과거에 시련을 이겨내고 살아남았다는 것을 말하고, 그들의 강인함과 회복력이 새로운 승리 방법을 찾을 자신감과 용기를 준다고 말해주어라.
- 역사는 인내를 가르친다. 오늘날 사람들이 마주한 문제를 역사적 관점에서 볼 수 있도록 하라. 사람들이 과거로부터 배우고, 교훈에서 지혜를 얻도록 하라.
- 다른 사람에게 "어떻게 그런 결정을 내리게 되었는가?", "과거에 이런 문제나 상황을 다뤄본 적이 있는가?"와 같은 질문을 던져라. 당신의 질문과 인내심은 사람들이 상황을 이해하고 실수를 반복하지 않게 하는 데 도움이 된다.
- 역사를 현재와 미래에 연결하는 방법을 보여주어 사람들이 자신의 삶과 상황을 이해하도록 도와라. 중요한 결정, 시련, 승리 및 전환점을 포함하는 삶의 연대표를 사람들과 함께 개발해보라. 그들이 각 시점에서 무엇을 배웠는지 물어보라. 배운 것을

토대로 그들이 지금 무엇을 할 수 있는지를 깨닫도록 도와라.

- 복잡한 아이디어나 제안을 기초 요소로서 파악하면 원래의 목적을 추론하는 데 도움이 된다. 계획이나 아이디어의 시작점을 알고, 그것에 의문을 가진 사람들에게 그 방향의 목적을 설명해 주어라. 이를 통해 팀의 사명을 강화할 수 있다.
- 조직의 가치와 목표는 과거로부터 얻은 지혜에 기초하고 있다는 사실을 동료들에게 상기시켜라. 그들에게 기업의 본질에 관한 이야기를 들려주어 기업의 역사가 생생히 살아 숨 쉬도록 하라. 이러한 이야기에 담긴 통찰력은 현재에도 영감을 줄 수 있다. 지혜의 수호자가 되거나 최소한 지혜에 관한 수집과 기록을 시작하라. 미래 세대는 당신에게 감사할 것이다.

회고 테마가 강한 사람을 이끌 때

- 이들에게 무엇을 요청할 때는 그 이유를 자세히 설명하라. 이들은 행동하기 전에 먼저 그 배경을 파악해야 한다.
- 주제가 무엇이든 이들이 드러나는 이야기를 모으고, 여러 이야기에서 발견한 주요 내용을 간추려 주변에 들려주도록 하라.
- 이들에게 조직문화에 딱 맞게 행동하는 사람들의 일화를 수집하도록 요청하라. 그것을 뉴스레터, 교육 수업, 웹사이트, 비디오 등을 통해 전파하면 조직문화가 강화될 것이다.

2

Q12

위대한 경영의 12가지 요소

갤럽의 연구원들은 수십 년 동안 생산적인 조직, 팀, 개인에 관해 연구해왔다. 12가지 몰입도 요소는 몰입도와 생산성이 높은 직장 문화를 구축하는 데 필요한 것이 무엇인지를 가장 간결하고 포괄적으로 설명한다.

Q01 나는 직장에서 나에게 무엇을 기대하는지 안다

전 세계적으로 직원 2명 중 1명은 직장이 자신에게 무엇을 기대하는지 잘 알고 있다는 데 전적으로 동의한다. 이 비율을 10명 중 8명으로 높인 조직은 이직률 22% 감소, 안전사고 29% 감소, 생산성 10% 향상을 달성했다.

직원이 가장 기본적이고 근본적으로 필요로 하는 것은 회사가 무엇을 기대하는지 명확하게 하는 것이다. 자신의 직무에 관한 설명이 업무 계획서와 정확히 일치한다고 말하는 직원은 다른 직원들보다 2.5배 더 높은 몰입도를 보인다. 첫 번째 요소의 가장 큰 함정은 이러한 문제가 있을 때 관리자가 단순히 기본적인 해결책만으로 문제가 해결될 것이라 가정하는 것이다. '회사가 직원들에게 무엇을 기대하는지 모른다면 그것을 그들에게 알려주면 되겠지.'

그러나 직원들이 관리자와 조직이 기대하는 바를 이해하도록 하려면 그들에게 무엇을 해야 하는지 알려주는 것 이상의 무언가가 필요하다. 직원들은 업무의 기본을 파악해야 하는데, 이는 직무 설명에만 국한되는 것이 아니다. 불행히도 직원의 절반 이하(43%)만이 자신에게 명확한 직무 설명을 해주었다는 데 강하게 동의했고, 그 직무 설명이 실제로 그들이 맡은 업무와 일치한다고 말한 응답자는 더 적었다(41%). 리더가 관리자와 직원들의 기대에 부합하는 명확한 전략을 제시하지 못한 경우에는 이러한 성과 요소가 더욱 복잡해진다. 많은 경우 직원들은 직무 설명과 맞지 않는 일을 맡게 되는데, 이는 매일 일하고 결정을 내려야 할 때 그들을 혼란스럽게 만들거나 좌절시킬 수 있다.

가장 좋은 방법: 조직과 관리자는 성과를 최대화하기 위해 이에 대한 권한을 가져야 한다. 최고의 관리자는 각 직원의 역할과 팀에 대한 명시적·암묵적 기대를 정의하고 논의한다. 그들은 뛰어난 성과가 무엇인지 알려줌과 동시에 직원들로 하여금 자신의 일이 동료, 사업 영역 그리고 조직 전체의 성공과 어떻게 부합하는지 이해할 수 있도록 돕는다.

또한 최고의 관리자는 직원들이 그러한 기대치를 설정하는 데 참여하게 하고, 그들이 기대치를 충족하거나 그 이상을 넘어설 수 있도록 공식적·비공식적 피드백을 자주 제공한다. 그리고 우선순위, 역할, 상황이 변화하면 지속적으로 기대치를 재검토하면서 세밀하게 조정한다.

Q02 일을 제대로 하는 데 필요한 재료와 장비를 가지고 있다

전 세계적으로 직원 3명 중 1명은 자신이 일을 제대로 하기 위해 필요한 재료와 장비를 갖추고 있다는 데 전적으로 동의한다. 이 비율을 2배로 높인 조직은 수익성 11% 증가, 안전사고 35% 감소, 품질 개선 28% 향상을 달성했다.

12가지 요소 중 재료와 장비는 직무 스트레스를 가장 잘 보여주는 강력한 지표이다. 이 요소는 회사와 직원 간의 물적 자원 요구나 잠재적 장벽을 모두 측정한다. 관리자나 조직이 성취 불가능해 보이는 목표를 주면 직원은 좌절한다. 기대 목표와 마찬가지로 재료와 장비 역시 단순한 비품 목록이 아니다. 여기에는 직원이 일을 하는 데 필요한 유·무형 자원이 모두 포함된다. 오늘날의 일터에서 정보와 권한은 종종 기술과 사무용품만큼 중요하다.

가장 좋은 방법: 이 요소와 직무 스트레스 사이에는 밀접한 상관관계가 있다. 하지만 관리자는 다음과 같은 고무적인 사실로부터 자신감을 얻을 수 있다. 즉 모든 사람은 자신이 맡은 일을 잘해내길 원하고, 생산적이기를 바란다. 이 요소를 개선하는 비결은 관리자와 팀원의 관계, 판단 그리고 행동에 있다. 최고의 관리자는 섣불리 추측하지 않는다. 대신 직원들에게 무엇이 필요한지 묻고, 경청하고, 회사의 자금이 필요할 때는 이를 승인하며, 무엇을 제공할 수 있고 없는지에 대해 투명하다.

또한 최고의 관리자는 지략이 뛰어나다. 직원들의 요청에 대해 충분히 지원해줄 수 없을 때는 팀의 독창성과 재능을 최대한 활용할 방법을 찾는다. 가장 뛰어난 팀원들에게 전문성과 업무에 관한 조언을 공유하도록 부탁하는 것부터 무료 교육 자료를 찾아보는 것까지 직원 및 리더와 함께 일하는 데 필요한 것을 얻기 위해 노력한다.

Q03 직장에서 매일 내가 가장 잘하는 일을 할 기회가 있다

전 세계적으로 직원 3명 중 1명은 직장에서 자신이 가장 잘하는 것을 할 기회가 있다는 데 전적으로 동의한다. 이 비율을 2배로 높인 조직은 고객 몰입도 6% 향상, 수익성 11% 증가, 이직률 30% 감소, 안전사고 36% 감소를 달성했다.

관리자와 조직의 강력한 전략 중 하나는 직원들에게 타고난 적성(자신의 재능)과 기술 및 지식을 최대한 활용할 기회를 제공하는 것이다. 직원들은 직장에서 자신이 가장 잘하는 일을 할 때 조직에 더욱 호감을 가지며, 회사에 남을 확률과 일에 적극적으로 몰입할 확률도 높아진다. 그러나 불행히도 기업은 다른 직원들이 상처받거나 소외될 것을 우려해 개인의 능력이나 성취를 크게 강조하는 것을 주저한다. 그러나 개인차를 잘 활용하면 회사의 이익을 높일 뿐만 아니라 직원들에게도 경력과 삶을 발전시키는 기회가 될 수 있다. 이 요소를 인적자본 전략에 녹여낸 조직은 유능한 직원을 끌어들이고 조직에 머무르게 할 가능성이 크다.

가장 좋은 방법: 적합한 사람을 꼭 맞는 역할에 배치하는 일은 복잡하다. 최고의 관리자는 업무 요구사항을 파악하고, 직원들을 개인적으로 아는 것에서부터 시작한다. 그들은 직원들과 재능에 대해 지속적으로 대화하고, 재능을 인식·인정하는 성과 개발 환경을 구축한다. 또한 각 직원의 고유한 가치에 관해 이야기하고, 그 가치를 조직에 활용하는 방법을 찾는다. 동시에 팀원들의 재능과 작업을 한 방향으로 정렬시키기 위해 계속해서 조정해나간다.

그들은 현실적으로 직원들이 '내가 가장 잘하는 일'에 딱 맞아떨어지지 않는 일도 하고, 그에 대한 책임을 갖게 된다는 사실을 안다. 그러나 그들은 전반적으로 직원들에게 재능과 장점을 최대한 활용할 수 있는 역할을 주며, 그것을 강화시킬 수 있는 커리어의 기회를 찾아주기 위해 고민한다. 궁극적으로 최고의 관리자는 직원들이 어느 면에서 뛰어난지 알고, 그 가치를 조직에 효과적으로 제공할 수 있도록 사람들을 배치한다.

Q04 지난 한 주 동안 일을 잘했다고 인정 또는 칭찬을 받았다

전 세계적으로 직원 4명 중 1명은 지난 한 주 동안 일을 잘했다고 인정받았다는 데 전적으로 동의한다. 이 비율을 10명 중 6명으로 높인 조직은 품질 개선 28% 향상, 결근율 31% 감소, 도난율 12% 감소를 달성했다.

유능한 직원을 찾기란 어려운 일이다. 그러나 일단 조직이 그들을 고용하고 나면 이들이 자신의 업무와 성취에 대해 가치를 인정받는다고 느끼게 해야 한다. 그렇지 않으면 이들이 회사를 떠날 가능성이 높다. 자신이 제대로 인정받지 못한다고 느끼는 직원은 다음 해에 그만두겠다고 말할 확률이 그렇지 않은 직원에 비해 2배 정도 높다. 이 질문에 전적으로 동의하는 직원의 수가 적다는 점을 감안하면 이 몰입 및 성과 요소는 리더와 관리자가 놓치고 있는 큰 기회일 수 있다. 직장은 직원들에게 동기부여를 하고, 성취감을 제공하며, 일에서 가치를 느끼게 해야 한다. 또한 조직의 인정은 어떤 것이 성공인지에 대한 메시지를 다른 직원들에게 보낸다. 그러므로 리더와 관리자는 감사의 말을 전하고, 개인적 성과에 대해 보상하거나 동기부여를 하는 것 외에도 인정을 통해 직원들에게 기대하는 행동을 독려할 수 있다.

가장 좋은 방법: 네 번째 요소의 핵심은 구체성과 즉각성에 있다. 많은 회사가 즉각적으로 동료들끼리 피드백을 할 수 있는 기술적 도구를 구축함으로써 더욱 인정해주는 환경을 만들려고 한다. 이러한 도구는 도움이 될 수 있지만, 기술에 너무 많이 의존하는 것은 조심할 필요가 있다. 최고의 인정은 고도로 개인적인 것이다. 누군가에게 의미 있는 것이 다른 누군가에게는 그만큼 의미 없을 수도 있다. 갤럽의 조사에 따르면 직원들에게 가장 기억에 남는 인정의 형태는 상을 받음으로써 공개적 인정을 받는 것이며, 그다음이 상사, 동료 또는 고객으로부터 사적으로 인정받는 것이다. 최고의 관리자는 직원들이 어떤 방식으로 인정받기를 원하는지 알고, 그들의 성과가 왜 중

요한지 강조하며, 목표를 달성한 것을 칭찬한다. 같은 조사에서 직원들은 가장 의미 있는 인정이 관리자나 리더 혹은 CEO에게 받은 것이라고 밝혔다. 기술만으로는 결코 대면 인정을 대체할 수 없다. 최고의 리더는 여러 번에 걸쳐 다양한 경로의 칭찬을 통해 잘 인정해주는 환경을 조성한다.

Q05 상사 또는 직장의 누군가가 나를 한 인간으로서 배려한다

전 세계적으로 10명 중 4명은 상사나 직장의 누군가가 자신을 한 인간으로서 배려한다는 데 전적으로 동의한다. 이 비율을 10명 중 8명으로 높인 조직은 고객 몰입도 8% 향상, 안전사고 46% 감소, 결근율 41% 감소를 달성했다.

직원들은 자신이 숫자에 불과하지 않다는 것을 알 필요가 있다. 또한 누군가가 자신을 한 인간이자 직원으로서 신경 쓴다는 느낌도 받아야 한다. 몰입의 다섯 번째 요소는 직원을 너무 '부드럽게' 대하는 게 아닌가 싶지만, 회사는 직원들이 안전하다고 느끼는 환경에서 일할 때 여러 효과를 얻을 수 있다. 즉 상사나 동료 중 누군가가 자신을 한 인간으로서 배려해준다고 느낄 때 직원들은 새로운 아이디어를 실험하고, 정보를 공유하며, 일을 벗어나 개인적 생활과 관련해서도 서로를 지지해줄 것이다. 또한 그들은 조직이나 상사에 대해서도 좋게 해석하려 하고, 일과 삶의 균형을 이룰 준비가 돼 있다고 느낄 것이다. 결과적으로 회사를 지지하는 마음을 갖게 된다.

가장 좋은 방법: 다른 사람을 배려하는 일은 기계에서 찍어낸 듯 쉬운 일이 아니므로 많은 관리자나 팀이 이런 필요를 충족시키기 위한 행동을 취하지 않는 게 놀라운 일은 아니다. 이 요소는 관리자와 팀이 몰입도 조사 결과를 받은 후 우선순위에서 낮을 가능성이 높다. 그러나 최고의 조직, 관리자, 팀은 직원들을 인정해주고, 그들에게 시간을 아끼지 않으며 관심을 기울임으로써 이런 필요를 충족시키는 데 초점을 맞춘다. 이들은 각 직원을 한 인간으로서 이해하고 성취를 인정하고, 성과에 대해 공식 검토를 하며, 무엇보다도 존중한다. 뛰어난 관리자는 협업과 응집력이 있는 환경을 만드는 데 지원을 아끼지 않으며 직원들이 발전하고 경력을 쌓을 수 있는 기회를 만들어준다. 이를 통해 직원들은 자신이 진정으로 가치가 있으며, 존중받는다는 느낌을 받는다.

Q06 직장에 나의 발전을 격려하는 사람이 있다

전 세계적으로 직원 10명 중 3명은 직장 내에 자신의 발전을 격려해주는 사람이 있다는 데 전적으로 동의한다. 이 비율을 10명 중 6명으로 높인 조직은 고객 몰입도 6% 향상, 수익성 11% 증가, 결근율 28% 감소를 달성했다.

갤럽의 자료에 따르면 직원이 떠나는 가장 큰 이유는 역량 개발과 경력 성장의 기회가 없다는 것이다. 성장은 고용 계약서에 명시되지는 않지만, 직원이 회사에 기대하는 일부분이기도 하다. 그러나 개인적·전문적 발전은 저절로 일어나지 않는다. 노력과 관심이 필요하다.

후원, 코칭, 보호, 드러내기, 눈에 띄게 하기 또는 도전적인 업무 과제 등 필요하다면 어떤 수단으로는 직원의 경력 발전을 도와줄 필요가 있다. 여기 한 가지 일반적인 오해가 있다. 그것은 바로 '개발'이 '승진'을 의미한다는 것이다. 이는 결코 같은 것이 아니다. 승진은 일회성 사건인 반면, 개발은 개인의 독특한 재능과 장점을 활용할 수 있는 역할과 직책, 프로젝트를 찾는 연속적인 과정이다.

가장 좋은 방법: 개발은 결국 관리자와 직원의 관계에서 시작된다. 목표를 정의하고, 성과를 향상시키고, 진행 상황을 평가하는 것이 다 여기에 달린 문제이다. 뛰어난 관리자는 직원들의 전문적 성장과 발전에 대해 1년에 한 번 이상 논의한다. 직원들과 지속적으로 대화를 나누고, 배우고, 성장하고, 새로운 기술을 습득하고, 다양한 방법을 시도하고, 흥미로운 도전을 할 기회를 창출한다. 최고의 관리자는 성장에 끝이 있다고 생각하지 않는다. 그들은 직원을 코치하면서 그들이 잘한 것과 놓친 것을 살펴보고, 한계라고 생각하는 것을 넘어서도록 동기부여를 하며, 멘토가 될 만한 사람에게 연결시키고, 성과에 책임을 지도록 한다.

Q07 직장에서 내 의견은 중요한 것 같다

전 세계적으로 직원 4명 중 1명은 자신의 의견이 직장에서 중요하다는 데 전적으로 동의한다. 이 비율을 2배로 높인 조직은 이직률 22% 감소, 안전사고 33% 감소, 생산성 10% 향상을 달성했다.

많은 기업이 전례 없는 변화와 경쟁 속에서 성장이 정체되고 있다는 사실을 받아들이면서 리더와 관리자가 모든 것을 알아야 한다는 고정관념은 빠르게 사라지고 있다. 어떤 리더나 관리자도 혼자서는 살아남을 수 없고, 모든 해답을 가지고 있지도 않다. 다른 사람의 의견을 묻고 고려해야 더 많은 정보에 입각한 정확한 의사결정을 내리고, 더 나은 결과를 만들어낼 수 있다. 이 요소는 강력하며, 직원들이 자신의 가치와 기여도를 느끼는 기준이다. 또한 이는 직원들이 자신의 통찰력을 조직이 인정하는 걸 느끼게 하고 업무 환경에 의미 있는 기여를 하는지를 보여준다. 최전방의 직원들은 경영진이 변화의 바람을 일으킬 때 자신의 의견이 반영되길 바라며, 또한 누군가에게 자신의 의견을 말해도 불이익이 없는 그런 기회와 채널을 가졌을 때 힘을 얻는다.

가장 좋은 방법: 뛰어난 리더와 관리자는 성장을 위해 변화를 추진하고, 문제를 해결하며, 혁신을 이루고자 종종 직원들의 지식을 활용한다. 그들은 무슨 일이 일어나고 있는지를 처음부터 듣고, 계속해서 정보를 얻고자 한다. 관리자가 어떻게 직원들의 생각과 아이디어를 경청하고 처리하느냐가 직원들이 자신의 기여가 가치 있다고 느끼는지를 결정한다.

뛰어난 관리자는 개방적 대화를 촉진하고, 사업 결과에 긍정적 영향을 미치는 창의성과 새로운 아이디어를 장려한다. 그들은 또한 직원들의 의견과 아이디어에 대해 개방적이고 솔직하게 피드백을 한다. 훌륭한 관리자는 직원들이 의사결정 과정에 참여하고 있다고 느끼도록 피드백 채널을 만든다. 그들이 의견을 내면 어떤 일이 일어날지 알며, 왜 어떤 제안은 실행할 수 없는지 이해하게 하는 것이다.

Q08 회사의 사명이나 목적은 내 일이 중요하다고 느끼게 한다

전 세계적으로 직원 3명 중 1명은 조직의 사명이나 목적이 자신의 일이 중요하다고 느끼게 한다는 데 동의한다. 이 비율을 2배로 높인 조직은 결근율 34% 감소, 안전사고 41% 감소, 품질 개선 19% 향상을 달성했다.

업무의 명확성, 적절한 재료와 장비, 재능에 맞는 업무, 일관된 피드백 등의 몰입 요소가 갖춰지지 않으면 생산성에 정말로 해가 된다. 직원들이 일을 잘하게 하는 데 왜 이런 요소가 필요한지는 쉽게 이해할 수 있다. 그러나 여덟 번째 요소는 다르다. 그것은 순전히 감정적 욕구이자 높은 차원의 것으로서, 직원들이 자신의 업무가 더 큰 계획에 맞는지 알지 못하면 스스로를 격려할 수 없는 것과 같다. 만약 일이 단지 직업일 뿐이라면 누가 어디에서 일하는지는 그다지 중요하지 않을 것이다. 하지만 직원들은 자신의 일에 의미가 있기를 원한다.

실제로 밀레니얼 세대에게 이 요소는 가장 강력한 동기 중 하나이다. 생계를 꾸려나가는 기본적 욕구를 충족한 사람들은 더 높은 목적에서 자신의 존재 이유를 찾는다. 사람들은 회사가 하는 일을 신뢰하고 싶어 한다. 그리고 회사든 스포츠 팀이든 교회든 공동체에 속해 있는 느낌을 좋아한다. 많은 리더와 관리자는 조직의 사명서를 벽에 붙이는 것만으로 직원들이 그 관계를 충분히 느낄 수 있다고 생각한다. 하지만 그렇지 않다.

가장 좋은 방법: 관리자는 직원의 역할이 더 큰 그림에 어떻게 부합하는지를 직원들이 이해할 수 있게 도와야 한다. 뛰어난 관리자는 조직의 사명을 명확히 하고, 직원들의 일상적 업무와 연결한다. 이를 통해 직원들은 조직의 사명을 달성하는 데 자신이 어떻게 기여하는지를 알게 되고, 이로써 직원들 사이에 목적의식이 함양된다. 훌륭한 관리자는 직원들에게 조직이 목적을 달성하는 과정에서 자신의 미션이 무엇인지에 대해 이야기할 기회를 준다. 또한 사명과 목적을 정확하게 명시해 직원들의 경험과 일치하도록 한다. 직원들은 조직의 사명이 단지 말에 그칠 뿐이라는 것을 안다. 그들은 조직문화 속에서 진정한 사명을 체험하고, 고객의 욕구를 만족시킬 일에 사명을 실현해갈 필요가 있다.

Q09 동료 직원들은 일을 잘하기 위해 전념한다

전 세계적으로 직원 3명 중 1명은 동료들이 업무를 잘하려고 전념한다는 데 동의한다. 이 비율을 2배로 높인 조직은 이직률 및 결근율 각각 31% 감소, 수익성 12% 증가, 고객 몰입도 7% 향상을 달성했다.

동료들이 품질에 대한 열정을 공유한다고 믿는 것은 훌륭한 팀 성과를 내는 데 필수이다. 업무가 점점 더 상호 연결되고, 상호 의존적이며, 프로젝트의 기반이 되어감에 따라 이는 더욱 중요한 요소가 되었다. 팀에서 성과가 가장 낮은 사람이 그 팀의 기준이다. 직원들은 서로의 노력과 결과를 상호 신뢰하고 존중하는 환경에 있어야 한다. 이것은 업무 기준과 팀의 기대치에 대한 깊은 인식에서 출발한다. 6 대 1의 비율로 사람들은, 열심히 노력하지만 능력이 없는 동료보다 능력이 있지만 노력하지 않는 동료에게 더 화가 난다. 생산성이 높은 직원의 경우 팀에 배정되는 것과 실제로 그 팀에 자신을 동일시하는 것 사이에 큰 차이가 있다. 직원들은 팀원이 모두 협력하고 있는지를 알고 싶어 한다.

가장 좋은 방법: 직원들은 조직에 기여하지 않거나 수준 이하의 성과에 대해 책임지지 않는 동료가 있으면 분개할 수 있다. 훌륭한 관리자는 팀이 와해되도록 내버려두지 않는다. 성과와 책임 기준을 세우고 모든 팀원이 이에 대해 책임을 지도록 보장한다. 이러한 관리자는 각 업무나 기능에 대한 품질 기준을 제시하고, 새로운 팀원이 품질의 중요성을 알게 한다. 또 뛰어난 직원을 인정하며, 팀 회의 중에 팀원들이 품질 기대치를 공유하도록 한다. 이 방식으로, 양질의 결과를 지속적으로 낼 수 있는 환경을 조성하는 것이다.

한편 일인 다역을 하거나 매트릭스 환경에서 일하는 관리자는 추가적인 의무가 있다. 그들에게 직접 보고하지 않는 직원을 코치할 권한은 없을 수 있지만, 그들은 프로젝트 리더와 목표를 논의하고, 타 부서와 일할 때 자기 팀원에 대한 피드백을 구하고, 여러 라인을 넘나들며 모두가 품질 수준에 대해 공통된 기대를 갖도록 확립한다. 다양한 분야를 한 방향으로 정렬하는 것은 특히 매트릭스 구조에서 품질 기준을 적용하는 데 매우 중요하다.

Q10 직장에 친한 친구가 있다

전 세계적으로 직원 10명 중 3명은 직장에 친한 친구가 있다는 데 동의한다. 이 비율을 10명 중 6명으로 높인 조직은 안전사고 28% 감소, 고객 몰입도 5% 향상, 수익성 10% 증가를 달성했다.

몰입의 열 번째 요소는 가장 논란이 많다. 12가지 요소에 관한 다른 어떤 질문보다도 "나는 직장에 친한 친구가 있다"라는 명제는 의문을 유발하기도 한다. 그러나 한 가지 명확한 사실이 있다. 이것이 성과에 영향을 미친다는 점이다. 직원의 몰입도와 12가지 질문 요소에 대한 초기 조사에서 고성과 팀 직원들 사이에는 독특한 사회적 경향이 있다는 것을 발견했다. 직원이 팀원들과 깊은 친분이 있을 때 사업에 도움이 되는 긍정적 행동, 즉 친분이 없다면 고려하지 않았을 조치를 취한다는 점이다.

우정의 영향은 맥락에 따라 달라지는데, 우리의 사회생활과 그것이 성과에 미치는 영향은 진공 상태에서는 존재하지 않는다. 마찬가지로 12가지 요소는 분리되지 않으며, 각각 상호작용해 직원의 업무 경험을 구성한다. 조직이 자신에게 기대하는 바를 알고, 일하는 데 필요한 장비와 재료가 충분히 주어진 상황에서는 그 직원이 직장에 친한 친구가 있을 경우 회사에 남을 것을 예측하기란 매우 쉬운 일이다. 하지만 사업 성과나 과학적 타당성을 넘어 아주 간단한 전제가 있다. 우정을 무시하는 것은 인간의 본성을 무시하는 것과 같다. 그럼에도 불구하고 많은 조직은 직원들이 사교적 활동을 하거나 서로 친구가 되는 것을 지양하는 정책을 따르고 있다.

가장 좋은 방법: 뛰어난 관리자는 직원들이 의미 있는 우정을 쌓고 싶어 하며, 이러한 관계를 기반으로 회사에 대한 충성심이 생긴다는 것을 인정한다. 그러나 직장에서의 우정은 적절하게 다뤄야 할 필요가 있다. 관리자는 모든 직원과 친구가 되기 위해 노력해서는 안 된다. 그보다는 직원들이 서로에 대해 알 수 있는 상황을 만들어야 한다. 뛰어난 관리자는 직원들이 자신에 관해 이야기하도록 격려하며, 고객 서비스나 다른 성과에 지장을 주지 않는 선에서 사교 활동을 하도록 한다.

대부분의 팀과 조직에서 친한 친구라는 이 항목이 최우선 과제가 되어서는 안 된다. 직원들의 기본적인 필요가 충족되지 않으면(명확한 기대, 가장 잘하는 일을 할 기회, 그들을 아끼는 관리자, 발전할 기회 등) 우정은 불평을 토로하는 수단이 될 수 있다. 반면 기본적인 필요가 충족된다면 우정은 비공식적 대화를 조직이 성장할 방법을 찾는 혁신적 토론으로 바꾸는 강력한 원동력이 된다.

Q11 지난 6개월 동안 직장의 누군가가 나의 발전에 관해 이야기한 적이 있다

전 세계적으로 직원 3명 중 1명은 지난 6개월 동안 직장의 누군가가 자신의 발전에 관해 말한 적이 있다는 데 동의한다. 이 비율을 2배로 높인 조직은 안전사고 38% 감소, 결근율 28% 감소, 수익성 11% 증가를 달성했다.

균형 성과표, 360도 피드백, 자가 평가, 강제 등급 보고서 등 모든 복잡한 업무 평가에서 평가 인식과 실제 성과 사이의 연관성을 가장 잘 보여주는 진술은 매우 간단하다. "지난 6개월 동안 직장의 누군가가 나의 발전에 관해 이야기한 적이 있다." 이러한 언급은 공식적인 성과 평가는 아니다. 직원에게 가장 중요한 것은 그가 어떻게 하고 있는지, 자신의 일이 다른 사람들에게 어떻게 인식되는지, 그리고 미래에 무슨 일이 일어날지를 이해하는 것이다. 공식 평가는 아무런 문제가 없고, 그걸 하도록 추천할 이유도 많다. 그러나 열한 번째 몰입 요소의 성공은 성과 평가 사이에 일어나는 일에 달려 있다. 관리자가 정기적으로 직원들의 향상 정도를 점검하면 팀원들은 공정하게 보수를 받고, 회사에 남으려고 하며, 사고를 덜 일으키고, 다른 사람에게 자신의 회사를 좋은 직장이라고 추천할 가능성이 2배 이상 높아진다.

가장 좋은 방법: 유능한 관리자는 직원들을 성장시키려면 먼저 그들이 어디에 서 있는지 파악해야 한다는 것을 안다. 최고의 경영자는 피드백이 직원의 몰입과 성과에 필수라는 것을 안다. 그들은 직원들로 하여금 전문가로서의 여정에서 자신이 어디쯤에 있는지 알게 하

고, 발전 목표를 설정하도록 돕는다. 그리고 각 직원의 성격과 상황 또는 잠재력에 맞게 피드백을 조정한다. 그들은 지나치게 세부적으로 간섭하지 않는 선에서 직원들을 정기적으로 점검하고, 그들이 성과를 향상시키는 데 도움을 준다. 직무 기대치를 명확히 하고, 성과 기준을 개발하고 추적하며, 직원들이 목표에 대해 알고 그것에 도달하는 것을 도울 창의적인 방법을 찾는다. 무엇보다도 직원들에게 동기부여를 하고, 이끌어주며, 감독하는 역할을 한다.

Q12 지난 1년 동안 직장에서 배우고 성장할 기회가 있었다

전 세계적으로 직원 3명 중 1명은 지난 1년 동안 직장에서 배우고 성장할 기회가 있었다는 데 동의한다. 이 비율을 2배로 높인 조직은 결근율 39% 감소, 안전사고 36% 감소, 생산성 14% 향상을 달성했다.

배움과 성장은 인간의 기본적 욕구로 직원들의 추진력과 동기를 유지하는 데 필수적이다. 기업이 유기적 성장을 갈망하는 시기에도 이 요소는 매우 중요하게 여겨진다. 직원들이 성장하면 기업 또한 성장하고, 사업도 유지된다. 직원들은 자신이 배우고 성장하고 있다고 느낄 때 더 열심히, 더 효율적으로 일한다. 하지만 새로운 것을 배울 기회 없이 매일 같은 일을 반복한다면 일에 열정을 갖고 몰두하기 어렵다. 많은 리더와 관리자는 이 요소를 단지 추가적인 연수 정도로 오해한다. 배움과 성장에는 여러 형태가 있을 수 있다. 예를 들어 업무 역량을 높일 방법을 찾거나, 승진하거나, 새로운 기술을 배우는 것처럼 말이다. 최고의 직원은 결코 안주하지 않는다. 그들은 항상 더 생산적인 방법을 찾으려고 노력한다. 성장이 있는 곳에 혁신이 있다.

가장 좋은 방법: 자기 역할에서의 발전은 경력과 단순한 직업의 차이를 가져오는 요소이다. 성공한 관리자는 직원들을 발전시키기 위해 도전의식을 북돋운다. 최고의 경영자는 더 큰 개별적 개발 계획과 연계되는 학습 기회를 만든다. 직원들이 무엇을 배우고 있는지, 배운 것을 업무에 얼마나 자주 사용하는지에 대해 질문함으로써 직원들의 발전을 체크한다. 배움과 성장은 끝이 없는 과정임을 아는 훌륭한 관리자는 직원의 역량을 평가하고 장기 목표와 일치시킬 방법을 찾으며, 각각의 직원과 함께 단기 목표를 세운다. 그리고 무엇보다 직원들이 새로운 기회의 가치를 볼 수 있도록 하며, 자신의 재능을 향상시킬 수 있는 새로운 역할이나 책임을 맡도록 격려한다.

3

직장의 몰입도와 조직 성과의 관계

Q12® 메타 분석: 제9판

제임스 K. 하터, Ph.D., 갤럽

프랭크 L. 슈미트, Ph.D., 아이오와 대학교

상기타 아그라왈, M.S., 갤럽

스테퍼니 K. 플로먼, M.A., 갤럽

앤서니 블루, M.A, 갤럽

도입

서문

1930년대에 조지 갤럽은 인간의 욕구와 만족에 관한 세계적인 연구를 시작했다. 그는 대중 여론을 측정하기 위한 과학적인 표본조사 개발의 선구자였다. 갤럽 박사는 여론조사 작업 외에도 95세 이상 노인들의 공통 요인을 연구하면서 웰빙에 관한 획기적인 연구를 완료했다(Gallup & Hill, 1959). 그 후 수십 년 동안 갤럽 박사와 그의 동료들은 인간 삶의 다양한 측면을 다루면서 전 세계에 걸쳐 수많은 여론조사를 실시했다.

그가 초기에 진행한 세계적 여론조사는 가족, 종교, 정치, 개인의 행복, 경제, 건강, 교육, 안전, 일에 대한 태도와 같은 주제를 다루었다. 1970년대에 갤럽 박사는 북아메리카의 근로자 중 절반도 안 되는 사람만이 자신의 일에 매우 만족한다는 사실을 발표했다(Gallup, 1976). 서유럽, 라틴아메리카, 아프리카, 극동아시아 지역 사람들의 업무 만족도는 이보다 훨씬 더 낮았다.

한편 직장에서의 만족도는 연구자들이 집중한 연구 주제였다. 갤럽 박사의 초기 작업 외에도 직무 만족도에 관한 주제는 1만 개 이상의 논문과 출판물을 통해 연구되고 저술되었다. 많은 사람이 깨어 있는 시간의 대부분을 직장에서 보내기 때문에 직장에 관한 연구는 심리학자, 사회학자, 경제학자, 인류학자, 생리학자들의 큰 관심사였다. 직장을 관리하고 개선하는 과정은 매우 중요하며, 거의 모든 조직에 이와 관련된 큰 과제를 부여한다. 따라서 변화를 위해 사용하는 기구는 조직의 리더들이 중요하게 여기는 결과, 즉 주요 결과를 예측하는 직장의 역학관계를 측정해야 한다는 점이 매우 중요하다. 결국 조직의 리더는 직무 만족도 연구에 대한 관심을 가지고 추진력을 만들어 낼 수 있는 최적의 위치에 있다.

갤럽 박사가 초기 여론조사 작업을 할 때 네브래스카 대학교의 심리학자이자 교수인 돈 클리프턴은 교육 및 사업 분야에서의 성공 원인을 연구하기 시작했다. 클리프턴 박사는 1969년에 SRISelection Research, Incorporated를 설립했다. 대부분의 심리학자가 기능장애와 질병의 원인을 연구하느라 바쁠 때 클리프턴과 그의 동료들은 강점 기반 심리과학에 그들의 경력을 바쳤다. 무엇이 사람들을 성공하게 하는지에 대한 연구였다.

그들의 초기 발견은 광범위한 산업과 직업 유형에 걸쳐 성공한 개인과 팀에 초점을 맞춘 수백 개의 연구로 이어졌다. 특히 성공적인 학습과 직장 환경에 관한 연구는 성공적인 트레이너와 관리자에 관한 수많은 연구로 이어졌다. 이 연구에는 개인의 차이와 성공을 가장 잘 촉진하는 환경에 대한 광범위한 연구도 포함되었다. 연구 초기에 연구원들은 단순히 직원들의 만족도를 측정하는 것만으로는 지속 가능한 변화를 창출하기에 충분치 않다는 사실을 발견했다. 만족도는 가장 중요한 요소들이 무엇인지 특정할 필요가 있었고, 사람이 행동을 취하고 변화를 창출하는 데 활용할 수 있도록 측정하고 보고할 수 있어야 했다.

더 많은 연구 결과에서 변화는 최전선의 관리자가 주도하는 팀에서 가장 효율적으로 일어난다는 것을 알게 되었다. 조직의 임원에게 최전방 팀은 직접 보고를 하는 부하들이며, 공장 관리자에게 최전방 팀은 그들을 매일 관리하는 사람들이다. 뛰어난 관리자에 대해 연구하면서 갤럽의 과학자들은 일상적인 행동과 가까운 전방에서 의사결정 관련 정보를 수집할 수 있을 때 최적의 의사결정이 이루어짐을 알게 되었다.

갤럽과 SRI가 통합된 1988년, 클리프턴 박사의 연구는 갤럽 박사의 연구와 합쳐졌다. 진보적인 경영과학과 최고의 조사 기법이 혼합된 것이다. 갤럽과 클리프턴은 사람들의 의견, 태도, 재능, 행동을 연구하는 데 많은 시간을 보냈다. 이를 위해 질문지를 작성하고, 응답을 기록하며, 어떤 질문들이 차등 반응을 이끌어내고 의미 있는 결과와 관련이 있는지를 연구했다. 설문조사의 경우 몇몇 질문은 편파적이지 않으면서 의미 있는 의견을 이끌어내는 반면 다른 질문은 그렇지 않았다. 경영 연구의 경우 향후 성과를 예측하는 반응을 도출하는 문항이 있지만, 그렇지 않은 문항도 있었다.

올바른 질문을 개발하는 것은 과학자들이 질문을 작성하고 분석을 수행하는 반복적인 과정이다. 연구와 질문은 세련되게 재해석된다. 추가 분석도 실시한다. 질문들은 또다시 재해석된다. 그리고 이 과정은 반복된다. 갤럽은 이 보고서의 주제인 갤럽의 Q12 설문 도구를 고안하는 데 이 반복적인 과정을 따랐다.

다음 섹션에서는 갤럽의 Q12 직원 몰입도 도구의 개발과 검증에 들어간 수십 년간의 연구 개요를 제공할 것이다. 이 개요에 따라 230개 조직과 188만 2,131명의 직원을 포함한 8만 2,248개 사업부와 업무부 사이의 관계를 탐구하는 339개 연구의 메타 분석을 제시한다.

Q12 도구 개발

1950년대부터 클리프턴은 사람들의 독특한 재능을 활용할 수 있도록 긍정적으로 작용하는 요소를 결정하기 위해 일과 학습 환경을 연구하기 시작했다. 클리프턴은 이 초기 연구부터 과학을 이용한 강점 연구를 시작하고, 개인의 준거 틀과 태도 또한 연구했다.

1950~1970년대까지 클리프턴은 학생, 상담사, 관리자, 교사, 직원들에 대한 연구를 계속했다. 그는 개개인의 차이점을 연구하기 위해 다양한 평가 척도와 인터뷰 기법을 사용해 사람들의 차이점을 이끌어내는 질문과 요인을 분석했다. 그가 연구한 개념에는 '강점에 초점 맞추기 대 약점에 초점 맞추기', '관계', '인력 지원', '우정', '학습' 등이 포함됐다. Q12 항목에 관한 초기 버전을 포함해 다양한 질문을

작성하고 테스트했다. 지속적인 피드백 기술은 처음에는 질문을 하고, 데이터를 수집하며, 결과에 대한 끊임없는 토론을 장려해 피드백과 잠재적 개선을 제공하려고 개발한 것이다. 이직의 원인을 알아내기 위해, 조직을 떠난 직원들을 대상으로 퇴사 면접을 실시했다. 그들이 조직을 떠나는 공통적 이유는 관리자의 자질 문제였다.

1980년대에 갤럽의 과학자들은 고성과 직원 개인과 팀을 연구하는 반복적인 과정을 계속했다. 이 연구에는 직원 개인의 재능과 직장 내 태도에 대한 평가가 포함되었다. 설문지 설계의 출발점으로서 인터뷰와 포커스 그룹(시장조사나 여론조사를 위해 각 계층을 대표하도록 뽑은 소수의 사람으로 이뤄진 그룹)을 포함한 수많은 정성적 분석을 실시했다. 갤럽의 연구원들은 최고의 성과를 거둔 직원 개인과 팀에 그들의 업무 환경과 성공에 관련된 생각, 감정, 행동 등을 설명해달라고 요청했다.

연구원들은 성공으로 이어지는 개별 요소에 대한 가설을 세우고 통찰력을 얻기 위해 질적 데이터를 사용했다. 이 가설을 바탕으로 그들은 질문지를 작성하고 테스트했다. 또한 이직의 원인을 파악하기 위해 1980년대 전반에 걸쳐 퇴사자 인터뷰를 포함한 수많은 양적 연구를 수행했다. 포커스 그룹과 인터뷰 같은 질적 분석은 '조직 개발 감사', '탁월성을 위한 관리 태도' 조사라고 불리는 장기적·포괄적인 직원 설문조사의 기초를 형성했다.

이 조사들의 상당수는 100~200개 항목을 포함했다. 양적 분석에는 설문 자료의 차원성을 평가하기 위한 요인 분석, 데이터의 고유성과 중복성을 확인하기 위한 회귀 분석, 전반적인 만족도·몰입도·생산성과 같은 의미 있는 결과와 관련된 질문을 식별하기 위한 기준 관련 타당성 분석이 포함되었다. 과학자들은 관리자와 직원들에게 설문 결과 피드백을 용이하게 전달할 수 있도록 피드백 프로토콜을 개발했다. 이러한 프로토콜을 실제로 사용함으로써 연구원들은 어떤 항목이 대화를 유도하고 변화를 촉진하는 데 가장 유용한지를 파악해나갔다.

재능과 환경에 초점을 맞춘 경영 연구 관행에서 뻗어나온 한 가지 분야는 바로 조직에서의 재능 극대화 이론이었다.

1인당 생산성 = 재능×(관계 + 올바른 기대 + 인정/보상)

이러한 개념은 후에 Q12의 기본 요소에 포함되었다. 시간이 지남에 따라 SRI와 갤럽의 연구원들은 관리자의 재능과 직원의 성공을 가장 잘 촉진하는 환경에 초점을 맞춘 관리자의 성공 패턴에 관해 많은 연구를 수행했다. 경영 인재에 대한 지식과 직원들의 태도에 대한 조사 데이터를 통합함으로써 과학자들은 성공적인 직장 환경을 구축하기 위해서는 무엇이 필요한지에 대한 독특한 관점을 갖게 되었다. '개별화된 인식', '성과 지향', '사명', '인정', '학습과 성장', '기대치', '적합성' 등의 주제가 반복해서 등장했다. 경영에 관한 연구 외에도 성공적인 교사와 학생, 학습 환경 등을 주제로 한 많은 연구를 수행했다.

1990년대에는 이 과정이 계속 반복되었다. 이 기간에 갤럽의 연구원들은 직장에서의 어떤 태도가 가장 중요한지를 효율적으로 포착하기 위해 Q12의 첫 번째 버전을 개발했다. 이후에도 질적·양적 분석은 계속되었다. 10년 동안 1천 개 이상의 포커스 그룹에 관한 연구가 수행되었고, 수백 개의 도구가 개발되었으며, 그중 다수의 도구에는 여러 추가 항목들이 포함되었다. 과학자들은 또한 계속해서 퇴사 면접을 진행했다. 이는 직원을 유지하는 데 대한 관리자의 중요성을 드러냈다. 미국, 캐나다, 멕시코, 영국, 일본, 독일 등을 포함한 전 세계 여러 나라에서 Q12와 그 밖의 조사 항목에 대한 연구가 실시되었다. 갤럽의 연구원들은 갤럽의 핵심 항목에 대해 국제적인 상호 문화적 피드백을 얻었으며, 이를 통해 다른 문화권에도 그 항목을 적용할 수 있을지에 대한 맥락을 얻었다. 5점 평가법과 양분법 반응 옵션을 포함한 다양한 척도 유형을 테스트했다.

조사 데이터의 양적 분석에는 기술 통계, 요인 분석, 차별적 분석, 기준 관련 타당성 분석, 신뢰성 분석, 회귀 분석 및 기타 상관 분석 등이 포함되었다. 갤럽의 과학자들은 덜 성공적인 작업 단위와 그 개념을 가장 잘 포착한 표현을 차별화한 핵심 개념을 계속해서 연구했다. 1997년에는 기준 관련 연구를 메타 분석과 결합해(Q12에서 측정한) 1,135개의 사업·업무 단위에서 수익성, 생산성, 직원 유지도 및 고객 만족도·충성도와의 관계를 연구했다(Harter & Creglow, 1997). 또한 메타 분석은 연구자들이 직원 몰입도와 성과 간 관계의 일반화 가능성을 연구할 수 있게 했다. 이 확인 분석 결과는 각 Q12 항목에 대한 상당한 수준의 준거 타당성을 보여주었다.

준거 타당성 연구가 진행됨에 따라 메타 분석은 1998년에 업데이트

되어(Harter & Creglow, 1998) 2,528개의 사업·업무 단위를 포함했으며, 2000년(Harter & Schmidt, 2000)과 2002년(Harter & Schmidt, 2002)에는 1만 885개의 사업·업무 단위를 포함했다. 2003년(Harter, Schmitt & Killham, 2003)에는 1만 3,751개의 사업·업무 단위를 포함했으며, 2006년(Harter, Schmidt, Killham & Asplund, 2006)에는 2만 3,910개의 사업·업무 단위를 포함했다. 또한 2009년(Harter, Schmidt, Killham & Agrawal, 2009)에는 3만 2,394개의 사업·업무 단위를 포함했으며, 2013년(Harter, Schmidt, Agrawal & Plowman, 2013)에는 4만 9,928개의 사업·업무 단위를 포함했다. 이 보고서는 갤럽의 Q12 메타 분석을 총 아홉 번에 걸쳐 발표했으며, 직원 몰입도와 성과 간 관계에 초점을 맞추고 있다.

이 보고서는 2013년의 보고서와 마찬가지로 사업·업무 단위를 포함하며, 연구된 여러 산업 및 국가의 총 구성을 확대했다.

1998년 최종 버전의 질문과 문항이 완성된 이후, Q12는 198개국 3천만 명 이상의 직원과 72개의 언어로 관리되고 있다. 이와 더불어 도구의 교차 문화적 특성을 조사하기 위한 일련의 연구도 수행하고 있다(Harter & Agrawal, 2011).

연구 서설

조직의 성장과 지속 가능성을 보여주는 주요 지표는 아마도 인적자원의 수준일 것이다. 유능한 직원을 다수 보유하고 있는 직장의 성과는 올바른 작업에 적합한 인재를 선발해 선택하는 데에서 출발한다. 적임자를 선발할 때 유효한 선택 도구와 시스템이 필요하다는 것이 많은 연구를 통해 입증되었다(Schmidt, Hunter, McKenzie & Muldrow, 1979; Hunter & Schmidt, 1983; Huselid, 1995; Schmidt & Rader, 1999; Harter, Hayes & Schmidt, 2004).

일단 직원들을 채용하면 그들은 매일 업무와 관련된 결정을 내리며 조직의 성공에 필요한 행동을 한다. 이러한 결정과 행동의 대부분은 그들 자신의 내적 동기와 추진력에 영향을 받는다. 또한 직원들이 대우받는 방식과 그들이 서로를 대하는 방식이 행동에 긍정적 영향을 미치거나 조직을 위험에 빠뜨릴 수 있다는 가정을 할 수 있다. 예를 들어 연구원들은 일반적인 직장의 태도와 서비스 목적, 고객 인식(Schmit & Allscheid, 1995) 및 개별 성과 결과 사이에 양의 관계가 있음을 발견했다(Iaffaldano & Muchinsky, 1985). 업데이트된 메타 분석은 개인의 직무 만족도와 업무 성과 사이에 상당한 관계가 있음을 밝혀냈다(Judge, Thoresen, Bono & Patton, 2001). 2000년 이전에는 직무 만족도 조사와 후속 메타 분석의 대부분이 개별 직원 수준의 영역에서만 데이터를 수집하고 연구했다.

또한 사업·업무 단위 수준에서 직원의 태도가 다양한 조직의 성과와 관련이 있다는 증거가 있다. 조직 차원의 연구는 주로 횡단면 연구에 초점을 맞추었다. 독립적인 연구는 직원의 태도와 안전(Zohar, 1980, 2000), 고객 경험(Schneider, Parkington & Buxton, 1980; Ulrich, Halbrook, Meder, Stuchlik & Thorpe, 1991; Schneider & Bowen, 1993; Schneider, Ashworth, Higgs & Carr, 1996; Schmit & Allscheid, 1995; Reynierse & Harker, 1992; Johnson, 1996; Wiley, 1991), 재무(Denison, 1990; Schneider, 1991), 직원 이직(Ostroff, 1992)과 같은 성과 결과 사이의 관계를 발견했다. 바트의

연구(Batt, 2002)는 다변량 분석을 이용해 인적자원 관행(직원의 의사결정 참여 포함)과 매출 성장 사이의 관계를 조사했다. 갤럽은 대규모 메타 분석을 실시해 가장 최근에는 안전, 고객 태도, 재무, 직원 유지, 결근, 품질 측정 및 상품 경품과의 동시 또는 예측 관계(만족도 및 몰입도)에 관한 4만 9,928개의 사업·업무 단위를 연구했다(Harter et al., 2013; Harter et al., 2009; Harter et al., 2006; Harter et al., 2003; Harter, 2003; Harter, Schmidt & Hayes, 2002; Harter & Schmidt, 2002; Harter & Schmidt, 2000; Harter & Creglow, 1998; Harter & Creglow, 1997).

이 메타 분석을 반복 실시함으로써 우리는 직원의 태도와 여러 가지 중요한 비즈니스 결과 사이에는 긍정적 공존 및 예측 관계가 존재하고 있음을 재차 발견할 수 있었다. 그뿐 아니라 이러한 관계는 광범위한 상황(산업, 사업·업무 단위 유형 및 국가)에 걸쳐 일반화된다는 것도 발견했다. 추가 독립 연구에서도 유사한 결과가 발견되었다(Whitman, Van Rooy & Viswesvaran, 2010; Edmans, 2012).

개별 수준에서 직원 의견 데이터를 연구하는 것이 훨씬 일반적이지만, 사업·업무 단위 수준에서 데이터를 연구하는 것도 중요하다. 이는 사업·업무 단위 수준이 일반적으로 데이터가 보고되는 곳이기 때문이다(비밀 유지와 관련한 우려 때문에 직원 조사는 더 넓은 사업·업무 단위 수준에서 보고된다). 또한 비즈니스 단위 레벨의 연구는 대개 대부분의 사업체와 직접적 관련이 있는 결과들, 즉 고객 충성도, 수익성, 생산성, 이직률, 안전사고 및 대부분의 비즈니스에서 보고되는 품질 변수와 같은 결과와의 연계성을 보여주는 기회가 된다.

사업·업무 단위 수준에서 데이터를 보고하고 연구하는 것의 또 다른 장점은 도구 항목 점수가 개별 수준을 분석하기 위한 차원 점수와 비슷한 신뢰성을 갖는다는 것이다. 이는 사업·업무 단위 수준에서 각 항목 점수가 개인의 평균 점수와 같기 때문인데, 사업·업무 단위 수준에서 보고된 직원 설문조사가 좀 더 효율적일 수 있음을 의미한다. 즉 항목 수준의 측정 오류 면에서 덜 우려된다. 직무 만족도 조사와 단위 수준의 분석을 수행하는 이점에 대한 자세한 내용은 Harter & Schmidt(2006)를 참조하면 알 수 있다.

이러한 사업 단위 수준 연구의 잠재적인 문제는 사업 단위(사업 단위의 수는 표본 크기가 된다)의 수가 제한된 결과로, 제한된 데이터 또는 사업 단위 간에 비교할 수 있는 결과 측정에 접근하는 것 역시 제한된다는 점이다. 이러한 이유로 많은 연구에 대한 통계적 검증에 한계가 있으며, 따라서 개별 연구 결과는 서로 충돌하는 것처럼 보일 수 있다. 메타 분석 기술은 효과의 강도와 일반화 가능성에 대한 보다 정확한 추정치를 얻기 위해 그러한 연구들을 함께 모을 수 있는 기회를 제공한다.

본 연구의 목적은 갤럽의 고객을 대상으로 수집한, 현재 이용 가능한 데이터에 기초해 직장에 대한 직원의 인식과 사업 단위 성과 간의 관계를 메타 분석해 업데이트된 결과를 제시하는 것이다. 본 연구는 갤럽의 Q12 도구에 초점을 맞추었다. 사업·업무 단위 수준의 중요성에 의해 선택된 Q12 항목은 사업부 직원과 관련한 관리 관행의 품질에 대한 직원의 인식을 측정한다.

Q12에 대한 설명

간단히 말해 Q12는 30년 이상 축적된 양적·질적 연구를 기반으로 한 것이다. 그 신뢰성과 수렴 타당도, 준거 관련 타당도에 대한 연구를 광범위하게 진행해왔다. 이 Q12는 이전의 심리 측정 연구와 관리자가 직장에서 변화를 창출하는 것에 대한 실질적인 고려 사항을 통해 검증된 도구이다.

Q12에 포함된 항목을 설계할 때 연구원들은 행동 능력 관점에서 직원 설문조사에 크게 2가지 범주가 있음을 고려했다. 하나는 태도 결과(만족도, 충성도, 자부심, 고객 서비스 인식 및 회사 체류 의도)에 대한 반사적 척도이며 다른 하나는 이러한 결과를 이끌어내는 행동 가능한 이슈의 형성 척도이다. Q12는 경영에 대한 실행 가능한 문제, 즉 만족도·충성도·자부심 등과 같은 태도와 관련된 결과를 예측하는 문제를 측정한다. 갤럽의 표준 Q12 도구에는 전반적인 만족도 항목 이외에 우리가 감독자 또는 관리자 수준에서 실행 가능한 것으로 밝혀진 12개의 문제, 즉 역할의 명확성, 자원, 능력과 요구 사항 사이의 적합성, 피드백을 받고 감사하는 느낌 등의 요소에 대한 인식을 측정하는 항목이다. Q12는 '몰입 조건'의 형성 척도이며, 각각은 원인을 측정해 몰입도에 기여한다.

Wagner & Harter(2006)가 Q12의 각 항목을 실제 적용한 것에 대한 보다 상세한 논의는 Gallup.com에 게재된 다양한 기사를 통해 제공받을 수 있다.

총 도구(Q01~Q12)로서 Q12는 사업 단위 수준에서 크론바흐 알파값

Cronbach's alpha이 0.91이다. 더 긴 기간 동안의 설문조사에서 추가 항목의 동등 가중치 평균(또는 합계)에 대한 Q01~Q12(GrandMean) 항목의 동등 가중치 평균(또는 합계)의 메타 분석 수렴 타당성은 0.91이다. 이것은 Q12가 복합적인 척도로서 더 긴 기간 동안의 직원 조사에서 일반적인 요소를 포착한다는 증거를 제공한다. 개별 항목은 평균적으로 약 0.70으로 더 넓은 차원의 진점수眞點數 값과 관련이 있다. Q12는 실행 가능한 몰입 조건의 척도이지만, 그 복합체는 정서적 만족과는 다른 직접적인 작업 몰입 척도로서 높은 수렴 타당성을 가지고 있다(통합적이고 차별적인 타당도 문제와 '몰입'의 구성에 대한 추가 논의는 Harter & Schmidt, 2008 참조).

앞서 언급한 바와 같이 이것은 Q12 비즈니스 단위 수준의 메타 분석에 대한 아홉 번째 버전이다. 이전의 메타 분석과 비교해 현재의 메타 분석은 더 많은 수의 연구와 사업 단위 및 국가를 포함하고 있다. 현재 메타 분석에는 환자 안전 데이터를 가진 사업부의 경우 거의 3배 이상, 생산성 데이터를 가진 사업부는 81%, 안전성 데이터를 가진 사업부는 68% 이상, 수익성 데이터를 가진 사업부는 48% 이상, 이직 데이터를 가진 사업부는 42%, 품질이나 결함 데이터를 가진 사업부는 34% 이상, 부재자 데이터를 가진 사업부는 39% 이상, 고객 데이터를 가진 사업부는 27% 이상, 축소 데이터를 가진 사업부는 16% 이상을 포함하고 있다. 이와 같이 본 연구는 새로운 데이터와 최근 데이터를 상당수 업데이트했다.

연구 조사 범위에는 아시아(방글라데시, 캄보디아, 중국, 홍콩, 인도, 인도네시아, 일본, 한국, 말레이시아, 네팔, 파키스탄, 필리핀, 싱가포르, 스리랑카, 대만, 태국, 터키),

호주, 뉴질랜드, 유럽(오스트리아, 벨기에, 프랑스, 독일, 그리스, 아일랜드, 이탈리아, 네덜란드, 스페인, 스웨덴, 스위스, 영국), 전 공산주의 국가들(체코, 헝가리, 리투아니아, 폴란드, 러시아), 라틴아메리카(아르헨티나, 볼리비아, 브라질, 칠레, 콜롬비아, 에콰도르, 엘살바도르, 과테말라, 온두라스, 멕시코, 니카라과, 페루), 중동(바레인, 브루나이다루살람, 이집트, 요르단, 오만, 아랍에미리트), 북아메리카(캐나다, 미국), 아프리카(보츠와나, 부르키나파소, 에티오피아, 감비아, 가나, 케냐, 나이지리아, 르완다, 탄자니아, 토고, 우간다, 잠비아, 짐바브웨) 그리고 카리브해(바베이도스, 버뮤다, 도미니카공화국, 아이티)를 포함한 73개국의 사업체가 포함된다. 현재 메타 분석에 포함된 38개 회사는 미국 이외의 국가에서만 독점적으로 운영된다.

이 메타 분석에는 모든 가용 갤럽 연구(출판되었거나 출판되지 않은)가 포함되며, 출판 편향의 위험성이 없다.

메타 분석, 가설, 방법 및 결과

메타 분석

메타 분석은 많은 연구에 걸쳐 축적된 데이터의 통계적 통합이다. 따라서 개별 연구 결과를 왜곡하는 측정, 표본추출상의 오류 및 기타 특이성을 제어하고, 고유하면서 강력한 정보를 제공한다. 메타 분석은 편향을 제거하고 둘 이상의 변수 사이의 진정한 타당성 또는 관계에 대한 추정치를 제공한다.

심리, 교육, 행동, 의료 및 인사 선발 분야에서 1천 개 이상의 메타 분석이 수행되었다. 행동과학과 사회과학 분야의 연구 문헌에는 명

백히 상반된 결론을 가진 수많은 개별 연구가 포함된다. 그러나 메타 분석은 연구자가 변수 간의 평균 관계를 추정하고 연구 전반에 걸친 결과의 인공적인 변동 원인에 대한 수정을 가능하게 하며, 연구자들이 다양한 상황(예: 기업 또는 지리적 위치)에 걸쳐 타당성과 관계가 일반화되는지의 여부를 결정할 수 있는 방법을 제공한다.

본 연구는 메타 분석에 대한 완전한 검토 결과를 제공하지 않는다. 오히려 저자들은 독자가 배경 정보와 최근의 메타 분석 방법에 대한 자세한 설명을 위해 다음 자료를 참조할 것을 권장한다. Schmidt & Hunter(2015); Schmidt(1992); Hunter & Schmidt(1990, 2004); Lipsey & Wilson(1993); Bangert-Drowns(1986); Schmidt, Hunter, Pearlman & Rothstein-Hirsh(1985).

가설 및 연구 특성

이러한 메타 분석을 위해 조사된 가설은 다음과 같다.

가설 1: 사업 단위 수준의 직원 몰입도는 고객 충성도·생산성·수익성 등의 사업 단위 성과와 양의 상관관계를 가지며, 이직률·직원 안전사고(사고)·결근율·도난율·환자 안전사고(사고 및 낙상), 품질(결함)과는 음의 상관관계를 가질 것이다.

가설 2: 몰입도와 사업 단위 성과 간의 상관관계는 모든 사업 단위 성과에 대해 조직 전반에서 일반화될 것이다. 즉 이러한 상관관계는 조직마다 크게 다르지 않을 것이다. 특히 가설 1과 정반대의 상관관계를 보이는 조직은 거의 없을 것이다.

갤럽의 추론 데이터베이스에는 230개의 독립 기관을 대상으로 한 갤럽만의 독점 연구 339건이 포함되어 있다. 각 Q12에는 1개 이상의 Q12 항목이 사용되었다(1997년부터 시작된 표준 정책의 일환으로 모든 항목이 모든 연구에 포함된다). 데이터는 사업 단위 수준에서 집계되었으며, 다음의 총계는 사업 단위 성과 조치와 상관관계가 있다.

- 고객 지표(고객 충성도라고도 함)
- 수익성
- 생산성
- 퇴직률
- 직원 안전사고
- 결근율
- 도난율
- 환자 안전사고
- 품질(결함)

즉 이러한 분석에서 그 단위는 개별 직원이 아닌 사업·업무 단위였다.

상관관계(r값)를 계산해 직원 몰입의 사업·업무 단위 평균 측정치(Q12 항목의 평균)와 이 아홉 가지 일반 결과들 사이의 관계를 추정했다. 각 회사의 사업·업무 단위 간 상관관계를 계산해 상관계수를 데이터베이스에 입력했다. 그런 다음 연구자들은 9개 사업·업무 단위 성과 측정치 각각에 대한 평균 타당도, 타당도의 표준편차 및 타당도 일반화 통계를 계산했다.

이전의 메타 분석과 마찬가지로 일부 연구는 공인 타당도 연구였는데, 여기서 몰입과 성과가 대략 같은 기간에 측정되거나 몰입 측정이 성과 측정에 약간 뒤처졌다(왜냐하면 몰입은 비교적 안정적이고 최근의 차이이기 때문이다. 이러한 연구들을 '공인'이라고 한다). 예측 타당도 연구는 몰입을 먼저 측정하고 성과를 나중에 측정하는 것을 포함한다. 이 메타 분석에 포함된 조직의 50%에 대해 '예측' 타당도 추정치를 얻었다.

본 연구는 메타 분석적 경시적 자료, 다중 변수의 고려 및 경로 분석으로 가장 잘 다루어지는 인과관계의 문제를 직접적으로 설명하지 않는다. 인과관계의 문제는 다른 출처에서 광범위하게 논의되고 검토된다(Harter, Schmidt, Asplund, Killham & Agrawal, 2010). 인과관계 연구 결과는 몰입과 재무 성과가 상호 연관성이 있긴 하지만, 몰입은 재무 성과보다 더 강력한 예측 변수임을 시사한다. 몰입과 재무 성과의 관계는 고객 인식 및 직원이 회사에 남아 있을 확률과 같은 다른 결과와의 인과관계와 연관되는 것으로 보인다. 즉 재무 성과는 고객 인식 및 인재 유지와 같은 단기 결과의 몰입 정도에 영향을 받는 후속 결과이다.

현재의 메타 분석에 대한 연구를 수행해 각 분석에서 각 조직을 한 번씩 나타내도록 했다. 따라서 여러 조직에 관해 복수의 연구가 진행되었다. 연구에 표시된 각 조직에 대해 가능한 한 최선의 정보를 포함하도록 몇 가지 기본 규칙을 사용했다. 동일한 클라이언트에 대해 2개의 연구를 동시에 수행한 경우(즉 같은 해에 Q12와 결과 데이터를 동시에 수집한 경우) 여러 연구에 걸친 가중 평균 효과 크기를 해당 조직에 대한 값으로 입력했다. 만약 조직이 하나의 동시 연구와 하나의 예측 연구를 가지고 있는 경우(Q12가 1년 차에 수집되고 2년 차에 결과를 추적한 경우) 예측 연구에서의 효과를 입력했다. 한 조직이 다량의 예측 연구를 가지고 있는 경우 이러한 연구에서 상관관계의 평균을 입력했다. 만약 한 조직에 대한 반복적 연구에서 표본 크기가 상당히 다양할 경우 표본 크기가 가장 큰 연구를 사용했다.

- 94개 기관에 대해 사업부 직원의 인식과 고객 인식의 관계를 조사한 연구도 있었다. 고객 인식은 고객 지표와 환자 지표 그리고 교사의 학생 평가를 포함했다. 이러한 지표는 충성도, 만족도, 서비스의 우수성, 클레임 품질에 대한 고객 평가, 고객 충성도 및 몰입의 척도를 포함했다. 연구의 가장 큰 표현에는 충성 지표(예: 고객의 충성 또는 반복 사업)가 포함되었으므로 이 연구에서는 고객 지표를 고객 충성도로 언급했다. 계기는 연구마다 달랐다. 고객 충성도의 일반적 지수는 각 척도에 포함된 항목의 평균 점수였다. 고객과 고객에게 충성하는 조직 사이의 감정적 연결을 측정하는 선택 지표로서 '고객 몰입'을 선택하는 연구의 수가 증가하고 있다. 직원과 고객과의 상호작용에 대한 자세한 내용은 Fleming, Coffman & Harter(2005)와 Harter, Asplund & Fleming(2004)을 참조하라.
- 85개 기관에 대해 수익성 연구가 이루어졌다. 수익성의 정의는 일반적으로 영업이익률이었다. 여러 회사에서 연구자들은 전년

도와의 점수 차이 또는 예산 금액과의 차이를 사용했는데, 이는 이것이 각 단위의 상대적 성과를 보다 정확하게 측정하기 때문이다. 이와 같이 수익성 수치가 한 단위에서 다음 단위로 비교 가능성이 낮을 때 기회(위치)에 대한 통제를 사용했다. 예를 들어 이익을 사업 단위의 수익으로 나눈 다음, 이 비율에서 예산 비율을 뺀 차이 변수를 포함했다. 또는 위치 변수가 사업부 단위의 정확한 비교와 관련이 있다고 판단될 때 부분 상관관계를 계산한 경우도 있다. 모든 경우에서 수익성의 변수는 이윤의 척도였고, 생산성의 변수(그다음에 오는 것)는 산출된 금액의 척도였다.

- 140개 기관에서 생산성 연구를 진행했다. 사업 단위 생산성 측정은 재무(예: 1인당 매출/매출액), 생산량(제조량), 프로그램 등록자 수, 시간당 인건비, 예산, 교차 판매, 성과 등급 또는 학생 성취도 점수(3개 교육기관) 중 하나로 구성되었다. 몇 가지 경우 이것은 이분법적 변수였다(상위 성과 사업 단위=2; 덜 성공적인 사업 단위=1). '생산성'에 포함된 변수는 매출이나 수익 또는 매출 및 수익 증대에 대한 재무적 척도였다. 수익성과 마찬가지로 많은 경우 연구자들은 재무적 결과를 성과목표나 전년도 수치와 비교하거나, 사업 단위의 위치로 인한 차등적인 사업 기회를 통제하거나, 부분적인 상관관계를 명시적으로 계산하는 것이 필요했다.
- 106개 기관의 이직률 데이터를 이용했다. 이직률은 각 사업 단위의 직원 이직 비율이다. 대부분 자발적 이직이었으며, 이들을 분석했다.
- 53개 기관의 안전 데이터를 이용했다. 안전 조치에는 사건이나

근로자의 보상 청구(사고 및 비용), 사건 수 또는 사고로 인해 손실된 근무일 비율, 업무일 손실 비율이 포함되었다.

- 30개 기관의 결근율 데이터를 이용했다. 결근자 조치에는 각 업무 부서의 1인당 평균 결근일 수를 총 작업일 수로 나눈 것이 포함되었다. 여기에는 병가일 측정률, 시간 측정률 혹은 총결근율이 포함되었다.
- 11개 기관에서 도난율을 측정했다. 도난율은 직원의 절도나 고객의 절도 또는 상품이 분실되었을 경우 분실 상품의 금액이다. 도난율은 총수익의 백분율 또는 예상 목표와의 차로 계산했다.
- 9개 의료기관에서 환자의 안전을 위한 조치를 제공했다. 환자 안전사고 측정은 낙상 사고 수(전체 환자의 백분율), 의료 과실 및 감염률, 위험 조정 사망률에 따라 다양했다.
- 16개 조직은 품질 측정을 제공했다. 대부분의 조직에서 품질은 판매 불가·반품 제품·저품질·폐품·운용 효율 및 검사당 불합격율(제조업), 고장 정지(공용 시설에서), 징계 조치, 예치 정확도(재무), 기타 품질 관련 점수 기록을 통해 측정했다. 품질 지표의 대다수는 (수치가 높을수록 성능이 나빠지는) 결함에 대한 척도였기 때문에 효율성과 품질 점수의 척도는 역코딩되어 모든 변수가 동일한 추론 해석을 수행했다.
- 전체 연구에는 188만 2,131명의 독립적인 직원 응답을 포함했으며, 230개 기관의 8만 2,248개 독립적 사업·업무 단위가 참여했다. 또한 사업 단위당 평균 23명의 직원과 조직당 358명의 사업·업무 단위를 포함했다. 본 연구는 230개 기관에 걸쳐

339건의 연구 조사를 실시했다.

- 〈표 1〉은 산업별로 분류된 조직을 요약한 것이다. 49개 산업의 조직이 연구를 제공함에 따라 대표되는 산업 유형에 상당한 차이가 있음은 명백하다. (SIC 코드를 통한) 각 정부 산업 분류를 대표로 연구했으며, 서비스·소매·제조 및 금융 산업에서 가장 많은 수의 조직이 참여했다. 그 가운데 금융과 소매업에 종사하는 사업 단위가 가장 많다. 특정 산업 분류 중에서 가장 많이 등장한 사업 단위는 (사업부 수 기준으로) 재무-예금, 서비스-건강, 소매-의약품, 소매-식품, 교통·공공사업-통신, 금융-보험, 제조-제약 및 소매, 기타 순이었다.

〈표 1〉 산업별 연구 요약

업종	조직 수	사업·업무 단위 수	응답 수
금융: 상업은행	2	996	7,419
금융: 신용	2	59	581
금융: 예금	21	16,320	176,430
금융: 보험	6	4,219	53,581
금융: 대출	1	27	985
금융: 비예금	1	94	2,038
금융: 보안	4	797	25,833
금융: 거래	1	73	1,530
제조: 항공기	1	3,411	37,616
제조: 건축자재	1	8	1,335
제조: 화학물질	1	928	8,203
제조: 컴퓨터 및 전자 제품	3	239	27,002
제조: 소비재	4	235	7,007

제조: 식품	5	300	21,317
제조: 유리	1	5	1,349
제조: 산업 장비	1	89	639
제조: 기기	7	105	2,112
제조: 기타	3	396	12,478
제조: 종이	1	60	17,243
제조: 제약	5	4,103	39,575
제조: 플라스틱	1	133	938
제조: 인쇄	2	35	716
제조: 선박 건조	3	882	134,297
자재 및 건설	4	1,270	29,932
개인 서비스: 미용실	1	424	3,226
부동산	3	199	5,964
소매: 자동차	4	261	13,614
소매: 건축자재	3	1,158	65,001
소매: 옷	4	1,055	28,937
소매: 백화점	2	816	6,594
소매: 식사	6	736	37,191
소매: 전자	6	1,483	104,273
소매: 엔터테인먼트	1	106	1,051
소매: 음식	5	6,204	97,049
소매: 산업 장비	1	11	484
소매: 기타	10	4,076	157,602
소매: 제약	2	7,321	138,428
서비스: 비즈니스	3	645	10,309
서비스: 교육	7	459	10,746
서비스: 정부	4	240	8,336
서비스: 건강	61	12,619	281,995
서비스: 병원	8	958	156,678
서비스: 양로원	1	353	26,582

서비스: 레크리에이션	1	14	288
서비스: 사회 서비스	2	1,525	16,920
교통·공공사업: 통신	7	4,234	45,506
교통·공공사업: 전기, 가스 및 위생 서비스	5	1,740	20,318
교통·공공사업: 안전한 폐기물 처리	1	727	28,600
교통·공공사업: 트럭 운송	1	100	6,213
총 금융	38	22,585	268,397
총 제조	39	10,929	311,897
총 자재 및 건설	4	1,270	29,932
총 개인 서비스	1	424	3,226
총 부동산	3	199	5,964
총 소매	44	23,227	650,224
총 서비스	87	16,813	511,854
총 교통·공공사업	14	6,801	100,637
합계	230	82,248	1,882,131

〈표 2〉는 사업·업무 단위 유형별로 정렬한 조직을 요약한 것이다. 상점에서 공장, 부서, 학교에 이르기까지 사업·업무 단위 유형에는 상당한 차이가 있다. 전체적으로 23가지 유형의 사업·업무 단위로 대표할 수 있다. 가장 많은 수의 조직이 작업 그룹, 상점 및 은행 지점에 관한 연구를 했다. 마찬가지로 작업 그룹, 상점 및 은행 지점은 사업·업무 단위에 대한 비례적 대표성이 가장 높다.

〈표 2〉 업종별 연구 요약

업종	조직 수	사업·업무 단위 수	응답 수
은행 지점	19	16,276	183,926
콜센터	3	1,120	19,667

콜센터 부서	4	120	2,409
보육원	1	1,499	14,302
비용센터	15	3,589	73,929
컨트리	1	26	2,618
대리점	4	261	13,614
부서	12	2,347	33,275
분과	3	716	134,703
시설	2	1,080	55,182
병원	6	782	53,307
호텔	6	563	149,158
야외 촬영지	8	163	8,904
쇼핑센터	2	166	3,790
요양실	8	2,399	49,122
공장	8	776	47,920
지역	2	113	13,520
레스토랑	5	373	21,183
영업부	6	391	21,722
영업팀	6	420	27,543
학교	6	409	10,496
상점	35	22,228	605,728
작업 그룹	68	27,433	336,113
합계	230	82,248	1,882,131

사용한 메타 분석 방법

분석에는 실제 타당도에 대한 가중 평균 추정치, 타당도의 표준편차 추정치, 표본추출상의 오류, 종속변수의 측정오차, 이러한 타당도에 대한 독립변수Q12, GrandMean의 범위 변동 및 제한에 대한 보정이 포함되었다. 독립변수 측정오차를 보정하기 위해 추가 분석을 수행했다. 메타 분석의 가장 기본적인 형태는 표본오차에 대해서만 분산 추정치를 수정했다. Hunter & Schmidt(1990, 2004)와 Schmidt & Hunter(2015)가 추천한 다른 수정은 수집한 성능 변수의 범위 제한 및 측정 오류와 같은 측정·통계적 인위 구조 수정을 포함했다. 이어지는 섹션에는 앞서 언급한 절차의 정의가 수록되어 있다.

갤럽의 연구원들은 여러 기간 동안 성능 변수 데이터를 수집해 성능 측정치의 신뢰도를 계산했다. 이러한 다중 측정은 각 연구에서는 사용할 수 없었기에 연구원들은 인위 구조 분포 메타 분석 방법(Hunter & Schmidt, 1990, pp.158~197; Hunter & Schmidt, 2004)을 사용해 성능 변수의 측정오차를 수정했다. 인위 구조 분포는 다양한 연구에서 얻은 검사-재검사 신뢰도에 기초했다. 사업·업무 단위 성과-측정 신뢰도를 계산하기 위해 수행한 절차는 Schmidt & Hunter(1996)의 시나리오 23과 일치했다. 결과의 일부 변화(안정성)가 실제 변화의 함수임을 고려하기 위해 다음 공식을 사용해 검사-재검사 신뢰도를 계산했다.

$$(r_{12} \times r_{23})/r_{13}$$

여기서 r_{12}는 시간 1에서 측정한 결과와 시간 2에서 측정한 동일한 결과의 상관관계이고, r_{23}은 시간 2에서 측정한 결과와 시간 3에서 측정한 결과의 상관관계이며, r_{13}은 시간 1에서 측정한 결과와 시간 3에서 측정한 결과의 상관관계이다.

위의 공식은 측정 오류, 데이터 수집 오류, 표본추출상의 오류(주로 고객 및 품질 측정에서) 및 결과 측정의 통제할 수 없는 변동에 따른 사업 단위 결과의 무작위 변경으로 인한 실제 변경(1~2 또는 2~3 기간 동안 발생할 가능성이 더 크다)을 도출한다. 일부 추정치는 분기별 데이터에 사용할 수 있었고, 일부는 반년간의 데이터에 대한 추정치와 연간 데이터에 대한 추정치를 사용할 수 있었다. 이 메타 분석에 사용된 인위 구조 분포의 평균 기간은 각 기준 유형의 연구 전체 평균 기간과 일치했다. 신뢰성을 위한 인위 구조 분포는 고객, 수익성, 생산성, 이직률, 안전성 및 품질 측정을 위해 수집했다. 그러나 결근율, 도난율, 환자 안전은 이 연구 당시에는 이용할 수 없었기에 수집하지 않았다. 따라서 결근율, 도난율, 환자 안전에 대한 가정된 신뢰성은 1.00으로, 하향 편중된 참타당도 추정치(여기서 보고된 타당도 추정치는 현실보다 낮다)가 되었다. 이 3가지 변수에 대한 인위 구조 분포는 향후 사용 가능할 때 추가할 것이다.

독립변수(Q12에 의해 측정된 직원 몰입도)가 결과를 예측하기 위해 실제로 사용되고 있기에 실무자는 사용 중인 기구에 신뢰를 가져야 한다. 그러나 독립변수의 측정오차를 수정하면 실제 구조(진점수)가 서로 어떻게 관련되는지에 관한 이론적 질문에 답할 수 있다. 따라서 독립변수의 신뢰도를 수정하기 전후의 분석을 제시한다.

범위 변동과 범위 제한을 수정할 때 그러한 수정이 필요한지의 여부와 관련해 고려해야 할 기본적인 이론적 질문들이 있다. 인사 선택에서 범위 제한에 대해 타당도를 정기적으로 교정해야 하는 이유는 입사 지원자를 선정할 때 일반적으로 예측 변수에서 가장 높은 점수를 받는 사람을 선택하기 때문이다. 이는 관찰된 상관관계를 하향 편향(즉 감쇄)시키는 명시적인 범위 제한을 초래한다. 그러나 직원 만족도나 몰입도 부분에서는 직장에서의 결과를 연구하기 때문에 명시적인 범위 제한이 없다고 주장할 수 있을 것이다. 작업 단위는 예측 변수(Q12 점수)에 따라 선정되지 않는다.

그러나 우리는 몰입 표준편차에는 기업마다 차이가 있음을 발견했다. 이러한 변화가 발생하는 이유 중 하나는 기업이 직원 만족도와 몰입도를 장려하는 방법과 그들이 공통 가치 및 공통 문화를 가지고 있는지 여부에 따라 다르기 때문이다. 따라서 연구 조직 전체 사업 단위 모집단의 표준편차는 일반적인 회사 내의 표준편차보다 클 것이다. 이러한 기업 간 표준편차의 변화는 간접 범위 제한(직접 범위 제한과는 대조적으로)으로 생각할 수 있다. 이 메타 분석에는 개선된 간접 범위 제한 보정이 통합되었다(Hunter, Schmidt & Le, 2006).

갤럽은 Q12 개발 이후 3천만 명 이상의 응답자, 340만 개의 사업 단위나 직장 집단, 1,165개의 조직에 대한 설명 자료를 수집했다. 이 데이터 축적은 특정 회사 내의 표준편차가 모든 사업·업무 단위 모집단의 표준편차인 약 10분의 8임을 나타낸다. 또한 모집단의 값에 대한 상대적 특정 조직의 표준편차 비율은 조직마다 다르다. 따라서 모든 사업 단위 모집단의 효과 크기(이론적으로 중요한 문제)를 추정하는 것이 목표라면 그러한 이용 가능한 데이터를 바탕으로 수정해야 한다. 관찰된 데이터를 보면 사업·업무 단위 전반에 걸쳐 변동성이 모집단의 평균보다 낮은 조직의 경우 상관관계가 약화되며, 그 반대도 마찬가지이다. 이와 같이 조직 간 표준편차의 변동성은 관찰 상관관계의 변동성을 생성하므로 타당도의 일반화 가능성을 해석하는 데 있어 수정 가능한 인위 구조가 된다.

Harter & Schmidt(2000)의 부록은 메타 분석에 사용되는 범위 제한·변량 보정에 대한 아티팩트artifact 분포를 제공한다. 이러한 아티팩트 분포는 2009년에 상당히 업데이트되었으며, 이 메타 분석은 이 업데이트를 포함한다.

우리는 무작위로 선정된 100개의 조직을 현재 아티팩트 분포에 포함시켰다. 크기가 증가했기 때문에 표는 이 보고서에 포함시키지 않았다. 그것들은 이전의 연구에서 보고된 것과 유사하지만, 더 많은 수의 항목이 포함되어 있다. 다음 발췌문은 인위 구조 분포를 사용해 수행한 메타 분석의 개요이다.

주어진 메타 분석에서 아티팩트 정보가 산발적으로만 이용 가능한 인위 구조가 몇 가지 있을 수 있다. 예를 들어 측정오차와 범위 제한만이 표본추출상의 오류를 넘어서는 유일한 관련 아티팩트라고 가정해보자. 이러한 경우 일반적인 인위 구조 분포에 기반한 메타 분석은 다음 세 단계에 걸쳐 수행된다.

① 관측된 상관관계 분포, 독립변수의 신뢰도 분포, 종속변수의 신뢰도 분포, 범위 이탈 분포, 이 4가지 분포에 관한 정보를 정리한다. 그렇게 함으로써 일련의 연구에서 수집한 4가지 수단과 4가지 분산을 정리할 수 있다. 각 연구는 포함한 모든 정보를 제공한다.

② 표본오차에 대한 관측된 상관관계의 분포를 보정한다.

③ 표본추출상의 오류에 대한 보정된 분포는 측정오차 및 범위 변동 오류로 수정된다(Hunter & Schmidt, 1990, pp.158~159; Hunter & Schmidt, 2004).

본 연구에서는 관측된 상관관계부터 시작해 표본오차, 측정오차 그리고 마지막으로 범위 변동을 수정해 각 분석 수준에서 통계를 계산하고 보고했다. 조직 내 범위 변동 보정(타당도의 일반화 추정치를 보정하기 위해)과 조직 범위 제한 수정(조직 간 변동 차이를 보정하기 위해)이 모두 이루어졌다. 조직 간 범위 제한 보정은 몰입이 모든 조직 내 사업·업무 단위에서의 업무 성과와 어떻게 관련되는지 이해하는 데 적절하다. 앞서 이야기했듯이 우리는 이 메타 분석에 간접 범위 제한 보정 절차를 적용했다(Hunter et al., 2006).

메타 분석에는 평균 표본 크기 가중 타당도와 상관관계 간의 분산 추정치가 포함되었으며, 각 타당도는 표본 크기에 따라 다시 가중치를 부여했다. 또한 표본오차에 근거한 가중 상관관계에 대해 예측된 분산의 양도 계산했다. 다음은 이전에 언급한 기법인 Hunter et al.(2006)의 기법을 사용해 '요점' 메타 분석의 표본추출상 오류로 예측되는 분산을 계산하는 공식이다.

$$S_e^2=(1-\bar{r}^2)^2/(\bar{N}-1)$$

표본오차에 의한 분산량, 종속변수 측정오차의 연구 차이에 의한 분산량, 관측된 분산과의 범위 변화 연구 차이에 의한 분산량을 감산해 잔차 표준오차를 산출했다. 표준편차의 실제 타당도를 추정하기 위해 평균 신뢰도와 평균 범위 제한으로 인한 편차에 대해 잔차 표준오차를 조정했다. 표본추출상의 오류, 측정오차, 범위 변동으로 인한 분산은 관측된 분산으로 나누어 계산한 총백분율 분산을 계산했다.

일반적으로 연구 전반에 걸친 타당도 분산의 높은 백분율(예: 75%)이 표본오차 및 기타 아티팩트 때문일 때, 혹은 90% 신뢰도값(실제 타당도 분포의 열 번째 백분위수)이 가설을 지지한 경우에 일반화를 가정한다. Harter et al.(2002); Harter et al.(2006); Harter et al.(2009); Harter et al.(2013)의 경우와 같이 이 계산은 관리자가 복수의 결과를 동시에 관리하고 있으며, 각 결과가 성과의 전반적 평가에서 어느 정도 차지하고 있다고 가정한다. 또한 복합성능지수와의 상관관계를 계산하기 위해 신뢰도 분포와 결과 측정치의 상관성을 이용한 모지에Mosier(1943) 공식을 통해 복합 측정치의 신뢰도를 측정했다(Harter et al., 2002). 환자 안전은 산업별 변수이기 때문에 환자 안전과 보다 일반적인 '안전' 범주가 결합해 있다. 복합 지표의 신뢰도는 0.91이다.

종합적 성과는 고객 충성도, 이직률(유지력 역점수), 안전(사고 및 환자 안전사고 역점수), 결근율(역점수), 도난율(역점수), 재무(수익성과 생산성이 동등하게 가중된) 및 품질(역점수)의 가중합으로 측정했다. 또한 고객 충성도, 이직률(유지력 역점수), 안전(사고 및 환자 안전사고 역점수), 결근율(역점수), 도난율(역점수), 품질(역점수) 등 가장 직접적인 몰입 결과에 동등하게 가중치를 부여한 합으로 복합 성능을 계산했다. 이 복합 변수의 신뢰도는 0.89이다.

본 연구에서는 Schmidt & Le(2004)의 메타 분석 패키지(간접 범위 제한을 보정한 인위 구조 분포 메타 분석 프로그램)를 사용했다. 프로그램 패키지는 Hunter & Schmidt(2004)를 참조하라.

결과

이 보고서에 대한 분석의 초점은 전체 직원 몰입(동등하게 가중된 Q12 전체 평균으로 정의함)과 다양한 결과 사이의 관계에 있다. 〈표 3〉은 아홉 가지 연구 결과에 대한 직원 몰입과 성과 사이의 관계를 업데이트한 메타 분석 및 타당도 일반화 통계이다. 2가지 형태의 참타당도 추정은 관측된 상관관계와 표준편차를 따른다. 첫 번째는 조직 내 범위 변동 및 종속변수 측정 오류에 대한 보정 사항이다. 이러한 범위 변동 보정은 모든 조직을 사업·업무 단위 간 직원 몰입의 가변성 측면에서 동일한 기준으로 배치한다. 이러한 결과는 평균 조직 내 사업·업무 단위 간의 관계를 추정하는 것으로 볼 수 있다. 두 번째는 사업·업무 단위 집단에 걸친 범위 제한 및 종속변수 오류에 대한 수정이다. 후자의 범위 제한 보정을 포함하는 추정치는 주어진 조직 내에서 예상되는 효과와는 달리 조직 전체의 사업·업무 단위 효과 해석에 적용된다. 평균적인 조직 내에서보다 조직 전체에서의 사업·업무 단위에 대한 몰입도의 차이가 더 크기 때문에 효과 크기는 조직 전체의 사업·업무 단위에 대한 진정한 타당도 추정치를 계산할 때 더 큰 값이 나온다고 할 수 있다.

예를 들어 고객 충성도 기준과 관련된 추정치를 보면 조직 간 범위-제한 보정(일반 조직 내의 효과와 관련이 있다)이 없으면 직원 몰입의 참타당도값은 0.21이며, 90% 신뢰도값cv은 0.14이다. 조직 간 범위-

제한 보정(조직 전체의 사업·업무 단위와 관련이 있다)을 이용하면 직원 몰입의 참타당도값은 0.28이며, 90% 신뢰도값은 0.19이다.

선행 연구와 마찬가지로 이 조사 결과는 직원 몰입과 고객 지표, 수익성, 생산성, 이직률, 안전, 도난율 및 품질(결함) 결과 사이의 관계에서 조직 전반에 걸쳐 높은 일반성을 보였다. 조직 간 상관관계의 변동성은 대부분 개별 연구에서의 표본오차 결과였으며, 이 7가지 결과 각각에 대해 조직 간 상관관계 변동성의 75% 이상이 인위 구조(표본추출상의 오류, 범위 변동 및 측정오차)에 기인할 수 있다. 즉 실제 타당도는 매우 유사하며, 각 조직의 연구 결과와 유사성을 보였다. 나머지 2가지 결과(결근율, 환자 안전)의 경우 결과는 가정된 방향의 90% 신뢰도값으로 표시된 것처럼 연구 대상인 조직 전체에서 높은 일반성을 나타낸다. 그러나 타당도 분포는 가정된 방향에 있음에도 불구하고 다른 결과보다 더 다양하다. 효과의 방향은 예측 가능하지만, 조마다 효과의 크기는 다소 다르다. 인위 구조는 직원 몰입과 이 2가지 결과의 상관관계에 대한 모든 차이를 설명하지는 않는다. 이는 이러한 결과에 대한 신뢰도 추정치가 부족하기 때문일 수 있다.

아쉽게도 우리는 아직 이 2가지 결과에 대한 신뢰도 추정치를 얻지 못했다. 일단 신뢰도 추정을 이용할 수 있게 되고 메타 분석에 더 많은 연구를 추가하게 되면 향후 연구를 통해 이를 밝혀낼 수 있을 것이다. 그럼에도 불구하고 90% 신뢰도값은 9개의 연구 결과 모두에 대해 일반화의 실질적 증거를 나타낸다(Schmidt & Hunter, 1977). 이는 직원 몰입의 Q12 측정치가 여러 산업 및 국가의 직원 몰입도를 포함해 조직 전체의 예상 방향에서 이러한 결과를 효과적으로 예측

〈표 3〉 직원 몰입과 사업 단위 성과 간의 메타 분석

	고객 충성도	수익성	생산성	이직률	안전사고	결근율	도난율	환자 안전사고	품질(결함)
사업 단위 수	20,679	31472	45,328	43,987	43,987	11,460	4,514	1,378	2,320
r의 수	94	85	140	106	106	30	11	9	16
관측된 r 평균	0.16	0.10	0.14	−0.10	−0.10	−0.16	−0.09	−0.42	−0.16
관측된 SD	0.09	0.07	0.08	0.06	0.06	0.09	0.06	0.14	0.1
참타당도[1]	0.21	0.10	0.16	−0.15	−0.15	−0.16	−0.09	−0.42	−0.16
참타당도 SD[1]	0.05	0.04	0.04	0.01	0.01	0.05	0.03	0.08	0.04
참타당도[2]	0.28	0.14	0.21	−0.20	−0.20	−0.22	−0.12	−0.53	−0.22
참타당도 SD[2]	0.07	0.05	0.05	0.06	0.01	0.07	0.04	0.08	0.05
표본오차에 대한 % 분산	51	59	59	62	62	34	60	23	69
% 분산[1]	80	76	76	98	98	60	75	71	88
% 분산[2]	80	77	77	98	98	60	75	71	88
90% CV[1]	0.14	0.06	0.06	−0.13	−0.13	−0.09	−0.05	−0.32	−0.12
90% CV[2]	0.19	0.08	0.08	−0.18	−0.18	−0.12	−0.06	−0.42	−0.16

• r = 상관관계 • SD = 표준편차 • CV = 신뢰도값

1=조직 내 범위 변동 및 종속변수 측정 오류에 대한 보정 포함

2=사업 · 업무 단위 모집단에 대한 범위 제한 및 종속변수 측정 오류에 대한 보정 포함

한다는 것을 의미한다.

요약하자면 〈표 3〉에 나타난 복합적 관여도 측정의 경우 고객 충성도, 생산성, 이직률, 안전사고, 결근율, 환자 안전사고, 품질에 대해 가장 강한 영향을 미치는 것으로 나타났다. 수익성과 도난율 기준에 비해 상관관계는 긍정적이고 일반적인 반면, 규모는 약간 작았다. 수익성의 경우 고객 충성도, 생산성, 이직률, 안전사고, 결근율, 도난율, 환자 안전사고, 품질 등의 변수에 의해 간접적 영향을 받을 가능성이 높다. 생산성 변수에는 다양한 사업·업무 단위 생산성 측정치가 포함되어 있으며, 그중 대다수는 판매 데이터이다. 메타 분석(매출과 이익)에 포함된 2가지 재무 변수 중 몰입도는 매출과 가장 높은 상관관계를 보였다. 이는 아마도 일상적인 직원 몰입이 고객 인식, 이직률, 품질 및 판매와 가까운 다른 변수에 영향을 미치기 때문일 것이다. 사실 이것이 우리가 인과관계 분석에서 경험적으로 발견한 것이다(Harter et al., 2010). 도난율의 경우 도난 및 손상된 상품을 포함한 많은 요인이 상품 감소율에 영향을 미치기 때문에 상관관계가 다소 낮을 수 있다. 다음 섹션에서는 관찰된 관계의 실용성에 대해 살펴볼 것이다.

Harter et al.(2002)의 경우처럼 우리는 직원 몰입과 복합 성과와의 상관관계를 계산했다. 앞에서 정의한 바와 같이 〈표 4〉는 관찰된 상관관계, 종속변수 측정 오류에 대한 보정, 회사 간 종속변수 측정 오류 및 범위 제한에 대한 수정, 종속변수 측정 오류, 범위 제한 및 독립변수 측정 오류에 대한 보정 등 4가지 분석에 대한 상관관계(진점수 상관관계)와 d값을 제공한다.

〈표 4〉 직원 몰입과 복합 사업 단위 성과와의 상관관계(모든 결과)

분석	몰입과 성과 간의 상관관계
측정된 r	0.27
d	0.44
종속변수 측정오차에 대해 수정된 r	0.28
d	0.46
기업 간 종속변수 측정오차 및 범위 제한에 대해 수정된 r	0.36
d	0.60
종속변수 측정오차, 범위 제한 및 독립변수 측정오차에 대해 수정된 ρ	0.43
δ	0.73

• r = 상관관계
• d = 표준편차 단위의 차이
• ρ = 진점수 상관관계
• δ = 표준편차 단위의 진점수 차이

이전의 메타 분석과 마찬가지로 〈표 4〉에 제시된 효과 크기는 직원 몰입과 복합 성과 사이의 실질적 관계를 나타낸다. 2013년 메타 분석과 일관되게 기업 내 몰입에 대한 상위 절반의 사업 단위는 하위 절반의 사업 단위에 비해 표준편차 단위 0.46의 높은 복합 성과를 보인다. 기업 전체에서 상위 절반의 사업 단위는 하위 절반의 사업 단위에 비해 표준편차 단위 0.60의 높은 복합 성과를 가지고 있다.

모든 가능한 연구 아티팩트(진점수 관계 검토)를 보정한 후, 상위 절반의 사업 단위는 직원 몰입에 대한 하위 절반의 사업 단위보다 표준편차 단위 0.73으로 복합 성과가 더 높다. 이는 모든 사업 단위에서 시간이 지남에 따라 예상되는 진점수 효과이다.

앞서 언급했듯이 일부 결과는 직원 몰입의 직접적 결과(이직률, 고객 충성도, 안전사고, 결근율, 도난율 및 품질)이며, 그 밖의 결과는 중간 결과(매출 및 이익)의 하위 결과(매출)에 더 가깝다. 이러한 이유로 우리는 또한 단기 성과와의 복합적인 상관관계를 계산했다. 〈표 5〉는 직원 몰입과 복합 성과 사이의 실질적 관계를 나타낸다. 관측된 상관관계와 d값은 〈표 4〉에 보고된 것과 거의 같은 크기지만, 약간 낮다(직접 결과가 모든 성능 기준 공간을 차지하지 않기 때문에 가장 가능성이 크다).

기업 내 몰입에 대한 상위 절반의 사업 단위는 하위 절반의 사업 단위에 비해 직접 결과에 대한 0.44 표준편차 단위의 높은 성과를 보였다. 기업 간 차이는 0.57 표준편차 단위이다. 모든 아티팩트 보정 후의 차이는 0.69 표준편차 단위이다.

〈표 5〉 직원 몰입과 복합 사업·업무 단위 성과 사이의 상관관계: 직접 결과(고객 충성도, 이직률, 안전, 결근율, 도난율, 품질)

분석	몰입과 성과 간의 상관관계
측정된 r	0.25
d	0.41
종속변수 측정오차에 대해 수정된 r	0.27
d	0.44
종속변수 측정오차, 범위 제한 및 독립변수 측정오차에 대해 수정된 r	0.34
d	0.57
종속변수 측정오차, 범위 제한 및 독립변수 측정오차에 대해 수정된 ρ	0.41
δ	0.69

- r = 상관관계
- d = 표준편차 단위의 차이
- ρ = 진점수 상관관계
- δ = 표준편차 단위의 진점수 차이

효용 분석: 효과의 실용성

효용 분석

과거에는 직무 만족도와 성과의 관계에 대한 연구는 보고된 관계의 효용 분석에 제한되었었다. 상관관계가 갖는 잠재적 효용성을 노력하기보다 이는 종종 사소한 것으로 치부되어왔다. 갤럽의 연구원들은 Q12에 사업·업무 단위 내의 지역 관리자와 다른 사람들이 변화시킬 수 있는 항목들을 포함하고 있다. 따라서 잠재적 변화의 실용성을 이해하는 것은 매우 중요하다.

연구 문헌에는 종종 수치적으로 작거나 중간 정도의 효과임에도 불구하고 실제로는 큰 효과로 해석된다는 증거가 포함되어 있다(Abelson, 1985; Carver, 1975; Lipsey, 1990; Rosental & Rubin, 1982; Sechrest & Yeaton, 1982). 〈표 6〉에서 볼 수 있듯이 이러한 경우가 그렇다. 본 연구에서 참조한 효과 크기는 다른 연구에서 참조한 실제 효과 크기와 일치하거나 그 이상이다(Lipsey & Wilson, 1993).

효과가 실용적 가치를 지니고 있음을 보여주는 더 직관적인 방법으로는 이항분포 표현 방식, 즉 BESD가 있다(Rosental & Rubin, 1982; Grissom, 1994). BESD는 일반적으로 치료의 성공률을 대조군과 비교해 관심 결과 변수의 중앙값보다 높은 백분율로 나타낸다. 이 BESD는 본 연구 결과에 적용할 수 있다. 〈표 6〉은 '직원 몰입(Q12) 종합 측정값에 대한 높은 점수'/'낮은 점수의 사업·업무 단위의 복합 성과에 대한 중간값 이상의 사업 단위' 비율을 보여준다. 실제 타당도 추정치(종속변수에 한해 측정오차 보정)는 조직 내/조직 전체에서 사업·업무 단위 분석을 위해 사용되었다.

〈표 6〉에서 볼 수 있듯이 상위 절반과 하위 절반 사이에 의미 있는 차이가 있음을 알 수 있다. 상위 절반은 Q12에서 가장 높은 50%의 사업·업무 단위 평균 점수로 정의되며, 나머지 사업·업무 단위가 하위 50%의 절반을 차지한다. 경영진들은 〈표 6〉을 통해 알 수 있듯이 하위 절반의 단위가 아닌 상위 절반의 사업 단위에서 어떤 일이 일어나고 있는지를 연구한다면 성공에 대해 훨씬 더 많은 것을 배울 수 있을 것이다.

사업·업무 단위의 복합 성과에서는 직원 몰입 상위 절반의 사업·업무 부서는 자체 조직에서 78% 더 높은 성공률을 보였으며, 연구된 모든 기업의 사업 단위 전체에서 113% 더 높은 성공률을 보였다. 즉 직원 몰입도가 높은 사업·업무 단위는 조직 내에서 평균 이상의 복합 성과 확률을 거의 2배로 높이며, 모든 조직의 사업·업무 단위 전체에서 평균 이상의 성공률을 2.1배까지 증가시킨다.

〈표 6〉 직원 몰입과 성과에 대한 BESD

직원 몰입	회사 내 사업 단위	기업 간 사업 단위
	중간값 복합 성과보다 높은 %(총)	중간값 복합 성과보다 높은 %(총)
상위 절반	64	68
하위 절반	36	32
	중간값 복합 성과보다 높은 % (직접 결과)	중간값 복합 성과보다 높은 % (직접 결과)
상위 절반	63	67
하위 절반	37	33

이것을 더 잘 설명하기 위해 〈표 7〉은 다양한 수준의 직원 몰입에 대해 평균 이상의 성과를 낼 확률을 보여준다. 갤럽 데이터베이스에 있는 모든 사업 단위에 걸쳐 직원 몰입도가 가장 높은 사업 단위는 (평균 이상의) 복합 성과를 낼 확률이 80%이다.

이는 가장 낮은 직원 몰입의 20%와 비교된다. 따라서 높은 직원 몰입 없이도 높은 성과를 달성할 수는 있지만, 실제로 확률은 상당히 낮다(사실상 4배 낮은 수준).

〈표 7〉 다양한 직원 몰입 백분위수에 대한 복합 성과 (고객 충성도, 수익성, 생산성, 이직률, 안전, 결근율, 도난율, 품질)에서의 회사 중간값보다 높은 사업 단위 백분율

직원 몰입 백분위수	회사 중간값 이상 백분율
99th 이상	80%
95th	72%
90th	68%
80th	62%
70th	58%
60th	54%
50th	50%
40th	46%
30th	42%
20th	38%
10th	32%
5th	28%
1th 이하	20%

본 연구의 효과에 대한 실질적 의미를 표현하는 다른 형태로는 효용 분석 방법이 있다(Schmidt & Rauschenberger, 1986). 직원 선택의 개선으로 인해 달러 가치 증가 추정을 위한 공식들이 도출되었다. 이러한 공식은 효과 크기(상관성)와 연구 중인 결과의 변동성 및 독립변수의 차이(이 경우에는 몰입)를 고려하며, Q12 점수 분포의 서로 다른 수준에서 성과 결과의 차이를 추정하는 데 사용할 수 있다.

선행 연구(Harter et al., 2002; Harter & Schmidt, 2000)는 효용 분석 사례를 제시하며 Q12의 상위 사분위와 하위 사분위 사이의 결과 차이를 비교했다. 이 메타 분석에 포함된 기업의 경우 일반적으로 고객 충성도에 대해서는 2~4포인트, 수익성에 대해서는 1~4포인트, 매월 수십만 달러의 생산성 수치, 이직률이 낮은 회사의 경우 4~10포인트, 이직률이 높은 회사의 경우 15~50포인트의 차이를 보이는 것으로 나타났다.

갤럽의 연구원들은 최근 성과 메트릭 유형이 유사한 여러 조직의 효용 분석을 실시했다(Harter et al., 2002, p.275, 〈표 6〉에 제시한 분석 업데이트). 상위 사분위 사업부와 하위 사분위 사업부를 비교한 결과 중위 백분율이 다음과 같은 차이가 나타났다.

- 10%의 고객 충성도·몰입
- 21%의 수익성
- 20%의 생산성 · 매출
- 17%의 생산성 · 생산 기록 및 평가
- 24%의 높은 이직률을 보이는 기업의 매출액(연간 매출액 40% 이상)

- 59%의 낮은 이직률을 보이는 기업의 매출액(연간 매출액 40% 이하)
- 70%의 안전사고
- 28%의 도난율
- 41%의 결근율
- 58%의 환자 안전사고
- 40%의 품질(불량)

달러로 환산한 상단 목록에서의 차이점과 유용성은 조직의 고유한 메트릭, 비즈니스 단위에 걸친 결과의 상황 및 분포를 고려할 때 각 조직에 대해 계산되어야 한다. 결과 유형이 유사한 조직 데이터의 결과와 유용성에 따라 많은 연구(생산성 83개, 이직률 92개, 안전사고 48개, 고객 57, 수익성 48개, 결근율 29개, 품질 14개, 도난율 11개, 환자 안전사고 10개)를 통해 수행된 유틸리티 분석의 분포에서 중간값을 나타낸다.

많은 사업·업무 단위가 있는 경우 위의 관계는 결코 사소하지 않다는 것을 알 수 있다. 효용을 진지하게 살펴본 결과 효용 분석의 요점은 심지어 보수적으로 해석할지라도 직원 몰입과 조직 성과의 관계가 실질적 관점에서 의미가 있다는 것이다.

논의

이 업데이트된 메타 분석에서 보고된 결과는 Q12 도구의 이전 메타 분석에 대해서도 대규모 교차 검증을 제공한다. 본 연구는 메타 분석 데이터베이스의 크기를 3만 2,320개의 사업·업무 단위(65%)로, 그리고 연구 대상 국가 및 업무 단위 유형별로 확대했다. 사업 단위 수준에서 몰입과 성과의 관계는 기업 전체에 걸쳐 실질적이며, 일반화할 수 있다.

기업 간 상관관계의 차이는 주로 아티팩트 연구에 기인한다고 볼 수 있다. 2013년 1만 개 이상 사업부(고객, 수익성, 생산성 및 이직률)의 표본 크기를 분석한 결과 이 업데이트된 메타 분석 결과는 거의 비슷하다. 2013년부터 2015년까지 효과 크기 차이는 0.01~0.02까지 다양했으며, 일반화 가능성도 상당했다.

이 데이터베이스의 크기는 우리에게 직원 몰입과 사업 성과 사이의 방향에 대한 신뢰도와 관계의 규모에 대한 신뢰도를 제공하기 때문에 성과 관리 이니셔티브에서 투자수익률을 계산하는 데 도움이 될 수 있다. 메타 분석을 통해 일관적으로 발견한 사실은 이 연구를 시작한 1997년 이후의 기술 변화 속에서도 기업에 대한 인식의 중요성과 관련성이 높다는 것이다.

이러한 연구 결과는 성과와 관련된 정보를 도출할 수 있다는 높은 확신과 함께 여러 조직에서 일반화할 수 있는 도구를 개발하고 사용할 수 있다는 것을 의미하기에 중요하다고 할 수 있다. 본 연구의 데이터는 직원들이 가장 잘하는 일을 하는 것이 기업이나 조직에 최선이라는 이론에 대한 실증을 추가로 제공한다.

갤럽의 컨설턴트가 관리자들을 교육하고 기업과 변화 이니셔티브 제휴를 맺음으로써 조직은(첫해와 둘째 해 사이에) 평균적으로 직원 몰입 표준편차의 2분의 1 증가를 달성했으며, 약 3년 후에는 완전한 표준편차 증가를 이루었다는 사실에 주목할 필요가 있다. 적용한 도구의 유용성과 개선 프로세스의 중요한 요소는 연구 중인 변수를 변화시킬 수 있다. 현재 우리의 증거는 직원 몰입도가 변화할 수 있으며, 사업 단위나 업무에 따라 다양화될 수 있다는 것이다.

여기에 제시한 효용 분석과 이 분석을 반복한 데서 입증되었듯이 관찰된 효과 크기는 특히 여기서 측정한 바와 같이 변화 가능성이 상당히 높다는 것을 감안할 때 중요한 의미를 갖는다.

현재와 미래의 갤럽 연구는 건강과 웰빙 변수를 포함하도록 결과의 기반을 확장하는 데 초점을 맞추고 있다. 예를 들어 한 연구는 신체질량지수BMI를 포함한 인구통계와 이전의 인구 건강 상태를 통제해 2008년 직원 몰입과 2009년 직원 병가 사이의 상당한 연관성을 발견했다. 또한 전 세계 표본에서 우리는 직장에서의 몰입과 삶의 만족, 일상의 경험과 건강 사이에 존재하는 일관된 연관성도 발견했다(Gallup, 2010).

또 다른 종단적 연구는 인구통계, 건강 이력 및 약물 사용을 통제한 후 (혈액 샘플을 통해) 몰입의 변화가 콜레스테롤과 트리글리세라이드(중성지방)의 변화를 예측한다는 것을 발견했다(Harter, Canedy & Stone, 2008). 그리고 더욱 최근에는 일에 종사하고 있는 직원과 그렇지 않은 직원을 비교했을 때 순간의 감정과 코르티솔(부신피질에서 생기는 스테로이드 호르몬의 일종) 분비에 차이가 있다는 것을 관찰할 수 있었다(Harter & Stone, 2011).

그러나 또 다른 연구는 직장에서의 몰입이 조직이 후원하는 건강 프로그램에 몰입할 가능성을 예측한다는 것을 발견했다(Agrawal & Harter, 2009). 또 다른 연구는 몰입이 다양한 그룹에 걸친 포용성에 대한 인식에 필수적이라는 것을 발견했다(Jones & Harter, 2004; Badal &

Harter, 2014). 이러한 연구는 모두 직장에 몰입하고 종사하는 것은 그 효과가 상당히 크다는 것을 시사한다.

4

강점 기반 직원 개발과 조직 성과의 관계

강점 메타 분석

짐 애스플런드, M.A., 갤럽

제임스 K. 하터, Ph.D., 갤럽

상기타 아그라왈, M.S., 갤럽

스테퍼니 K. 플로먼, M.A., 갤럽

개요서

목적

현재까지 수많은 조직의 연구에서 얻은 증거는 강점에 기반한 직원 개발을 하면 더 몰입도가 더 높은 생산적인 일터를 만든다는 것이다.

본 연구의 목적은 강점 기반 개발에 관한 연구 자료 수집에 메타 분석을 적용하고, 일반화 가능성에 대한 증거를 검토하는 것이다. 구체적으로는 다음과 같은 연구 문제를 설정했다.

① 22개 조직에서 강점 기반 직원 개발과 성과 간의 실제 관계

② 조직 전반에서 강점 기반 직원 개발과 성과 간의 관계에 대한 일관성 또는 일반화

③ 임원과 관리자에 관한 조사 결과의 실제적 의미

메타 분석, 가설, 방법과 결과

메타 분석

메타 분석은 관심 변수 2개 이상의 관계 또는 두 그룹 실험의 영향에 대한 누적 연구에 수행할 수 있다. 전자는 r값의 메타 분석이고, 후자는 d값의 메타 분석(합동 표준편차로 나뉜 처치 집단과 통제 집단의 차이)이다. 신뢰도 및 범위 제한 분포와 같은 고급 통계 방법을 사용하는 메타 분석적 수학은 d값보다 r값을 사용하는 것이 훨씬 더 처리하기에 용이하다. d값은 직접 상관계수 r값으로 변환될 수 있고, 반대로 d값을 r값으로 변환하고 메타 분석을 수행한 다음 실제 점수 r값을 해석 목적으로 다시 d값으로 변환하는 것이 가장 쉽다. 그 과정이 이 연구에 사용되었다.

이러한 메타 분석을 위해 표본 측정상의 오류, 측정오차 및 범위 제한과 같은 인공적인 변동원을 수정해 사용할 수 있도록 했다. 측정오차는 갤럽의 이전 메타 분석에서 얻은 아티팩트 분포를 기반으로 대부분의 종속변수에서 보정했다. 검사-재검사 신뢰도 추정치는 Schmidt and Hunter(1996)의 시나리오 23을 기초로 했다. 시나리오 23은 종속변수(안정성)의 일부 변화가 실제 변화의 함수임을 고려했다.

강점 기반 개입

갤럽의 강점 기반 개입에서 가장 일반적인 정의는 응답자가 갤럽 강점 검사 평가를 완료하고 그들의 선천적 재능을 인지하는 것이다. 실제로 강점 기반 개입은 목표와 유형 및 규모에 따라 다양할 수 있다.

어떤 경우에는 응답자가 고급 코칭 및 교육을 받을 수도 있고, 혹은 책이나 웹사이트 설명, 지침서 같은 기본적인 정보를 제공받을 수도 있다. 일부 조직에서는 이 개입이 팀 관리자를 위한 것일 수도 있지만, 다른 조직에서는 개별 기여자를 위한 것일 수도 있다.

갤럽의 연구원들은 사업·업무 단위 강점에 의한 개발 개입의 강도를 비교하는 연구 결과를 축적했다. 일부 연구에서는 강점 기반 개입이 선행된 사업 단위와 그렇지 않은 사업 단위를 비교하기도 했다. 다른 연구에서는 강점 개입을 받은 직원의 비율이 낮은(하지만 0%는 아닌) 사업 단위와 자신의 강점을 개발하는 법을 배운 직원의 비율이 높은 사업 단위를 비교했다.

이러한 연구에는 무작위화된 실험 설계가 포함되었지만, 대부분은 유사 실험으로서, 무작위화된 실험 집단과 통제 집단이 아니라 통제 집단 대기명단을 활용하는 준실험적인 것이었다. 무작위화되지 않은 실험 집단과 통제 집단 간의 잠재적 차이를 설명하기 위해 가설로 세운 변수를 분석에서 통계적 관리(예: 기준치 몰입, 지리, 사업·업무 단위 연령, 무역 지역 시장 통계, 제품 유형)로 활용했다.

강점 기반 개입 유형

연구원들은 강점 기반 개입을 4가지의 일반적인 유형으로 분류했다.

① 갤럽 강점 진단을 완료한 사람이 적어도 1명은 포함되어 있는 사업·업무 단위 진단을 완료한 사람이 없는 사업·업무 단위와

종속변수를 비교했다.

② 사업·업무 단위 내에서 갤럽 강점 검사 평가를 완료한 개인의 비율을 기록했다. 이 경우 실험 집단 독립변수는 1~100% 사이의 범위로 나타낼 수 있다.

③ 개별 관리자는 관리자 개발 교육과 함께 갤럽 강점 진단을 완료했다. 사업·업무 단위 종속 변수는 과정을 마치지 못한 관리자의 변수와 비교했다.

④ 개별 관리자는 갤럽 강점 검사 평가를 완료했다. 사업·업무 단위 종속 변수는 과정을 마치지 않은 관리자의 변수와 비교했다.

종속 변인

연구 전반에 걸쳐 매출, 이익, 직원 몰입, 고객 몰입, 이직률, 안전(사고)의 6가지 종속변수를 확인할 수 있었다. 본 연구에서 도출된 6가지 종속변수의 결과를 요약하면 다음과 같다.

- **매출:** 매출, 거래당 단위, 매출 증가, 노동시간당 매출, 예산 또는 목표 대비 매출, 비교 가능한 매출액 증가, 생산적 이용
- **이익:** 수익의 전체 백분율 이익, 이익 증가, 총이익 증가, 이윤 감소(역점수), 이윤 대 목표, 기존 고객 이익, 금리 및 세금 지불 이전의 수익EBIT
- **직원 몰입:** 몰입에 관한 설문조사의 사업 단위 평균 점수
- **고객 몰입:** 품질에 대한 고객 인식
- **이직률:** 연간 사업·업무 단위 이직률, 처음 90일 동안의 이직률

- **안전:** 근로자 보상 비용, 근로자 보상 사고, 사고 빈도, 사고 심각도

여러 연구를 통해 강점 기반 개입을 시행한 조직에서 전체 표본의 비율에 상당한 차이가 있음을 알 수 있었다. 이러한 값은 1% 미만~99%(비율 0.01~0.99%)까지 다양했다.

어떤 비율에서든 이 분산은 0.50에서 최대화된다. 따라서 0.50에서 벗어나면 가능한 효과 크기가 감소한다. 범위 제한 보정은 연구 전반에 걸친 U(sd/SD)의 독립변수 추정치의 아티팩트 분포를 기반으로 했다. 결과 개입을 조합하기 위해 서로 다른 아티팩트 분포를 생성했다. 이 경우 범위 제한에 대한 보정은 실제 효과 크기 추정치를 동일한 크기의 처치 집단과 대조 집단 설계에서 예상하는 크기와 더 유사하게 만든다.

갤럽의 추론 데이터베이스를 철저하게 검토해 갤럽 강점 검사 평가 데이터와 성과 데이터가 모두 이루어진 조직을 파악할 수 있었다. 연구원들은 최소 30개의 갤럽 강점 검사 평가 응답을 한 조직에 대해 정밀 조사를 했으며, 식별 가능한 대조 집단 그룹이 부족한 몇몇 연구는 제외시켰다. 결국 22개 조직에서 총 43건의 연구를 수행했으며, 여기에는 120만 명의 근로자가 포함되었다.

연구 기관은 중장비 및 차량 제조, 소매 및 상업은행, 도매 및 전문 소매, 전력회사, 금융 및 보험, 의료, 항공우주, 식품 및 기타 농업 제품, 건축자재, 투자 서비스, 교육 및 제약 등 광범위한 산업에 걸쳐 있었다. 연구를 수행한 총인구는 지리적으로도 다양한 분포를 보

였으며, 45개국의 사업·업무 단위를 포함했다. 연구 대상 국가 수는 1~36개까지 다양했다.

이러한 메타 분석을 위해 다음과 같은 단계를 거쳤다.

① 연구 결과 유형, 강점 개입 유형 그리고 연구에 통제변수를 사용하는지 등에 따라 연구를 분류했다.

② 실험 및 준실험 연구의 d값은 실험 효과 변수의 성격에 따라 r's 또는 양류상관계수 r's로 변환했다(한 개입 유형에서 갤럽 강점 검사 평가를 시행한 사업·업무 단위 내 인구 비율 처치 변수는 연속적이었다).

③ 인위 구조 분포를 이용한 메타 분석, 관찰된 결과 및 실제 점수 효과 크기, 표준편차 및 일반화 통계를 수행했다.

④ r값을 d값 효과 크기로 다시 변환했다.

⑤ 다양한 개입-결과 조합에 효과 크기 추정치의 실제 가치를 추정하기 위해 효용 분석을 실시했다.

결과

본 연구는 강점의 학습 및 개발과 조직 성과 사이의 관계에 초점을 맞추고 있다. 이러한 관계에 대한 메타 분석과 타당도 일반화 통계는 〈표 8〉과 같다.

종속변수 측정오차와 조직 내 범위 제한을 보정한 후 평균 관측 상관관계와 표준편차를 보이고, 그다음으로 추정된 참타당도를 보인다. 이 범위 제한 보정은 독립변수의 변동성에 관해 모든 조직을 동일한 기준으로 배치한다. 이러한 결과는 평균 조직 내 사업·업무 단

〈표 8〉 결과와 갤럽 강점 검사 평가 개입과의 관계 분석

	사업 단위 수준					
	고객	이익	안전	매출	몰입	이직률
사업 단위 수	1,345	7,188	423	9,438	29,620	1,581
r's 수	3	9	3	10	15	3
관측된 r 평균	0.053	0.129	-0.119	0.082	0.086	-0.214
관측된 SDr	0.013	0.063	0.101	0.052	0.063	0.030
관측된 d	0.110	0.260	-0.240	0.170	0.170	-0.450
참타당도 r*	0.107	0.251	-0.209	0.150	0.215	-0.478
참타당도 SD*	0.000	0.078	0.060	0.054	0.095	0.000
참타당도 d*	0.220	0.540	-0.440	0.310	0.450	-1.240
표본오차에 대한 % 분산	1311.2	30.5	68.6	37.9	12.7	194.3
% 분산*	1566.2	55.7	87.9	66.7	60.0	541.6
90% CVr	0.107	0.151	-0.286	0.081	0.093	-0.478
90% CVd	0.220	0.310	-0.620	0.160	0.190	-1.240

- r = 상관관계
- SD = 표준편차
- CV = 신뢰도값

* 조직 내 직접 범위 변동에 대한 수정 및 종속변수 측정 오류 포함

위 간의 관계를 추정하는 것으로 볼 수 있다.

이 연구 결과는 90% 신뢰도값의 조직 전체에 걸친 일반화 가능성을 보여주며, 이 모든 것은 가설화된 관계의 방향과 일치한다(Schmidt & Hunter, 1977). 즉 갤럽이 완료한 강점 진단은 여러 산업과 여러 국가의 결과를 포함하며, 조직 전체에 걸쳐 이러한 결과를 효과적으로 예

측한 것으로 볼 수 있다.

일부 측정값의 경우 연구 인위 구조는 상관관계의 분산을 대부분 설명할 수 있다. 안전과 매출의 경우 상관관계 분산의 최소 3분의 2는 표본오차, 범위 변동 또는 측정 오류에 기인한다. 이익 측정 결과는 비슷했지만, 그 정도는 낮았다. 이러한 상관관계 변동성의 절반 이상이 측정된 인위 구조에 기인한다.

고객과 이직률 측정의 경우 연구 표본은 표본오차에 의해 예상한 것보다 효과 크기 사이의 분산이 훨씬 적었다. 이런 현상은 표 항목당 연구 수가 적을 때 종종 일어난다. 결과적으로 인위 구조에 기인한 추정 분산은 관측된 총변동성을 초과했다.

통제변수

앞에서 언급한 바와 같이 비무작위 실험군과 대조군 간의 잠재적 차이를 설명하기 위해, 가설화된 변수를 통계적 관리로 활용했다. 종속변수 자체와 마찬가지로 이러한 통제변수의 가용성과 품질은 조직 내부 그리고 각 조직마다 현저하게 달랐다.

- **안전**: 모든 연구에는 직원 몰입, 지역 차이, 직원과 시장의 인구통계 변수를 포함했다.
- **고객**: 3개 연구 중 2개에는 직원 몰입, 직업 및 제품 유형 그리고 기타 직원 인구통계적 변인을 포함한 통제변수가 존재했다.
- **이직률**: 3개 연구 모두 직원 몰입, 지역 차이, 관리자 재임 기간, 직원 재임 기간, 경쟁사 수와 유형 그리고 직원과 시장의 인구

통계학적 특성을 포함한 통제변수를 채택했다.

- **몰입:** 모든 연구는 몰입 조사 관리 코호트(개입 전 몰입 기준선)를 통해 통제되었다.
- **이익:** 9개 연구 중 6개에서는 직원과 고객 몰입, 지역 차이, 직원 재임 기간, 제품 유형, 직원과 시장의 인구통계학적 특성, 사업·업무 단위 특성, 경쟁사 수와 유형 등을 포함한 통제변수를 사용했다.
- **매출:** 10개 연구 중 7개에서는 직원 몰입과 고객 몰입, 지역 차이, 직원 재임 기간, 제품 유형, 직원과 시장의 인구통계학적 특성, 사업·업무 단위 특성, 경쟁사 수와 유형 등의 통제변수를 사용했다.

이 메타 분석에서 총 85%의 연구가 특정 유형의 통제 변인을 활용했다.

설계 효과

앞에서 언급한 바와 같이 메타 분석에 포함된 연구는 4개의 다른 연구 설계를 사용했다. 메타 분석의 한 가지 한계는 설계당 연구 수가 많지 않았다는 것이다. 〈표 9〉는 분석에 사용된 다양한 연구 설계의 범위를 보여준다.

대부분의 결과 측정에서 연구 설계에 유의한 이질성이 있었다. 설계 유형당 연구 수가 적다는 점을 감안할 때, 서로 다른 유형의 강점 개입에 따른 영향에 관한 많은 추론을 도출하기 어려웠다.

〈표 9〉 분석에 사용된 다양한 연구 설계의 범위

						추정된 참타당도		
사업 단위 수준 메타 분석	종속 변인	연구 유형	통제 변수 포함여부	상관 관계 수	중간값	10% 이하	10% 이상	범위
1	고객	1	혼합	3	0.11	0.11	0.11	0.00
2	이익	혼합	혼합	9	0.25	0.15	0.35	0.20
3	이익	혼합	Y	6	0.29	0.29	0.29	0.00
4	이익	혼합	N	3	0.14	0.14	0.14	0.00
5	이익	1, 3	혼합	6	0.25	0.14	0.37	0.22
6	이익	1, 3	Y	5	0.29	0.25	0.32	0.07
7	이익	2, 4	혼합	3	0.25	0.25	0.25	0.00
8	안전	1	Y	3	-0.21	-0.29	-0.13	0.15
9	매출	혼합	혼합	10	0.15	0.08	0.22	0.14
10	매출	혼합	Y	7	0.14	0.05	0.23	0.18
11	매출	혼합	N	3	0.26	0.26	0.26	0.00
12	매출	1, 3	혼합	7	0.14	0.06	0.23	0.18
13	매출	1, 3	Y	6	0.14	0.04	0.24	0.20
14	매출	2, 4	혼합	3	0.20	0.20	0.20	0.00
15	이직률	1, 3	Y	3	-0.48	-0.48	-0.48	0.00
16	직원 몰입	1, 2	Y	15	0.22	0.09	0.34	0.25

효용 분석: 효과의 실용성

효용 분석

여기서 보고한 평균의 효과 크기는 종종 해석하기 어렵다. '작은' 또는 '큰' 효과 크기(Cohen, 1988)와 관련한 관례들은 독립변수의 개선 비용과 종속변수의 변경에 대한 이점에 따라 그 효과 크기의 실질적인 중요성이 달라지기 때문에 유용하지 않을 수 있다. 로즌솔 등(2000년)은 심장마비 환자의 생존율을 높이기 위해 베타 차단제를 사용하는 연구는 실제적 편익이 크지만 숫자로는 그 효과가 작아 보이는 전형적인 예시였다. 이 연구의 효과 크기는 0.04였지만, 이는 향후 심장마비로 인한 사망률을 4% 감소시켰다. 즉 어느 정도 실질적 유의성을 갖는다는 것을 나타낸다. 이 연구 문헌에는 수적으로 중간 정도의 효과 크기를 가진 연구에서 볼 수 있는 높은 실용적 편익의 다른 예가 많이 포함되어 있다(Abelson, 1985; Carver, 1975; Lipsey, 1990; Sechrest & Yeaton, 1982).

본 연구의 효과에 대한 실용적 시사점은 실용적 분석 방법을 통해 제시할 수 있다(Schmidt & Rauschenberger, 1986). 직원 선택의 개선으로 인한 생산량의 증가를 추정하기 위한 공식이 도출되었다. 이 공식은 효과 크기, 연구 결과의 변동성 및 성과 결과의 차이를 추정하기 위해 독립변수의 차이를 사용한다.

모든 결과에 대한 효용 추정치는 〈표 10〉에 포함되었으며, 실질적 성과의 차이가 상당히 크다는 것을 나타낸다. 통제 변인의 사용 여부에 따라 효과 크기가 다양하다는 점을 감안할 때, 실제 효용성에 대한 추정치는 보수적이었다. 실제 점수 효과의 열 번째 백분위수(90% 신뢰도값)와 평균 관측 효과 크기에 근거해 그럴싸한 예상 효용 추정치를 산출했다. 결과의 변동성은 문헌과 갤럽 데이터베이스값 모두에 근거해 추정했다.

〈표 10〉 직원 선택의 개선으로 인한 생산량 증가의 추정치

사업 단위 수준							
	고객 몰입	이익	안전	매출	직원 몰입	저이직률 조직	고이직률 조직
90% CV 및 관측치에 기초한 범위	3.4~6.9%	14.4~29.4%	22.9~59%	10.3~19.3%	9~15% 몰입된 직원	5.8~16.1 포인트	26~71.8 포인트

논의

본 연구는 갤럽 강점 검사 평가를 사용해 자신의 강점을 학습하는 실용적 이점에 대한 첫 번째 메타 분석이다. 이러한 연구 결과는 높은 신뢰도를 갖는 동시에 다른 조직에도 평가 개입 개발 및 사용이 가능하다는 것을 암시하기에 중요하다. 본 연구의 데이터는 직원 개발에 투자하는 것이 조직과 고객 그리고 최고경영자에게 물질적·심리적 이익을 제공한다는 증거를 보여준다.

5

경영상의 고용 및 개발 프로파일에 관한 메타 분석 연구

용웨이 양, Ph.D.
조지프 H. 스트러, Ph.D.
제임스 K. 하터, Ph.D.
상기타 아그라왈, M.S.

약 60년 전, 갤럽은 관리의 역할, 즉 조직 및 팀 리더가 탁월한 성과를 내도록 하는 선천적 기질과 패턴에 관한 연구를 시작했다. 그 결과 갤럽은 성공적 경영에 관한 질적·양적 발견을 축적했으며, 변화하는 비즈니스와 경제 시대에 맞게 300개 이상의 도구를 개발하고 검증 연구 데이터베이스를 구축했다. 모든 조직과 기업에서 직원들은 각자의 역할에 대한 책임을 다해야 한다. 각각의 역할은 고객, 학생, 환자 등 기업이 목표로 하는 고객의 요구를 충족시키기 위한 것이다. 이러한 요구를 충족시킬 때 기업의 목적과 목표에 부합하는 지속 가능한 성장이 이뤄진다. 이것은 조직의 일선 직원들에서 관리자, 리더에 이르기까지 모두 마찬가지이다.

관리 역할은 일반적으로 기업 경영진과 개별 직원 그리고 직속 상사 역할 사이에 존재한다. 관리자의 특정 직무는 매우 다양하며, 종종 조직별 직무 규정이나 특정 조직 계층 구조를 반영하기도 한다.

관리 역할의 유형을 설명하기 위해 갤럽의 연구자들은 소매, 서비스, 제조, 금융, 화학 등 여러 산업 전반에 걸쳐 200개가 넘는 조직의 역할에 관한 과거 연구를 검토했다. 이를 통해 연구자들은 관리자가 그들의 역할을 성공적으로 수행할 수 있도록 하는 재능 테마를 이론화할 수 있었다. 이러한 테마는 경영 평가 항목을 선정하기 위한 근거를 마련했다. 갤럽의 항목에는 경영 평가를 위한 300개 이상의 도구 개발 연구가 포함되어 있다. 이러한 연구의 데이터는 타당도, 신뢰도, 개별 항목 및 테마와 영역의 공정성 등 심리학적 특성에 기초해 지속적으로 업데이트·검토되고 있다. 유능한 관리자의 특성에 대한 질적·양적 검토를 바탕으로 다음의 요소가 일반적으로 향후 경영 성공을 예측하는 것으로 확인되었다.

① **동기부여**: 팀이 뛰어난 성과를 얻을 수 있도록 고무시킴
② **일하는 방식**: 팀이 뛰어난 성과를 낼 수 있도록 목표를 설정하고 일을 조직함
③ **솔선수범**: 다른 사람의 행동에 영향을 미치며, 역경과 저항을 헤쳐나가게 함
④ **협업**: 깊은 유대감을 지닌 양질의 팀 구축
⑤ **사고 과정**: 전략 및 의사결정에 대한 분석적 접근

그런 다음 이러한 선천적 경향에 대한 체계적 측정과 경험 및 성과에 대한 비판적 검토를 통해 관리자나 리더의 잠재력을 객관적이면서 완전하게 파악할 수 있다.

갤럽은 이러한 도구들을 그들의 연구 분야에서 사용하기 시작한 이후, 경영 선택 도구와 관련된 성과 데이터를 꾸준히 수집해왔다. 이러한 도구에는 일선관리직부터 임원급 직책에 이르기까지 다양한 위치의 경영진이 포함되어 있다. 갤럽은 이러한 데이터를 통해 동시(교차 검증) 및 예측 타당성 연구를 수행함으로써 측정 도구 점수와 성과 결과 사이의 관계를 밝혀냈으며, 여기에는 성과 등급, 직원 몰입, 관리 대상 사업부의 재무 성과, 생산성, 서비스 품질의 고객 등급, 관리자에게 직접 보고하는 직원의 이직 그리고 성과의 종합 측정(금융 지표 및 비금융 지표 결합)이 포함되었다. 연구자들은 갤럽 선정 도구의 2가지 메타 분석에서 언급된 것을 포함해 지난 수십 년 동안 다양한 연구를 수행했다(Schmidt & Rader, 1999; Harter et al., 2004). 이 메타 분석의 목적은 이전의 메타 분석들, 특히 조직과 관련된 인적 관리를 포함한 직무 요구 및 관리직과 관련된 경영 선택 도구를 업데이트하는 것이다. 갤럽은 이전의 연구에서 얻은 내용을 바탕으로 본 보고서의 핵심인 관리자 선택 평가를 개발했기 때문에, 이전 연구에서 추정된 메타 분석 타당도는 현재 도구의 타당도와 다양한 설정에 대한 일반화 가능성을 이해할 수 있는 근거를 제공한다.

방법: 이 메타 분석은 갤럽이 개발한 도구 중 심층 평가(구조화된 인터뷰)와 웹 기반 평가를 포함한 교차 검증 샘플만 포함하고 있다. 각 성과 결과 변수에 대해 표본은 독립적이다. 관측된 타당도는 일반적으로 성과 측정 오류로 인해 하향 편향되며, 예측 타당도 연구의 경우 도구 점수를 명시적으로 사용해 관리자를 선택하기 때문에 범위

에 제한이 있다. 연구원들은 이러한 하향 편향을 교정하기 위해 인위 구조 분포를 이용했다.

갤럽의 연구원들은 1만 4,597명의 관리자를 대상으로 136개의 연구를 진행했다. 이 연구 중 81개는 예측 타당도 연구였고, 55개는 동시 교차 검증 연구였다. 또한 87개는 심층 면접(구조화된)을 통해 이루어졌고, 49개는 웹 진단을 통해 이루어졌다. 이러한 연구에는 7가지의 일반적인 성과 결과가 포함되어 있으며, 일부 연구에는 여러 결과의 상관관계가 포함되어 있다. 가장 빈번한 결과 변수는 관리 성과 등급이었고, 그다음으로는 각 관리자에게 직접 보고하는 직원들의 몰입도 조사 응답, 관리자들이 관리한 사업부의 매출과 이익 수치 같은 재무 성과 측정, 성과급, 상여금, 회계(재무적인), 룸 나이트(호텔)와 같은 생산성 척도였다.

7개의 연구는 재무 성과, 고객 몰입 및 직원 몰입 측정을 기반으로 한 성과 종합 척도를 포함하고 있고, 5개의 연구는 관리자가 담당하는 사업부에서 제공한 서비스 품질 고객 등급을 포함하고 있다. 그리고 3개의 연구는 직원에 관한 데이터(관리자에게 보고하는 직원의 연간 매출액, 역점수)를 포함하고 있다.

이러한 연구에는 농업, 소비재, 건설, 금융 서비스, 소매, 제조, 석유, 보험, 의료, 학교, 호텔, 식당, 기타 서비스, 군사 및 첨단 기술을 포함한 다양한 산업의 관리자들이 포함되어 있다. 우리는 또한 영국과 미국 외에 아프리카, 캐나다, 인도, 말레이시아, 싱가포르 그리고 기타 아시아 지역의 관리자들로 구성된 국제적 데이터도 포함시켰다. 일부 연구 결과에 대해서는 복수의 기준(예: 복수의 금융 기준)을 제공했다. 이 경우 갤럽의 연구자들은 몇 가지 기본적인 결정 규칙을 따랐다.

동일한 결과에 대해 구별할 수 없을 정도로 중요한 기준 측정치를 제공한 경우 우리는 연구 전반에 걸쳐 상관관계를 평균화하고 이 평균 추정치를 연구 표본에 사용했다. 다른 경우에는 특정 측정치가 결과의 가장 유효한 측정치로 결정되었다.

본 연구에서는 Hunter & Schmidt(2004)의 메타 분석 방법을 사용했다. 메타 분석은 많은 연구에 걸쳐 축적된 데이터의 통계적 통합이다. 이는 측정오차와 표본오차, 개별 연구 결과를 왜곡하는 여러 특이성을 제어할 수 있기에 강력한 정보를 제공한다. 메타 분석은 편향을 제거하고 2개 이상 변수 사이의 참타당도나 참상관관계의 추정치를 제공한다. 메타 분석 중에 계산된 통계는 연구자가 관계의 조정 또는 부족한 부분을 조사할 수 있도록 한다. 본 연구를 위해 연구원들은 인위 구조 분포 기반 메타 분석의 정확도를 높이는, 개선된 상호작용 절차(Hunter & Schmidt, 2004; Hunter & Schmidt, 1994; Law, Schmidt, 1994; Schmidt 등, 1993)를 사용했다. 모든 연구가 필요한 범위 제한과 종속변수 신뢰 추정치를 가지고 있는 것은 아니기에 갤럽의 연구자들은 인위 구조 분포 메타 분석 방법을 사용했다. 직접 범위 제한 보정은 직접 범위 제한이 일반적인 예측 타당도 연구에만 적용했다.

본 연구에서는 동시 타당도 연구를 위해 간접 범위 제한 보정 절차를 메타 분석에 적용했다(Hunter, Schmidt & Le, 2006). 간접적인 범위 제한은 동시 교차 검증 연구에 사용되는 기존 직원들에 적용되었다. 이는 재직 중인 직원은 우연을 벗어난 수치 이상의 성과를 향상시키는 방법을 이용해 선택되었을 가능성이 높으며, 이로 인해 기준 신뢰도 추정치가 약화될 가능성이 크기 때문이다. 본 연구에서는 동시 및 예측 연구 설계에 대한 성과 변수의 측정오차를 보정했다.

인위 구조 분포: 예측 변수 신뢰성 분포. 예측 변수(독립변수) 신뢰성 아티팩트 분포(중간값=0.82; s=0.04)는 심도 있는 갤럽 평가의 검사-재검사 신뢰도로부터 도출되었다(Harter, 2003). 이 메타 분석의 경우 평균 참타당도에 대한 예측 변수의 신뢰도는 보정되지 않았다. 오히려 일반화 가능성 분석을 위해 예측 변수 신뢰도 인위 구조 분포를 사용해 실제 타당도 표준편차를 수정했다.

인위 구조 분포: 성과 등급. 관리 성과 등급에는 행정을 목적으로 사용하는 등급과 연구용으로만 사용하는 등급이 포함되었다. 등급 양식은 매우 다양했지만, 각 연구에서 사용한 종속변수는 등급에 포함된 항목 전체에 걸쳐 종합적인 평균의 '전체' 등급이었다.

2가지 모두 제공된 경우 후자는 신뢰성과 내용 보급률을 높이기 위해 사용되었다. 관리 성과 등급 평가자 간의 신뢰성은 평균 0.52(s=0.10)의 인위 구조 분포를 형성하며, Rothstein(1990)과 Viswesvaran et al.(1996)에 의해 광범위하게 연구되었다.

인위 구조 분포: 직원 몰입. 직원 몰입은 갤럽의 Q12 요소를 사용해 측정되었으며, 이는 광범위하게 연구되고 보고되었다(Harter, Schmidt, Argawal & Plowman). 또한 각 관리자에게 보고하는 직원들의 반

응에 대해 종합적으로 분석한 결과, 전체 평균(GrandMean, 직원 몰입 항목 12개 평균)을 기준 변수로 사용했다. 인위 구조 분포는 Hunter and Schmidt(1996), 시나리오 23에서 제공한 공식을 바탕으로 사업 단위 수준에서의 검사-재검사 신뢰도에 기반해 작성되었다. 재무 성과, 생산성, 고객 등급 및 직원 이직률에 대한 검사-재검사 신뢰도는 동일한 공식으로 계산되었으며, 이는 이러한 변수에서 한 기간에서 다음 기간까지 발생할 가능성이 높은 실제 변화를 보정한다. 직원 몰입에 대한 평균 인위 구조 분포 신뢰도는 0.73(s=0.14)이었다.

인위 구조 분포: 재무 성과. 재무 변수로는 사업 단위 수준의 달러 매출, 매출, 수익, 수익 증가, 사용 가능한 객실당 매출(호텔), 목표 대비 이익 비율, 목표 대비 총이윤 비율 등이 포함되었다. 재무 성과의 정의는 현재의 메타 분석에서 생산성의 카테고리에 포함된 신규 계좌 수, 판매 단위, 룸 나이트 등 순수한 재무 변수가 아닌 변수의 연구를 제외했기 때문에 이전의 갤럽 메타 분석과는 약간 다르다.

우리는 또한 순전히 재무적인 복합 성과를 포함시켰다. '복합 성과' 범주에는 재무적 성과와 비재무적 성과가 포함되었다. 재무 성과는 수익과 매출 및 이익 조합을 나타냈기에 우리는 사업 단위 수준의 생산성(수익 또는 매출)과 Harter et al.(2013)의 메타 분석에서 얻은 이익의 인위 구조 분포를 결합했다. 이로 인해 평균은 0.87(s=0.18)이 되었다.

인위 구조 분포: 생산성. 앞에서 지적한 바와 같이 생산성 측정에는 성과급, 상여금, 총회계(금융) 그리고 룸 나이트(호텔)가 포함되었다.

생산 기록의 경우 Harter et al.(2004)의 성과 통계 및 생산 기록과 결합한 인위 구조 분포를 사용했다. 메타 분석 결과 평균 0.87(s=0.18)의 결과를 얻을 수 있었다.

인위 구조 분포: 복합 성과. 경영 성과의 종합적 측정을 포함한 6개 연구의 경우 모두 재무, 고객 및 직원 몰입 결과의 합계를 포함했다. 우리는 Harter et al.(2004)이 사용한 복합 측정 인위 구조 분포를 이용해 평균 0.75(s=0.04)의 값을 얻을 수 있었다.

인위 구조 분포: 고객 등급. 고객의 설문 응답을 통해 그들에게 제공하는 서비스의 대책을 사업 단위 수준에서 집계했다. 본 연구에서는 Harter et al.(2013)이 사용한 인위 구조 분포를 이용해 평균 0.68(s=0.20)의 값을 얻을 수 있었다.

인위 구조 분포: 인재 유지. 사업 단위급 직원 이직에 대한 인위 구조 분포 또한 Harter et al.(2013)이 사용했으며, 평균값은 0.50(s=0.26)이다.

범위 제한: 앞서 언급한 바와 같이 본 분석 연구에는 동시 및 예측 타당도 연구가 모두 포함된다. 명시적 범위 제한은 일반적으로 예측 타당도 연구에서 발생하며, 조직은 더 높은 점수를 가진 지원자를 선택하게 된다. 이는 예측 타당도 추정치의 감소를 초래한다. 본 연구를 위해 갤럽의 연구(Harter et al., 2004)를 기반으로 인위 구조 분포를

평균 U(고용주 SD/지원자 SD) 0.77(s=0.16)로 사용했다.

결과: 〈표 11〉은 성과 기준 변수 유형 내에서 연구 설계(동시 또는 예측)에 의한 메타 분석 결과를 나타낸다. 이전의 메타 분석(Schmidt & Rader, 1999; Harter et al., 2004)은 갤럽 도구가 관리자 선택 도구로 인해 수집된 연구를 포함해 다양한 성과 결과를 예측할 수 있음을 발견했다. 이는 여기에 보고된 데이터의 경우로, 관리 재능과 직원 몰입의 관계에 관한 수많은 연구를 포함해 일부 변수를 추가했으며, 관리 재능과 고객 등급 간의 관계에 대한 5개의 연구 등 일부 변수도 포함되어 있다. 또한 4개의 연구는 관리자의 사업 단위 내에서 관리 재능과 직원 이직률 간의 관계를 보고했다.

전반적 결과에 따르면 관리 재능과 7가지 성과 결과 간의 관계에서 일반화 가능성에 대한 상당한 증거를 찾을 수 있다. 연구 전반에 걸쳐 참타당도의 분포는 분명히 가설화되어 있다. 연구한 7가지 결과 중 복합 성과(0.37)에 대한 예측 타당도가 가장 높았으며, 측정오차, 범위 제한 및 표본추출상의 오류를 보정한 후에는 6개의 연구 전반에 걸쳐 예측 타당도가 일치했다. 이는 관리자가 여러 가지 결과를 함께 관리하기에 타당한 것이라고 할 수 있다. 인재가 조직의 성과에 미치는 영향은 재무적·비재무적 요인을 포함한 여러 변수의 조합을 통해 가장 잘 표현되고, 평가될 수 있을 것이라 기대된다.

4가지 결과(성과 등급, 직원 몰입, 생산성, 재무 성과)에 대한 예측 타당도는 0.24에서 0.29까지 유사한 크기를 보였다. 이처럼 참타당도는 연구

〈표 11〉 관리 재능과 성과 결과 사이의 관계에 대한 메타 분석

기준 유형	샘플 유형	사례 수	상관 수	평균 관측된 상관관계	관측된 상관 관계 SD	참타당도	참타당도 SD	90% 신뢰도값	10% 신뢰도값
복합 성과	예측	256	6	0.26	0.07	0.37	0.00	0.37	0.37
성과 평가	동시	2,995	29	0.19	0.13	0.36	0.11	0.22	0.51
	예측	5,662	26	0.16	0.11	0.28	0.14	0.10	0.46
직원 몰입	동시	1,765	22	0.19	0.14	0.30	0.12	0.15	0.46
	예측	1,013	9	0.18	0.15	0.25	0.15	0.06	0.47
생산성	예측	685	11	0.17	0.13	0.24	0.01	0.22	0.26
재무 성과	예측	880	21	0.21	0.20	0.29	0.17	0.07	0.51
고객 등급	예측	492	6	0.10	0.11	0.15	0.00	0.15	0.15
인재 유지	예측	411	3	0.05	0.02	0.11	0.00	0.11	0.11

전반에 걸쳐 예측 타당성에 어느 정도 차이를 보였지만, 분명히 양의 상관관계를 가지고 있었으며 대체로 일반화할 수 있었다. 이는 많은 상황에서 이러한 성과 결과에 대한 양의 상관관계를 찾을 수 있다는 것을 의미한다. 예측 타당도의 차이는 재무 성과와 직원 몰입의 차이가 가장 많았으나, 타당도의 10th 및 90th 백분위수는 각각 0.07과 0.06에서 0.51과 0.47까지 다양했다. 이는 재무 성과와 직원 몰입에 대한 예측 분포가 양의 상관관계를 가지고 있음을 나타내며, 분명히 긍정적 방향이지만 관계의 규모에 관한 몇 가지 조절 요인이 있음을 나타낸다.

재무 성과 효과 크기는 이용 가능한 재무 조치의 유형과 이러한 변수에 대한 경영진의 영향 정도에 따라 조정될 수 있다. 또한 관리 인력과 직원 몰입의 관계는 시간이 지남에 따라 서로 다른 조직에 대한 인재 측정에 포함된 특정 구조에 다소 의존할 수도 있다. 그럼에도 불구하고 연구에 사용되는 다양한 인재 평가는 재무 성과와 직원 몰입 모두를 일관되게 양의 상관관계로 예측한다. 효과 크기는 실무적 효용성을 결정하는 한 가지 요인일 뿐이다.

다음 섹션에서는 실용성에 대해 상세히 논할 것이다. 나머지 결과(고객 등급 및 직원 이직률)에 관해서는 연구 수가 적지만, 가설화된 방향에서 참타당도가 있다고 할 수 있다. 더 높은 관리 재능은 더 긍정적인 고객 인식(0.15)과 더 높은 인재 유지(0.11)와 관련이 있다.

기준 타당도 계수 해석

기준 관련 타당도에 대한 증거는 보통 상관관계로 표현된다. 당연히 다음과 같은 질문이 나올 수 있다. 이러한 상관관계는 '큰'가? 이러한 질문은 관련 맥락 안에서 답을 얻을 필요가 있다. 첫 번째 맥락은 인사 선정 방법의 기준 관련 타당성에 관한 문헌의 연구 결과들이다. 리더십이나 경영 효과에 대한 성향의 예측 가능성에 관해 발표된 메타 분석 연구는 제한적이다. Judge, Bono, Ilies & Gerhardt(2002)는 가장 큰 5가지 성격 특성과 리더십 효과성 측정치 간 실제 점수의 상관관계(범위 제한뿐 아니라 예측 변수와 기준의 신뢰도)를 0.16(관심도)~0.24(경험에 대한 개방성)로 보고했다. 또한 Judge, Colbert & Ilies(2004)는 지필 지능 검사와 리더십 효과 측정 간 참점수의 상관관계가 0.17~0.33 사이이며, 그 관계는 효과 측정의 유형에 따라 다를 수 있다고 보고했다. 관리자 평가를 통해 추정된 기준 타당도는 Judge et al.(2002, 2004)이 보고한 기준과 비교할 수 있으며, 경우에 따라 더 높은 것으로 보인다.

지난 20년 동안 다양한 메타 분석 연구는 고용 인터뷰와 기타 선택 접근법의 타당성을 탐구했다(McDaniel, Whetzel, Schmidt & Maurer, 1994; Schmidt & Hunter, 1998). 이러한 연구에서 알 수 있듯이 타당도 계수 분산은 선택 평가의 유형, 측정된 구성 및 작업 유형에만 국한하지 않는다. 이러한 분산은 기준 측정의 유형에서도 발생할 수 있다. Judge et al.(2002)의 경우 리더십 효과성 측정은 주로 감독자 평정과 부하 평정에 기초했다. Judge et al.(2004)은 '수치 가능한 점수(예: 생존 시뮬레이션에 대한 팀 성과)'에 근거해 '객관적인' 효과 측정도 포함시켰다.

그러나 어느 연구도 조직 성과나 사업 성과 측정을 포함하지 않은 것으로 보인다. 반면 관리자 평가에 대한 기준 관련 타당성을 추정하기 위해 사용된 기준 측정은 직무 수행의 여러 측면을 고려한 복합 측정을 사용했다. 이러한 연구에 사용된 기준 측정의 다양성과 상당한 타당도 추정치는 조직 개입에 갤럽의 관리자 평가를 사용하는 것을 강력하게 지지한다.

타당도 계수의 크기를 이해하기 위한 또 다른 맥락은 실제 사업 영향 또는 잠재적 효용성을 고려하는 것이다. 선택적 접근법으로 영향을 추정할 수 있는 방법이 있다. 이론적 기대 모형(Taylor & Russell, 1939)은 타당도를 일정하게 유지하면 선택 비율이 감소함에 따라 선택 절차에서의 실질적 이득이 증가할 수 있으며, 작업에 대한 기본 성공률(즉 선택 도구를 사용하지 않은 성공률)에 영향을 받을 수 있음을 보여준다. 예를 들어 관리직에서 50%의 기본 성공률을 가정하고 메타 분석에서 얻은 0.37 종합 성과 예측 타당도를 적용하면 상위 10%의 지원자 선발 성공률을 76%로 향상시키거나 52%의 개선 효과를 얻을 수 있다. 30%의 선발 비율은 고용된 사람 중 67%의 성공률 또는 34%의 개선 효과를 보여준다. 20%의 성공률과 10%의 선발 비율을 고려하면 고용된 사람들의 성공률은 42%이고, 이는 기본 성공률의 2배가 넘는 수치이다. 선발 비율이 30%일 경우 고용된 사람들의 성공률은 33%일 것이다.

재무 성과와 관련해 갤럽의 데이터베이스에서 사업 단위 매출이나 매출에 대한 평균적 수준의 예측 타당도와 63%의 변동계수(평균에 대한 표준편차의 비율)를 가정했을 때, 갤럽 도구를 통해 관리 지원자의 상위 10%를 선택하면 매회 수익 또는 매출의 32%를 향상시킬 수 있을 것이다. 상위 30%를 선택하면 관리자당 21% 정도의 더 높은 매출을 거둘 수 있게 할 것이다.

갤럽이 연구한 조직 내 사업부 간 이익의 차이가 매우 큰 것을 감안할 때(평균 변동계수 94%) 관리자 후보 상위 10%를 선택하는 것은 관리자당 이익의 48% 차이를 낼 것이며, 후보 중 상위 30%를 선택하면 관리자당 이익의 32% 차이를 낼 수 있을 것이다. 이러한 유형의 효용 추정치는 관리자가 책임지는 많은 결과를 놓고 계산할 수 있다. 요컨대 갤럽 경영자 선정 도구를 체계적으로 사용한다면 조직은 시간이 지남에 따라 사업 단위 성과에서 상당한 실질적 차이를 기대할 수 있을 것이다.

참고문헌과 주석

이 책은 다양한 연구를 다룬다. 갤럽의 연구와 이 책의 본문에서 언급된 기타 연구에 대한 자세한 내용은 이 섹션을 참조하라.

일부 참고문헌으로 추가 논평을 실어두었다. 인용하지 않은 통계는 갤럽의 연구와 그 결과에서 비롯된 것이다.

머리말: 세계의 새로운 의지

- Bureau of Labor Statistics. (2018, January 19). *Labor force statistics from the current population survey*. Retrieved November 19, 2018, from https://www.bls.gov/cps/cpsaat08.htm
- Clifton, J. (2015, December 10). *Killing small business*. Retrieved November 19, 2018, from https://news.gallup.com/opinion/chairman/186638/killing-small-business.aspx
- Clifton, J. (2015, December 17). *What the whole world wants*. Retrieved November 19, 2018, fromhttps://news.gallup.com/opinion/chairman/187676/whole-worldwants.aspx?g_source=link_NEWSV9&g_medium=&g_campaign=item_&g_content=What%2520the%2520Whole%2520World%2520Wants
- Clifton, J. (2016, August 3). *Corporate boards: Failing at growth*. Retrieved November 19, 2018, from https://news.gallup.com/

opinion/chairman/194132/corporate-boards-failing-growth.aspx?g_source=link_NEWSV9&g_medium=TOPIC&g_campaign=item_&g_content=Corporate%2520Boards%3a%2520Failing%2520at%2520Growth

- Clifton, J. (2017, June 13). *The world's broken workplace*. Retrieved November 19, 2018, from https://news.gallup.com/opinion/chairman/212045/world-broken-workplace.aspx?g_source=link_NEWSV9&g_medium=TOPIC&g_campaign=item_&g_content=The%2520World%27s%2520Broken%2520Workplace
- DeSilver, D. (2017, January 4). *5 facts about the minimum wage*. Retrieved November 19, 2018, from http://www.pewresearch.org/fact-tank/2017/01/04/5-facts-about-theminimum-wage/
- Desjardins, J. (2016, September 8). *Visualizing the size of the U.S. national debt*. Retrieved November 19, 2018, from http://money.visualcapitalist.com/visualizing-size-u-snational-debt/
- Drucker, P. F. (1954). *The practice of management: A study of the most important function in American society*. New York: Harper & Brothers.
- Gallup. (2017). *State of the global workplace*. New York: Gallup Press.
- Kamp, K. (2013, September 20). *By the numbers: The incredibly shrinking American middle class*. Retrieved November 19, 2018, from https://billmoyers.com/2013/09/20/by-thenumbers-the-incredibly-shrinking-american-middle-class/
- Keng, C. (2014, June 22). *Employees who stay in companies longer than two years get paid 50% less*. Retrieved November 19, 2018, from https://www.forbes.com/sites/cameronkeng/2014/06/22/employees-that-stay-in-companies-longer-than-2-yearsget-paid-50-less/#1d727e4e07fa
- Rothwell, J. (2016). *No recovery: An analysis of long-term U.S. productivity decline*. Washington, D.C.: Gallup and the U.S. Council on

Competitiveness.
- Statista. (2018). *Number of full-time employees in the United States from 1990 to 2017 (in millions)*. Retrieved November 19, 2018, from https://www.statista.com/statistics/192356/number-of-full-time-employees-in-the-usa-since-1990/
- Trading Economics. (2018 December). *United States GDP*. Retrieved November 19, 2018, from https://tradingeconomics.com/united-states/gdp

전략

1. 리더는 무엇을 변화시켜야 하는가

- Gallup. (2016). *How millennials want to work and live*. Retrieved December 7, 2018, from https://www.gallup.com/workplace/238073/millennials-work-live.aspx

2. 조직의 변화는 왜 그토록 어려운가

2018년 갤럽이 프랑스, 독일, 스페인, 영국의 정규직 및 비정규직 직원 4천 명을 대상으로 실시한 조사에서 회사의 리더십이 명확한 방향성을 가지고 있다는 데 4명의 직원 중 1명 미만이 강력히 동의했다.

- Agrawal, S., & Harter, J. K. (2010). *The cascade effect of employee engagement: A longitudinal study: Technical report*. Omaha, NE: Gallup.
- Dunbar, R. I. M. (1992). Neocortex size as a constraint on group size in primates. *Journal of Human Evolution, 20*, 469-493.
- Fowler, J. H., & Christakis, N. A. (2008). Dynamic spread of happiness in a large social network: Longitudinal analysis over 20 years in the Framingham heart study. *BMJ*, 337, a2338+.
- Gallup. (2016). *First, break all the rules: What the world's greatest*

managers do differently. New York: Gallup Press.

- Hernando, A., Villuendas, D., Vesperinas, C., Abad, M., & Plastino, A. (2010). Unravelling the size distribution of social groups with information theory in complex networks. *The European Physical Journal B, 76*(1), 87-97.
- Liberty, E., Woolfe, F., Martinsson, P., Rokhlin, V., & Tygert, M. (2007). Randomized algorithms for the low-rank approximation of matrices. *Proceedings of the National Academy of Sciences, 104*(51), 20167-20172.

3. 리더에게 반드시 필요한 2가지 자질

5년 동안 이루어진 갤럽의 리더십 연구 검토 결과 책임성, 유연성, 목표 지향성, 계획, 개인화된 인식, 전략적 네트워킹, 재능 평가, 팀 리더십, 사업 지향, 개념, 지식 추구, 전략적 사고, 경쟁, 용기, 구조화, 열정, 투자, 개념과 비전 등의 광범위한 성공적 리더십 특성을 발견했다.

- Emond, L. (2018, July 16). *Microsoft CHRO: A conversation about succession management*. Retrieved December 6, 2018, from https://www.gallup.com/workplace/237113/microsoft-chro-conversation-succession-management.aspx
- Newport, F., & Harter, J. (2017, September 26). *What Americans value in the president, workers value in their CEO*. Retrieved December 6, 2018, from https://news.gallup.com/opinion/polling-matters/219932/americans-value-president-workers-value-ceo.aspx

4. 여러 팀을 하나로 모아라

갤럽은 경영진이 조직을 효과적으로 이끌기 위해 비전을 제시함으로써 직원들을 고무시키고, 책임감과 변화를 주도함으로써 조직의 가치를 극대화하며, 직원들을 개발하고, 관계를 구축하고, 효과적으로 소통함으로써 지지층을 구축한다는 것을 발견했다.

- Agrawal, S., & Harter, J. K. (2010). *The cascade effect of employee engagement: A longitudinal study: Technical report*. Omaha, NE: Gallup.
- Wigert, B., & Maese, E. (2018). *The manager experience study*. Gallup Working Paper. Omaha, NE.

5. 훌륭한 의사결정을 하라

2018년 갤럽이 유럽의 정규직 및 비정규직 직원 4천 명을 대상으로 실시한 조사에서 41%의 프랑스 기업, 33%의 영국 기업, 26%의 독일 기업, 27%의 스페인 기업이 회사가 사업의 요구에 신속하게 대응할 수 있는 사고방식을 갖추고 있다는 데 적극 동의했다.

- Book summary of *Thinking, Fast and Slow* by Daniel Kahneman. (2016, September 10). Retrieved December 7, 2018, from http://www.hughflint.com/book-reviews/booksummary-by-thinking-fast-and-slow-by-daniel-kahneman/
- Garamone, J. (2013, May 5). *Improving the science of decision making*. Retrieved December 7, 2018, from http://science.dodlive.mil/2013/05/05/improving-the-science-ofdecision-making/
- Greathouse, J. (2013, April 30). *5 time-tested success tips from Amazon founder Jeff Bezos*. Retrieved December 7, 2018, from https://www.forbes.com/sites/johngreathouse/2013/04/30/5-time-tested-success-tips-from-amazon-founder-jeffbezos/#33db5d59370c
- Kahneman, D. (2015). *Thinking, fast and slow*. New York: Farrar, Straus and Giroux.

문화

6. 조직문화란 무엇인가

2018년 갤럽이 프랑스, 독일, 스페인, 영국의 정규직 및 비정규직 직원 4천 명을 대상으로 실시한 조사에서 각국의 직원 3명 중 1명이 다른 사람에게 자신의 회사를 추천하겠다는 데 전적으로 동의했다.

- Gallup. (2018). *Gallup's approach to culture: Building a culture that drives performance*. Retrieved December 7, 2018, from https://www.gallup.com/workplace/232682/culture-paper-2018.aspx?g_source=link_WWWV9&g_medium=related_insights_tile1&g_campaign=item_229832&g_content=Get%2520the%2520Most%2520Out%2520of%2520Your%2520Culture

7. 조직문화는 왜 중요한가

- Gallup. (2016). *The relationship between engagement at work and organizational outcomes: 2016 Q12® meta-analysis: Ninth edition*. Retrieved December 7, 2018, from https://news.gallup.com/reports/191489/q12-meta-analysis-report-2016.aspx
- Gallup. (2017). *State of the global workplace*. New York: Gallup Press.

8. 어떻게 문화를 바꿀 것인가

- Koi-Akrofi, G. Y. (2016). Mergers and acquisitions failure rates and perspectives on why they fail. *International Journal of Innovation and Applied Studies, 17*(1), 150-158.
- Ratanjee, V. (2018, February 27). *Why HR leaders are vital for culture change*. Retrieved December 7, 2018, from https://www.gallup.com/workplace/234908/why-leadersvital-culture-change.aspx

고용 브랜드

9. 신규 인력 유치

밀레니얼 세대를 제외한 대부분의 직원들은 온라인 구직 활동을 선호한다. 기본적으로 기업의 온라인 채용공고는 찾기 쉽고, 사용자 친화적이며, 시각적으로 호

소력 있게 만들어야 한다.

웹사이트에는 당신의 회사가 경쟁사와 차별화되는 점, 즉 회사의 목적, 브랜드의 의도, 조직문화를 명확하게 설명하는, 설득력 있는 콘텐츠를 포함해야 한다. 밀레니얼 세대의 85%가 스마트폰으로 인터넷에 접속한다는 점을 고려할 때, 만약 당신이 밀레니얼 세대 인재를 유치하고자 한다면 모바일 환경에 최적화된 웹사이트를 만들라. 구직자의 4명 중 1명꼴인 X세대와 베이비붐 세대만이 여전히 신문에서 일자리를 찾는다.

- Gallup. (2016). *Gallup's perspective on: Designing your organization's employee experience*. Retrieved December 7, 2018, from https://www.gallup.com/workplace/242240/employee-experience-perspective-paper.aspx?g_source=link_wwwv9&g_campaign=item_242276&g_medium=copy
- Gallup. (2016). *How millennials want to work and live*. Retrieved December 7, 2018, from https://www.gallup.com/workplace/238073/millennials-work-live.aspx

10. 유능한 직원 고용

- Ambady, N., & Rosenthal, R. (1992). Thin slices of expressive behavior as predictors of interpersonal consequences: A meta-analysis. *Psychological Bulletin, 111*(2), 256-274.
- Bias. (n.d.). *Psychology Today*. Retrieved December 7, 2018, from https://www.psychologytoday.com/us/basics/bias
- Buchanan, R. D., & Finch, S. J. (2005). *History of psychometrics*. Retrieved December 7, 2018, from https://www.researchgate.net/publication/230267368_History_of_Psychometrics
- Christensen-Szalanski, J. J., & Beach, L. R. (1982). Experience and the base-rate fallacy. *Organizational Behavior & Human Performance, 29*(2), 270-278.
- Dronyk-Trosper, T., & Stitzel, B. (2015). Lock-in and team effects:

Recruiting and success in college football athletics. *Journal of Sports Economics, 18*(4), 376-387.
- Gladwell, M. (2005). *Blink: The power of thinking without thinking*. New York: Little, Brown.
- Grinnell, R. (2016). Availability heuristic. *Psych Central*. Retrieved December 7, 2018, from https://psychcentral.com/encyclopedia/availability-heuristic/
- Moore, D. A. (2018, January 22). *Overconfidence: The mother of all biases*. Retrieved December 7, 2018, from https://www.psychologytoday.com/us/blog/perfectlyconfident/201801/overconfidence
- Pennsylvania State University. (2015, April 17). *Similar-to-me effect in the workplace*. Retrieved December 7, 2018, from https://sites.psu.edu/aspsy/2015/04/17/similar-tome-effect-in-the-workplace/
- Shahani-Denning, C. (2003). *Physical attractiveness bias in hiring: What is beautiful is good*. Retrieved from http://www.hofstra.edu/pdf/orsp_shahani-denning_spring03.pdf
- The University of Texas at El Paso. (n.d.). *Master list of logical fallacies*. Retrieved December 7, 2018, from http://utminers.utep.edu/omwilliamson/ENGL1311/fallacies.htm

11. 고용 분석: 해결 방안

4가지 채용 기준(이전의 경험과 성과, 선천적 경향, 다중 면접, 직장 내 관찰)을 종합하면 고용 성공률을 20%에서 70%로 끌어올릴 수 있다.

The Schmidt et al.(2016)의 100년 연구 결과 일반적인 정신 능력 테스트, 고용 면접(구조 및 비구조화), 무결성 및 성격 테스트, 참조 검사, 이전의 경험, 작업 샘플 및 평가 센터에서 사용하는 방법 등 많은 선택 방법이 성과 예측을 향상시킬 수 있다는 것을 발견했다.

연구원들은 이러한 많은 방법을 이용해 5가지 선천적 특성이나 경향(동기부여, 일하는 방식, 솔선수범, 협업, 사고 과정)을 측정하고, 이를 결합해 성과를 최대화할 수 있다. 이 연구는 일반적 정신 능력이 성과를 올리는 데 가장 강력한 단일 예측 변수라는 것을 발견했다.

- Harter, J. K., Hayes, T. L., & Schmidt, F. L. (2004). *Meta-analytic predictive validity of Gallup selection research instruments (SRI)*. Omaha, NE: Gallup.
- Schmidt, F. L., & Rader, M. (1999). Exploring the boundary conditions for interview validity: Meta-analytic validity findings for a new interview type. *Personnel Psychology*, 52, 445-464.
- Schmidt, F. L., & Zimmerman, R. D. (2004). A counterintuitive hypothesis about employment interview validity and some supporting evidence. *Journal of Applied Psychology, 89*(3), 553-561.
- Schmidt, F. L., Oh, I. S., & Shaffer, J. A. (2016). *The validity and utility of selection methods in personnel psychology: Practical and theoretical implications of 100 years of research findings*. Retrieved December 7, 2018, from https://www.testingtalent.net/wp-content/uploads/2017/04/2016-100-Yrs-Working-Paper-on-Selection-Methods-SchmitMar-17.pdf
- Yang, Y., Harter, J. K., Streur, J. H., Agrawal, S., Dvorak, N., & Walker, P. (2013). *The Gallup manager assessment: Technical report*. Omaha, NE: Gallup.

12. 유능한 직원들의 '경기 영상'을 찾는 위치

- Gallup. (2014). *Great jobs, great lives. The 2014 Gallup-Purdue Index report*. Retrieved December 7, 2018, from https://news.gallup.com/reports/197141/gallup-purdueindex-report-2014.aspx
- Gallup. (2015). *Great jobs, great lives. The relationship between student debt, experiences and perceptions of college worth: Gallup-Purdue Index 2015 report*. Retrieved December 7, 2018, from https://news.gallup.com/reports/197144/gallup-purdue-index-report-2015.aspx

- Gallup. (2017). *2017 college student survey: A nationally representative survey of currently enrolled students*. Retrieved December 7, 2018, from https://news.gallup.com/reports/225161/2017-strada-gallup-college-student-survey.aspx

13. 신입사원 교육을 위한 5가지 질문

- Adkins, A. (2015, April 2). *Only 35% of U.S. managers are engaged in their jobs*. Retrieved December 7, 2018, from https://www.gallup.com/workplace/236552/managersengaged-jobs.aspx
- Gallup. (2017). *State of the American workplace*. Retrieved December 7, 2018, from https://www.gallup.com/workplace/238085/state-american-workplace-report-2017.aspx
- Gallup. (2017). *State of the global workplace*. New York: Gallup Press.
- Gallup. (2018). *Gallup's perspective on aligning compensation with your talent management strategy*. Omaha, NE: Gallup.

14. 개발 단축: 강점 기반 대화

일에 몰입하는 직원은 혼자 일하는 시간을 줄이고, 관리자와 의사소통하는 데 더 많은 시간을 소비한다. 조직에서는 안타깝게도 일에 몰입하지 않는 직원일수록 고객과 더 많은 시간을 보내며, 이는 부정적 영향을 미칠 수 있다.

갤럽의 메타 분석 결과 4만 9,495개의 사업 단위 전반에 걸친 강점 기반 개입에 대한 실험 및 준실험 연구는 직원 몰입, 생산성, 수익성, 직원 유지, 안전성, 고객 인식의 상당한 개선을 보여준다. 또한 21개의 연구에 걸쳐 2만 3,640명과 1만 592개 팀의 판매 실적을 메타 분석한 결과, 강점과 비강점에 대한 피드백을 모두 받은 팀은 강점만 피드백을 받은 팀보다 더 높은 점진적 성과 향상을 달성했다. 연구 결과에 따르면 가장 좋은 피드백은 비강점을 어떻게 관리해야 약점이 되지 않는지와 함께 강점을 개발하는 데 초점을 맞추는 것이다.

또한 갤럽 데이터에 따르면 직원들은 주로 관리자가 강점을 바탕으로 자신을 코치해줄 것으로 예상한다고 밝혔다.

- Asplund, J. A., & Agrawal, S. (2018). *The effect of CliftonStrengths 34 feedback on employee engagement and sales: 2018 CliftonStrengths meta-analysis*. Retrieved December 10, 2018, from https://www.gallup.com/workplace/243827/cliftonstrengths-metaanalysis-2018-effects-of-cliftonstrengths-34-feedback.aspx
- Asplund, J., Harter, J. K., Agrawal, S., & Plowman, S. K. (2015). *The relationship between strengths-based employee development and organizational outcomes 2015 strengths meta-analysis*. Retrieved December 10, 2018, from https://news.gallup.com/reports/193427/strengths-meta-analysis-2015.aspx
- Harter, J. K., & Stone, A. A. (2012). Engaging and disengaging work conditions, momentary experiences and cortisol response. *Motivation and Emotion, 36*(2), 104-113.
- Rigoni, B., & Asplund, J. (2016, July 7). *Strengths-based employee development: The business results*. Retrieved December 10, 2018, from https://www.gallup.com/workplace/236297/strengths-based-employee-development-business-results.aspx

15. 클리프턴 강점 34: 인간의 잠재력에 대한 분류 체계

- Asplund, J., Agrawal, S., Hodges, T., Harter, J., & Lopez, S. J. (2014 March). *The Clifton StrengthsFinder 2.0 technical report: Development and validation*. Omaha, NE: Gallup.
- Clifton, D. O., & Harter, J. K. (2003). Investing in strengths. In K. S. Cameron, J. E. Dutton, & R. E. Quinn (Eds.), *Positive organizational scholarship: Foundations of a new discipline* (pp.111-121). San Francisco: Berrett-Koehler.
- Hodges, T. D., & Clifton, D. O. (2004). Strengths-based development in practice. In P. A. Linley & S. Joseph (Eds.), *Positive psychology in practice*. Hoboken, NJ: John Wiley and Sons.
- Nebraska Human Resources Institute. (n.d.). *History of NHRRF: The*

Nebraska Human Resources Research Foundation. Retrieved December 10, 2018, from https://alec.unl.edu/nhri/history-nhrrf

- Piersol, R. (2015, June 1). Gallup's Clifton dies at age 79. *Lincoln Journal Star*. Retrieved December 10, 2018, from https://journalstar.com/gallup-s-clifton-dies-at-age-thisstory-ran-in/article_cb499250-04a5-5852-b48f-282c047ff505.html

16. 강점 기반 문화를 구축하는 5단계

① 최고경영자가 먼저 시작하라. 그러지 않으면 효과가 없다. 이것이 이상적 출발이긴 하지만, 갤럽과 함께 일한 대부분의 조직들은 강점 기반 접근법을 부서에서부터 시작하도록 함으로써 강점 기반 하위문화를 만들어내고자 했다. 이런 경우 경영진이 강점 기반 접근법을 시행하려면 강점 기반 접근법이 조직 성과 달성과 어떻게 연결되는지 양적·질적으로 연구함으로써 투자수익률을 증명해야만 하며, 이러한 하위문화는 테스트 사례로 취급될 것이다.

② 모든 직원이 자신의 강점을 발견할 수 있도록 하라. 강점 발견은 다양한 프로그램에 강점을 기반으로 한 접근법을 추가함으로써 시간이 지남에 따라 유기적으로 일어난다. 이상적으로 본다면 모든 직원은 자신의 장점을 빠른 시일 내에 발견할 수 있을 것이다.

③ 내부에 강점 코치 네트워크를 구축하라. HR가 강점을 기반으로 한 문화를 구현하고 지원하는 데 필수적이긴 하지만, 갤럽은 기업과 기타 기능 분야의 사람들이 강점 코치가 될 때 원활한 강점 발견이 이루어진다는 것을 확인했다. 강점 코치는 반드시 정규직일 필요가 없다. 주류 조직에 통합될수록 강점 코치는 더 효과적으로 일할 수 있을 것이다.

④ 강점을 성과 관리에 통합하라. 감독이 코치로서 가장 효과적으로 일하기 위해서는 우선 그들 자신의 강점을 어떻게 사용하는지부터 알아야 한다. 그리고 일에 매진할 필요도 있다. 이는 그들 스스로도 훌륭한 직원 경험이 필요하기 때문이며, 강점에 기반한 접근법이 자신의 삶에 미치는 영향을 보며 그들은 더욱 효율적인 팀 코칭을 할 수 있을 것이다.

⑤ 학습 프로그램을 혁신하라. 많은 조직은 약점을 고칠 수 있는 프로그램이

나 훈련을 받을 필요가 있다. 어떤 경우에는 규정 준수 및 윤리 교육을 통해 조직의 맹점을 인지하는 것이 필요할 수도 있다.

- Crabtree, S. (2018, February 13). *Strengths-based cultures are vital to the future of work*. Retrieved December 10, 2018, from https://www.gallup.com/workplace/236177/strengths-based-cultures-vital-future-work.aspx
- Gallup. (n.d.). *Strengths-based workplaces: The replacement for annual reviews*. Retrieved December 10, 2018, from https://www.gallup.com/services/192827/organizationgreatest-potential-unlocked.aspx
- Rigoni, B., & Asplund, J. (2016, September 29). *Strengths-based development: Leadership's role*. Retrieved December 10, 2018, from https://www.gallup.com/workplace/236378/strengths-based-development-leadership-role.aspx
- Rigoni, B., & Asplund, J. (2017, January 3). *Strengths-based cultures attract top talent*. Retrieved December 10, 2018, from https://www.gallup.com/workplace/236270/strengths-based-cultures-attract-top-talent.aspx

17. 올바른 기대: 역량 2.0

- Streur, J., Wigert, B., & Harter, J. (2018). *Competencies 2.0: The 7 expectations for achieving excellence: Technical report*. Omaha, NE: Gallup.

18. 올바른 승계 계획의 수립

- Casad, B. J. (2016, August 1). Confirmation bias. In *Encyclopædia Britannica*. Retrieved December 10, 2018, from https://www.britannica.com/science/confirmation-bias
- Green, B. S., & Zwiebel, J. (2013 November). *The hot hand fallacy:*

Cognitive mistakes or equilibrium adjustments? Evidence from baseball. Retrieved December 10, 2018, from https://www.gsb.stanford.edu/faculty-research/working-papers/hot-hand-fallacycognitive-mistakes-or-equilibrium-adjustments
- Khoury, G., & Green, A. (2017, November 9). *Don't leave succession planning to chance*. Retrieved December 10, 2018, from https://www.gallup.com/workplace/236258/donleave-succession-planning-chance.aspx
- Ratanjee, V., & Green, A. (2018, June 14). *How to reduce bias in your succession and promotion plans*. Retrieved December 10, 2018, from https://www.gallup.com/workplace/235970/reduce-bias-succession-promotion-plans.aspx
- Recency bias. [Quick Reference]. (n.d.). *Oxford Reference*. Retrieved December 10, 2018, from http://www.oxfordreference.com/view/10.1093/oi/authority.20110803100407676

19. 퇴직

2018년 갤럽이 프랑스, 독일, 스페인, 영국의 정규직 및 비정규직 직원 4천 명을 대상으로 실시한 조사에서 우리는 직원들이 앞으로도 현재의 회사에 머무르겠다고 응답한 비율이 나라마다 큰 차이가 있음을 발견했다. 예를 들어 독일은 직원의 65%, 스페인은 직원의 60%가 3년 후에도 지금의 회사에서 일할 것이라는 데 강하게 동의했다. 반면 영국은 38%, 프랑스는 36%의 직원만이 지금의 회사에서 일할 것이라고 답했다.

- Gallup. (2017). *State of the American workplace*. Retrieved December 7, 2018, from https://www.gallup.com/workplace/238085/state-american-workplace-report-2017.aspx
- Gallup. (2018). *Gallup's perspective on exit programs that retain stars and build brand ambassadors*. Omaha, NE.

20. 코칭의 3가지 요건

2018년 갤럽이 유럽의 정규직과 비정규직 직원 4천 명을 대상으로 실시한 조사에서 영국 직원의 34%가 관리자가 목표를 설정할 때 자신을 동석시킨다고 답했다. 이 비율은 독일(29%), 프랑스(25%), 스페인(19%)에서 좀 더 낮다. 아무튼 4개 국가 모두에서 30% 이하의 직원이 자신의 성과가 스스로 열심히 일하도록 동기부여를 한다는 데 강하게 동의했다.

- Gallup. (2017). *State of the American workplace*. Retrieved December 7, 2018, from https://www.gallup.com/workplace/238085/state-american-workplace-report-2017.aspx
- Wigert, B., & Harter, J. (2017). *Re-engineering performance management*. Gallup Position Paper. Omaha, NE.

21. 5가지 코칭 대화

2018년 갤럽이 유럽에서 정규직과 비정규직 직원 4천 명을 대상으로 실시한 조사에서 독일 22%, 영국 24%, 프랑스 22%, 스페인 12%의 직원이 지난주에 회사의 다른 사람으로부터 의미 있는 피드백을 받았다는 사실에 강하게 동의했다.

여러 대규모 학술 연구에 따르면 지속적인 코칭은 성과에 영향을 미치는 것으로 나타났다.

- Brown, T. C., & Latham, G. P. (2002). The effects of behavioural outcome goals, learning goals, and urging people to do their best on an individual's teamwork behaviour in a group problem-solving task. *Canadian Journal of Behavioural Science, 34*(4), 276-285.
- Cawley, B. D., Keeping, L., & Levy, P. E. (1998). Participation in the performance appraisal process and employee reactions: A meta-analytic review of field investigations. *Journal of Applied Psychology, 83*(4), 615-633.

- Chen, S., Zhang, G., Zhang, A., & Xu, J. (2016). Collectivism-oriented human resource management and innovation performance: An examination of team reflexivity and team psychological safety. *Journal of Management & Organization, 22*(4), 535-548.
- Colquitt, J. A., Conlon, D. E., Wesson, M. J., Porter, C. O. L. H., & Ng, K. Y. (2001). Justice at the millennium: A meta-analytic review of 25 years of organizational justice research. *Journal of Applied Psychology, 86*(3), 425-445.
- Courtright, S. H., Thurgood, G. R., Stewart, G. L., & Pierotti, A. J. (2015). Structural interdependence in teams: An integrative framework and metaanalysis. *Journal of Applied Psychology, 100*(6), 1825-1846.
- Harkin, B., et al. (2016). Does monitoring goal progress promote goal attainment? A meta-analysis of the experimental evidence. *Psychological Bulletin, 142*(2), 198-229.
- Jeffrey, S. A., Schulz, A., & Webb, A. (2012). The performance effects of an ability-based approach to goal assignment. *Journal of Organizational Behavior Management, 32*(3), 221-241.
- Klein, H. J., Wesson, M. J., Hollenbeck, J. R., & Alge, B. J. (1999). Goal commitment and the goal-setting process: Conceptual clarification and empirical synthesis. *Journal of Applied Psychology, 84*(6), 885-896.
- Kluger, A. N., & DeNisi, A. S. (1996). The effects of feedback interventions on performance: A historical review, a meta-analysis, and a preliminary feedback intervention theory. *Psychological Bulletin, 119*(2), 254-284.
- Koestner, R., Lekes, N., Powers, T. A., & Chicoine, E. (2002). Attaining personal goals: Self-concordance plus implementation intentions equals success. *Journal of Personality and Social Psychology, 83*(1), 231-244.
- Konradt, U., Otte, K. P., Schippers, M. C., & Steenfatt, C. (2016). Re-

flexivity in teams: A review and new perspectives. *The Journal of Psychology, 150*(2), 153-174.

- Locke, E. A., & Latham, G. P. (2002). Building a practically useful theory of goal setting and task motivation: A 35-year odyssey. *American Psychologist, 57*(9), 705-717.
- McEwan, D., et al. (2015). The effectiveness of multi-component goal setting interventions for changing physical activity behaviour: A systematic review and meta-analysis. *Health Psychology Review, 10*(1), 67-88.
- Mone, M. A., & Shalley, C. E. (1995). Effects of task complexity and goal specificity on change in strategy and performance over time. *Human Performance, 8*(4), 243-262.
- Pearsall, M. J., Christian, M. S., & Ellis, A. P. J. (2010). Motivating interdependent teams: Individual rewards, shared rewards, or something in between? *Journal of Applied Psychology, 95*(1), 183-191.
- Pichler, S. (2012). The social context of performance appraisal and appraisal reactions: A meta-analysis. *Human Resource Management, 51*(5), 709-732.
- Pulakos, E. (2015, April). *Embedding high-performance culture through new approaches to performance management and behavior change*. Presented at Society for Industrial-Organizational Psychology Annual Conference, Philadelphia, PA.
- Rodgers, R., & Hunter, J. E. (1991). Impact of management by objectives on organizational productivity. *Journal of Applied Psychology, 76*(2), 322-336.
- Schippers, M. C., West, M. A., & Dawson, J. F. (2015). Team reflexivity and innovation: The moderating role of team context. *Journal of Management, 41*(3), 769-788.
- Seifert, C. F., Yukl, G., & McDonald, R. A. (2003). Effects of multi-source feedback and a feedback facilitator on the influence behav-

ior of managers toward subordinates. *Journal of Applied Psychology, 88*(3), 561-569.

- Sheldon, K. M., & Elliot, A. J. (1998). Not all personal goals are personal: Comparing autonomous and controlled reasons for goals as predictors of effort and attainment. *Personality and Social Psychology Bulletin, 24*(5), 546-557.
- Smither, J. W., London, M., & Reilly, R. R. (2005). Does performance improve following multisource feedback? A theoretical model, meta-analysis, and review of empirical findings. *Personnel Psychology, 58*, 33-66.
- Winters, D., & Latham, G. P. (1996). The effect of learning versus outcome goals on a simple versus a complex task. *Group & Organization Management, 21*(2), 236-250.
- Wigert, B., & Harter, J. (2017). *Re-engineering performance management*. Gallup Position Paper. Omaha, NE.

22. 급여와 승진

- Brosnan, S. F., & De Waal, F. B. (2003). Monkeys reject unequal pay. *Nature, 425*(6955), 297-299.
- Cable, D. M., & Judge, T. A. (1994). Pay preferences and job search decisions: A personorganization fit perspective. *Personnel Psychology, 47*(2), 317-348.
- Cawley, B. D., Keeping, L., & Levy, P. E. (1998). Participation in the performance appraisal process and employee reactions: A meta-analytic review of field investigations. *Journal of Applied Psychology, 83*(4), 615-633.
- Cerasoli, C. P., Nicklin, J. M., & Ford, M. T. (2014). Intrinsic motivation and extrinsic incentives jointly predict performance: A 40-year meta-analysis. *Psychological Bulletin, 140*(4), 980-1008.
- Chapman, D. S., Uggerslev, K. L., Carroll, S. A., Piasentin, K. A., &

Jones, D. A. (2005). Applicant attraction to organizations and job choice: A meta-analytic review of the correlates of recruiting outcomes. *Journal of Applied Psychology, 90*(5), 928-944.

- Dal Bó, E., Finan, F., & Rossi, M. A. (2013). Strengthening state capabilities: The role of financial incentives in the call to public service. *The Quarterly Journal of Economics, 128*(3), 1169-1218.
- Deci, E. L., Koestner, R., & Ryan, R. M. (1999). A meta-analytic review of experiments examining the effects of extrinsic rewards on intrinsic motivation. *Psychological Bulletin, 125*(6), 627-668.
- Dulebohn, J. H., & Martocchio, J. J. (1998). Employee perceptions of the fairness of work group incentive pay plans. *Journal of Management, 24*(4), 469-488.
- Dweck, C. S. (2006). *Mindset: The new psychology of success*. New York: Random House.
- Fehr, E., & Gächter, S. (2000). Fairness and retaliation: The economics of reciprocity. *The Journal of Economic Perspectives, 14*(3), 159-181.
- Fehr, E., & Gächter, S. (2001 February). *Do incentive contracts crowd-out voluntary cooperation?* IEER Working Paper No. 34; and USC CLEO Research Paper No. C01-3.
- Gallup. (2018). *Gallup's perspective on exit programs that retain stars and build brand ambassadors*. Omaha, NE.
- Griffeth, R. W., Hom, P. W., & Gaertner, S. (2000). A meta-analysis of antecedents and correlates of employee turnover: Update, moderator tests, and research implications for the next millennium. *Journal of Management, 26*(3), 463-488.
- Jenkins, G. D., Jr., Mitra, A., Gupta, N., & Shaw, J. D. (1998). Are financial incentives related to performance? A meta-analytic review of empirical research. *Journal of Applied Psychology, 83*(5), 777-787.
- Judge, T. A., Piccolo, R. F., Podsakoff, N. P., Shaw, J. C., & Rich, B. L.

(2010). The relationship between pay and job satisfaction: A meta-analysis of the literature. *Journal of Vocational Behavior, 77*(2), 157-167.

- Nyberg, A. J., Pieper, J. R., & Trevor, C. O. (2016). Pay-for-performance's effect on future employee performance: Integrating psychological and economic principles toward a contingency perspective. *Journal of Management, 42*(7), 1753-1783.
- PayScale. (2018). *2018 compensation best practices report*. Retrieved December 10, 2018, from https://www.payscale.com/cbpr
- Pfeffer, J. (1998). Six dangerous myths about pay. *Harvard Business Review*. Retrieved December 10, 2018, from https://hbr.org/1998/05/six-dangerous-myths-about-pay
- Rath, T., & Harter, J. (2010). *Wellbeing: The five essential elements*. New York: Gallup Press.
- Rynes, S. L. (1987). Compensation strategies for recruiting. *Topics in Total Compensation, 2*(2), 185.
- Wiersma, U. J. (1992). The effects of extrinsic rewards in intrinsic motivation: A meta-analysis. *Journal of Occupational and Organizational Psychology, 65*(2), 101-114.
- Williams, M. L., McDaniel, M. A., & Nguyen, N. T. (2006). A meta-analysis of the antecedents and consequences of pay level satisfaction. *Journal of Applied Psychology, 91*(2), 392-413.

23. 성과 평가: 편향

- Balzer, W. K., & Sulsky, L. M. (1992). Halo and performance appraisal research: A critical examination. *Journal of Applied Psychology,* 77(6), 975-985.
- Cascio, W. F. (1989). *Managing human resources: Productivity, quality of work life, profits*. New York: McGraw-Hill.
- Hoffman, B., Lance, C. E., Bynum, B., & Gentry, W. A. (2010). Rater

source effects are alive and well after all. *Personnel Psychology, 63*(1), 119-151.
- Lunenburg, F. C. (2012). Performance appraisal: Methods and rating errors. *International Journal of Scholarly Academic Intellectual Diversity, 14*(1), 1-9.
- Mount, M. K., Judge, T. A., Scullen, S. E., Sytsma, M. R., & Hezlett, S. A. (1998). Trait, rater and level effects in 360-degree performance ratings. *Personnel Psychology, 51*(3), 557-576.
- Neves, P. (2012). Organizational cynicism: Spillover effects on supervisor-subordinate relationships and performance. *The Leadership Quarterly, 23*(5), 965-976.
- Scullen, S. E., Mount, M. K., & Goff, M. (2000). Understanding the latent structure of job performance ratings. *Journal of Applied Psychology, 85*(6), 956.
- Wigert, B., & Harter, J. (2017). *Re-engineering performance management*. Gallup Position Paper. Omaha, NE.

24. 성과 평가: 해결책

- Wigert, B., & Harter, J. (2017). *Re-engineering performance management*. Gallup Position Paper. Omaha, NE.

25. 직원들을 회사에 머무르게 하는 '나의 발전' 근거를 만들어라

2018년 갤럽이 유럽의 정규직 및 비정규직 직원 4천 명을 대상으로 실시한 조사에서 프랑스(23%), 독일(23%), 영국(17%), 스페인(17%)의 직원 4명 중 1명 미만이 회사의 최고경영자가 자신의 경력 향상을 위한 분명한 길을 제시해준다는 데 전적으로 동의했다.

- Benko, C., & Anderson, M. (2010). *The corporate lattice: Achieving high performance in the changing world of work*. Boston: Harvard Business Review Press.

- Biron, M. M., & Eshed, R. (2017). Gaps between actual and preferred career paths among professional employees: Implications for performance and burnout. *Journal of Career Development, 44*(3), 224-238.
- Crawshaw, J. R., van Dick, R., & Brodbeck, F. C. (2012). Opportunity, fair process and relationship value: Career development as a driver of proactive work behaviour. *Human Resource Management Journal, 22*(1), 4-20.
- Gallup. (2016). *How millennials want to work and live*. Retrieved December 7, 2018, from https://www.gallup.com/workplace/238073/millennials-work-live.aspx
- Gallup. (2017). *State of the American workplace*. Retrieved December 7, 2018, from https://www.gallup.com/workplace/238085/state-american-workplace-report-2017.aspx

26. 직장을 위한 머니볼

- Gallup. (2016). *The relationship between engagement at work and organizational outcomes: 2016 Q12® meta-analysis: ninth edition*. Retrieved December 7, 2018, from https://news.gallup.com/reports/191489/q12-meta-analysis-report-2016.aspx
- Global Happiness Council. (2018). *Work and well-being: A global perspective. Global Happiness Policy Report 2018*. Retrieved December 10, 2018, from https://s3.amazonaws.com/ghc-2018/GlobalHappinessPolicyReport2018.pdf
- Harter, J. K., Schmidt, F. L., Agrawal, S., Plowman, S., & Blue, A. T. (2018). *Increased business value for positive job attitudes during economic recessions: A meta-analysis and SEM analysis*. Gallup Working Paper. Omaha, NE.
- Harter, J. K., Schmidt, F. L., Asplund, J. W., Killham, E. A., & Agrawal, S. (2010). Causal impact of employee work perceptions on the bottom

line of organizations. *Perspectives on Psychological Science, 5*(4), 378-389.

- Harter, J. K., Schmidt, F. L., & Hayes, T. L. (2002). Business-unit-level relationship between employee satisfaction, employee engagement, and business outcomes: A meta-analysis. *Journal of Applied Psychology, 87*(2), 268-279.
- Kornhauser, J. (n.d.). *Chicago Cubs utilizing "Moneyball" approach for early success*. Retrieved December 10, 2018, from http://www.rantsports.com/mlb/2015/04/23/chicago-cubsutilizing-moneyball-approach-for-early-success/
- Lewis, M. (2004). *Moneyball: The art of winning an unfair game*. New York: Norton.
- Reiter, B. (2014, June 30). *Houston's grand experiment. Sports Illustrated*. Retrieved December 10, 2018, from https://www.si.com/vault/2014/06/30/106479598/astromatic-baseball-houstons-grand-experiment
- St. John, A. (2013, October 31). *Powered by Bill James and friends, the Red Sox win (another) Moneyball World Series*. Retrieved December 10, 2018, from https://www.forbes.com/sites/allenstjohn/2013/10/31/powered-by-bill-james-and-friends-the-red-sox-win-another-moneyball-world-series/#76c13a857c64

27. 팀 리더의 돌파구

34개의 갤럽 강점 검사 테마는 4개의 강점 영역으로 분류된다.

실행력	성취, 정리, 신념, 공정성, 심사숙고, 체계, 집중, 책임, 복구
영향력	행동, 주도력, 커뮤니케이션, 승부, 최상화, 자기 확신, 존재감, 사교성
대인관계 구축	적응, 연결성, 개발, 공감, 화합, 포용, 개별화, 긍정, 절친
전략적 사고	분석, 회고, 미래지향, 발상, 수집, 지적 사고, 배움, 전략

159개의 고객 서비스 팀을 대상으로 한 연구에서 연구원들은 가장 높은 고객 몰입 수준을 보이는 팀에 팀을 제외한 조직의 '중심성'이 있는 사람이 최소 1명 정도는 있다는 것을 발견했다. 중심성이 높은 사람은 조직 내의 영향력이 큰 사람과 연결된다. 소셜 네트워크 분석은 1차와 2차, 3차 연결을 고려해 각 개인의 전체 소셜 네트워크 중심성을 계산한다.

821명의 직원을 대상으로 한 또 다른 연구에서 연구원들은 소셜 네트워크 중심성이 높은 관리자의 주변에는 높은 몰입도를 보이는 직원들이 있다는 사실을 발견했다. '집단 지능'이라는 용어는 '공유 정신 모델'과 '공유 인식'을 포함하는 광범위한 연구 문헌의 일부이다. 팀은 일반적으로 팀원들이 합심할 때나 서로를 보완해나갈 때 더 좋은 성과를 낸다.

- DeChurch, L. A., & Mesmer-Magnus, J. R. (2010). The cognitive underpinnings of effective teamwork: A meta-analysis. *Journal of Applied Psychology, 95*(1), 32-53.
- Gallup. (2014). *Estimating the influence of the local manager on team engagement: Technical report*. Omaha, NE.
- Mann, A., & McCarville, B. (2015, November 13). *What job-hopping employees are looking for*. Retrieved December 10, 2018, from https://news.gallup.com/businessjournal/186602/job-hopping-employees-looking.aspx
- Mathieu, J. E., Hollenbeck, J. R., van Knippenberg, D., & Ilgen, D. R. (2017). A century of work teams in the Journal of Applied Psychology. *Journal of Applied Psychology, 102*(3), 452-467.
- Woolley, A. W., Aggarwal, I., & Malone, T. W. (2015). Collective intelligence and group performance. *Current Directions in Psychological Science, 24*(6), 420-424.

28. 직원 몰입 프로그램이 효과가 없는 이유

230개 기업 8만 2,248개 사업 단위의 성과에 대한 갤럽의 조사를 바탕으로 5점 긍정 척도에서 4점과 5점을 결합하는 것은 5점(전적으로 동의함)에만 초점을 맞춘 것보다 덜 효과적인 측정 지표를 산출한다. 5점(전적으로 동의함) 매트릭스를 10% 개선하면 4점(일반적으로 동의함)를 10%포인트 개선할 때보다 사업 결과(이익, 생산성, 고객 충성도, 이직률 및 안전)를 거의 2배 가까이 향상시킨다.

- Emond, L. (2017, August 15). *2 reasons why employee engagement programs fall short*. Retrieved December 10, 2018, from https://www.gallup.com/workplace/236147/reasons-why-employee-engagement-programs-fall-short.aspx
- Gallup. (2017). *State of the global workplace*. New York: Gallup Press.
- Harter, J. (n.d.). *Dismal employee engagement is a sign of global mismanagement*. Retrieved December 10, 2018, from https://www.gallup.com/workplace/231668/dismalemployee-engagement-sign-global-mismanagement.aspx
- Harter, J. (2018, August 26). *Employee engagement on the rise in the U.S.* Retrieved December 10, 2018, from https://news.gallup.com/poll/241649/employeeengagement-rise.aspx
- Pendell, R. (2018, August 28). *10 ways to botch employee surveys*. Retrieved December 10, 2018, from https://www.gallup.com/workplace/241253/ways-botch-employee-surveys.aspx

29. 고개발 문화 만들기

- Flade, P., Harter, J., & Asplund, J. (2014, April 15). *Seven things great employers do (that others don't): Unusual, innovative, and proven tactics to create productive and profitable working environments*. Retrieved December 10, 2018, from https://news.gallup.com/businessjournal/168407/seven-things-great-employers-others-don.aspx
- Harter, J. (2015, November 4). *Who drives employee engagement — manager or CEO*? Retrieved December 10, 2018, from https://news.gallup.com/opinion/gallup/186503/drives-employees-engage-

ment-manager-ceo.aspx

- O'Boyle, E., & Harter, J. (2018, April 18). *39 organizations create exceptional workplaces*. Retrieved December 10, 2018, from https://www.gallup.com/workplace/236117/organizations-create-exceptional-workplaces.aspx

30. 좋은 관리자의 5가지 특징

갤럽 데이터베이스의 50년에 걸친 수백 개의 심층적 연구를 통해 연구 팀은 시간이 지남에 따라 훌륭한 경영 양상에 대한 변화를 조사했다. 수백 개의 연구는 각각 연구가 수행된 특정 기간 동안 어떤 특성이 성공을 예측하는지에 대한 통찰력을 제공했다. 우리는 '성공'을 팀의 높은 생산성, 몰입도, 보유율, 고객 서비스 등급 및 이익으로 정의했다.

우리는 10년 동안의 연구 결과를 종합해 무엇이 변하지 않는 가치인지를 이해했다. 또한 성공적인 팀 성과를 예측하는 많은 기본적인 특징 사이에서 상당한 일관성을 발견했다. 1970년대와 1980년대에 성공을 예측한 특징들은 오늘날에도 여전히 성공을 예측한다. 성공적인 관리자는 직원들과 긴밀한 개별적 관계를 구축해 성과를 달성한다.

우리는 성공적인 관리자에게는 제30장에 나열된 것과 동일한 것들(동기부여, 일하는 방식, 솔선수범, 협업, 사고 과정)이 있다는 것을 발견했다. 그러나 과거의 관리자와 오늘날의 관리자에게는 팀을 만든 방법, 문제를 해결하는 방법 그리고 사고 과정을 통해 결정을 내리는 방법에 중요한 차이점이 있다는 것 또한 밝혀냈다. 이 연구를 통해 우리가 밝혀낸 2가지 중요한 차이점은 다음과 같다.

① 과거의 관리자는 규칙을 만들고 이를 이용해 직원들을 통제함으로써 사람들에게 영향을 미쳤다. 과거의 관리자는 업무를 어떻게 처리해야 하는지를 보여주는 중심적 인물이어야만 했다. 반면 오늘날의 관리자는 직원들을 위한 조력자 또는 코치가 되어야 한다. 우리는 이러한 매니저를 코디네이터나 오케스트레이터(관현악기를 재배열해 관현악곡의 편곡을 담당하는 사람)와 같은 역할로 생각할 수 있다. 이들은 직원들의 의견을 받아들이는 동시에 권위 있는 내용의 대화를 나눠야 한다. 오늘날의 관리자는 업무 시

간과 공간이 유연하고, 일과 삶이 혼합된 현재의 세상에서 명확한 책임 체계를 세울 필요가 있다.

② 과거의 관리자는 팀이 일하고 있는 상황을 이해하고 의사결정이 이루어지는 더 큰 상황을 인식함으로써 문제를 해결했다. 이를 위해 관리자는 의사결정 시 정보에 입각한 관점을 갖게 되었다. 반면에 오늘날의 성공한 관리자는 그보다 더 분석적인 의사결정자이다. 이들은 분명히 미래지향적이고 시스템 지향적이며, 가능성과 새로운 아이디어에 흥미를 느끼고, 보다 객관적이고 경험적인 것에 근거하는 문제 해결자이자 데이터 소비자이다.

과거의 관리자와 오늘날의 관리자들 사이의 이러한 2가지 차이점은 직원들의 독립성 증가와 정보 접근성의 향상이라는 현대적 업무 공간의 변화를 반영한다. 높은 성과를 달성하는 팀을 이끌 수 있는 관리자를 선발하기 위한 새로운 프로파일은 이러한 변화를 고려해야 한다. 갤럽은 이러한 변화를 반영하기 위해 고용 분석 자료를 조정했다.

- Bouchard, T. J., Lykken, D. T., McGue, M., Segal, N. L., & Tellegen, A. (1990). Sources of human psychological differences: The Minnesota study of twins reared apart. *Science, 250*(4978), 223-228.
- Harter, J. K. (2000). Managerial talent, employee engagement, and business-unit performance. *The Psychologist-Manager Journal, 4*(2), 215.
- Jang, K. L., Livesley, W. J., & Vemon, P. A. (1996). Heritability of the big five personality dimensions and their facets: A twin study. *Journal of Personality, 64*(3), 577-592.
- Plomin, R., DeFries, J. C., & McClearn, G. E. (2008). *Behavioral genetics*. Macmillan.
- Segal, N. L. (2012). *Born together—reared apart: The landmark Minnesota twin study*. Harvard University Press.
- Yang, Y., Harter, J. K., Streur, J. H., Agrawal, S., Dvorak, N., & Walker, P. (2013). *The Gallup manager assessment: Technical report*. Omaha,

NE: Gallup.

31. 관리자를 키우는 방법

갤럽의 연구원들은 직원 몰입 측정의 첫 번째와 두 번째 조사 사이에 갤럽 훈련에 투자했거나(n=309) 투자하지 않은(n=272) 581개의 조직을 연구했다. 여기에는 2000년부터 2016년까지 직원 몰입 측정에 참여한 250만 명의 개인 자료가 포함되었다. 교육에는 강점 기반 교육, 직원 몰입 교육, 관리자 교육 등이 포함되었다.

강점 교육에 투자한 기업은 교육 없이 Q12만 측정한 기업에 비해 채용 인원이 평균 17% 증가했다. 강점 교육 없이 직원 몰입 교육만 한 조직은 12%의 개선을 달성했다. 예를 들어 1만 명의 직원을 보유한 대규모 조직의 경우 직원 1인당 생산성이 1년 차에 2,330만 달러 증가했고, 교육을 하지 않은 기업보다 1,210만 달러 더 많은 순이익을 달성했다. 또한 강점 교육 없이 몰입 교육만 시행한 기업보다 860만 달러 더 많은 순이익을 달성했다.

- Meinert, D. (2014, July 22). *Leadership development spending is up*. Retrieved December 10, 2018, from https://www.shrm.org/hr-today/news/hr-magazine/pages/0814-execbrief.aspx
- Wigert, B., & Agrawal, S. (2018, July 16). *Employee burnout, part 2: What managers can do*. Retrieved December 10, 2018, from https://www.gallup.com/workplace/237119/employee-burnout-part-2-managers.aspx
- Wigert, B., & Maese, E. (2018). *The manager experience study*. Gallup Working Paper. Omaha, NE.

일의 미래

32. 직장의 변화

- Gallup. (2016). *How millennials want to work and live*. Retrieved December 7, 2018, from https://www.gallup.com/workplace/238073/millennials-work-live.aspx

- Gallup. (2017). *State of the American workplace*. Retrieved December 7, 2018, from https://www.gallup.com/workplace/238085/state-american-workplace-report-2017.aspx
- Harter, J. (2014, September 9). *Should employers ban email after work hours?* Retrieved December 10, 2018, from https://www.gallup.com/workplace/236519/employers-banemail-work-hours.aspx
- Newport, F. (2017, May 10). *Email outside of working hours not a burden to U.S. workers*. Retrieved December 10, 2018, from https://news.gallup.com/poll/210074/emailoutside-working-hours-not-burden-workers.aspx

33. 다양성과 포용을 위한 3가지 조건

- Bezrukova, K., Spell, C. S., Perry, J. L., & Jehn, K. A. (2016). A meta-analytical integration of over 40 years of research on diversity training evaluation. *Psychological Bulletin, 142*(11), 1227-1274.
- Brenan, M. (2017, November 16). *Americans no longer prefer male boss to female boss*. Retrieved December 10, 2018, from https://news.gallup.com/poll/222425/americansno-longer-prefer-male-boss-female-boss.aspx
- Downey, S. N., van der Werff, L., Thomas, K. M., & Plaut, V. C. (2014). The role of diversity practices and inclusion in promoting trust and employee engagement. *Journal of Applied Social Psychology, 45*(1), 35-44.
- Gallup. (2016). *How millennials want to work and live*. Retrieved December 7, 2018, from https://www.gallup.com/workplace/238073/millennials-work-live.aspx
- Gallup. (2018). *Three requirements of a diverse and inclusive culture — and why they matter for your organization*. Retrieved December 10, 2018, from https://www.gallup.com/workplace/242108/diversi-

ty-inclusion-perspective-paper.aspx
- Jones, J. M. (2015, May 20). *Majority in U.S. now say gays and lesbians born, not made*. Retrieved December 10, 2018, from https://news.gallup.com/poll/183332/majoritysay-gays-lesbians-born-not-made.aspx
- Kalev, A., Dobbin, F., & Kelly, E. (2006). Best practices or best guesses? Assessing the efficacy of corporate affirmative action and diversity policies. *American Sociological Review, 71*(4), 589-617.
- Saad, L. (2017, November 3). *Concerns about sexual harassment higher than in 1998*. Retrieved December 10, 2018, from https://news.gallup.com/poll/221216/concernssexual-harassment-higher-1998.aspx
- Swift, A. (2017, March 15). *Americans' worries about race relations at record high*. Retrieved December 10, 2018, from https://news.gallup.com/poll/206057/americans-worry-racerelations-record-high.aspx
- Washington, E., & Patrick, C. (2018, September 17). *3 requirements for a diverse and inclusive culture*. Retrieved December 10, 2018, from https://www.gallup.com/workplace/242138/requirements-diverse-inclusive-culture.aspx

34. 다양성과 포용: '나를 존중해달라'

미국의 직원 중 9%는 자신이 직장에서 존중받고 있다는 항목에 동의하지 않거나 전적으로 동의하지 않았다. 이 9% 중에서도 90%는 직장에서 차별이나 괴롭힘 중 적어도 하나는 경험한 적이 있다고 말했다.

2018년 갤럽이 유럽의 정규직 및 비정규직 직원 4천 명을 대상으로 실시한 조사에서는 영국 직원의 3%가 자신은 직장에서 존중받는다는 항목에 동의하지 않거나 전적으로 동의하지 않았다. 독일은 4%, 스페인은 10%, 프랑스는 12%의 직원이 이와 같은 대답을 했다.

- Gallup. (2018). *Three requirements of a diverse and inclusive culture — and why they matter for your organization*. Retrieved December 10, 2018, from https://www.gallup.com/workplace/242108/diversity-inclusion-perspective-paper.aspx
- Jones, J. R., & Harter, J. K. (2005). Race effects on the employee engagement-turnover intention relationship. *Journal of Leadership & Organizational Studies, 11*(2), 78-88.
- Porath, C. (2014, November 19). Half of employees don't feel respected by their bosses. *Harvard Business Review*. Retrieved December 10, 2018, from https://hbr.org/2014/11/half-of-employees-dont-feel-respected-by-their-bosses

35. 다양성과 포용: '나의 강점을 알아달라'

- Polzer, J. T., Milton, L. P., & Swarm Jr., W. B. (2002). Capitalizing on diversity: Interpersonal congruence in small work groups. *Administrative Science Quarterly, 47*(2), 296-324.
- Riffkin, R., & Harter, J. (2016, March 21). *Using employee engagement to build a diverse workforce*. Retrieved December 10, 2018, from https://news.gallup.com/opinion/gallup/190103/using-employee-engagement-build-diverse-workforce.aspx
- Washington, E. (2018, October 3). *How to use CliftonStrengths to develop diversity and inclusion*. Retrieved December 10, 2018, from https://www.gallup.com/workplace/243251/cliftonstrengths-develop-diversity-inclusion.aspx

36. 다양성과 포용: '리더는 옳은 일을 할 것이다'

2018년 갤럽이 유럽의 정규직 및 비정규직 직원 4천 명을 대상으로 실시한 조사에서 영국 직원의 57%가 만약 자신이 윤리에 대한 문제를 제기하면 회사의 최고경영자는 그에 대해 옳은 결정을 내릴 것이라는 데 전적으로 동의했다. 프랑스는 36%, 스페인은 32%, 독일은 31%의 직원이 그렇다고 답했다.

- DiSciullo, M., & Jones, D. D. (2017, June 12). *More than 150 CEOs make unprecedented commitment to advance diversity and inclusion in the workplace*. Retrieved December 10, 2018, from https://www.ceoaction.com/media/press-releases/2017/more-than-150-ceos-make-unprecedented-commitment-to-advance-diversity-and-inclusion-in-theworkplace/
- Miller, J. (2017, October 19). *It's not you, it's me: Supporting workplace inclusion*. Retrieved December 10, 2018, from https://www.gallup.com/workplace/236264/not-supportingworkplace-inclusion.aspx
- Pendell, R. (2018, September 10). *How to reduce bias and hire the best candidate*. Retrieved December 10, 2018, from https://www.gallup.com/workplace/241955/reduce-biashire-best-candidate.aspx
- Washington, E. (n.d.). *Starbucks after anti-bias training: Will it last?* Retrieved December 10, 2018, from https://www.gallup.com/workplace/235139/starbucks-anti-biastraining-last.aspx
- Washington, E., & Newport, F. (2017, April 25). *Diversity and inclusion in the workplace after Trump election*. Retrieved December 10, 2018, from https://www.gallup.com/workplace/236324/diversity-inclusion-workplace-trump-election.aspx

37. 성별 격차

- Badal, S., & Harter, J. K. (2014). Gender diversity, business-unit engagement, and performance. *Journal of Leadership & Organizational Studies, 21*(4), 354-365.
- Brenan, M. (2017, November 16). *Americans no longer prefer male boss to female boss*. Retrieved December 10, 2018, from https://news.gallup.com/poll/222425/americansno-longer-prefer-male-boss-female-boss.aspx
- Gallup. (2016). *Women in America: Work and life well-lived*. Retrieved December 10, 2018, from https://www.gallup.com/work-

place/238070/women-america-work-life-livedinsights-business-leaders.aspx

- Gallup and the International Labour Organization. (n.d.). *Towards a better future for women and work: Voices of women and men*. Retrieved December 10, 2018, from https://news.gallup.com/reports/204785/ilo-gallup-report-towards-better-future-women-work-voices-women-men.aspx
- Miller, J. (2017, January 17). *The dwindling female labor force in the U.S.* Retrieved December 10, 2018, from https://news.gallup.com/businessjournal/201719/dwindlingfemale-labor-force.aspx
- Ray, J., & Esipova, N. (2017, March 8). *Millions of women worldwide would like to join the workforce*. Retrieved December 10, 2018, from https://news.gallup.com/poll/205439/millions-women-worldwide-join-workforce.aspx

38. 직장에서의 여성: #미투 시대

- Gallup and the International Labour Organization. (n.d.). *Towards a better future for women and work: Voices of women and men*. Retrieved December 10, 2018, from https://news.gallup.com/reports/204785/ilo-gallup-report-towards-better-future-women-work-voices-women-men.aspx
- Newport, F., & Saad, L. (2017, November 14). *How widespread is sexual harassment in the U.S.*? [Audio blog post]. Retrieved December 10, 2018, from https://news.gallup.com/podcast/222344/widespread-sexual-harassment.aspx
- Saad, L. (2017, November 3). *Concerns about sexual harassment higher than in 1998*. Retrieved December 10, 2018, from https://news.gallup.com/poll/221216/concernssexual-harassment-higher-1998.aspx

39. 직장에서의 여성: 왜 임금 격차가 발생하는가

- Bertrand, M., Goldin, C., & Katz, L. F. (2010). Dynamics of the gender gap for young professionals in the financial and corporate sectors. *American Economic Journal: Applied Economics, 2*(3), 228-255.
- Bureau of Labor Statistics. (2016, January 15). Women's earnings 83 percent of men's, but vary by occupation. *TED: The Economics Daily*. Retrieved December 10, 2018, from https://www.bls.gov/opub/ted/2016/womens-earnings-83-percent-of-mens-but-varyby-occupation.htm
- Cook, C., Diamond, R., Hall, J., List, J. A., & Oyer, P. (2018). *The gender earnings gap in the gig economy: Evidence from over a million rideshare drivers*. Retrieved December 10, 2018, from https://www.gsb.stanford.edu/faculty-research/working-papers/genderearnings-gap-gig-economy-evidence-over-million-rideshare
- Gallup and the International Labour Organization. (n.d.). *Towards a better future for women and work: Voices of women and men*. Retrieved December 10, 2018, from https://news.gallup.com/reports/204785/ilo-gallup-report-towards-better-future-women-work-voices-women-men.aspx
- Goldin, C. (2014). A grand gender convergence: Its last chapter. *American Economic Review, 104*(4), 1091-1119.
- Goldin, C. (2015, July 27). How to achieve gender equality in pay. *Milken Institute Review*. Retrieved December 10, 2018, from http://www.milkenreview.org/articles/how-to-achieve-gender-equality-in-pay
- Goldin, C., & Devani, T. (2017, August 7). Narrowing the wage gap: An interview with Claudia Goldin. *Harvard International Review*. Retrieved December 10, 2018, from http://hir.harvard.edu/article/?a=14544
- Plumb, E. (2016, November 15). *The gender pay gap: An interview*

with Harvard economist Claudia Goldin. Retrieved December 10, 2018, from https://www.workflexibility.org/gender-pay-gap-interview-economist-claudia-goldin/

40. 직장에서의 여성: 일과 삶의 유연성

- Gallup. (2016). *Women in America: Work and life well-lived*. Retrieved December 10, 2018, from https://www.gallup.com/workplace/238070/women-america-work-life-livedinsights-business-leaders.aspx
- Gallup and the International Labour Organization. (n.d.). *Towards a better future for women and work: Voices of women and men*. Retrieved December 10, 2018, from https://news.gallup.com/reports/204785/ilo-gallup-report-towards-better-future-women-work-voices-women-men.aspx

41. 베이비붐 세대는 짐이 될까

- Arnold, J., & Clark, M. (2016). Running the penultimate lap of the race: A multimethod analysis of growth, generativity, career orientation, and personality amongst men in mid/late career. *Journal of Occupational and Organizational Psychology, 89*(2), 308-329.
- Case, A., & Deaton, A. (2015). Rising morbidity and mortality in midlife among white non-Hispanic Americans in the 21st century. *Proceedings of the National Academy of Sciences, 112*(49), 15078-15083.
- Gallup. (2019). *Gallup's perspective on transitioning baby boomer employees*. Gallup Working Paper. Omaha, NE.
- Harter, J., & Agrawal, S. (2015, January 27). *Older baby boomers more engaged at work than younger boomers*. Retrieved December 10, 2018, from https://news.gallup.com/poll/181298/older-baby-boomers-engaged-work-younger-boomers.aspx

- Newport, F. (2018, May 9). *Update: Americans' concerns about retirement persist.* Retrieved December 10, 2018, from https://news.gallup.com/poll/233861/update-americansconcerns-retirement-persist.aspx
- Newport, F. (2018, May 10). *Snapshot: Average American predicts retirement age of 66.* Retrieved December 10, 2018, from https://news.gallup.com/poll/234302/snapshotamericans-project-average-retirement-age.aspx
- Norman, J. (2016, May 3). *Economic turmoil stirs retirement plans of young, old.* Retrieved December 10, 2018, from https://news.gallup.com/poll/191297/economic-turmoilstirred-retirement-plans-young-old.aspx
- Saad, L. (2016, May 13). *Three in 10 U.S. workers foresee working past retirement age.* Retrieved December 10, 2018, from https://news.gallup.com/poll/191477/threeworkers-foresee-working-past-retirement-age.aspx
- Swift, A. (2017, May 8). *Most U.S. employed adults plan to work past retirement age.* Retrieved December 10, 2018, from https://news.gallup.com/poll/210044/employedadults-plan-work-past-retirement-age.aspx

42. 복리후생과 특전 그리고 유연근무제: 직원들이 진짜 중시하는 것

- Gallup. (2016). *How millennials want to work and live.* Retrieved December 7, 2018, from https://www.gallup.com/workplace/238073/millennials-work-live.aspx
- Gallup. (2017). *State of the American workplace.* Retrieved December 7, 2018, from https://www.gallup.com/workplace/238085/state-american-workplace-report-2017.aspx

43. 유연근무제와 고성과를 함께 얻는 방법

- Dvorak, N. (2017, September 15). *The working vacation*. Retrieved December 10, 2018, from https://news.gallup.com/opinion/gallup/218015/working-vacation.aspx
- Gallup. (2012). *Engagement at work: Working hours, flextime, vacation time, and wellbeing*. Retrieved December 10, 2018, from https://www.gallup.com/services/176339/engagement-work-working-hours-flextime-vacation-time-wellbeing.aspx
- Mann, A., & Nelson, B. (2017, December 12). *Thinking flexibly about flexible work arrangements*. Retrieved December 10, 2018, from https://www.gallup.com/workplace/236183/thinking-flexibly-flexible-work-arrangements.aspx

44. 새로운 사무실

- Dvorak, N., & Sasaki, J. (2017, March 30). *Employees at home: Less engaged*. Retrieved December 10, 2018, from https://news.gallup.com/businessjournal/207539/employeeshome-less-engaged.aspx
- Gallup. (2017). *State of the American workplace*. Retrieved December 7, 2018, from https://www.gallup.com/workplace/238085/state-american-workplace-report-2017.aspx
- Hickman, A. (2018, March 29). *Why friendships among remote workers are crucial*. Retrieved December 10, 2018, from https://www.gallup.com/workplace/236072/whyfriendships-among-remote-workers-crucial.aspx
- Hickman, A., & Fredstrom, T. (2018, February 7). *How to build trust with remote employees*. Retrieved December 10, 2018, from https://www.gallup.com/workplace/236222/build-trust-remote-employees.aspx
- Hickman, A., & Pendell, R. (2018, May 31). *The end of the traditional*

manager. Retrieved December 10, 2018, from https://www.gallup.com/workplace/236108/end-traditionalmanager.aspx

- Hickman, A., & Sasaki, J. (2017, April 5). *Can you manage employees you rarely see?* Retrieved December 10, 2018, from https://www.gallup.com/workplace/236372/manage-employees-rarely.aspx
- Krueger, J., & Killham, E. (2006, March 9). *Why Dilbert is right: Uncomfortable work environments make for disgruntled employees — just like the cartoon says*. Retrieved December 10, 2018, from https://news.gallup.com/businessjournal/21802/WhyDilbert-Right.aspx
- Mann, A. (2017, June 22). *How to make an open office floor plan work*. Retrieved December 10, 2018, from https://www.gallup.com/workplace/236219/open-office-floor-planwork.aspx
- Mann, A. (2017, August 1). *3 ways you are failing your remote workers*. Retrieved December 10, 2018, from https://www.gallup.com/workplace/236192/ways-failing-remoteworkers.aspx
- Mann, A., & Adkins, A. (2017, March 15). *America's coming workplace: Home alone*. Retrieved December 10, 2018, from https://news.gallup.com/businessjournal/206033/america-coming-workplace-home-alone.aspx
- Mann, A., & Adkins, A. (2017, March 22). *How engaged is your remote workforce?* Retrieved December 10, 2018, from https://www.gallup.com/workplace/236375/engaged-remote-workforce.aspx
- MikeBloomberg. (2018, February 28). I've always believed that open, collaborative workspaces make a difference — in businesses and city halls alike. Glad to see this idea spreading to @BloombergDotOrg #iteams around the world. [Tweet]. Retrieved December 10, 2018, from https://twitter.com/MikeBloomberg/status/968952708542730241

45. 기업 혁신: 창의성을 관리하고 육성하는 방법

2018년 갤럽이 유럽의 정규직 및 비정규직 직원 4천 명을 대상으로 실시한 조사에서 영국의 직원 55%가 일주일에 최소 몇 번은 그들이 창의적으로 생각하거나 새로운 아이디어를 논의할 수 있는 시간을 배정받았다고 답했다. 프랑스는 48%, 스페인과 독일은 각각 38%의 직원이 그렇다고 답했다. 독일에서는 41%의 직원이 회사가 자신에게 창의적이고 더 나은 방법을 생각해내도록 한다는 점에 전적으로 동의했다. 영국은 36%, 프랑스는 30%, 스페인은 20%의 직원이 비슷하게 답했다.

미국의 18세 이상 직원 2만 5,257명을 대상으로 한 연구에 따르면 직원들의 높은 몰입도가 더 많은 아이디어를 이끌어낸다는 결과를 보여준다.

- "최근 12개월 동안 귀하나 귀하의 팀은 회사나 조직을 개선할 수 있는 아이디어를 낸 적이 있었습니까?"라는 질문에 61%가 '그렇다'고 답했다.
- "이후 그 아이디어가 시행되었습니까?"라는 질문에는 46%가 '그렇다'고 답했다.
- "이러한 아이디어가 팀 또는 회사나 조직의 비용 절감, 매출 증대 혹은 효율성 향상으로 이어졌습니까?"라는 질문에는 20%가 '개선으로 이어졌다'고 답했다.
- 일에 몰입하는 직원은 다른 일반적인 직원보다 20% 더 높은 확률로, 그리고 일에 적극적이지 않은 직원보다는 66% 더 높은 확률로 아이디어를 가지고 있다고 답했다. 이들은 일반적인 직원보다는 2.4배, 일에 적극적이지 않은 직원보다는 7.8배 높은 확률로 아이디어를 냈고, 이를 통해 개선 효과를 얻을 수 있었다.

- Gallup. (2014, January 30). *Innovation: The new frontier for quality: Companies should use the tools they once used to prevent defects to promote fast, transformational change*. Retrieved December 10, 2018, from https://news.gallup.com/businessjournal/166958/innovation-new-frontier-quality.aspx
- Reiter-Palmon, R., Wigert, B., & de Vreede, T. (2011). Team creativity

and innovation: The effect of team composition, social processes and cognition. In M. Mumford (Ed.), *Handbook of organizational creativity* (pp.295-326). Cambridge, MA: Academic Press.

- Wigert, B. (2018). Constructing an evidence-based model for managing creative performance. In R. Reiter-Palmon, V. L. Kennel, & J. C. Kaufman (Eds.), *Individual creativity in the workplace* (pp.339-369), Cambridge, MA: Academic Press.

46. 훌륭한 관리자 없이는 민첩해질 수 없다

2018년 갤럽이 유럽의 정규직 및 비정규직 직원 4천 명을 대상으로 실시한 조사에서 영국, 독일, 프랑스, 스페인에서 일하는 직원 4명 중 1명이 업무에 즉시 대응할 수 있도록 필요한 장비와 절차가 있다고 답했다. 그리고 거의 같은 비율의 직원이 자신의 부서와 타 부서 간 협력에 만족한다고 답했다.

- Emond, L. (2018, October 1). *Agility is both structural and cultural at Roche*. Retrieved December 10, 2018, from https://www.gallup.com/workplace/243167/agilitystructural-cultural-roche.aspx
- Gallup. (2018, August 29). *What does agility mean for business leaders?* Retrieved December 10, 2018, from https://www.gallup.com/workplace/241250/agility-mean-businessleaders.aspx
- Gallup. (2018, September 7). *3 steps on the path to agility*. Retrieved December 10, 2018, from https://www.gallup.com/workplace/241793/steps-path-agility.aspx
- Gallup. (2018, September 25). *2 key strategies for managing agile teams*. Retrieved December 10, 2018, from https://www.gallup.com/workplace/242387/key-strategiesmanaging-agile-teams.aspx
- Krieger, J. (2010, October 5). *Creating a culture of innovation*. Retrieved December 10, 2018, from https://news.gallup.com/businessjournal/143282/Creating-CultureInnovation.aspx
- Ratanjee, V., & Dvorak, N. (2018, September 18). *Mastering matrix*

management in the age of agility. Retrieved December 10, 2018, from https://www.gallup.com/workplace/242192/mastering-matrix-management-age-agility.aspx

47. 긱 노동: 회사와 직원의 새로운 관계

- Gallup. (2018). *Gallup's perspective on the gig economy and alternative work arrangements*. Retrieved December 10, 2018, from https://www.gallup.com/workplace/240878/gigeconomy-paper-2018.aspx
- Katz, L. F., & Krueger, A. B. (2016). *The rise and nature of alternative work arrangements in the United States*, 1995-2015 (No. w22667). National Bureau of Economic Research.
- McFeely, S. (2017, June 5). *Is the growing Uber-economy a threat to small businesses?* Retrieved December 10, 2018, from https://news.gallup.com/opinion/gallup/211739/growing-uber-economy-threat-small-businesses.aspx
- McFeely, S. (2018, August 30). *7 ways your organization can capitalize on the gig economy*. Retrieved December 10, 2018, from https://www.gallup.com/workplace/241769/waysorganization-capitalize-gig-economy.aspx
- McFeely, S., & Pendell, R. (2018, August 16). *What workplace leaders can learn from the real gig economy*. Retrieved December 10, 2018, from https://www.gallup.com/workplace/240929/workplace-leaders-learn-real-gig-economy.aspx
- Newport, F., & McFeely, S. (2018, September 19). *What is the future of the U.S. gig economy?* [Audio blog post]. Retrieved December 10, 2018, from https://news.gallup.com/podcast/242315/future-gig-economy.aspx

48. 긱 노동자: 절망적인가, 만족스러운가

- Deutschkron, S., & Pearce, C. (2017, October 17). *Freelancers predicted to become the U.S. workforce majority within a decade, with nearly 50% of millennial workers already freelancing, annual "Freelancing in America" study finds*. Retrieved December 10, 2018, from https://www.upwork.com/press/2017/10/17/freelancing-in-america-2017/
- Gallup. (2018). *Gallup's perspective on the gig economy and alternative work arrangements*. Retrieved December 10, 2018, from https://www.gallup.com/workplace/240878/gigeconomy-paper-2018.aspx
- Manyika, J., Lund, S., Bughin, J., Robinson, K., Mischke, J., & Mahajan, D. (2016 October). Independent work: Choice, necessity, and the gig economy. *McKinsey Global Institute*. Retrieved December 10, 2018, from https://www.mckinsey.com/~/media/McKinsey/Featured%20Insights/Employment%20and%20Growth/Independent%20work%20Choice%20necessity%20and%20the%20gig%20economy/IndependentWork-Choice-necessity-and-the-gig-economy-Full-report.ashx
- McFeely, S., & Pendell, R. (2018, August 16). *What workplace leaders can learn from the real gig economy*. Retrieved December 10, 2018, from https://www.gallup.com/workplace/240929/workplace-leaders-learn-real-gig-economy.aspx

49. 인공지능의 등장: 이제 어쩌지

2018년 갤럽이 유럽의 정규직 및 비정규직 직원 4천 명을 대상으로 실시한 조사에서 독일 직원의 37%가 생산성을 높이는 신기술 구현에 전적으로 동의했고, 프랑스는 26%, 영국은 21%, 스페인은 18%의 직원이 그렇다고 답했다. 미국과 마찬가지로 유럽 국가의 대다수 직원들은 향후 5년 이내에 신기술로 인해 자신들의 일자리가 없어질 것이라고는 믿지 않았다.

- Brynjolfsson, E., & McAfee, A. (2012). *Race against the machine: How the digital revolution is accelerating innovation, driving productivity, and irreversibly transforming employment and the economy*. Lexington, MA: Digital Frontier Press.
- Chang, S. (2017, September 2). *This chart spells out in black and white just how many jobs will be lost to robots*. Retrieved December 10, 2018, from http://www.marketwatch.com/story/this-chart-spells-out-in-black-and-white-just-how-many-jobs-will-be-lostto-robots-2017-05-31
- Daugherty, P., & Wilson, H. J. (2018). *Process reimagined: Together, people and AI are reinventing business processes from the ground up*. Retrieved December 10, 2018, from https://www.accenture.com/t20180424T033337Z__w__/us-en/_acnmedia/PDF-76/Accenture-Process-Reimagined.pdf
- Dugan, A., & Nelson, B. (2017, June 8). *3 trends that will disrupt your workplace forever*. Retrieved December 10, 2018, from https://www.gallup.com/workplace/235814/trends-disrupt-workplace-forever.aspx
- Frey, C. B., & Osborne, M. A. (2017). The future of employment: How susceptible are jobs to computerisation? *Technological Forecasting & Social Change, 114*, 254-280.
- Levin, S. (2017, December 5). Google to hire thousands of moderators after outcry over YouTube abuse videos. *The Guardian*. Retrieved December 10, 2018, from https://www.theguardian.com/technology/2017/dec/04/google-youtube-hire-moderatorschild-abuse-videos
- Newport, F. (2017, May 17). *One in four U.S. workers say technology will eliminate job*. Retrieved December 10, 2018, from http://www.gallup.com/poll/210728/one-fourworkers-say-technology-eliminate-job.aspx

- Northeastern University & Gallup (2018). *Optimism and anxiety: Views on the impact of artificial intelligence and higher education's response*. Retrieved December 10, 2018, from https://www.northeastern.edu/gallup/pdf/OptimismAnxietyNortheasternGallup.pdf
- Perez, S. (2017). *YouTube promises to increase content moderation and other enforcement staff to 10k in 2018*. Retrieved December 10, 2018, from https://techcrunch.com/2017/12/05/youtube-promises-to-increase-content-moderation-staff-to-over-10k-in-2018/
- Reinhart, R. (2018, January 31). *Americans upbeat on artificial intelligence, but still wary*. Retrieved December 10, 2018, from https://news.gallup.com/poll/226502/americansupbeat-artificial-intelligence-wary.aspx
- Reinhart, R. (2018, February 8). *Most U.S. workers unafraid of losing their jobs to robots*. Retrieved December 10, 2018, from https://news.gallup.com/poll/226841/workersunafraid-losing-jobs-robots.aspx
- Reinhart, R. (2018, February 26). *Public split on basic income for workers replaced by robots*. Retrieved December 10, 2018, from https://news.gallup.com/poll/228194/public-splitbasic-income-workers-replaced-robots.aspx
- Reinhart, R. (2018, March 6). *Most Americans already using artificial intelligence products*. Retrieved December 10, 2018, from https://news.gallup.com/poll/228497/americansalready-using-artificial-intelligence-products.aspx
- Reinhart, R. (2018, March 9). *AI seen as greater job threat than immigration, offshoring*. Retrieved December 10, 2018, from https://news.gallup.com/poll/228923/seengreater-job-threat-immigration-offshoring.aspx
- Rugaber, C. S. (2017, October 30). *Robots and automation likely to create more jobs in e-commerce*. Retrieved December 10, 2018,

from https://www.inc.com/associatedpress/e-commerce-automation-robots-create-more-jobs-amazon-effect.html

50. 인공지능: 직장이 준비해야 할 것

- Herway, J. (2018, September 19). *How to set your company apart in a tech-driven world*. Retrieved December 10, 2018, from https://www.gallup.com/workplace/242186/setcompany-apart-tech-driven-world.aspx
- Northeastern University & Gallup. (2018). *Optimism and anxiety: Views on the impact of artificial intelligence and higher education's response*. Retrieved December 10, 2018, from https://www.northeastern.edu/gallup/pdf/OptimismAnxietyNortheasternGallup.pdf
- Reinhart, R. (2018, February 12). *U.S. workers unsure about securing training if AI takes jobs*. Retrieved December 10, 2018, from https://news.gallup.com/poll/226868/workersunsure-securing-training-takes-jobs.aspx
- Semykoz, M. (2018, July 26). *Is your culture ready for the AI era?* Retrieved December 10, 2018, from https://www.gallup.com/workplace/237923/culture-ready-era.aspx
- Semykoz, M. (2018, August 3). *How to manage the AI disruption: A culture of purpose*. Retrieved December 10, 2018, from https://www.gallup.com/workplace/238106/manage-disruption-culture-purpose.aspx
- Semykoz, M. (2018, August 6). *Are you asking the right questions in the new AI era?* Retrieved December 10, 2018, from https://www.gallup.com/workplace/238151/asking-right-questions-new-era.aspx
- Semykoz, M. (2018, August 8). *How to build a culture of confidence in the new age of AI*. Retrieved December 10, 2018, from https://www.gallup.com/workplace/238154/build-culture-confidence-new-age.

aspx
- Semykoz, M. (2018, August 15). *How to make expert ethical decisions in the AI era.* Retrieved December 10, 2018, from https://www.gallup.com/workplace/238157/expert-ethicaldecisions-era.aspx
- Semykoz, M. (2018, September 3). *Learn how to cultivate a culture of trust in the AI era.* Retrieved December 10, 2018, from https://www.gallup.com/workplace/238160/learncultivate-culture-trust-era.aspx
- Semykoz, M. (2018, September 5). *AI is not magic: How to create the right AI culture.* Retrieved December 10, 2018, from https://www.gallup.com/workplace/238163/notmagic-create-right-culture.aspx

51. 기술의 소용돌이 속에서: 인적자본 관리 시스템과 기타 해결책

2018년 갤럽이 유럽 정규직 및 비정규직 직원 4천 명을 대상으로 실시한 조사에서 독일은 55%, 영국은 51%, 스페인과 프랑스는 각각 35%의 직원이 업무와 관련된 데이터에 쉽게 접근할 수 있다는 데 전적으로 동의한 것으로 나타났다.

- Applin, S. A., & Fischer, M. D. (2015). Cooperation between humans and robots: Applied agency in autonomous processes. In *10th ACM/IEEE International Conference on Human-Robot Interaction, Workshop on the Emerging Policy and Ethics of HumanRobot Interaction*, Portland, OR.
- Baraka, K., & Veloso, M. (2015). Adaptive interaction of persistent robots to user temporal preferences. In A. Tapus, E. Andre, J. C. Martin, F. Ferland, M. Ammi (Eds.), *Social robotics* (pp.61-71). Switzerland: Springer.
- Carpenter, T. J., & Zachary, W. W. (2017). Using context and robot-human communication to resolve unexpected situational conflicts. In *2017 IEEE Conference on Cognitive and Computational Aspects of Situation Management* (CogSIMA), Savannah, GA.

- Faber, M., Butzler, J., & Schlick, C. M. (2015). Human-robot cooperation in future production systems: Analysis of requirements for designing an ergonomic work system. *Procedia Manufacturing, 3*, 510-517.
- Faggella, D. (2018, November 29). *Machine learning in human resources—applications and trends*. Retrieved December 10, 2018, from https://www.techemergence.com/machinelearning-in-human-resources/
- Fairchild, M. (n.d.). *The top 5 HRIS mistakes and how to avoid them*. Retrieved December 10, 2018, from http://www.hrlab.com/hris-mistakes.php
- Hayes, B., & Scassellati, B. (2014). Discovering task constraints through observation and active learning. In *2014 IEEE/RSJ International Conference on Intelligent Robots and Systems*, Chicago.
- Jain, D., & Sharma, Y. (2017). Adoption of next generation robotics: A case study on Amazon. *Perspectiva: A Case Research Journal, 3*, 9-23.
- Kahneman, D. (2015). *Thinking, fast and slow*. New York: Farrar, Straus and Giroux.
- Leite, I., McCoy, M., Ullman, D., Salomons, N., & Scassellati, B. (2015). Comparing models of disengagement in individual and group interactions. In *10th ACM/IEEE International Conference on Human-Robot Interaction, Workshop on the Emerging Policy and Ethics of Human-Robot Interaction*, Portland, OR.
- Leite, I., Pereira, A., Castellano, G., Mascarenhas, S., Martinho, C., & Paiva, A. (2012). Modelling empathy in social robotic companions. In L. Ardissono, & T. Kuflik (Eds.) *Advances in user modeling*. UMAP 2011. Lecture Notes in Computer Science, vol. 7138. (pp.135-147). Berlin: Springer.
- Leyzberg, D., Spaulding, S., & Scassellati, B. (2014). Personalizing ro-

bot tutors to individuals' learning differences. In *Proceedings of the 2014 ACM/IEEE International Conference on Human-Robot Interaction*, Bielefeld, Germany.

- Leyzberg, D., Spaulding, S., Toneva, M., & Scassellati, B. (2012). *The physical presence of a robot tutor increases cognitive learning gains.* CogSci.
- Michalos, G., Karagiannis, P., Makris, S., Tokcalar, O., & Chryssolouris, G. (2016). Augmented reality (AR) applications for supporting human-robot interactive cooperation. *Procedia CIRP, 41*, 370-375.
- Saerbeck, M., Schut, T., Bartneck, C., & Janse, M. D. (2010). Expressive robots in education—Varying the degree of social supportive behavior of a robotic tutor. In *Proceedings of the 28th ACM Conference on Human Factors in Computing Systems*, Atlanta, pp.1613-1622.
- Sharp, B. (2018). Policy implications of people analytics and the automated workplace. In R. Kiggins (Ed.), *The political economy of robots: Prospects for prosperity and peace in the automated 21st century* (pp.61-80). Basingstoke, U.K.: Palgrave Macmillan.
- Stoll, B., Reig, S., He, L., Kaplan, I., Jung, M. F., & Fussel, S. R. (2018). Wait, can you move the robot?: Examining telepresence robot use in collaborative teams. In *Proceedings of the 2018 ACM/IEEE International Conference on Human-Robot Interaction*, Chicago.
- Strohkorb, S., Huang, C., Ramachandran, A., & Scassellati, B. (2016). Establishing sustained, supportive human-robot relationships: Building blocks and open challenges. In *AAAI Spring Symposia*, Palo Alto, CA.
- Thomaz, A. L., & Breazeal, C. (2008). Teachable robots: Understanding human teaching behavior to build more effective robot learners. *Artificial Intelligence, 172*(6-7), 716-737.
- Tsarouchi, P., Michalos, G., Makris, S., Athanasatos, T., Dimoulas, K.,

& Chryssolouris, G. (2017). On a human-robot workplace design and task allocation system. *International Journal of Computer Integrated Manufacturing, 30*(12), 1272-1279.

- Unhelkar, V. V., & Shah, J. A. (2016). ConTCT: Deciding to communicate during time-critical collaborative tasks in unknown, deterministic domains. In *Thirtieth AAAI Conference on Artificial Intelligence*, Phoenix, AZ.
- Xu, A., & Dudek, G. (2015). OPTIMo: Online Probabilistic Trust Inference Model for asymmetric human-robot collaborations. In *10th ACM/IEEE International Conference on Human-Robot Interaction, Workshop on the Emerging Policy and Ethics of HumanRobot Interaction*, Portland, OR.

52. 예측 분석으로 더 나은 의사결정하기: 관리자를 위한 머니볼

2018년 갤럽이 유럽의 정규직 및 비정규직 직원 4천 명을 대상으로 실시한 조사에서 독일 직원의 36%가 자신의 회사는 좋은 결정을 내릴 수 있는 데이터를 잘 활용하고 있다는 데 전적으로 동의했다. 프랑스는 32%, 스페인은 31%, 영국은 29%의 직원이 그렇다고 답했다.

- Goasduff, L. (2015, September 15). *Gartner says business intelligence and analytics leaders must focus on mindsets and culture to kick start advanced analytics*. Retrieved December 10, 2018, from https://www.gartner.com/newsroom/id/3130017?utm_source=link_newsv9&utm_campaign=item_193574&utm_medium=copy
- Kruse, W. E., & Dvorak, N. (2016, March 16). *Managing employee risk demands data, not guesswork*. Retrieved December 10, 2018, from https://news.gallup.com/businessjournal/189878/managing-employee-risk-demands-data-not-guesswork.aspx
- Leonard, D., & Nelson, B. (2018, July 14). *Successful predictive analytics demand a datadriven workplace*. Retrieved December 10, 2018,

from https://news.gallup.com/businessjournal/193574/successful-predictive-analytics-demand-data-driven-culture.aspx
- Petti, B. (2018, May 3). *4 keys to becoming a data-driven HR leader*. Retrieved December 10, 2018, from https://www.gallup.com/workplace/236084/keys-becoming-datadriven-leader.aspx
- Petti, B., & Williams, S. (2015, March 11). *Use different analytics to solve different problems*. Retrieved December 10, 2018, from https://news.gallup.com/opinion/gallup/181943/different-analytics-solve-different-problems.aspx
- Schmarzo, B. (2014, February 6). *KPMG survey: Firms struggle with big data*. Retrieved December 10, 2018, from https://infocus.dellemc.com/william_schmarzo/kpmg-survey-firms-struggle-with-big-data/?utm_source=link_newsv9&utm_campaign=item_193574&utm_medium=copy

맺음말: 비즈니스 성과에서 인간 본성의 역할

- Asplund, J., Harter, J. K., Agrawal, S., & Plowman, S. K. (2015). *The relationship between strengths-based employee development and organizational outcomes 2015 strengths meta-analysis*. Retrieved December 10, 2018, from https://news.gallup.com/reports/193427/strengths-meta-analysis-2015.aspx
- Fleming, J. H., & Asplund, J. (2007). *Human sigma: Managing the employee-customer encounter*. New York: Gallup Press.
- Fleming, J. H., Coffman, C., & Harter, J. (2005). Manage your human sigma. *Harvard Business Review, 83*(7), 106-14.
- Harter, J. K. (2000). Managerial talent, employee engagement, and business-unit performance. *The Psychologist-Manager Journal, 4*(2), 215-224.
- Harter, J. K., Hayes, T. L., & Schmidt, F. L. (2004). *Meta-analytic predictive validity of Gallup selection research instruments (SRI)*. Oma-

ha, NE: Gallup.

- Schmidt, F. L., Oh, I. S., & Shaffer, J. A. (2016). *The validity and utility of selection methods in personnel psychology: Practical and theoretical implications of 100 years of research findings*. Retrieved December 7, 2018, from https://www.testingtalent.net/wp-content/uploads/2017/04/2016-100-Yrs-Working-Paper-on-Selection-Methods-SchmitMar-17.pdf
- Schmidt, F. L., & Rader, M. (1999). Exploring the boundary conditions for interview validity: Meta-analytic validity findings for a new interview type. *Personnel Psychology, 52*(2), 443-464.
- Yang, Y., Harter, J. K., Streur, J. H., Agrawal, S., Dvorak, N., & Walker, P. (2013). *The Gallup manager assessment: Technical report*. Omaha, NE: Gallup.
- Yu, D., Harter, J. K., Fleming, J. (2014). *The relationship between customer engagement and organizational outcomes in the business-to-consumer context: 2014 B2C customer engagement meta-analysis*. Omaha, NE: Gallup.

부록 3 | 직장의 몰입도와 조직 성과의 관계

- Abelson, R. P. (1985). A variance explanation paradox: When a little is a lot. *Psychological Bulletin, 97*(1), 129-133.
- Agrawal, S., & Harter, J. K. (2009, October). *Employee engagement influences involvement in wellness programs*. Omaha, NE: Gallup.
- Badal, S., & Harter, J. K. (2014). Gender diversity, business-unit engagement, & performance. *Journal of Leadership & Organizational Studies, 2*(4), 354-365.
- Bangert-Drowns, R. L. (1986). Review of developments in meta-analytic method. *Psychological Bulletin, 99*(3), 388-399.
- Batt, R. (2002). Managing customer services: Human resource practices, quit rates, and sales growth. *Academy of Management Jour-*

nal, 45(3), 587-597.

- Carver, R. P. (1975). The Coleman Report: Using inappropriately designed achievement tests. *American Educational Research Journal, 12*(1), 77-86.
- Denison, D. R. (1990). *Corporate culture and organizational effectiveness*. New York: John Wiley.
- Edmans, A. (2012, November 1). The link between job satisfaction and firm value, with implications for corporate social responsibility. *Academy of Management Perspectives, 26*(4), 1-19.
- Fleming, J. H., Coffman, C., & Harter, J. K. (2005, July-August). Manage your Human Sigma. *Harvard Business Review, 83*(7), 106-114.
- Gallup (2010). *The state of the global workplace: A worldwide study of employee engagement and wellbeing*. Omaha, NE: Gallup.
- Gallup, G. H. (1976, Winter). Human needs and satisfactions: A global survey. *Public Opinion Quarterly, 40*(4), 459-467.
- Gallup, G. H., & Hill, E. (1959). *The secrets of long life*. New York: Bernard Geis.
- The Gallup Organization (1992-1999). *Gallup Workplace Audit* (Copyright Registration Certificate TX-5 080 066). Washington, D.C.: U.S. Copyright Office.
- Grissom, R. J. (1994). Probability of the superior outcome of one treatment over another. *Journal of Applied Psychology, 79*(2), 314-316.
- Harter, J. K., & Agrawal, S. (2011). *Cross-cultural analysis of Gallup's Q^{12} employee engagement instrument*. Omaha, NE: Gallup.
- Harter, J. K., Asplund, J. W., & Fleming, J. H. (2004, August). *HumanSigma: A meta-analysis of the relationship between employee engagement, customer engagement and financial performance*. Omaha, NE: The Gallup Organization.
- Harter, J. K., Canedy, J., & Stone, A. (2008). A longitudinal study of

engagement at work and physiologic indicators of health. Presented at Work, Stress, & Health Conference. Washington, D.C.

- Harter, J. K., & Creglow, A. (1997). *A meta-analysis and utility analysis of the relationship between core GWA employee perceptions and business outcomes*. Lincoln, NE: The Gallup Organization.
- Harter, J. K., & Creglow, A. (1998, July). *A meta-analysis and utility analysis of the relationship between core GWA employee perceptions and business outcomes*. Lincoln, NE: The Gallup Organization.
- Harter, J. K., Hayes, T. L., & Schmidt, F. L. (2004, January). *Meta-analytic predictive validity of Gallup Selection Research Instruments (SRI)*. Omaha, NE: The Gallup Organization.
- Harter, J. K., & Schmidt, F. L. (2000, March). *Validation of a performance-related and actionable management tool: A meta-analysis and utility analysis*. Princeton, NJ: The Gallup Organization.
- Harter, J. K., & Schmidt, F. L. (2002, March). *Employee engagement, satisfaction, and business-unit-level outcomes: A meta-analysis*. Lincoln, NE: The Gallup Organization.
- Harter, J. K., & Schmidt, F. L. (2006). *Connecting employee satisfaction to business unit performance. In A. I. Kraut (Ed.), Getting action from organizational surveys: New concepts, technologies, and applications (pp.33-52)*. San Francisco: Jossey-Bass.
- Harter, J. K., & Schmidt, F. L. (2008). Conceptual versus empirical distinctions among constructs: Implications for discriminant validity. *Industrial and Organizational Psychology, 1*, 37-40.
- Harter, J. K., Schmidt, F. L., Agrawal, S., & Plowman, S. K. (2013, February). *The relationship between engagement at work and organizational outcomes: 2012 Q^{12} metaanalysis*. Omaha, NE: Gallup.
- Harter, J. K., Schmidt, F. L., Asplund, J. W., Killham, E. A., & Agrawal, S. (2010). Causal impact of employee work perceptions on the bottom line of organizations. *Perspectives on Psychological Science, 5*(4),

378-389.

- Harter, J. K., Schmidt, F. L., & Hayes, T. L. (2002). Business-unit-level relationship between employee satisfaction, employee engagement, and business outcomes: A meta-analysis. *Journal of Applied Psychology, 87*(2), 268-279.
- Harter, J. K., Schmidt, F. L., & Killham, E. A. (2003, July). *Employee engagement, satisfaction, and business-unit-level outcomes: A meta-analysis*. Omaha, NE: The Gallup Organization.
- Harter, J. K., Schmidt, F. L., Killham, E. A., & Agrawal, S. (2009). *Q^{12} meta-analysis. Gallup*. Omaha, NE.
- Harter, J. K., Schmidt, F. L., Killham, E. A., & Asplund, J. W. (2006). *Q^{12} meta-analysis*. Gallup. Omaha, NE.
- Harter, J. K., & Stone, A. A. (2011). Engaging and disengaging work conditions, momentary experiences, and cortisol response. *Motivation and Emotion, 36*(2), 104-113.
- Hunter, J. E., & Schmidt, F. L. (1983). Quantifying the effects of psychological interventions on employee job performance and workforce productivity. *American Psychologist, 38*(4), 473-478.
- Hunter, J. E., & Schmidt, F. L. (1990). *Methods of meta-analysis: Correcting error and bias in research findings*. Newbury Park, CA: Sage.
- Hunter, J. E., & Schmidt, F. L. (2004). *Methods of meta-analysis: Correcting error and bias in research findings* (2nd ed.). Newbury Park, CA: Sage.
- Hunter, J. E., Schmidt, F. L., & Le, H. A. (2006). Implications of direct and indirect range restriction for meta-analysis methods and findings. *Journal of Applied Psychology, 91*, 594-612.
- Huselid, M. A. (1995). The impact of human resource management practices on turnover, productivity, and corporate financial performance. *Academy of Management Journal, 38*(3), 635-672.

- Iaffaldano, M. T., & Muchinsky, P. M. (1985). Job satisfaction and job performance: A meta-analysis. *Psychological Bulletin, 97*(2), 251-273.
- Johnson, J. W. (1996). Linking employee perceptions of service climate to customer satisfaction. *Personnel Psychology, 49*, 831-851.
- Jones, J. R., & Harter, J. K. (2004). Race effects on the employee engagement-turnover intention relationship. *Journal of Leadership & Organizational Studies, 11*(2), 78-87.
- Judge, T. A., Thoresen, C. J., Bono, J. E., & Patton, G. K. (2001). The job satisfaction-job performance relationship: A qualitative and quantitative review. *Psychological Bulletin, 127*(3), 376-407.
- Lipsey, M. W. (1990). *Design sensitivity: Statistical power for experimental research*. Newbury Park, CA: Sage.
- Lipsey, M. W., & Wilson, D. B. (1993). The efficacy of psychological, educational, and behavioral treatment: Confirmation from meta-analysis. *American Psychologist, 48*(12), 1181-1209.
- Mosier, C. I. (1943). On the reliability of a weighted composite. *Psychometrika, 8*, 161-168.
- National Technical Information Services. (1987). *Standard Industrial Classification manual*. Washington, D.C.: Executive Office of the President, Office of Management and Budget.
- Ostroff, C. (1992). The relationship between satisfaction, attitudes, and performance: An organizational level analysis. *Journal of Applied Psychology, 77*(6), 963-974.
- Reynierse, J. H., & Harker, J. B. (1992). Employee and customer perceptions of service in banks: Teller and customer service representative ratings. *Human Resource Planning, 15*(4), 31-46.
- Rosenthal, R., & Rubin, D. B. (1982). A simple, general purpose display of magnitude of experimental effect. *Journal of Educational Psychology, 74*, 166-169.

- Schmidt, F. L. (1992). What do data really mean? Research findings, meta-analysis, and cumulative knowledge in psychology. *American Psychologist, 47*(10), 1173-1181.
- Schmidt, F. L., & Hunter, J. E. (1977). Development of a general solution to the problem of validity generalization. *Journal of Applied Psychology, 62*, 529-540.
- Schmidt, F. L., & Hunter, J. E. (1996). Measurement error in psychological research: Lessons from 26 research scenarios. *Psychological Methods, 1*(2), 199-223.
- Schmidt, F. L., & Hunter, J. E. (2015). *Methods of meta-analysis: Correcting error and bias in research findings*. (3rd ed.). Thousand Oaks, CA: Sage.
- Schmidt, F. L., Hunter, J. E., McKenzie, R. C., & Muldrow, T. W. (1979). Impact of valid selection procedures on work-force productivity. *Journal of Applied Psychology, 64*(6), 609-626.
- Schmidt, F. L., Hunter, J. E., Pearlman, K., & Rothstein-Hirsh, H. (1985). Forty questions about validity generalization and meta-analysis. *Personnel Psychology, 38*, 697-798.
- Schmidt, F. L., & Le, H. A. (2004). Software for the Hunter-Schmidt meta-analysis methods. Iowa City, IA: Tippie College of Business, University of Iowa.
- Schmidt, F. L., & Rader, M. (1999). Exploring the boundary conditions for interview validity: Meta-analytic validity findings for a new interview type. *Personnel Psychology, 52*, 445-464.
- Schmidt, F. L., & Rauschenberger, J. (1986, April). *Utility analysis for practitioners*. Paper presented at the First Annual Conference of The Society for Industrial and Organizational Psychology, Chicago, IL.
- Schmit, M. J., & Allscheid, S. P. (1995). Employee attitudes and customer satisfaction: Making theoretical and empirical connections.

Personnel Psychology, 48, 521-536.

- Schneider, B. (1991). Service quality and profits: Can you have your cake and eat it too? *Human Resource Planning, 14*(2), 151-157.
- Schneider, B., Ashworth, S. D., Higgs, A. C., & Carr, L. (1996). Design, validity, and use of strategically focused employee attitude surveys. *Personnel Psychology, 49*(3), 695-705.
- Schneider, B., & Bowen, D. E. (1993). The service organization: Human resources management is crucial. *Organizational Dynamics, 21*, 39-52.
- Schneider, B., Parkington, J. J., & Buxton, V. M. (1980). Employee and customer perceptions of service in banks. *Administrative Science Quarterly, 25*, 252-267.
- Sechrest, L., & Yeaton, W. H. (1982). Magnitudes of experimental effects in social science research. *Evaluation Review, 6*(5), 579-600.
- Ulrich, D., Halbrook, R., Meder, D., Stuchlik, M., & Thorpe, S. (1991). Employee and customer attachment: Synergies for competitive advantage. *Human Resource Planning, 14*(2), 89-103.
- Wagner, R., & Harter, J. K. (2006). *12: The elements of great managing*. New York: Gallup Press.
- Whitman, D. S., Van Rooy, D. L., & Viswesvaran, C. (2010). Satisfaction, citizenship behaviors, and performance in work units: A meta-analysis of collective construct relations. *Personnel Psychology, 63*(1), 41-81.
- Wiley, J. W. (1991). Customer satisfaction: A supportive work environment and its financial cost. *Human Resource Planning, 14*(2), 117-127.
- Zohar, D. (1980). Safety climate in industrial organizations: Theoretical and applied implications. *Journal of Applied Psychology, 65*(1), 96-102.
- Zohar, D. (2000). A group-level model of safety climate: Testing the

effect of group climate on micro accidents in manufacturing jobs. *Journal of Applied Psychology, 85*(4), 587-596.

부록 4 | 강점 기반 직원 개발과 조직 성과의 관계

- Abelson, R. P. (1985). A variance explanation paradox: When a little is a lot. *Psychological Bulletin, 97*(1), 129-133. doi: 10.1037/0033-2909.97.1.129
- Carver, R. P. (1975). The Coleman report: Using inappropriately designed achievement tests. *American Educational Research Journal, 12*(1), 77-86.
- Cohen, J. (1988). *Statistical power analysis for the behavioral sciences* (2nd ed.). Hillsdale, NJ: Lawrence Earlbaum Associates.
- Lipsey, M. W. (1990). *Design sensitivity: Statistical power for experimental research*. Newbury Park, CA: SAGE Publications.
- Rosenthal, R., Rosnow, R. L., Rubin, D. B. (2000). *Contrasts and effect sizes in behavioral research: A correlational approach*. Cambridge: Cambridge University Press.
- Schmidt, F. L., & Hunter, J. E. (1977). Development of a general solution to the problem of validity generalization. *Journal of Applied Psychology, 62*(5), 529.
- Schmidt, F. L., & Hunter, J. E. (1996). Measurement error in psychological research: Lessons from 26 research scenarios. *Psychological Methods, 1*(2), 199-223.
- Schmidt, F. L., & Rauschenberger, J. (1986, April). *Utility analysis for practitioners*. Paper presented at the first annual conference of The Society for Industrial and Organizational Psychology, Chicago, IL.
- Sechrest, L., & Yeaton, W. H. (1982). Magnitudes of experimental effects in social science research. *Evaluation Review, 6*(5), 579-600. doi: 10.1177/0193841X8200600501363

부록 5 | 경영상의 고용 및 개발 프로파일에 관한 메타 분석 연구

- Harter, J. K. (2003). *Test-retest reliability of Gallup selection assessments*. Gallup Technical Report. Omaha, NE.
- Harter, J. K., Hayes, T. L., & Schmidt, F. L. (2004). *Meta-analytic predictive validity of Gallup Selection Research Instruments (SRI)*. Gallup Technical Report. Omaha, NE.
- Harter, J. K., Schmidt, F. L., Agrawal, S. A., & Plowman, S. K. (2013). *The relationship between engagement at work and organizational outcomes: 2012 Q^{12} meta-analysis*. Gallup Technical Report. Omaha, NE.
- Hunter, J. E., & Schmidt, F. L. (1990). *Methods of meta-analysis: Correcting error and bias in research findings*. Newbury Park, CA: Sage.
- Hunter, J. E., & Schmidt, F. L. (1994). Estimation of sampling error variance in the meta-analysis of correlations: Use of average correlation in the homogeneous case. *Journal of Applied Psychology, 79*, 171-177.
- Hunter, J. E., & Schmidt, F. L. (1996). Measurement error in psychological research: Lessons from 26 research scenarios. *Psychological Methods, 1*, 199-223.
- Hunter, J. E., & Schmidt, F. L. (2004). *Methods of meta-analysis: Correcting error and bias in research findings* (2nd ed.). Newbury Park, CA: Sage.
- Hunter, J. E., Schmidt, F. L., & Le, H. A. (2006). Implications of direct and indirect range restriction for meta-analysis methods and findings. *Journal of Applied Psychology, 91*, 594-612.
- Judge, T. A., Bono, J. E., Ilies, R., & Gerhardt, M. W. (2002). Personality and leadership: A qualitative and quantitative review. *Journal of Applied Psychology, 87*, 765-780.
- Judge, T. A., Colbert, A. E., & Ilies, R. (2004). Intelligence and lead-

ership: A quantitative review and test of theoretical propositions. *Journal of Applied Psychology, 89*, 542-552.

- Law, K. S., Schmidt, F. L., & Hunter, J. E. (1994). Nonlinearity of range corrections in meta-analysis: Test of an improved procedure. *Journal of Applied Psychology, 79*, 425-438.
- McDaniel, M. A., Whetzel, D. L., Schmidt, F. L., & Maurer, S. D. (1994). The validity of employment interviews: A comprehensive review and meta-analysis. *Journal of Applied Psychology, 79*, 599-616.
- Rothstein, H. R. (1990). Interrater reliability of job performance ratings: Growth to asymptote level with increasing opportunity to observe. *Journal of Applied Psychology, 75*, 322-327.
- Schmidt, F. L., & Hunter, J. E. (1998). The validity and utility of selection methods in personnel psychology: Practical and theoretical implications of 85 years of research findings. *Psychological Bulletin, 124*(2), 262.
- Schmidt, F. L., Law, K., Hunter, J. E., Rothstein, H. R., Pearlman, K., & McDaniel, M. (1993). Refinements in validity generalization methods: Implications for the situational specificity hypothesis. *Journal of Applied Psychology, 78*, 3-12.
- Schmidt, F. L., & Rader, M. (1999). Exploring the boundary conditions for interview validity: Meta-analytic validity findings for a new interview type. *Personnel Psychology, 52*, 445-464.
- Taylor, H. C., & Russell, J. T. (1939). The relationship of validity coefficients to the practical effectiveness of tests in selection: discussion and tables. *Journal of Applied Psychology, 23*(5), 565.
- Viswesvaran, C., Ones, D. S., & Schmidt, F. L. (1996). Comparative analysis of the reliability of job performance ratings. *Journal of Applied Psychology, 81*, 557-574.

갤럽에 대하여

갤럽은 글로벌 분석 및 자문 그리고 학습 회사로, 리더들이 조직의 가장 큰 문제를 해결하는 데 도움을 제공한다.

갤럽은 직원, 고객, 학생, 시민의 의지에 대해 세계의 어떤 조직보다 더 많이 알고 있다. 우리는 다음 항목을 포함해 다양한 분야에서 해결책, 변화, 서비스를 제공한다.

- 문화 변화
- 리더십 개발
- 관리자 개발
- 강점 기반 코칭과 문화
- 유기적 성장을 위한 전략
- '상사에서 코치로' 소프트웨어 도구
- 유능한 팀원 모집
- 승계 계획
- 성과 매트릭스 재조정
- 역할의 예측 자동화
- 결함 및 안전 위험 감소
- 내부 프로그램 평가
- 직원의 경험 향상
- 고용 최적화
- 유지 예측
- 민첩한 팀 창출
- 고객 경험 향상(B2B)
- 다양성과 포용
- 웰빙 이니셔티브
- 기계학습과 인공지능 통합

갤럽 홈페이지(https://www.gallup.com/contact)에 방문하면 더 많은 것을 알 수 있다.

강점기반 문화 구축 및 몰입도 향상을 위한 코칭경영원 프로그램 소개

2011년 출범한 코칭경영원은 한국 사회를 이끄는 리더들의 강점과 잠재력을 발전시켜 사명을 일깨우며, 조직과 사회에 긍정적인 영향력을 발휘하는데 코치로서 기여함을 사명으로 삼고 있다. 설립 이후 지금까지 삼성전자, SK그룹, CJ그룹, LG그룹, 현대자동차 등 한국의 대기업 및 기관들의 No.1 코칭파트너의 역할을 수행해왔다. 50여 명의 소속 코치진은 90%가 대기업과 글로벌 기업의 CEO 및 임원 출신이며, 국제 코치 자격 PPC 레벨을 소유한 전문코치로 구성되어 있다.

개인 및 조직의 강점 발견 · 몰입도 향상 · 성과 창출에 대한 전문적인 코칭을 수행하던 코칭경영원은 2018년 미국 갤럽과 파트너십 협력을 체결한다. 50년 이상 재능 · 강점 · 성공을 연구한 미국 갤럽의 강점 프로그램을 한국 사회에 도입함으로 기존 코칭경영원의 코칭 노하우와 함께 강점기반 문화의 확산에 큰 역할을 수행하고 있다. 강점기반 몰입도 위주의 조직문화 확산을 위한 프로그램은 아래와 같다.

1. 강점발견 워크숍 Clifton Strengths Discovery

① **대상 |** 개인 및 조직 전 구성원

② **시간 |** 7.5시간(1일)

③ **기대효과**

- 개개인의 고유한 강점에 집중한 자아성찰 및 상호 다양성과 차별성을 이해하는 관점 구축
- 실질적인 강점 활용법 설계 및 실습을 통한 긍정적인 행동 변화와 이에 따른 성과 향상 기여
- "강점기반 조직문화 구축을 위한 최고의 솔루션"